地中海（全5巻）

F・ブローデル　浜名優美 訳

国民国家概念にとらわれる一国史的発想と西洋中心史観を無効にし、世界史と地域研究のパラダイムを転換した、人文社会科学の金字塔。近代世界システムの誕生期を活写した『地中海』から浮かび上がる次なる世界システムへの転換期＝現代世界の真の姿！

全五分冊　菊並製　各巻三九九〇円　計一九九五〇円

普及決定版

大活字で読みやすい決定版。各巻末に、第一線の社会科学者たちによる『地中海』と私」、訳者による「気になる言葉——翻訳ノート」を付し、〈藤原セレクション〉版では割愛された索引、原資料などの付録も完全収録。

ブローデルが見た地中海の「起源」とは？　名著『地中海』の姉妹篇！

地中海の記憶【先史時代と古

尾河直哉 訳

「長期持続」と「地理」の歴史家が、千年単位の文明の揺… の古代史を大胆に描く。一九六九年に脱稿しながら… 間眠っていた幻の書、待望の完訳。

A5上製　四九六頁・カラ… 円

二十世紀最高の歴史家が残した全テクストの

ブローデル歴史集…

浜名優美 監訳

第Ⅰ巻　地中海をめぐって　…〇頁　九九七五円
第Ⅱ巻　歴史学の野心　六〇九〇円
第Ⅲ巻　日常の歴史　九九七五円

■史上最高の歴史家、初の本格的伝記
ブローデル伝
P・デックス／浜名優美 訳
A5上製　七二〇頁　九二四〇円

■ブローデル史学のエッセンス
入門・ブローデル
I・ウォーラーステイン、P・ブローデル 他
浜名優美 監修・尾河直哉 訳
四六変上製　二五六頁　二五二〇円

■ブローデルの「三つの時間」とは？
ブローデル帝国
F・ドス 編／浜名優美 監訳
A5上製　二九六頁　三九九〇円

■世界初の『地中海』案内
ブローデル『地中海』入門
浜名優美
四六上製　三〇四頁　二九四〇円

■五十人の識者による多面的読解
『地中海』を読む
ウォーラーステイン、網野善彦、川勝平太、榊原英資、山内昌之 他
A5並製　二四〇頁　二九四〇円

目次

別冊 環 ⑯
KAN: History, Environment, Civilization
清朝とは何か

●世界史のなかで清朝を問い直す——「世界史は十三世紀から始まった」！

〈インタビュー〉清朝とは何か　岡田英弘（歴史学者）（聞き手）藤原良雄（編集長）　007
最後の中華王朝として捉えられている「清」王朝——大清帝国。満洲人を支配層の中心に据え、はるかモンゴル帝国の流れを汲むこの帝国の独自性は、どこにあったのか。

I　清朝とは何か

大清帝国にいたる中国史概説　宮脇淳子　042
十三世紀に成立したモンゴル帝国から、大清帝国への流れをたどる

世界史のなかの大清帝国　岡田英弘　059
世界史はモンゴル帝国から始まった

マンジュ国から大清帝国へ【その勃興と展開】　杉山清彦　074
満洲の地域国家からユーラシア東方の世界帝国への歩み

漢人と中国にとっての清朝、マンジュ　岩井茂樹　094
漢人にとって、満洲人を支配層とする清朝はいかなる存在だったか

清代満洲人のアイデンティティと中国統治　マーク・エリオット（楠木賢道＝編訳）　108
清朝において満洲人はいかなる役割を果たしていたか

「満洲」の語源【文殊師利ではない】　岡田英弘　126

愛新覚羅＝アイシン＝ギョロ氏とは　杉山清彦　128

II　清朝の支配体制

大清帝国の支配構造【マンジュ（満洲）王朝としての】　杉山清彦　132
八旗制度を中核とする帝国統治のシステムをさぐる

世界史のなかで“大清帝国”をとらえる！

「民族」の視点からみた大清帝国 150
【清朝の帝国統治と蒙古・漢軍の旗人】
村上信明　「多民族」混合の政権としての清朝の特徴とは?

大清帝国とジューンガル帝国 164
宮脇淳子　清朝が滅ぼした、モンゴル系遊牧民最後の帝国ジューンガルとは?

清朝とチベット 176
【第五世ダライ・ラマと摂政サンギェーギャツォを中心に】
山口瑞鳳　七世紀半ばに大国を築き、十八世紀に清朝の保護下に入ったチベットの歴史

清朝とロシア【その関係の構造と変遷】 191
柳澤　明　他の西洋諸国とは異なるロシアと清朝の関係史を辿る

雍正帝の政治【「即位」問題と諸改革】 201
鈴木　真　熱意とリーダーシップに満ちた第五代皇帝・雍正帝が確立した行政システム

貨幣史から描く清朝国家像 212
【清朝の複合性をめぐる試論】
上田裕之　清代中国における貨幣の歴史を通じて、清朝のさまざまな側面を見る

岡田英弘　北京で流行した満漢兼の子弟書 222
楠木賢道　江戸時代知識人が理解したネルチンスク条約 224
宮脇淳子　満洲文字はモンゴルから、チャイナドレスは満洲服だった 226
宮脇淳子　科挙官僚・祁韻士が作った『王公表伝』 228

III　支配体制の外側から見た清朝

「近世化」論と清朝 232
岸本美緒　十六〜十七世紀の世界諸地域での「近世化」における清朝の位置は?

江戸時代知識人が理解した清朝 240
楠木賢道　輸入漢籍を通して江戸時代の日本人が考えた清朝とは?

琉球から見た清朝 254
【明清交替、三藩の乱、そして太平天国の乱】
渡辺美季　明から清への交替期、琉球王国はどのように対応したか?

蝦夷錦、北方での清朝と日本の交流 262
中村和之　「蝦夷錦」とは、清朝から北方先住民に与えられた制服だった

清代の西洋科学受容 272
渡辺純成　東アジア近現代の数理科学の基盤は、清朝宮廷がかたちづくった

近世ユーラシアのなかの大清帝国 290
【オスマン、サファヴィー、ムガル、そして〝アイシン＝ギョロ朝〟】
杉山清彦　「東アジア」と「イスラーム」の枠を超えて、近世の帝国群に新たな光を当てる

渡辺純成　磁器と透視遠近法と雍正改革のはざまで【旗人官僚年希堯の生涯】 302
岩井茂樹　太平天国の乱 304

大清帝国と満洲帝国 308
宮脇淳子　十七世紀の清朝建国から、満洲帝国成立にいたる背景

宮脇淳子　『満文老檔』と内藤湖南 320

附

清朝史関連年表（前二二一〜二〇〇八年） 333
図表一覧 335
編集後記 336

〈清朝独自の“八旗《はっき》”制度〉

正黄旗《せいこうき》

鑲黄旗《じょうこうき》

正白旗《せいはくき》

鑲白旗《じょうはくき》

正紅旗《せいこうき》

鑲紅旗《じょうこうき》

正藍旗《せいらんき》

鑲藍旗《じょうらんき》

※実際の軍隊の配置はこの順序の通りではない

清の最大版図と明の最大版図

清朝とは何か

岡田英弘編

宮脇淳子
楠木賢道
杉山清彦
岩井茂樹
M・エリオット
村上信明
山口瑞鳳
柳澤　明
鈴木　真
上田裕之
岸本美緒
渡辺美季
中村和之
渡辺純成

別冊　環⑯

KAN: History, Environment, Civilization

藤原書店

現在の中華人民共和国の領土はすべて、一九一二年に崩壊した清朝の領土を継承したものである。ところが、一般に流布しているような「清朝は、秦・漢以来の中国王朝の伝統を引き継ぐ最後の中華王朝である」という視点は正確ではない。それはなぜかというと、清朝の支配階級であった満洲人の母語は漢字漢文ではなく、アルタイ系言語である満洲語であったこと、広大な領域を有した清朝の領土の四分の三が、同様に漢字漢文を使用する土地ではなかったからである。

一六三六年、万里の長城の北側にある瀋陽に、女直人あらため満洲人と、ゴビ砂漠の南のモンゴル人と、遼東の漢人の三種類の人々が集まって、女直人ヌルハチの息子ホンタイジを皇帝に推戴した。これが清朝の建国である。正式な国号は「大清」であり、清朝は通称である。「大清帝国」も後世の呼び方である。さて清朝では初め満・蒙・漢三体、すなわち満洲語・モンゴル語・漢語の三言語が公用語として定められた。このあと領土が拡大するに従って、チベット語とトルコ語が加わり、清朝における使用言語は満・蒙・漢・蔵・回の五体になった。清朝では満洲人の故郷と漢地以外の土地は「藩部」と呼ばれ、言語も宗教も法律も異なっていた。一九一二年に清朝が崩壊するまで、帝国全土に通用する言語は満洲語のみで、清朝のかなりの公用文書は満洲語か満漢合璧《がっぺき》（並記）で書かれたのである。現在、北京の中国第一歴史檔《とうあん》案館に所蔵されている何百万件という清代檔案（公文書）の半数が満文、半数が漢文なのである。

ところが一九一二年に中華民国が成立すると、満洲語はほとんど死語となってしまった。現代中国では、満族と呼ばれる満洲人の後裔は一千万人を越えるが、満洲語を話す人間は新疆北部に居住するシベ族を中心として数万人のみである。かえって戦後の日本で満洲語研究が盛んになり、私が加わった『満文老檔』の研究は、一九五七年の日本学士院賞を受賞するに至った。このあと日本のみならず世界の学界において、清朝史研究に満洲語が必要であるという認識が定着したが、まだ研究者の数も少なく、一般読者にこのことが広く知れ渡っているとはいえない。

そこで本企画では、漢文に加えて、満洲語やモンゴル語やチベット語やロシア語などの史料に基づく、さまざまな研究者による新しい切り口で、清朝それ自体を捉え直したいと考えた。これまでの日本の東洋史の蓄積も大いに取り入れ、日本やヨーロッパとの関係もふくめて、清朝という大帝国の全体像を明らかにしたい。

岡田英弘

〈清朝歴代の皇帝〉

④ 康熙帝
（1654-1722）
聖祖，在位 1661-1722

③ 順治帝
（1638-61）
世祖，在位 1643-61

② ホンタイジ
（1592-1643）
太宗，在位 1626-43

① ヌルハチ
（1559-1626）
太祖，在位 1616-26

⑧ 道光帝
（1782-1850）
宣宗，在位 1820-50

⑦ 嘉慶帝
（1760-1820）
仁宗，在位 1795-1820

⑥ 乾隆帝
（1711-99）
高宗，在位 1735-95

⑤ 雍正帝
（1678-1735）
世宗，在位 1722-35

⑫ 宣統帝
（1906-67）
在位 1908-12

⑪ 光緒帝
（1871-1908）
徳宗，在位 1874-08

⑩ 同治帝
（1856-75）
穆宗，在位 1861-74

⑨ 咸豊帝
（1831-61）
文宗，在位 1850-61

〈清朝略系図〉

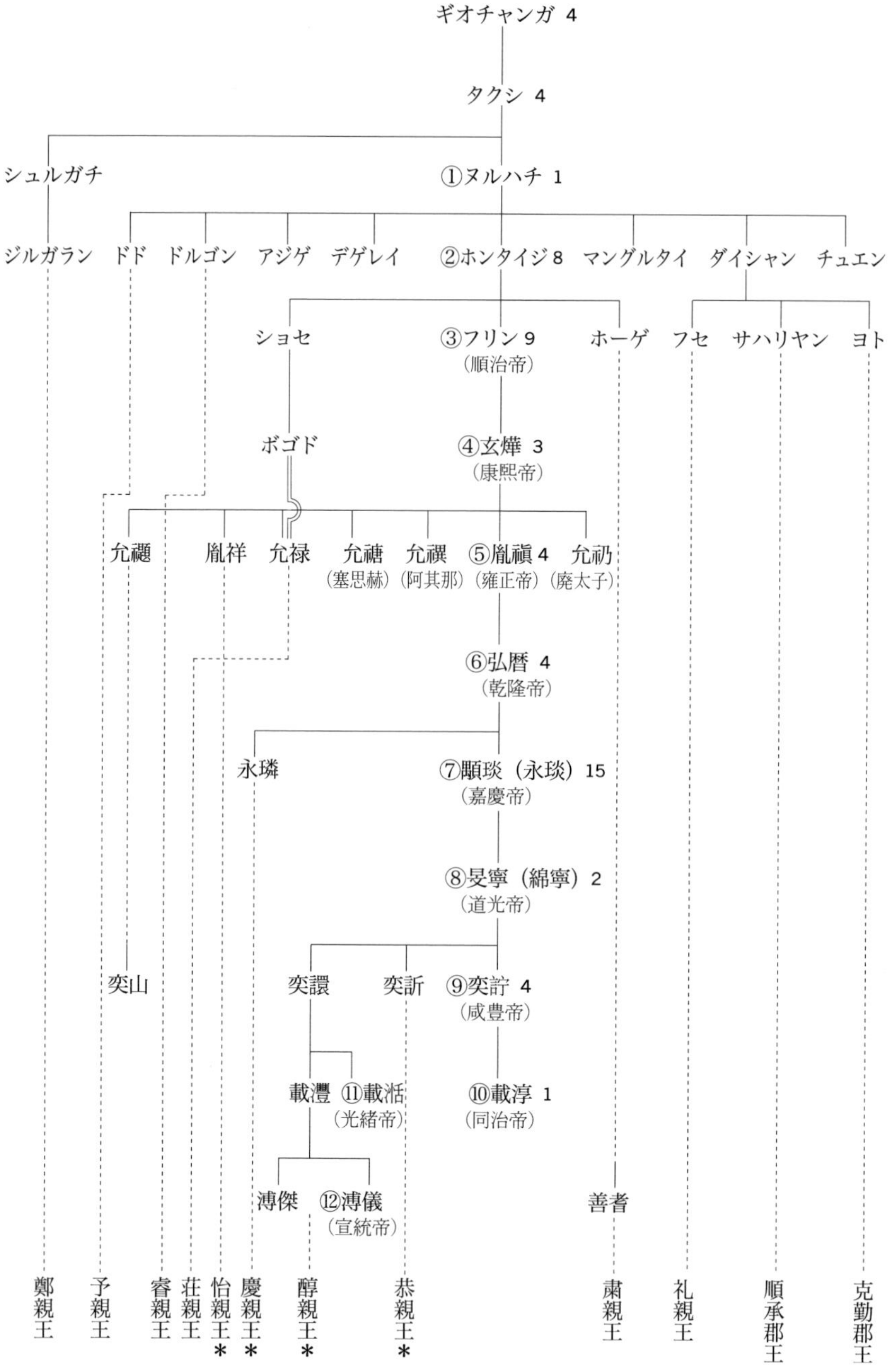

※丸囲み数字は皇帝在位順，名前右側の数字は第何男子かを示す。
※点線以下は世襲罔替（代替りしても爵位が降等しない特権）の八王家，＊印を付したものは新たに加えられた四王家。
※二重線は養子関係を示す。

〈本書の表記について〉

一、固有名詞については，出来る限りの統一を試みたが，執筆者の用法を尊重するため、不統一をそのまま残した箇所もある。

一、日本人以外の人物名の「・」「＝」について，各稿のなかでは統一をはかったが，本書全体については特に統一をはからなかった。

一、本書は清朝史研究の最先端を広く伝えることに主眼をおくものであり，その内容や時代区分，用語法などについては執筆者それぞれの考えがある。

インタビュー

清朝とは何か

岡田英弘（歴史学者）

〈聞き手〉藤原良雄（藤原書店編集長）

藤原書店では二〇〇二年『環10号　満洲とは何だったのか』、二〇〇六年『別冊　環12号　満鉄とは何だったのか』を出版した。その中で、満洲を問い直すには清朝史を捉え直すことが不可欠であるという認識に至った。そこで清という王朝を捉えるにあたり、世界史的視野で研究に取り組んでこられた岡田英弘氏にお話をうかがった。（編集部）

目次

I　清朝史をどう視るか

1　十三世紀から世界史が始まる

――清朝というのは、古代から現代までつながる中国の一時期であるということが通説になっておりますが、先生はそうではなく、清朝は中国ではないというお考えとうかがっています。また先生の特徴は、いわゆる中国史を世界史に組み込もうということですね。日本では、日本史・世界史、あるいは東洋史・西洋史と分けられています。そういう中で、少しずつ世界史的視点が大切ではないかと、注意が払われてきつつあるようです。ご著書の『世界史の誕生――モンゴルの発展と伝統』（ちくま文庫）というタイトルにありますように、十三世紀のモンゴル帝国からを重視しておられます。今日お聞きしたいのは、清朝とは何かということですが、モンゴルと不可分ということでしょうか。

岡田　不可分です。分けてはならないということですね。清朝は元朝を継承した。そして元朝はモンゴル帝国の一部である。十三世紀初めにモンゴル帝国が起こったあとと、それ以前とでは世界が全然違ってくるのです。一二〇六年にチンギス・ハーンが即位して誕生したモンゴル帝国は、二代目には東ヨーロッパまで広がりました。ユーラシア大陸の内陸部に存在していた国々はみな吸収されてしまい、その後できたものは、すべてモンゴル帝国の後裔です。

世界史を考えたとき、モンゴル帝国以前の世界に、果たして有機的なつながりがあったかというと、いわゆるアジア世界とヨーロッパ世界は互いにあまり関係がなく、それぞれの世界の中で物事が完結していた。そういう時代に世界史があっただろうかというのが前提にあります。

世界において歴史という概念が独自に誕生したのは、中国と、それから地中海およびヨーロッパ地域の二つだけで、それらの歴史文化は別々に存在していました。同時代を単純に横につなげれば歴史になるというものではないのです。

――つまり、アジア世界とヨーロッパ世界の間に交易がなかったという……？

岡田　交易はありましたが、時代を変えるようなものではなかったのです。要するに、中国世界と地中海世界は、文化の基盤も枠組みもすべてが違っていて、その間に、いわゆるシルクロードなどを通じて人と物が細々とつながっていましたが、両者の文明の間に有機的な関係はほとんどありませんでした。これが、日本の歴史教育で、いまだに西洋史と東洋史が統合できない理由です。では、世界史とはどういうものだと私が考えるか、と言いますと、十三世紀のモンゴル帝国を時代区分として、それ以前、それ以後とで見方を変える。モンゴル帝国以前は地方ごとの文化・

●岡田英弘　おかだ・ひでひろ
1931年東京生。東京大学大学院東洋史学科満期退学。東京外国語大学名誉教授。歴史学。主著に『歴史とはなにか』（文藝春秋）『世界史の誕生』（筑摩書房）『中国文明の歴史』（講談社）等。

文明の有効な時代ですが、十三世紀以後は、ユーラシア全体を通した視野で見なければならない時代に入ります。十五世紀に大航海時代が始まったとふつう言いますが、本当はその前の十三世紀に、人と物の交流が大規模に始まった。世界史がスタートした、というのが私の唱えた新説です。

――なるほど。では、モンゴルから清朝誕生までを教えてください。

岡田　いわゆる中国史においても、モンゴル時代から歴史が変わりました。というのは、モンゴルの建てた大元《だいげん》以前の王朝の名前は、春秋時代からすべて地方の名前なんです。漢《かん》も隋《ずい》も唐《とう》もそうです。三国時代の魏《ぎ》・呉《ご》・蜀《しょく》、それから宋《そう》、全部そうです。契《きっ》丹《たん》時代もまだその伝統が続いていて、契丹帝国の中国式の国号である遼《りょう》は、彼らが遼河の出身だったからです。その次の金《きん》も、支配層の女直《じょちょく》人が今のハルビン近くの按出虎水《アンチュフすい》（アンチュン川）の出身だったから、このような国号にしたのです。アンチュンは女直語で金という意味です。

ところが、元朝は違います。「大哉乾元《だいなるかなけんげん》」という『易経』の文句から取ったのです。「大元」は天を意味します。次の「大明」は、白蓮《びゃくれん》教の用語で救世主を「明王」と呼ぶことから来ています。その次の清朝の国号「大清」は、「大元」と同じく、天という意味です。

ともかく、モンゴル帝国を時代区分として、それ以前とそれ以後は違う。中国世界ではいつも漢字を使っているから、ずっと同じで連続してきたと日本人は思うけれども、じつは王朝が交代するたびに、支配層は完全に入れ替わったわけです。モンゴル人の建てた大元は、チンギス・ハーンの受けた天命を中国に持ち込みました。天上には唯一の神様がいて、天下である地上は自分たちチンギス・ハーンの子孫だけが統治する権利がある。こういう思想を持ってモンゴル人は世界統治を始めたわけですが、満洲人の建てた大清は、元朝のアイデアを継承して、自分たちの国号をつくったということです。

十三世紀初めにモンゴル帝国が起こったあとと、それ以前とでは世界が全然違ってくるのです。

2　モンゴル帝国とその後裔

――大元と大清がそういう形でつながるということは、元の民族の一部は清に入るとか、そういった関係はどうですか。

岡田　われわれ歴史家は、元の後裔を北元という名前で呼んでいますが、元は明代にも生き残っていました。北元が一六三四年に滅びて、その二年後に大清ができるんです。元から清につながっているということは、それを見ても明らかです。

元が滅んだというのは明が言っているだけで、じつは元朝は滅んでいなくて、南北朝だった。元朝の領域は南北に二つに分かれた、その象徴が万里の長城です。万里の長城が、ちょうど南朝と北朝の境なんです。何であんなものをつくったのかというと、元朝時代には長城はなく、その南北全部が元朝でした。ところが南方の反乱で誕生した明は、結局元の南半分を継承しただけで、北を統治することができませんでした。しかもじつは軍事的に弱かったために、万里の長城をつくらざるを得なかった。北方には元朝の生き残りがそのまま、清朝ができる直前の一六三四年まで独立していて、先ほど滅びたと言いましたが、それは元の直系の子孫が清の太宗となるホンタイジに譲位したということです。だから北朝だった元朝の北半分は清朝に継承された。清朝は、一六四四年になって南朝の明を吸収するわけですが、そもそもの出発点は元朝を継承している。だから、もしモンゴル草原の北元を北朝と見なさないのなら、清朝建国も中国史にならないわけですね。

元朝はそもそも、秦漢以来の中国からはみ出てしまっている。うんと拡大したわけです。今で言うアジア史になっていたのに、それを中国史がフォローしていない。中国史は、紀元前一世紀に司馬遷《しばせん》が描いた『史記』の天下だけを中国だと考えてきた。実際には、元朝時代には広い地域で物事が動いていて、漢字を使っていない地域も、すべて有機的に関係があったわけです。ところが漢字を使用している地域だけを一国史としてとり上げて中国史と言っているために、非常にたくさんのことが歴史から抜け落ちてしまう。ですから、まず初めに、元朝はじつは中華王朝ではないということを言わなければならない。元朝の内部がすべて漢字で統治されていたわけではありません。たまたま中国の漢字では元という王朝名になっているだけで、漢字を知らない人間も、全部が一つの政権の下で動いていた。同じことが清朝にも言えます。

――そうすると元朝、大元のときには、モンゴルが中心でしょうから、モンゴル語が中軸ですよね。

岡田 そういう二十世紀の民族主義的見方は、成り立たないんです。つまり何ヶ国語もが使われていた、国連のようだと言えばいいんでしょうか。通訳官もたくさんいたし、一つの国だから一つの言語という意識がなかった。そもそもモンゴル帝国はあまりにも広いので、それぞれの地域で言語が違っていることが当たり前だったんです。元朝という政権も、たくさんの言葉をその中で使っているんですよ。だからモンゴル語というのが、まだできていないと思ってください。つまりモンゴル人は誰かということが決まっていないわけです。帝国の名前はモンゴル帝国で、チンギス・ハーンはモンゴルという部族の出身ではあるけれども、彼が結婚した女性たちはみんな違うところから来ているわけだし、息子のお嫁さんも全部違う種族です。支配層にもトルコ系やイラン系がたくさんいるわけですね。その場合に、一体誰をモンゴル人と考えるか。

——その時代に身を置かなければいけないわけですね。

岡田 そうです。その中の一部の子孫が後世のモンゴル人になるので、さかのぼれば確かに今のモンゴル人たちの祖先だと言えますが、当時はもっとたくさんの血筋が支配者の中に混合されていた。チンギス・ハーンもおそらく、文字は読めなくても、いろいろな言葉を聞いて理解した可能性があります。そのかわり、文化的に非常に程度の高い、文学的に深い言葉まで理解できたかというと、そうではなかっただろう。家来の中の教養ある知識人が、漢字やペルシア語で記録を取りましたが、支配層が自ら文章を綴ることはありませんでした。

——元と日本との関係は、一二七四年と一二八一年の元寇がありますけれども、それはモンゴルの歴史から見ればどう書かれてありますか。

岡田 何も書かれていません。というか、今のモンゴル国では、ついこの間まで、社会主義になる前の歴史はほとんど教えていませんでした。一九八九年末に民主化が始まり、一九九二年に人民共和国でなくなって、日本と関係が深くなったあと、日本と昔どのような関係があったか専門家が探した。それで、ようやく教科書に入れましょうと、そういう段階です。「へえ、日本にまで攻めて行ったんだ」という反応です。なぜなら、当時のモンゴル人は世界中に出ていったから、日本もワン・オブ・ゼムなんです。しかも、負けて帰ってきたわけですから、自慢にもならない。覚えてなんかいません。

元は明代にも生き残っていました。北元が一六三四年に滅びて、その二年後に大清ができるんです。元から清につながっている。

モンゴル人は遊牧民です。満洲人の祖先である女直人は狩猟民です。両者は大興安嶺山脈の東斜面で古い時代から密接な関係がありました。

3　モンゴル人と満洲人のちがい

——北元が一六三四年に滅亡して、一六三六年には大清帝国ができる。となると、ヌルハチのことは、どういうふうに見ればいいんでしょうか。

岡田　ヌルハチは初代の後金国ハンですが、二代目の息子ホンタイジが清朝を建国したあと、亡き父に太祖という廟号を贈りました。死んだあとで贈られる称号ですので、これを「諡《おくりな》」といいます。後金国が清朝の土台になったので、ヌルハチは大清帝国の始祖として、清の太祖と呼ばれるのです。日光の東照宮と同じです。徳川家康は自分で江戸幕府を開きましたが、もし江戸幕府の前に家康が亡くなっていたとしても、二代目の秀忠、三代目の家光は、かならず家康を徳川幕府の初代として祀ったでしょう。

——ホンタイジは、太宗というわけですね。

岡田　はい、中国王朝では大体習慣として、二代目はそう呼ばれます。

——ヌルハチの出身は、満洲族ですね。モンゴル族と満洲族の関係はどうですか。

岡田　歴史的にたいへん関係が深いです。もともとモンゴル人は、草原で羊・山羊・馬・牛・ラクダの、五畜と呼ぶ家畜を飼い、フェルトでつくった移動式の住居で暮らす遊牧民です。満洲人の祖先である女直《ジュシェン》人は、モンゴル草原より東方の、やや雨の多いところに住んでいました。両者はそもそも環境が違うところで暮らしていたので、生活様式も違い、言葉も違いました。遊牧民と狩猟民の違いです。

遊牧民は、木のない乾燥した広い草原を馬や牛やラクダで移動し、たくさんの羊や山羊を飼って、家畜の肉や乳製品を食糧として暮らします。これに対して狩猟民が住む地方は、雨量があるために灌木が多いので、草原のように馬を走らせることができません。その代わり、雨が降るので、古い時代から粗放農業ができました。森林には野獣も多く住むので、歩いて森の中に入って毛皮獣を捕り、それを交易しに行って、収入にします。また女直人は昔から、豚を飼って食べることが知られていました。

遊牧民と狩猟民の住む場所は、だいたい大興安嶺山脈の東麓を境にして東と西に分かれますが、ちょうど中間点の大興安嶺山脈の東斜面では、遊牧も粗放農業もできます。両者はこの地で非常に古い時代から関係を持ち、しかも生産品が異なりますので、お互いにそれらを交換したり、結婚もしたりというような密接な関

ホンタイジ（清の太宗）

ヌルハチ（清の太祖）

係がありました。ただ、厳密に言えば、モンゴル人の文化は西方、イランや黒海沿岸につらなっていますが、満洲人、トゥングース系の狩猟民は、日本海沿岸から朝鮮半島との関係が深いといえます。

戦争になると、男が全員、騎馬兵となる遊牧民の方がだんぜん強かったので、狩猟民は長い間、彼らの子分扱いにされていました。モンゴル帝国が建国される少し前のことですが、大興安嶺山脈東部の遊牧民出身である契丹人が建てた中国の征服王朝の一つである遼は、狩猟民である女直人を支配下に入れていました。ところが、女直人は契丹人に対して反乱を起こして金を建国したのですが、金は、北京周辺を支配していた遼よりもさらに南下して、淮河《わいが》北部も支配しました。契丹人は中国の農耕地帯よりもモンゴル高原の方にはるかに魅力を感じていたので、亡命政権のカラキタイは、モンゴル高原を通って中央アジアにまで行ってしまった。けれども女直人は西の草原まで行こうとは思わない。農耕に対する知識があるので、南下する方を選んだ。こうして契丹人の直接支配が終わり、群雄割拠になったモンゴル高原からチンギス・ハーンが出て、やがて金が支配していた北中国もすべて支配下に入れました。モンゴルに征服された女直人は、そのあとずっと元朝の家来として暮らしましたが、モンゴル人が中国を失って北元時代になったとき、大興安嶺山脈東方は、権力の空白地帯になるわけですね。明も最初は完全支配を試みるんですが、そんなに生産力

清朝は、一六三六年に満洲族とモンゴル族が一緒になってつくった王朝です。そのあと一六四四年になって、その支配下にあった中国の漢族が加わりました。

が高いところでもなく、最後は自治に任せた。そこから出てきたのが、ヌルハチ、ホンタイジです。ですから彼らにしてみたら、モンゴル人はもともとの主君筋でした。そのモンゴル人を今度は家来にしたのが、清朝の出発点です。

4　後金国から清朝へ

——清がかなり大きな規模で統一していったのは、いつごろですか。

岡田　清朝は、一六三六年に満洲族とモンゴル族が一緒になってつくった王朝です。そのあと一六四四年になって、万里の長城の南の明が滅亡したので、その支配下にあった中国の漢族が加わりました。それから十八世紀になってから、チベット、新疆《しんきょう》が支配下に入った。チベットや新疆は、清朝にとってはあとから加わった付随的な部分で、これを取り去ってしまうと、下から現れるのは満洲とモンゴルと中国の連邦です。

一六一六年にヌルハチが遼東につくった後金国が、大清帝国の原型です。明末に後金国が建国された遼東は、モンゴル人と、女直人のちの満洲人と、漢人の三種類の人たちが接触するところでした。日本人は遼東というと、旅順・大連のある遼東半島だと思いがちですが、本来の遼東は遼河の東のことで、瀋陽や遼陽があるところです。遼河の西という意味の遼西は、日露戦争直前までモンゴルの遊牧地でした。だから瀋陽は、東部内蒙古と呼ばれる、満洲国時代に興安省となった地域のモンゴル人にとっては、一番近い中国の街だったのです。

遼東は、万里の長城よりも外側の、つまりは夷狄《いてき》の土地なのですが、昔から漢人というか農耕民が植民できる場所でした。春秋戦国時代の農耕遺跡も出ています。ただし、遊牧民の力が強くなったら追い出される。モンゴル帝国時代は、もちろん全部がモンゴルの領土でしたが、モンゴル人は、朝鮮半島から連れてきた高麗人を遼東に入植させて、農業をさせました。明と北元に分かれたとき、明は、農業ができる場所に辺牆《へんしょう》という木の柵をつくって遼東一帯を囲い込み、飛び地として明の領土にしました。ですから、明代の遼東の漢人は、そのほとんどが高麗人の子孫なのです。

明の支配下にあった遼東に貿易に来たのがヌルハチの祖先たちで、彼らにとっては、明との貿易が一番金がもうかります。それで辺牆の内側と外側で貿易が盛んになっていき、ヌルハチの時代に明軍を破って、この一帯を全部とってしまいました。こうして、満洲人、モンゴル人、漢人という、言葉も生活も違う三種類の人たちが、ヌルハチのもとに集まって、後金国が建国されました。これが最初の核となり、のちにホンタイジが引き継いだときには、かなり拡大しています。ヌルハチの時代には、北元のモンゴル人のなかで、チンギス・ハーンの弟の子孫であるホルチン部など、ごく一部が参加していただけだったのが、ホンタイジは、北元の宗主リンダン・ハーンの遺児から元朝の玉璽《ぎょくじ》を譲られ、ゴビ砂漠の南に住むモンゴル人全員を家来にすることができました。北方でも満洲のかなりの領域を押さえ、さらに、明の家来だった将軍たちが、たくさんホンタイジのもとに逃げてきています。だから、一六三六年の大清帝国は、ヌルハチのときよりも、規模がずっと拡大していました。

しかし、満洲人・モンゴル人・漢人の合同政権であるという枠組みは、そのままでした。大清帝国の公用語は三つあり、文字も三体それぞれ異なっている。それが一九一二年までずっと、建前としては続いていました。ラスト・エンペラーになる宣統帝《せんとうてい》溥儀《ふぎ》が一九〇八年に即位したときもなお、皇帝号も年号も三つありま す。満洲語もモンゴル語も使われています。モンゴル人は漢字を使いませんから、個々の清朝皇帝にモンゴル語の名前があり、モンゴル語の暦をそのときも使っているんです。ちゃんと記録があります。

このように見てくると、清朝というのは果たして最後まで、中華王朝と言えるようなものだったのだろうか、ということになりますね。

5 大清帝国の版図と朝貢国問題

――この大清帝国というのは、西の方はどの辺までですか。

岡田 まだ国境線という考えのない時代ですから難しいのですが、一番西はバルハシ湖のほとりまで勢力が及びました。乾隆帝の一七五九年、最大版図になったときは今のカザフスタンも朝貢国です。北の方は、南シベリアのトゥワです。バイカル湖の西方で、今はロシア領トゥワ共和国になっています。トゥワは、もともと西モンゴルの支配下にあったトルコ系住民の住む地方で、モンゴル革命を援助したソ連の赤軍がモンゴルから切り離し、やがてスターリンがソ連に併合してしまったんです。一番南はベトナムの北あたり、それからネパールの北までです。ということは、今の中国国境にやや近いチベットの全域ですね。ネパールとは、清はグルカ戦争をやって負けましたので、そちらには行けなかっ

一六一六年にヌルハチが遼東につくった後金国が、大清帝国の原型です。

た。南からはイギリスが来ていましたから。

——東は、今の朝鮮半島も？

岡田　朝鮮半島については詳しい説明が必要なんですが、直接支配と朝貢国を混同してはいけないのです。朝貢国というものを、現代中国が都合のいい解釈をする場合には、家来だと言いますが、独立は認めている国なんです。二十世紀、二十一世紀的な国家関係ではない。

——属国ということでしょうか？

岡田　違うんですよ。属国ではないことが問題なんです。朝貢は、別に属領であることを意味しないんです。独立はしている。日本の東洋史学者も嘘を言うのでまずいんですが、朝貢国というような、国と国との関係はなかったんです。さらに言うと、朝鮮王は中国皇帝の家来ではない。

ヨーロッパでの封建領主同士の関係というのは、支配・被支配の関係でしょうか。完全な家来でしょうか。例えばローマ教皇から爵位をもらった場合ですが、もらった相手の国王は、ローマ教皇の家来とは言えないですよね。爵位をもらったから、支配されたかというと、そういうことにはならない。中国の皇帝は確かに位を与える、封爵を与える、印璽を与える。これを支配・被支配と見るか見ないか、そういう問題です。

朝鮮国と清朝の場合も、国家関係はない。朝鮮国王と清朝皇帝の個人関係でしかない。属国ではなかったわけです。ですから、皇帝や国王の代替わりごとに朝貢し直さなければならない。個人的な人間関係だからです。朝鮮でも、琉球でも、父の王が死んで次の王が即位すると、必ず使節を派遣し直して、その人自身の名前の新たな印璽や冊封をもらわないと正式な関係にはならない。自動的ではないわけです。皇帝が代わったときも、みんなでお祝いに行かないといけない。次の皇帝と新しく関係を結び直さないと、反逆と見なされてしまう。そのような個人の上下関係でネットワークができていた。それが、近代以前の清朝と、ベトナムや朝鮮半島や琉球との関係でした。

そこにヨーロッパ人がやって来て、フランスがベトナムを、清朝の属国ではないと見なして、これを植民地にしてしまった。つまり、それまでの朝貢関係は、国王と清朝皇帝との間の個人的な関係であって、ベトナム国民とは何の関係もない、というのがフランス革命以後のフランスの民族主義的な考え方だったのです。そあわてた清朝は、朝鮮を属国にしようと思いました。つまり、そんなふうにのんきにしていたから、フランスにベトナムをとられ

満洲人・モンゴル人・漢人の合同政権であるという枠組みは、そのままでした。大清帝国の公用語は三つあり、文字も三体それぞれ異なっている。

た。もし同じことで日本に朝鮮をとられると嫌なので、先にとってしまえというのが、日清戦争の原因なんです。ということは、一八九四〜五年の日清戦争以前、十九世紀末までは、朝貢関係は朝貢国関係ではなくて、あくまでも君主同士の上下関係だった、ということです。ただ、もちろん皇帝が一番偉くて王様は二番目である。それで、お土産を持っていって、位をもらって、たくさんのお返しをもらって帰る、という関係で秩序は成り立っていたのですが、それを属国と言ってしまうと、これは現代の中華人民共和国の言い分を認めることになります。使者が来たところは全部属国であるというのが、現代中国の主張なんですね。

6 日清・日露両戦争の背景事情

――日清戦争で日本が清朝に勝利を得たときには、朝鮮半島は……。

岡田 日本は、朝鮮半島が独立国であることを、清朝に認めさせるために戦争したわけです。実際に、日本が清国に勝利して、下関講和条約の第一条で、朝鮮が完全に自主独立の国であることを清に認めさせせました。

ところが、自分たちが戦争をしたのではなく日本が戦争してくれて、清朝の支配から離れて独立国になったにもかかわらず、朝鮮の支配層は、日本は嫌いだと言ってロシアと組んだわけですね。それで日本は激怒した。日清戦争後、朝鮮内部に親露派が台頭し、高宗は世子とともにロシア公使館に居を移しました。このあと、一八九七年に王宮に戻って皇帝号を名のり、国号を韓と改めたのです。結局、朝鮮人は事大主義というか、大きな方に頼って小さな方を見下そうとする。つまり、かつての皇帝からの距離でいうと、自分たちの方が中国皇帝に近くて、日本はその下だった。自分が皇帝になった上は、日本も清朝も嫌いだ、それでロシアと組もうとした。それが、日露戦争の一番大きな原因になるわけです。

朝鮮は、自分の力では独立できなかった。日本は、幕末から、欧米の植民地にならないために、みんなで必死になって新しい日本国をつくろうという努力をしたおかげで、江戸幕府の無血開城に至って、明治維新をすることができた。ところが、朝鮮の支配階級は、清朝の家来になってもかまわないと、自分たちの特権を守る方を選んだわけです。朝鮮は両班《ヤンバン》階級と言われる支配層と、支配されている一般庶民の間に一体感がなく、奴隷階級まで存在しましたから、両班でないふつうの朝鮮人は、早く日本のようになりたかった。それで親日派がたくさん誕生したわけです。日本

一番西はバルハシ湖のほとりまで勢力が及びました。北の方は、南シベリアのトゥワです。一番南はベトナムの北あたり、それからネパールの北までです。

三種類の人たちがぶつかる遼東という土地の特徴だと思います。ぶつかり合って、競合して、共存していく土地から、大清帝国が誕生した。

のようになれば、自分たちにも権利ができ、国民として認められ、教育も受けられる。じつは今、韓国で過去を糾弾されている親日派というのは、日本の援助で民主化、近代化をしたい人たちだったんです。朝鮮人が、清朝を呼び込もうとした保守派と、日本に頼ろうとした改革派の二手に割れたのも、日清戦争の原因です。つまり、自力で独立ができなかった小国であることと、下層階級の地位が本当に低くて、権利がない人たちだったというのも、日韓併合の大きな原因です。今では誰もこんなふうには言いませんけどね。

7　清朝の国家モデルは何か

——清朝に戻らせていただきますけれども、ヌルハチ、ホンタイジあたりが、清朝をどういう国家システムにするか、どこか参考にするものはあったんでしょうか。

岡田　そういうものはなかったと思います。清朝は、元朝の天命の思想は継承したのですが、国家システムは元朝とは大分違う。満洲人はモンゴル人のような遊牧民ではありません。そこに決定的な違いがありました。モンゴル人は、ユーラシア大陸の人なんです。モンゴルは文字も文化も、西につながっている。彼らは遊牧民でしたから、草原が続いている限り、どこまでも行けました。ヨーロッパにでも平気で行く。ロシアとの関係が非常に深い。最初から西方に向かって開けていました。それで、キリスト教も早い頃に入ってきましたし、モンゴル帝国の後裔たちはイスラム教も受け入れました。モンゴル草原までは、何でも西から文化がずっと伝わって来ているんです。

でも満洲人は日本人と同じく、結局あまり動けない場所にいるので、モンゴルの遊牧文化をそのままでは継承しなかったんですね。では、どのように清朝の国家システムのアイデアが生まれたか、これは未解決の問題です。しかし、やはり、先ほど言ったように、三種類の人たちがぶつかる遼東という土地の特徴だと思います。ぶつかり合って、競合して、共存していく土地から、大清帝国が誕生した。

8　中国史上の王朝システム理解の盲点

——すると、どういうものを下敷きにしながら、統治システムをつくっていったのでしょう。

岡田　中国史で一番問題なのは、同じような中国王朝がずっと続いてきた、とやみくもに思っていることです。これは二十世紀の日本の東洋史の責任でもある。同じ漢字で同じ文字を書いているから同じだろうと思いこむのですが、実際には、そのときそのときの時代によって全然違う仕組みだったのです。つまり、各王朝の支配層は違う土地の出身でしょう。中国五千年というのは、二十世紀になってからのキャッチコピーで、実際には、紀元前二二一年に中原を統一した秦の始皇帝が、今の言葉でいう中国をつくった出発点の人なのですが、漢は、秦の始皇帝のやり方をそのまま継承したかったけれども、できなかった。

例えば、郡県制と郡国制という言葉があります。秦の始皇帝は、全土に郡県制を敷いて直轄としたのに対して、漢は、直轄領である郡と、地方の王国が共存した郡国制を敷いたと説明するわけですが、それは、漢の初期には始皇帝ほど中央権力が強くなかったので、もともとあった地方の国が復活してしまっているんですね。それで一見両方併存させたみたいに見えるけれども、それは中央がわざとそうしたのではなくて、やむを得ず、中央政府が強くなるまで、そうせざるを得なかったというのが本当なんです。

唐は、もともとモンゴル草原から南下した鮮卑《せんぴ》族が建てた北魏という王朝の系統が支配階級で、長江流域に亡命していた南朝を吸収合併して大帝国をつくりました。唐帝国は、日本のモデルになった律令国家だったということになっていますが、軍事組織としては府兵《ふへい》制です。これは、兵隊が出る場所が決まっている。つまり、唐は、軍隊を出す地域と税金を出す地域が別なんです。日本人は、府兵制と律令制が、全国的に均一に敷かれたと思い込んでいます。ある日本の学者が「日本は唐から離れた辺鄙な国で、力がなかったから、唐のモデルをそのまま取り入れられずに、日本の律令制はぐずぐずになった。畿内だけが律令制で、地方はなかなかうまくいかなかった」と言ったので、それを聞いておかしく思いました。あの広い唐の隅々まで、律令制が敷けるわけがないじゃないですか。府兵制も、ものすごくきちんと徴兵したように記録にはありますが、唐の兵隊たちは、みんなもとは遊牧民だった人たちなんです。私が昔から書いていることですが、後漢末に中原の人口が十分の一に減少し、三国時代に北から大量の遊牧民が南下しました。五胡十六国時代を経て、北は北魏に統一され、これが隋・唐の新しい中国人になるわけですが、北魏系の人たちは、村をつくって定住するようになったといっても、そもそもみんな軍人なんです。彼らは農作業が得意なわけじゃなくて、兵隊

中国史で一番問題なのは、同じような中国王朝がずっと続いてきた、とやみくもに思っていることです。

唐の玄宗皇帝の妃、楊貴妃の姉の一行が外出するところ
唐の支配階級は北方の遊牧民出身だったので、乗馬を得意とした
（宋・李公麟「麗人行」部分）

を出す方が得意なんです。そういうところからは兵隊を出させたというのが、府兵制です。そうじゃない土地からは、税金を農作物で納めさせている。二重構造なんですね。

そう説明されたら、納得がいきませんか。ところが日本の東洋史がふつう説明するのは、唐は大帝国で、国家意識がちゃんとしていて、ヒエラルキーがきちんとある。人民の戸籍をつくって、徴兵し、均田法を施行した、などということばかりです。でも、全国的にこんなことができるわけがない。ただし、戸籍が残っていること、与えた田畑の記録も残っているというのは、新しく開拓したところをきちんと把握していたということです。つまり、唐代には、支配階級が遊牧民で軍事力があったので、国が大きくなった。秦・漢の中国から隋・唐の中国になって領土が広がった。正史の記述を見る限り、同じような王朝が交代しているようにしか説明しないけれども、こういうふうに中国史を見ると、実際には中国そのものが広がったり縮んだりしている。

唐の後半の歴史については、日本人はあまり興味がなく、ほとんど知らないわけですが、どうして唐が滅ぶかというと、地方の節度使つまり駐屯軍司令官の反乱によるのです。しかし、滅亡のずっと前から、唐の国家形態はもうぐずぐずなんです。玄宗皇帝と楊貴妃《ようきひ》で有名な、まだ唐が盛んな時代に「安史《あんし》の乱」という有名な藩鎮《はんちん》の乱が起こりました。反乱を起こした安禄山《あんろくざん》も史思明《ししめい》も節度使でしたが、安禄山はトルコ人の女シャマンの息子で、ソグド人将軍の養子でした。唐は、もともと遊牧民でできている王朝だから、辺境には、遊牧民が部隊ごとに駐屯しているわけです。それで中央からお金が来なくなったら、その土地で、自分たちで勝手なことをやり始める。そこに、別の部族を派遣して鎮圧する。そうすると、今度は派遣部隊が大きくなる。そういうわけで、唐の後半は、二百年間も、非中国人の地方軍閥が割拠する時代が続いたのです。中国史の概説では、よく「統一と分裂が繰り返された」と簡単に言い、いかにも同じ人たちが、分裂してまた統一されたみたいに説明するけれども、そうではなくて、新しい人たちが入ってくるから新しい統一が生まれる。また、それが違う意味で分裂していくのです。

先ほどの話に戻しますと、清朝の国家体制は一体どこからモデルを持ってきたかというと、やはり建国したときのその土地の状況に合わせたわけです。無理なことをしたらうまくいかないので、合同の国家をつくるために、狩猟民である満洲人、遊牧民であるモンゴル人、漢人農民の三種類の人たちの習慣を、初めはそのまま引き継いだわけです。それで、清の最盛期の名君として有名な、康熙《こうき》帝、雍正《ようせい》帝、乾隆《けんりゅう》帝、この三代の皇帝のときに、国家体制も少しずつ変質していった。それは余力ができたとか、敵に勝利したとか、土地を広げたとかということで、もちろん皇帝が一人でやるわけではない。皇帝の側近の満洲人や漢人の家来が、中央集権的な役所を整備しましょうとか、もっと漢風に行きましょうとか、それからモンゴル人に対してこんなふうに統治しましょうとか、そういう形で国家ができていく。清朝の出発点のときに、はっきりしたモデルができあがっていたわけではないけれども、三種類の人々を、言葉や文字や慣習をそのまま維持して家来にし、連合国家にするという核はあったのです。

これはモンゴルにはなかった考え方です。モンゴル帝国は、じつは中央集権でも何でもない。はっきり言って国家体制としてはぐずぐずの、ゆるやかな連合体です。金さえ集めればいい。税金さえ中央に集まればいいので、統治の仕方とか国家組織というアイデアは全然なかった。モンゴルはどの地域を統治しても、治安が守られ、商売さえうまくいけばよかった。とにかく安全さえ確保したら、長距離交易は必ずもうかる。それがモンゴル人の目的です。自分たちが集めて取って、ということだけを考えていて、それで軍事力を一所懸命維持したわけです。満洲人はモンゴル人とは違うタイプの人たちだったので、あれをとり入れ、これをとり入れ、三つの異なった要素を何とかうまく機能させようという

清朝の国家体制は一体どこからモデルを持ってきたかというと、やはり建国したときのその土地の状況に合わせたわけです。

モンゴル帝国は、じつは中央集権でも何でもない。国家体制としては、ゆるやかな連合体です。

努力をしたおかげで、清朝はモンゴルとは違う立派な国になった。軍事力では引けを取らないモンゴル人が、どうして清朝とロシアにあんなにあっけなく征服されたのかというと、清朝とロシアは、確かにモンゴル帝国の継承国家から出発したのですが、非常に上手に変質したのです。ロシア中世史学者たちも、ルーシからロシアになったとき、モンゴルの影響はどれくらいあったのかを、今一所懸命に考えているんですが、やはりロシアも変質するんです。モンゴルの影響を受けて、モスクワ大公国が国家らしい形態を持つようになるのだけれども、そこからじつに巧みに変化してロシア帝国が誕生する。だから清朝も、中国の内部の中華王朝としての変質ではなくて、中国の外側でできた新しい国家とみなすことができると思うのです。

9　清朝建国期と爛熟期の気性差

——清朝は、もっと西の方といろいろな交易、交流はあったわけですよね。それは、西ヨーロッパの隅々まであるんですか。

岡田　いや、ありません。中央アジア止まりです。ロシアがシベリアを経由して極東まで出てきたので、ロシア人と商売しただけです。自分たちでは行かなかった。興味がなかったんです。基本的には、つき合いを断っています。

——そうすると、大元のときよりも行動範囲はどうでしょうか。

岡田　落ちています。だから世界史として見た場合、そこが何か決定的に違うんです。自分たちで出ていかない。何でもここにあるから要らないというんです。十八世紀末にイギリス国王ジョージ三世の使節として、貿易の拡大のために清を訪れたマカートニーに対して、乾隆帝は「天朝」は「地大物博」であると言いました。清の土地は大きくて、物は多い。つまり、清朝だけで全部間に合うから、イギリスとの通商は必要ないと。

——日本の江戸期、徳川時代の鎖国状態とよく似ているのではないですか。

岡田　そうなんです、確かに似ていますね。文化が爛熟し、そのせいで結局アヘン戦争以後、ヨーロッパに太刀打ちできず、世界の変化について行けなかった。進取の気性がなくなった。ところが明末から清朝中期にかけて、ヨーロッパ人がときたま来ますと、びっくりするわけです。あまりにもすばらしくて。生産品の質は高いし、豊かだし。イギリスが清から必死になってお茶を求めたのがアヘン戦争の原因でしょう。清朝の物の豊かさは、その当時の世界一です。何でもあったんです。何も困らなかった。

しかし、日本は、軍事力で圧倒的に差があるヨーロッパ諸国がやって来たとき、すぐ鎖国から開国へ切りかえたけれども、清朝は切りかえられなかった。日本は清朝がアヘン戦争でイギリスに負けたとたんに、これはいけないということで必死になり始める。幕末、武士や町人まで、官民一体となって乗り切ったわけでしょう。でも、清朝はそこを乗り切れなかったんです。

――清朝にはロシアや、西の方からもいろいろな人が来たわけでしょう。

岡田 たくさん来ました。そもそも建国後すぐ、康熙帝のときにロシア人が入ってきました。だから、清朝初期の十七世紀から、十八世紀中頃の乾隆帝までは、非常に進取の気性に富んでいるし、決して内向きではなかったのです。問題はそのあとです。漢人はもともと中国の内部のことにしか興味がありませんでしたし、満洲人も、豊かになったとたんに勉強もやめて、安心してしまった。モンゴル帝国の後裔である「最後の遊牧帝国ジューンガル」と対峙していた間は、必死なところがありました。しかし、十八世紀にジューンガル帝国を倒して最大版図になったとたんにへなへなとなって油断して、それきり清朝の成長は止まってしまった。大きな敵をやっつけたので、ああ、よかったと、あとは外国語は勉強しなくなるし、なまけるんです。イギリスとのアヘン戦争でもそうですが、十九世紀にロシアが北からやってきたときに、ネルチンスク条約でせっかくロシアを追い出した山の名前とか河の名前に、満洲大臣たちが何の知識もなく、この河の上流はここで、ここまでロシアだと言われたら、ああそうかと、それで沿海州を取られたわけです。何であんなに広い場所を、あの時代に取られるか。つまり大臣が勉強していなかった。一方ロシアはそのとき必死で、やはり必死な方が勝つわけです。でも、一六八九年のネルチンスク条約のときは康熙帝が必死で、片やロシアはピョートル大帝の親政以前でぼんやりしていたので、ロシアはアムール河つまり黒龍江から追い出されたのです。

清朝も建国時は非常に優秀な人たちが、この国をどうやって維持していくかを考えて、よく働いていますよね。皇帝だって一日じゅう仕事をしている。雍正帝もすごかった。書類全部に一日じゅう目をとおして、自分で決裁していた。そのせいで、過労で十三年で死んでしまいました。

満洲人はモンゴル人とは違うタイプだったので、三つの異なった要素を何とかうまく機能させようという努力をしたおかげで、清朝はモンゴルとは違う立派な国になった。

江戸時代の日本人は、書物を通して、清の事情は非常によく知っていました。武士のうちのごく何人かが満洲語も読めたということがわかっています。

10 漢文の文化圏

——清と日本の関係はいつごろから始まるんでしょうか。

岡田 公式の関係は、明治時代になって、一八七一年に日清修好条規が調印されるまで、全然ありません。ただし、長崎と琉球経由の貿易はしています。

——どういうものが入ってきたかということは大体わかるわけですか。

岡田 わかります。どんな書物が入ってきたかということは、すべて記録があります。日本は、鎖国をしているから、誰も出て行きませんが、清の出版物はすべて買っていた。日本人は書画や骨董品も好きでしたが、書物を通して、清の事情は非常によく知っていました。日本中の武士は漢文が読めましたが、そのうちのごく何人かが満洲語も読めたということがわかっています。清では、こんな言葉を持っているらしいというので、勉強していた。

——漢文というのは、西欧のラテン語のような意味を持つわけですか。

岡田 そう言えばそうですね。ただし、漢字は発音は気にせず、見て意味をとる字ですから、共通語になり得たんです。

——日本もその漢字文化圏の中に入ると。

岡田 はい。中国人からしてみれば、モンゴルやチベット、イスラム教徒の新疆に比べたら、漢字を使っている日本の方がよほど中国なわけですよ。

II 方法と展望

11 「清代史」と「清朝史」

——「清代史」と「清朝史」という言い方を、今回はじめて知りましたが、その概念のちがいをうかがいたいです。

岡田 「清代史」は、王朝ごとに区分する、中国史特有の断代史という考え方の清代という意味です。清朝自体の歴史は「清朝史」ですが、日本で清朝史研究者というと、満洲語を読む研究者を指すことが多く、清朝時代の中国の歴史はふつう清代史と呼ばれます。

——清代史の研究者の方が多い、と。

岡田 そうです。まことに残念なことですが、一般の中国史では、中国は三〜四千年続いていて、王朝が交代しただけだから、それぞれの時代ごとに、その地域の歴史を書けばいいと思っているわけです。枠組みは変わらないと考える。

——先生のようなお考えの人は、世界に何人かおられるわけですか。

岡田 圧倒的に少ないですね。中国人以外の中国学者は、世界中で本当に数が少ないです。欧米の研究者にとっては、漢字に上達すること自体が大変なハンディで、壁が高い。だから、アメリカやフランスなどに優秀な中国学者が出たときには、その人たちは中国の専門家になることが求められる。つまり中国文明とか、そういうふうに大きく括ってしまう。彼らは確かに歴史の流れを上手に書いたりしますけれども、すべてを中国という枠組みの中に取り込んでしまうので、時代別の繊細さや、特徴などには目が行き届かない。一方、日本は研究者の数が多すぎるので、時代や分野ごとに担当者を分けてしまい、細分化してしまう。どちらにもマイナスがある。

それから満洲、モンゴルから中国を見るという、そういう学者は世界的にも本当に数が少ないです。北方の遊牧民や狩猟民は文化がなくて研究に値しないと思われてきたので、それ自体を研究しようという動機を持つことがまず少ない。満洲語やモンゴル語を研究して、なおかつ中国のことも極めるのは、二重に大変になるわけです。だから非常に数が少ない。

——そういう、先生のような発想が出てきたのは、どうしてでしょう。

岡田 どうしてかな。東大の大学院時代に満洲語を始めたのは偶然だったけれど、満洲語を深めるためにはモンゴル語が必要であることはすぐわかった。モンゴル帝国から時代を下ってきて清朝史に到達すると、清朝はモンゴル帝国の後裔であることがわかるわけです。

——昔から今と同じような中国史があって、ずっと続いているという方が理解しやすいのですが。

岡田 ところが、そうではありません。しかし困ったことに、清朝には満洲語だけでなく、漢文もあります。漢文は、元の漢文、金の漢文、宋の漢文、みんな同じように見えるんです。それで、担う人はそれぞれ違うのですが、すべての時代が中国と思われてしまう。漢字だけでも一応歴史が書けるので、それ以外の言葉を使っていたことを無視するわけですね。だから、夷狄《いてき》はみんな、漢字の方が文化が高いから中国化したと言われる。しかも共通語として便利なので、モンゴル人だって満洲人だって、勉強したら漢字も書けるようになる。そうすると、みんな中国人のように見

モンゴル帝国から時代を下ってきて清朝史に到達すると、清朝はモンゴル帝国の後裔であることがわかるわけです。

内藤湖南
（1866-1934）

和田清
（1890-1963）

える。それはやはり、漢字の強みです。

――強みであり、漢字が連綿と続いてきたということの弊害でもある。

岡田 そうです。どんなことでも一長一短ですね。「ペンは剣より強し」なんです。書いた方が勝ちというか、そちらが残る。武力が強くても書かないと、何もなかったことになる。嘘でも書いた人の言い分が残る。だから、中国は漢字で書いた建前ばかりが残るわけです。実態は違っていても、書いたものだけが残る。ただし、いっぱいあるように見えて、じつは同じようなことしか書いていないのです。

12 満洲帝国時代のアジア史学貢献

岡田 先程の、私のような考えがどうしてできたかというご質問ですが、和田清《せい》という東大の恩師からの影響もあります。さらに日本の満洲帝国の影響も大きいと思います。日本が大陸に出ていって、日本人の目で現地の歴史を初めて見直したわけです。それで、内藤湖南《こなん》をはじめとする明治時代の日本の学者は、漢字だけでない文字がたくさんあるのだから、これで何かわかるかもしれないと、調査して写真に撮って持ち帰った。日本人がいなければ、モンゴル史や満洲史は残らなかったと思いますね。

日本人は中国内部の漢人と違って、自分たちも漢文化の一番はずれで日本文明をつくった人間なので、漢字ではない言葉にたいへん大きな興味があったわけです。今では大陸進出の手先だということで悪口を言われるけれども、朝鮮半島と満洲とモンゴルに関する、明治以来の日本人の研究の蓄積は、じつは現在のアジア史に非常に大きな貢献をしている。内藤湖南や和田清という先学たちが、中国を支配する前の清朝の、満洲語で書かれた史料を何とか解明すれば、中国をもっと違う面から見ることができると考えた。中国がどんなふうにできたかを知りたいという興味が非常にあって、日本で満洲語研究が盛んになったわけです。だから一代でできたわけではありません。清朝史研究が今もなお続いているというのは、日本の学問史の中でたいへん大事なことです。日本にとって満蒙は、やはりたいへん大きな意味があった。

――満鮮史とか当時言われましたが……。

岡田　はっきり言って、朝鮮は自分たちでは何もしなかった。日本人が、全部勉強して調べた。今では日本人の研究に基づいて、韓国と中国との間に高句麗論争が起こりましたし、渤海のことも問題になっています。

韓国が作ったテレビドラマの「朱蒙《チュモン》」は、秦・漢より昔に古朝鮮があったといって、なめした皮革に描いた地図を広げるんですが、モンゴルから中国沿岸まで、全部が古朝鮮ということになっています。中国よりも朝鮮の方がじつは古いんだと、中国に対抗してドラマで主張しているわけです。一九九三年に北朝鮮でお墓が見つかり、五千年前の骨と公表された檀君《だんくん》は、朝鮮の神話上の君主ですが、これもやはり、中国による脅威のせいです。日本人は中国にそれほど脅威を持っていませんから、平然と本当のことを言いますが、歴史論争というのは結局、国がよって立つ根本に関わる問題です。

――日本の学術というのは、かなり不思議な位置にありますね。戦前の研究はこてんぱんにやられてきました。

岡田　学問は蓄積がものを言います。現代の日本は、せっかく蓄積したものをもっと大事にするべきです。本当のことは必ず残るわけだし、日本人がしたことが全部悪かったなどということはあり得ません。

そういうわけで、満洲語、モンゴル語を介して中国を見るのは、正しい研究方法です。一方的な言い分しかないと、言われるままですけれども、裏から光が当たったら立体的に見えますでしょう。幸いモンゴル人と満洲人は、漢字とは違う文字で書いたものを残したわけです。そうすると、ずれが見える。中央アジアから中国に光を当てるのもいいし、ロシアから見るのもいいんです。

13　現中国とのあるべき関係のために

――戦後、中華人民共和国という現在の中国がつくられ、一九七二年に日中国交回復があり、現中国と日本はどうつき合うのか、ということが今非常に大事です。そのとき、中国のことを何も知らないで、また中国史についても、いわゆる「清代史」の理解でいいのか。清は本当に中国なのか。そのあたりまで知識として持っておかないと、現中

朝鮮半島と満洲とモンゴルに関する、明治以来の日本人の研究の蓄積は、現在のアジア史に非常に大きな貢献をしている。

国との正しい関係が持てないのではないかと思います。

岡田　一九七二年の国交回復という言葉自体がまず問題ですね。中華人民共和国は一九四九年にできた新しい国ですから、国交樹立であって、国交回復ではない。マスコミの誘導です。国交正常化というのも変でしょう。それまでの、台湾つまり中華民国と国交があったのを、不正常だというのです。

あのときに、向こうから言われるまま、正常化だとか回復だとか言って、現中国の歴史認識をそのまま受け入れろ、と言われて、今日まで来たわけです。でも本当の歴史というのは、そういうものではない。日本人は嘘をつかないというか、歴史をちゃんと正しく見ようとする人たちですが、中国の歴史はつねに政治だから、そこでバランスを欠いたまま来ているというのが実情です。日本人は論争が嫌いで、仲良くしたいという文化を持つというのも、中国に言われっぱなしである理由の一つですが、あのときは実際に中華人民共和国は、自分たちに都合の悪いことを言う人を追い出したでしょう。取材もできない、とにかく入国させないということでした。中国に都合のいいことを言う人たちは偉い人に会える。今でもそれをやっているんですね。向こうが政治的に上手なんです。日本の会社はそれを個人の責任にして、かばってもやらないし放り出す。取材して来られなかったら、その記者をクビにするようなことをするから、実際にみんな向こうの言いなりになるわけですよ。それを考えると、戦前の日本の方がもう少し中国を知っていた、対処の仕方を知っていたと思います。どうしたら、中国の政治力にやられないですむかというと、これは難しいですね。日本人はもともとそういうことに不向きだから。やられたら絶対勝ち目はない。ただし、われわれにできることは、本当のことを知って、本当のことをちゃんと言って、中国人はそういう人たちだと最初からわかって交渉する、これ以外にはないでしょう。どちらがいいか悪いかを問題にしても解決しない。中国では、異民族が次々に入ってきたなど、日本とは歴史的な背景が違うために、言葉の違う他人を信用しない。日本人は互いに遠慮して折れ合い、決裂しないように持っていきたいけれど、中国人はぶつかるまで前に進む。漢字では建前しか言えないから、少数民族以外の中国人にとって本音を表す言葉はない。このような文化パターンの違いを、日本人はよくよく知っておくべきです。

満洲語、モンゴル語を介して中国を見るのは、正しい研究方法です。裏から光が当たったら立体的に見えますでしょう。

14 内藤湖南と日本の清朝史認識

——研究史の方をお聞きしたいと思います。日本人が清朝を研究してきた各時代の特徴はありますか。内藤湖南という人は、キーパーソンですね。

岡田 内藤湖南は、日本の明治の知識人の一典型ですね。明治時代の学者は、どこから出発しているかというと、そもそも帝国大学をつくる前ですから、それ以前に大学教育を受けたわけではない。結局、江戸時代の藩校などで漢籍を勉強した人たちが、明治時代の日本の学問を担うことになった。内藤湖南は東北の南部藩の儒者の家に生まれました。明治政府を作った薩摩藩や長州藩の出身ではなく、主流でなかったために、最初はジャーナリストになるしかなかったわけです。幼年時代に父から漢籍を教えられたあとは、地方の師範学校を卒業し、東京に出て、生きていくためにジャーナリストになった。それで中国問題の大専門家になって、日本で二番目に設立された帝国大学である、京都帝大の東洋史学の教授に招かれたのです。湖南は、正規の官学教育を受けていなかったけれども、その中国学が当代一流であることは、すでに有名でした。ちなみに、東京帝大の学者たちは西洋の学問をとり入れることに熱心であるからと、もともと東京帝大に対するライバルとして創設された京都帝大は、日本の伝統である、古い時代の漢籍や漢学を重視することにしたのです。京都帝大がよく東京帝大の悪口を言うときに、東京では国家の役に立つ人をつくるのに必死で、横のものを縦にしているだけ、つまり、横書きの欧米の文書を持ってきて、縦書きの日本語に翻訳しているだけで、お役所の言うとおりにへいこらするイエスマンばかりこしらえている、というのです。ヨーロッパの直訳、直輸入では日本のお家

蔣介石
（1887-1975）

孫文
（1866-1925）

芸が廃れるという理由で、京都は非常に漢学を重視した。だから中国文学、中国哲学、東洋史を、戦後も京都大学は誇っていたわけです。

内藤湖南はジャーナリズムを出発点としていたので、彼の東洋史はそれまでの漢学と違って、非常にビビッドです。彼にとって清朝史は現代史だったわけです。辛亥革命が起こっているときに大学で教えていたのですから。中国はこれからどうなるか、どうなればいいか、そういうことを、同時代的に考えました。それから、もともと漢学の素養が非常にあったので、清末や中華民国初めの動乱期に、中国の学者とたいへん深い交流があるんです。お金がなくなった人たちを京都に呼んできて世話をしたり、彼らの持ち出した骨董や書画を、店を紹介して売らせたりしました。中国の学者との会話は全部筆談でした。

その当時の中国には、まだ共通語がありませんでした。北京の人と南京の人は同じ漢字でも発音がまったく違うから、耳で聞いてもわからない。ですからみんなが筆談をしたのです。だから、中国人にとっては、日本に来るのは、中国の中を旅行するのと同じわけです。上海の人が、北京に行くのと京都に来るのでは、何も変わらなかった。全く同じ生活ができるんです。日本のなかにも漢学の素養のある人がいっぱいいて、まだ明治前の教育を受けた人が生き残っていた時代でした。どこに行っても筆談で、全員がそれで動いた。だから魯迅《ろじん》も孫文《そんぶん》もみな日本に来たわけですね。

孫文などは、ほとんど日本で革命のスポンサーを集めて歩いた。内藤湖南は講義をしながら、中国はどんなふうになればいいのかということを教えた。そういう学問を京都大学に創ったんです。

ところが湖南の弟子たちは師匠を超えられず、湖南のように中国を同時代史として見るとか、全体を総合して見るような学者は出なかった。弟子は専門の時代と地域を決めて、みなで分けたのです。つまり湖南が一人いて弟子が何十人かいたら、何十分の一ずつしかしない。その弟子になったら百分の一とか二百分の一になって、みんな最初に専門を決めて、他人の分野を荒らさないように分業してしまった。だから湖南みたいな人は二度と出てこなかった。湖南の直弟子で、有名な宮崎市定も、内藤湖南ほど現代史的感覚がない。『雍正帝』を書いても、自分が満洲語を読まないから、満洲語なんか清朝の中期にはなくなって、中国化したという見方しかしない。満洲文化はどんどんだめになったとしか考えない。でも戦後まで、チベットやモンゴルが大事、満洲語が大事という見方も京都大学には残っていた。同じように東京大学も、満鉄調査部の時代には、日本の軍部の要請もありましたが、満蒙史や満鮮史の研究をしています。あれは日清戦争の賠償金で学問がスタートしたんです。現地の研究ということで。

——満鉄調査部ができたときはもう清朝が倒れる寸前でしたね。

岡田　そうです、同時代史研究です。中国で革命が起こったのを、一体どうなるかと見ているわけですから、必死ですよ、どちらに転ぶかわかりませんから。同じ理由で、当時は日本人でロシア語ができる人もたくさんいました。

ヨーロッパの人文科学は、人類学をはじめとして、植民地研究で発展したんです。自分たちが実際に現地に行って、統治しなければいけないから、現地の研究をする。それが学問の発達につながりました。日本だって、満蒙研究は、現地の状況を知る必要があったから始まったわけですね。それで実際に考古学的な遺跡調査もできました。日本人の考古学者が初めて、契丹の古城とか金の時代の町とかを発見して、現地で非常に学問的な発掘をしたんです。沿海州の調査もしています。すごいですよ、もう二度とできない。

日本の学問も、とくに東洋史は、結局は植民地支配に関係して発展しました。それを避けては通れない。しかしそのおかげで、中国の政治的な言い分とは違う歴史を構築することができる。というかできなければいけないのに、学問の伝統を評価しなかったり、分業してしまうのは残念です。

内藤湖南はジャーナリズムを出発点としていたので、彼の東洋史はそれまでの漢学と違って、非常にビビッドです。

現代中国語の中には、明治時代の日本人が、欧米の概念を漢字を使って翻訳した言葉が、たくさん借用されている。

15 清末・民国初の日本人教師と清国留学生

岡田 湖南は、一九一一年の辛亥革命の頃には、日本が手伝って、中国を日本のように近代化させなくてはいけないと考えていた。学者であると同時にジャーナリストでもあった湖南は、『支那論』などで、来るべき中国の共和政治について、どのようであればいいのか詳細に検討しました。ところが、一九一九年の五・四運動によって湖南は裏切られた思いになり、中国に完全に失望したのです。実際に五・四運動は過去を否定する運動で、あれは明らかにロシア革命とコミンテルンの影響だったと、私は信じています。一九一七年にロシア革命が起こり、一九一九年二月にコミンテルンが結成されて、五月に北京大学を中心に五・四運動が起こった。あの運動は、中国の西洋化運動です。中国の昔のものは全部いけない。孔子も『論語』もいけない。中国の伝統や歴史を一切否定する運動でした。そういうわけなので、明治維新以来一九一九年まで、日本が中国に対してしてきたことを、援助も含めて全部否定して、反日運動をしたんです。日本は、中国の近代化を手助けするようなふりをしていたけれども、自分たちの勢力を広げるために手を貸しただけじゃないか。それまで日本がしてきた援助は全部自分たちのためだったんだ、とすりかえた。このような考えは、ロシアが吹き込んだのではないかと思います。証拠はないですが……。というのも、清末から中華民国初期まで、中国は日本を真似て近代化をおこなったので、日本の教科書をそのまま使い、日本の教師を何千人も招いて、新設の初等・中等学校で教えさせたのです。日本人は人がいいから、中国に日本と同じように近代化してもらいたくて、安い給料でも本当に喜んで中国に行ったのです。

清朝は、日清戦争で日本に負けて、賠償金を二億両《テール》も出したかもしれないけれども、日本はそれを清朝の近代化のために使おうとしました。清国に学校も建てたし、たくさんの留学生も日本に招きました。年間五～六千人もの清国留学生が日本にやって来て、帰国したあと、清国の文官と武官の地位に就いたのです。武官は東京の振武《しんぶ》学校で日本語の速成講習を受け、そのあとすぐに地方の部隊で訓練をしました。蔣介石《しょうかいせき》もそうです。優秀な人は、陸軍士官学校に進学できましたが、蔣介石は陸軍士官学校に行けなかったんです。ところが、彼の履歴書には、日本の陸軍士官学校卒と書いてある。部下が陸軍士官学校卒だったので、負けるわけにいかなかったので、経歴詐称したのです。文官の方は、法律を勉強するために法学部に入りました。明治大学が非常にたくさんの留学生を受け入れた。神田の外語学院にはいっぱい中国人がいて、彼らは二年ぐらいで帰ってしまう。それでも、日本語の教科書は、てにをはを省いて読んでも意味がわかるわけですね。ほとんどが漢字で書いてあるわけですから。だから、現代中国語の中には、明治時代の日本人が、欧米の概念を漢字を使って翻訳した言葉が、たくさん借用されているのです。例えば「中華人民共和国」の国号でも、「中華」を除いたら全部日本語です。「民主主義」や「社会」や「経済」などは全部、明治時代の日本人が創った漢字の組み合わせです。毛沢東は『マルクス全集』を日本語で読んだのです。鄧小平も周恩来もフランス帰りだけれども、フランス語をそのまま持って帰っても誰にもわからないので、日本語の翻訳を利用するしかなかったわけです。ヨーロッパに留学した中国人ですら、日本語経由で欧米文化を入れたわけですが、そういう歴史を、現代中国は、今では全然なかったことにしています。ともあれ、五・四運動で内藤湖南はがっかりして、それで中国と離れるんです。中国も反日一色になりました。

16　世界における満洲学事情

――欧米やロシアなど世界における清朝史、満洲学の現状や展望について教えてください。

岡田　満洲学者は、日本と中国を除けば、今現役で活躍している人は、世界中で十人もいません。満洲語を学ぶ学生はもう少し多いです。とくにロシアは清朝とは国境を接していましたから、語学としての満洲語研究の伝統があります。今でもロシアではアジア学が盛んです。それから、フィンランドはやはりロシアを挟み撃ちしようという考えがあるので、満洲学の伝統があります。イタリア人の満洲学者に、私ととても親しい Giovanni Stary というベネチア大学教授がいます。欧米の満洲学者では今一番と言っていいですね。彼は『Aetas Manjurica 満洲学』という雑誌を刊行していて、さらに、世界中の満洲文献の目録を出し続けています。本人の専門は歴史というよりは民族学的な興味のようですが。それからサンクトペテルブルク、元のレニングラードには、ロシア人が持ち帰った満洲語の文献が山のようにある。ロシアは、北京に領事館や翻訳館があったので、非常にたくさんの文献が残っています。サンクトペテルブルクの科学アカデミーに、これを研究する学者がいて、その中の一人 Tatiana Pang は、お父さんが中国人で、英語や中国語もよくできて、たいへん優秀です。ドイツには、ベルリン国立図書館の司書をしていた Hartmut Walravens がいます。アメリカには、本書にも論文を寄稿している、私の弟子のハーバード大学教授 Mark Elliott を含めて何人か、そんな感じです。

北京・中国第一歴史檔案館

清朝時代には、ベルギー人などのカトリックの宣教師が満洲語を学んでいました。その人たちの伝統がヨーロッパにあるので、ヨーロッパの大学には今でも満洲学の幾つかの拠点があります。清朝史といわれると、先ほど言ったように、中国学の範疇に入ってしまって、中国語ができる人が、全体としてやっている。モンゴル人も、かつては満洲語ができる人がたくさんいたんですよ。今のウラーンバートルにも、何人かいます。

――台湾には清朝史の史料はありますか。

岡田　あります。故宮博物院にたくさんあります。蔣介石が軍艦で運んだ史料を研究する満洲学者が、台湾人に何人かいます。しかし、外国人で満洲語が読める学者の数としては、国別に言うと、日本人が一番多いですね。

――今の中国において満学の研究状況は……。

岡田　残念ながらかんばしくありません。北京の中国第一歴史檔案館には非常にたくさんの文献が所蔵されていて、何百万件という清代檔案の中の半分は満文です。今のような情況では、何百年たっても読み終わらないでしょう。もちろん漢文と対訳されていて、ほとんど同じ内容なので、歴史の大勢に影響はないだろうけれども、満洲語の研究者はたいへん少ないです。しかし、じつは中国は今、国家プロジェクト『清史』編纂事業を推進しており、清朝史研究に力を入れるようになっています。自分たちのところで学者を養成し、共産党に都合のいいように、中国史という枠組みの中で清朝史像を構築するため、お金をたくさん出しています。ただし、いくらお金をたくさん出しても、急に優秀な学者がたくさん出るということは難しいので、日本で出たものを必死で翻訳しています。『満文老檔』も、私、岡田英弘と、神田信夫・松村潤らが翻訳して、一九五五年から六三年にかけて財団法人東洋文庫から刊行した七巻の日本語のものを、さらに漢訳して出版しました。

17 満洲人意識の稀薄化

岡田 今の中国では、少数民族の中で満族は人口が多い方で、一千万人を超えていると言われています。しかし、満族の自治県や自治州ができたのは、それほど昔ではなく、一九八〇年以降です。この頃になってようやく、満族と言っても迫害を受けなくなった。中国の戸籍で少数民族として登録すると、一人っ子政策を守らなくてもよくなるので、満族村がたくさんできたら、とたんに満族がすごく増えたと聞きました。漢族出身の満族もたくさん混じっているようです。一千万人いても、新疆北部でイスラム教徒やモンゴル人に囲まれて暮らしているシベ族以外は、満族といっても、言葉としては満洲語をまったく話していない。満洲学会も満洲語の勉強会もつくったということですが、ふだん使っていないと、満洲語を復活するのはなかなか難しいでしょうね。

——今満洲語を使っているシベ族は何人ぐらいですか。

岡田 三万人ぐらいでしょうか。彼らだけは、今でも日常の話し言葉は、満洲語の一方言です。現中国の少数民族のなかで、モンゴル人は北に独立のモンゴル国があるので、モンゴル人は中国人だと言い切ってしまえない。でも、満洲人は中国人なんです。ずっと昔から中国人と同じだったと、どんどんそちらの方向に進んでいます。満洲人自身も、中国人と満洲人はどこが違うかと聞かれてもわからない。まったく同じだという意識の方が強くなってきていますね。中国人が、そもそもいろいろな人たちで、一種類ではない。出自はまちまちだけれども、全員が今中国人なわけです。中国人自身がそれを自覚している。例えば、雲南省とか貴州省とかの苗《びょう》族だったりしても、そのこと自体をもう問題にしないのが現代中国人だと、北京オリンピックを見ていて、実感しましたね。若い中国人は、自分たちの国は大きくていいじゃないか、十三億もいたらよその国に勝てるぞと、こういう気分のようです。だから、中国の中の異質性に関しては、あまり意識が行かないよ

新疆北部でイスラム教徒やモンゴル人に囲まれて暮らしているシベ族以外は、満族といっても、言葉としては満洲語をまったく話していない。

うに見えます。アイデンティティを強く持っているのは、チベット人とウイグル人とモンゴル人だけで、それ以外の少数民族は、中国の中で成功することを目指している。

土台が大きければ成功も大きい、金持ちになるチャンスも多いと思っているようです。「日本も中国になってしまえばいいのに」と、とんでもないことを言う中国人留学生もいます。彼は、もっと自由に行き来できれば、もっと金もうけのチャンスがふえるのに、残念だと思っている。こんなに日本語がうまくなったのだから、ビザが要らないように、何で日本は中国になってくれないの、というわけです。日本人はこういうことを知りません。だから一部の日本人が、こんなことをしていると日本は中国に飲み込まれるぞ、と警告しているのは、嘘ではない。あちらはバイタリティーがありますからね。日本はこれまで楽に暮らしてこられたから、これからも何とかなるだろう。アメリカが何とかしてくれると思っているようですが、そんなことはありません。これからは、そういう警告をすることも大事ですね。

歴史を知っていれば、対処の考えも生まれます。

18 歴史を知ることで、対策も生まれる

――今後に向けて、現在の日中関係をどう構築していくかという意味でも、やはり清朝史の正確な認識は非常に大事だと思います。先生は清朝史を、これからの日本人や中国人がどのように知るべきであるのか、お考えをうかがいたいと思います。

岡田 正直なところ、時機を逸しましたね。あの満洲帝国の時代が最後だった。あれが満洲人、というより現代の中国人にとっても、正確な清朝史の認識を持つ最後のチャンスでした。もう手遅れだと思うんです。「狂瀾《きょうらん》を既倒《きとう》に廻《めぐ》らす」（時勢の傾きを再び元に回復する）のは無理です。荒れ狂っている波をひっくり返す、というようなものです。

――ということは、現代の中国は、そのあたりを葬って、清朝の連続線上に新しい中国があるとするということですか。モンゴル帝国の元を境にして前と後という発想もない。しかも日本の研究においても、なかなかそこは難しいと。希望のない話ですが、一筋でも光はないですか。

岡田 じつは非常に危ないんですよ。日本は、海に囲まれた小さな島国だったおかげで、これまで本当に運がよかった。しかし、

ずっとラッキーに行けるかどうかというのは別問題です。明治維新、日清、日露、満洲事変と頑張ったからここまで来た。ようやく大陸の狂瀾を押し返すことができたけれども、頑張らなかったら、地政学的に何でもあり得る関係だと思います。もちろん、朝鮮半島に比べたら、日本は断然安全ですよ。飛行機と船の数は限られています。朝鮮半島は陸続きだから、もし中国で何かあったときは、歩いていくらでも来られるので大変です。朝鮮半島の歴史は、大陸の変動にしょっちゅう巻き込まれてばかりでした。そのとば口が、満洲の遼東です。歴史を知るということは、将来のためにとても大事なことなんです。

民族衣装を着た新疆のシベ族夫婦

――そのためにも「清代史」ではなくて、清朝史をしっかり学べ、と。

岡田 そうです。何があったのか、本当のことを知っておこうと。

――清朝は中国ではないという認識が必要なのですね。

岡田 中国とは何かというと、国としては一九一二年にはじめて、中国という名前ができたのです。中国という国家は、それ以前にはじつはなかったんです。日本人は何だかわからないのに、五千年とすぐ言ってしまうけれども。

――今の中国というのは、中華人民共和国のことを言っている。

岡田 一九四九年に誕生しましたが、百年続くかどうか。何か起こったときに日本がじたばたしないように、われわれに知識がないといけない。歴史というのは、そういうものです。歴史を知っていれば、対処の考えも生まれます。

――どうもありがとうございました。

（二〇〇八年九月八日）

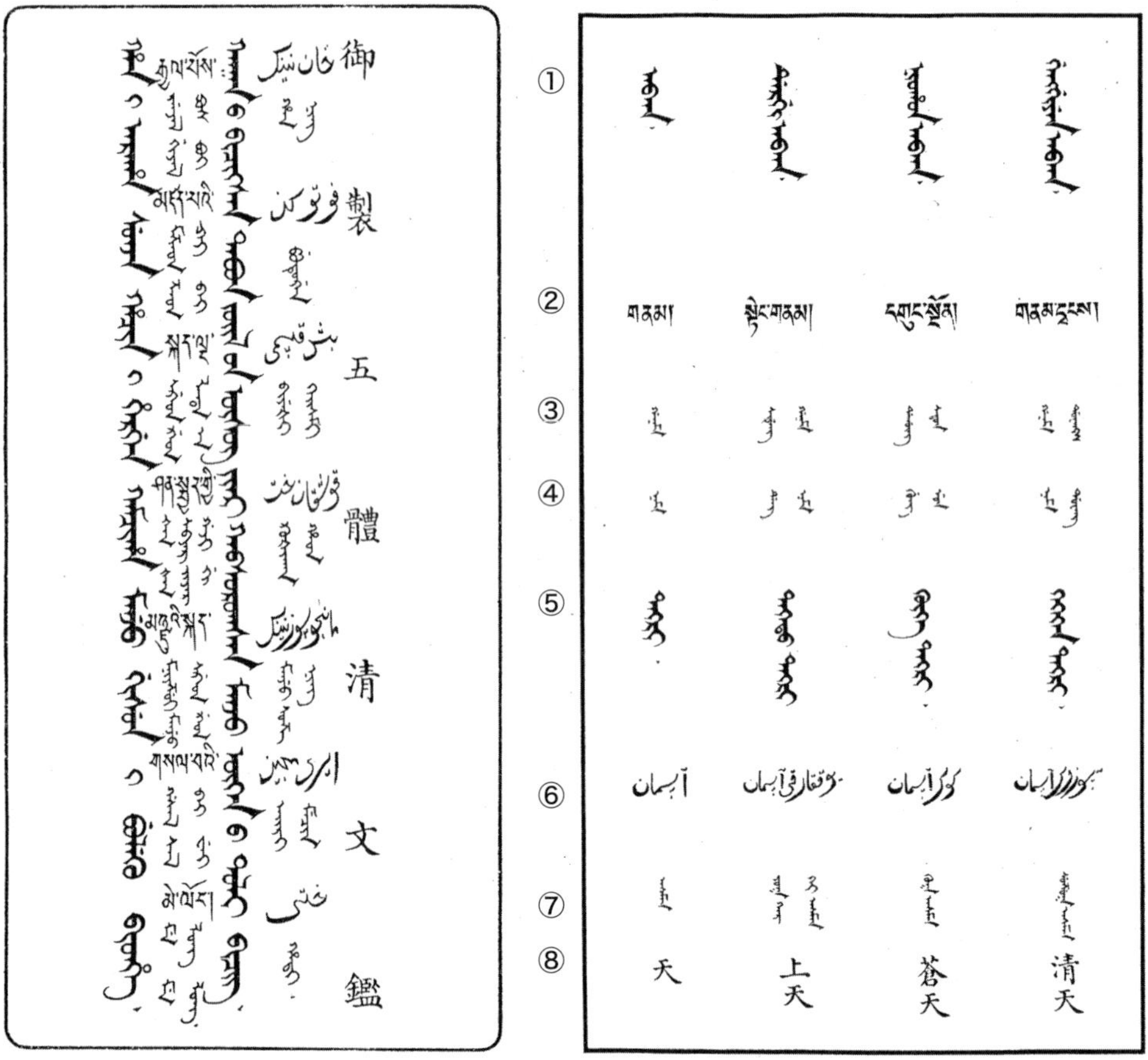

『五体清文鑑』
清朝で公式に使用された五種類の言語の対訳辞典。
①満洲語。②チベット語。③チベット語の綴りを一つずつ満洲文字にしたもの。④チベット語の発音を満洲文字で表現したもの。⑤モンゴル語。⑥アラビア文字で書かれたトルコ語。⑦トルコ語の発音を満洲文字で表したもの。⑧漢語。

清朝とは何か

新疆・ジューンガル草原

十三世紀に成立したモンゴル帝国から、大清帝国への流れをたどる

大清帝国にいたる中国史概説

宮脇淳子
Miyawaki Junko

みやわき・じゅんこ　一九五二年和歌山県生。京都大学文学部卒業。大阪大学大学院満期退学。博士（学術）。歴史学。主著に『モンゴルの歴史』（刀水書房）『最後の遊牧帝国』（講談社）『世界史のなかの満洲帝国と日本』（ワック）等。

1　「中国」と「中国人」は二十世紀に誕生した

現在の中華人民共和国、つまり私たちがふつう中国と呼ぶ国家の領土はすべて、一九一二年に崩壊した清朝、つまり「大清帝国」の領土を継承している。清朝の正式の国号は「大清」であるが、「最後の中華王朝」という意味で、一般に「清朝」と呼ばれるのである。大清帝国の最大版図はじつは、現在の中国の領土よりもさらに広く、今ではロシア領である沿海州やアムール河北方、モンゴル国やカザフスタンの一部までを含んでいた。それで中国人は、その地域も潜在的には中国領であるという気持ちを今でも捨てていない。しかし、ここで問題にすべきであるのは、では、中国人とはどういう人たちで、中国とは古来不変な国家だったのか、ということである。

日本のテレビ局は中国に関する番組を作る時、つねに「中国五千年」とか「四千年」などと枕詞につける。それを見聞きする日本人の方でも、自分たちが日本列島という、領土が一定した島国の中で、人間の入れ替わりがほとんどない、何千年にもおよぶ歴史を持ってきたために、「そうか、中国は日本の何倍もの長い歴史を持つ国家で、かつては日本に漢字や宗教をもたらした先生だ

ものなあ」と素直に信じてしまうのだが、「中国」も「中国人」も、じつは二十世紀まで存在しなかった。このように言うと、概念として、あるいは言葉としてはなかったかもしれないが、何千年も前に漢字が発明され、夏《か》・殷《いん》・周《しゅう》と古代都市国家があり、少なくとも紀元前二二一年の秦《しん》の始皇帝《しこうてい》の統一からは、代々の中華王朝が交代し、二四もの正史が書かれてきた。これこそが中国史だろう、と反感を覚える人もいるかもしれない。しかし、概念や言葉がなかったということは、実体もなかったということではないだろうか。

「中国」という漢字の組み合わせは確かに漢文の古典にも存在する。国という漢字はもともと城壁に囲まれた都市「みやこ」を指した。紀元前六世紀に孔子が編纂したと言われる『詩経』に「中国」を歌った詩があり、その注に「中国とは京師《けいし》である」とある。つまり、かつて「中国」は「まんなかのみやこ」、つまり首都のことだった。

国といえば、日本人の祖先が初めて記録に登場する『漢書』「地理志」の「楽浪《らくろう》の海中に倭人あり、分かれて百余国となる。歳時をもって来たりて献見す」の記事も、紀元前一世紀の日本列島に百余もの国家があったわけではなく、城壁に囲まれていたとは思えないが、町あるいは集落が百余あったと言っているのである。

「中国」はやがて首都よりも広い意味に使われるようになり、紀元前一世紀初めに書き終えられた司馬遷《しばせん》の『史記』では、今の陝西《せんせい》省・河南省・山東省を中国と呼んだ。しかしこの後、この言葉は長い間忘れられていた。今のような国家を指す言葉になったのは、十七世紀に大清帝国を建てた満洲人と、十八世紀以降の日本人のせいである。

本論でも後述するし、本書のあちこちで論じられることであるが、山海関《さんかいかん》の東で建国した清朝の支配層である満洲人は、漢字とは異なる自分たちの言葉と文字を持っていた。その満洲語で、自分たちの故郷と、明の故地である万里の長城の南を併せて、「ドゥリンバイ・グルン」（**dulimbai gurun**）と呼んだ。「まんなかの国」という意味である。これを漢字で書くと「中国」になる。この両方の土地が満洲皇帝の直轄地だったからである。これに対して、モンゴルやチベットやトルコ語を話すイスラム教徒は「そとの垣根」すなわち「外藩《がいはん》」と呼ばれた。ただしこの満洲語の「中国」は一つの地域ではなく、万里の長城の東端の山海関を越えた満洲人の故郷は、満洲旗人《きじん》の土地すなわち旗地と呼ばれて、三人の将軍が管轄する特別行政区域で、清末まで漢人農民の入植が禁止されていた。

次に日本の影響の方であるが、江戸時代前半の日本では、お隣の大陸を、すでに明から清へと王朝が代わったことを知っていたにもかかわらず、遠い昔に滅びてしまった王朝名を使って、相変わらず「漢土《かんど》」とか「唐土《とうど》」と呼んでいた。「漢字」「漢文」のみならず、「唐子《からこ》」や「唐辛子」や「唐黍《とうきび》」など、たくさんの言葉をすぐ思い起こすことができるだろう。

さて一七〇八年、イタリアの宣教師シドッティがキリスト教の布教を志して屋久島に上陸し、捕えられて江戸で訊問を受けた。取り調べに当たった新井白石《あらいはくせき》は、彼の語った内容にもとづき『采覧異言《さいらんいげん》』『西洋紀聞《せいようきぶん》』を著して、ヨーロッパ人の知識に基づいて世界の形状を描写したが、隣の大陸をヨーロッパ人が「チーナ」と呼んでいるのを知って、古い漢訳仏典から「支那」の音訳を探してこれに当てた。この言葉は、秦《しん》の始皇帝の「秦（チン）」が起源で、インド人が「チーナ」と呼んだのが十五世紀にポルトガル語から西欧に入り、「シーヌ」「ヒーナ」「チャイナ China」になったのである。仏典でも秦が「チーナ」、秦国が「チーナスターナ」と書かれていたのを、後漢《ごかん》時代に漢訳されたとき、もとの意味がわからず「支那《しな》」「震旦《しんたん》」と音訳されたのだ。日本では新井白石の後、ひんぱんに交代する王朝の名前ではなく、連続した文明や土地を指す言葉として、お隣の大陸を支那と呼ぶようになって、明治維新を迎える。

さて一方、一八九四〜九五年の日清戦争に敗れた大清帝国は、ようやく日本を手本に西洋化に乗り出し、翌九六年から留学生を続々と日本に派遣した。清国留学生も初めは自分たちの国土を「支那」、自分たちを「支那人」と呼んだ。ところが、「支」は「庶子」、「那」は「あれ」で、よい意味ではない。漢字は表意文字であるから、発音ではなく意味が何より大切だ。それで十九世紀末から二十世紀初めに「支那」の代わりに「中国」を使うようになったのである。

「中国五千年」の出所は、一九一一年の辛亥《しんがい》革命の際、革命派が、倒すべき清朝の暦は使えないし、かといってキリスト教紀元の西暦を使うのを嫌って、黄帝《こうてい》即位紀元四六〇九年としたのが始まりである。黄帝とは、司馬遷が『史記』の冒頭で皇帝の祖先として描いた神様で、もちろん実在の人物ではない。これは、明治維新以来の日本のナショナリズムである、紀元前六六〇年に即位した神武天皇以来、万世一系の天皇を戴いている神国という思想に対抗した概念である。日本が二千六百年ならば中国は倍の五千年はある、ということだ。また、日本人がすべて天照大神《あまてらすおおみかみ》の子孫の大和民族である、という神話に対抗して、黄帝の子孫の中華民族、という神話がこのとき誕生したのだった。

ただし日本人は、海に囲まれた島国という有利な条件のもと、漢字という表意文字の他にひらがなとカタカナという表音文字を発明したお蔭で、耳で聞いてわかる共通語をすぐに開発することができ、国民国家の形成に成功したが、中国は日本のようにはいかなかった。大清帝国の遺産をすべて抱え込んだために、いまだに国民国家化には成功していない。中国人に含まれるモンゴル人やチベット人やウイグル人は、漢字とは別の言葉や文字を持ち、自分たちの歴史を持っている。ところが、中国人はみな中華民族である、という建前だと、彼ら少数民族も黄帝の子孫であると強弁するしかなくなるわけだ。モンゴル人やチベット人やウイグル人は、この神話を拒否しているが、それでは十三億の人口の大多数を占める漢人は黄帝の子孫の中華民族と言えるのか、というと、彼らは少数民族ではないというだけで、つい最近まで、同郷人でなければ互いに話し言葉も通じなかった。われわれ中国人などという意識は、今でも諸外国に対峙したときにしか生まれない。特に日本に対抗するときの概念なのである。

2 中国は二千二百年

以上のような次第なので、これまで中国に抱いていた思い込みを取り払って、あらためて大陸の歴史を見てみよう。

ところで歴史叙述の難しいところは、新しい概念を説明する際にも、既成概念のある古い名詞を使わざるを得ないことである。現代の中国という国家に一直線につながっているわけではないが、紀元前に黄河中流に誕生した、漢字と都市と皇帝の三つをキーワードとする文明を中国文明と定義し、黄河と、後に長江流域に広がった王朝の興亡史を、便宜上、中国史と呼ぶことにする。

しかし、たとえ中国という言葉を便宜上使うとしても、「中国五千年」はあり得ない。「中国二千二百年」である。その理由は、紀元前二二一年に天下を統一した始皇帝の秦が、現在の「チャイナ China（支那）」の語源であるからだけでなく、秦王朝こそがこの地における初めての政治的統一体だったからである。ところが、秦を継いだ漢の武帝に仕えた司馬遷は、『史記』の冒頭に「五帝本紀」を置き、黄帝に始まる五人の君主が天子となって天下を統治した有様を叙述した。司馬遷が描いた天下は、武帝の時代の版図をそのまま投影したもので、最初の天子とされる黄帝の治績も武帝そっくりである。つまり司馬遷が言いたかったのは、歴史が始まったときから、天下には天命を受けた天子がかならず一人いて、その天子だけが天下を統治する権利を持っている、漢の武帝は天命を受けた正統の皇帝である、ということだった。実際には全天下を統治する皇帝すなわち天子という概念は、名前自体が示すように、秦の始皇帝から始まったのであるが、『史記』が中国文明最初の歴史書であったために、司馬遷の描いた天下がそのまま、いわゆる中国と見なされ、その世界観が後世にまで強い影響をおよぼしたのである。

五帝は神様であるので論外として、そのあと『史記』が述べる、夏・殷・周の各王朝は、よく読めば都市国家の中で軍事力がやや大きかった程度で、天下は統一されていなかった。しかし、天命を受けた正統の天子がつねに天下のどこかに存在し、天命が五帝から夏・殷・周・秦・漢と伝わったのでなくてはならないから、『史記』では、各時代ごとに帝王の在位中の政治的事件を記す「本紀」が建てられた。王朝の徳（エネルギー）が衰えると、天がその命を改めることを「革命」という。だから中国史では、新たな王朝が天命を受け、それに正統が遷《うつ》るのを「易姓革命」と呼ぶのである。明治時代の日本人は、英語の「レヴォリューション(revolution)」の訳語としてこの「革命」を当てたが、英語のもとの意味は「ころがってもとにもどること」で人間界の出来事なのに対して、「革命」は天が行うことであるから、似て非なる概念であるといえる。

話を戻して、以上のようなわけで、秦の始皇帝の統一の前は、のちの漢人の祖となったいろいろな種族が黄河中流で接触し、商業都市文明をつくり出し、中国の原形を用意した、中国以前の時代とするのである。

さて、二千二百年前に始まった中国史を、それでは一九一二年の清朝崩壊まで、単なる王朝交代史として片付けてよいものだろうか。じつはこのような中国史の見方自体が、初めての歴史書である『史記』の枠組みにとらわれたものである。なぜなら、いわゆる中国の版図と中国人の内容は、各時代によってたいへん変化したにもかかわらず、このあと書かれた二三の正史の枠組みが『史記』を踏襲しているために、皇帝の一族と支配民族が入れ替わっただけで、中国は一定不変であるというように見えるのである。つまり、書かれた記録と現実の間の乖離は、時代を下るに従って大きくなる一方だった。

3 五つに時代区分できる中国史

万里の長城以北のモンゴル草原や中央アジアも視野に入れて、『史記』の枠組みを離れて、現代日本人の目であらためて中国史を見直すと、中国史は五つに時代区分することができる。紀元前二二一年の秦の始皇帝の統一までが中国以前の時代である。中国史自体は三期に分けられ、それぞれ前期と後期に区分できる。第一期は、紀元前二二一年から五八九年の隋の統一までの約八百年で、紀元一八四年の黄巾《こうきん》の乱で前期四百年と後期四百年に分けられる。第二期は、五八九年の隋の統一から、モンゴル人の建てた元朝が南宋を滅ぼして中国を統一する一二七六年までの約七百年である。第二期は、モンゴル草原の遊牧民であった契丹の太宗が華北に入り、燕雲十六州の地を獲得した九三六年で、前期と後期に分ける。第三期は、一二七六年の元の統一から、大清帝国が日清戦争で日本に敗れる一八九五年までの約六百年で、一六四四年に満洲族の清朝が北京に遷都した時をもって、前期と後期に区分する。一八九五年からあとは、中国文明が放棄されて日本の影響が強くなり、世界史の一部に組み込まれることになったので、中国以後の時代とする。

これでわかるように、モンゴル帝国と大清帝国は、中国史を時代区分する重要な役割を果たしているわけであるが、この時代区分の根拠について簡単に説明しておこう。

秦漢時代の統一された中国は、紀元一八四年に起こった中国最初の宗教秘密結社の反乱である黄巾の乱が引き金となって、一八九年に董卓《とうたく》の乱が起こり、さらに将軍たちの権力争いが続いて、魏・呉・蜀の三国時代になった。秦・漢時代の中国の人口は最大六千万人であったが、二三〇年には三国合わせて四八〇万人に激減していた。人口が十分の一以下になったわけで、これは事実上、最初の漢族の絶滅である。ことに華北の平野部は人跡まれな状態で、北方や西北方から鮮卑《せんぴ》・匈奴《きょうど》・羯《かつ》・氐《てい》・羌《きょう》の「五胡」が移住させられた。

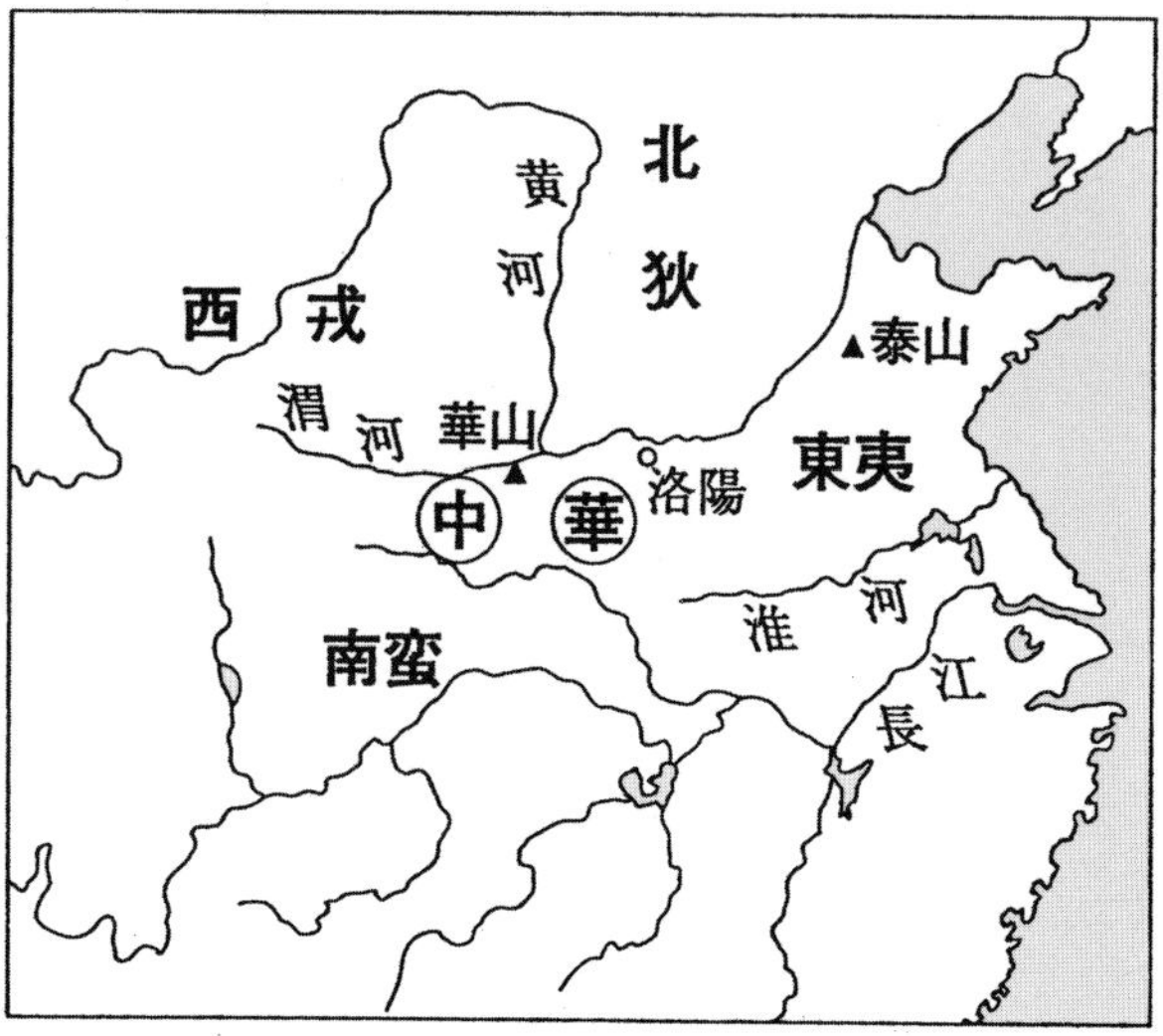

図1　中華と四夷

出典：岡田英弘『中国文明の歴史』講談社（講談社現代新書），2004年，42頁

三国時代はやがて魏が蜀を併合し、魏をのっとった晋が呉を併合して、二八〇年には再統一がなったが、将軍の権力争いから三〇〇年にはふたたび内戦となり、これに乗じて三〇四年に匈奴の劉淵が漢王として独立して「五胡十六国の乱」が始まる。わずかに生き残った漢人は長江の南に避難し、南朝と呼ばれる亡命政権をつくった。これに対して、四三九年に鮮卑族の拓跋《たくばつ》氏が華北を統一して建てた北魏が北朝である。

隋と唐の皇帝の祖先はこの北魏の将軍であったから、典型的な中華帝国と考えられている隋も唐も、モンゴル草原から南下した遊牧民の子孫なのである。唐の都の長安が、中央アジアとの交流が盛んな国際都市であったのは当たり前で、唐代の中国人は、秦・漢時代の中国人の直接の子孫とは言えない。

ここで、では中国人とはどういう人たちのことかというと、『史記』には、古い時代のこととして、洛陽盆地をとりまいて、東夷《い》・西戎《じゅう》・南蛮《ばん》・北狄《てき》、略して四夷《しい》がいたと伝えている。夷狄《いてき》や蛮夷《ばんい》も同じ意味である。夷は低地人の意味で、黄河・淮河《わいが》の下流域のデルタ地帯に住む農耕・漁撈《ぎょろう》民である。戎は絨《じゅう》と同じく羊毛の意味で、洛陽盆地から西方の草原の遊牧民である。狄は、貿易・

交易の易《えき》、穀物購入の糴《てき》と同音で、行商人の意味であるが、洛陽盆地の北方、当時はまだ森林におおわれていた山西高原の狩猟民のことだった。蛮は彼らの言葉で人の意味で、河南西部・陝西南部・四川東部山地の焼畑農耕民である。これら異なった生活形態を持つ人々が、黄河中流の洛陽盆地の近辺で接触し、目で見て理解する通信手段である漢字を使って交易を行い、都市を発達させたのが中国文明の起源である。つまり、中国人とは文化上の概念であって、人種としては蛮夷戎狄の子孫なのである。だから、のちに五胡が中国の領域に入り、漢字を学んで中国人になったのは、中国史としては当然の流れだった。

4 中華思想の始まり

しかし、隋と唐のいわば北族の中華帝国は、『史記』の版図を越えて、東北アジア、北アジア、中央アジアに勢力圏を広げた。だから第二期とするのである。このうちの前期には、東北では大興安嶺《だいこうあんれい》山脈東斜面の半農半牧の契丹《きったん》族、北方ではモンゴル草原の突厥《とっけつ》（トルコ）帝国の分かれであるウイグル族、沙陀《さだ》族などが、中国の商業網にむすびつけられて発展した。そして、九〇七年に弱体化した唐が滅びると、中国は五代十国の動乱時代に入り、九三六年には新北族の契丹が北京と大同を含む燕雲十六州を獲得して、後期に入るのである。

契丹皇帝は、九六〇年に五代を終わらせた宋と対峙し、一〇〇四年、契丹皇帝はみずから軍を率いて宋に侵入した。宋の皇帝は契丹の皇太后を自分の叔母と認め、宋から契丹に毎年、十万両の銀と二十万匹の絹を支払うことで和議が結ばれた。これを澶淵《せんえん》の盟という。これは北族と新北族の新たな南北朝であり、しかも新北族がイニシアティヴを握る中国に変化してゆきつつあったことを示している。

内藤湖南以来の日本の東洋史では、宋代を中国史のなかの重要な時代と位置づけ、貴族制が終わって平民が台頭し、貨幣経済が始まった「近世」であるとする。北方の契丹、女直《じょちょく》、モンゴル族は、中国人ではなく、あくまで異民族であるとする立場がふつうである。その最大の理由は、これら北方民族が漢字を使用せず固有の文字を持っていたからだが、もう一つの理由は、当時のいわゆる中国人が書いた漢字文献自体が、彼らを夷狄と呼んで、中国人とは認めていないからである。

一〇八四年に完成した、宋の宰相だった司馬光が編纂した『資《し》治《じ》通《つ》鑑《がん》』こそが中華思想の生みの親であり、日本においても『史記』に次いで、中国史の見方に大きな影響をおよぼした。これは紀元前四〇三年から、宋の太祖が皇帝になる前の年の九五九年までを編年体で記した書物だが、先の南北朝の時代は、南朝の年号だけを表記して君主を皇帝と呼び、北魏など北朝の皇帝は「魏主」と書く。北朝は正統ではない、という態度である。それで、日本の中国史学者はだいたい、三国時代のあとの「魏晋南北朝」を「六朝時代」と呼ぶのである。

ところが司馬光は、五八九年になると南朝の陳の皇帝を「陳主」に格下げし、それまで「隋主」としていた隋の文帝を皇帝と呼ぶ。陳の滅亡の年を境にして、正統が南から北へ飛び移るのだ。そうでなければ、隋と唐を継いだ宋も正統でなくなるおそれがあるからだった。司馬光は、武力で宋を圧迫した契丹皇帝を北朝になぞらえて、正統ではないと非難したかったのである。しかし、じつは宋の太祖趙匡胤《ちょうきょういん》は北京のすぐ南の生まれで、父は、沙陀トルコ人が建てた後唐の親衛隊の出身で、同じく沙陀トルコ人の王朝である後周の親衛隊長になった。宋の人々は、つまりは古くに入植した遊牧民の子孫だったのだろうが、自分たちこそ正統の中華で漢人であるとし、新しく北方に興った遊牧帝国を成り上がりの夷狄とさげすんだのが、中華思想の起源となったのである。

5 モンゴル帝国の先触れとなった契丹帝国と金帝国

中国史の第二期を前後期に時代区分する役割を果たした契丹（キタイ）人は、のちにモンゴル帝国の重要な構成員となり、モンゴル帝国の中国支配の先導役を務めた人々である。九一六年に北方で建国された契丹帝国は、みずからの皇帝を持ち、故郷の遼河にちなむ「遼」という漢風の国号も使用した。国土を五道に分け、「五京《ごけい》」と呼ばれる都市をそれぞれの中心に置いた。契丹人の本拠地には上京臨潢府《じょうけいりんこうふ》、奚《けい》人の中心地に中京大定府《ちゅうけいたいていふ》、渤海《ぼっかい》人の中心地に東京遼陽府《とうけいりょうようふ》、沙陀トルコ人の中心地に西京大同府《せいけいだいどうふ》、今の北京の地には南京析津府《なんけいせきしんふ》が置かれた。契丹帝国では、遊牧民は部族に、定住民は州・県に編成され、北面官が遊牧民を、南面官が定住民を管轄した。皇帝や貴族たちはそれぞれ、オルドと呼ぶ遊牧民と定住民からなる私領を持った。オルドはまた、皇帝の住む大天幕と、それに従う家来たちの天幕群のことでもあった。このオルドは言葉ごとモンゴル帝国に継承された。

契丹帝国を滅ぼしたジュシェン（『遼史』『金史』『元史』は「女直」と書き、宋と朝鮮の史料は「女真」と写す）という種族は、トゥングース系の言語を話す狩猟民で、唐代の黒水靺鞨《こくすいまっかつ》の一部族の後裔である。靺鞨人と一部分高句麗人を国民とした渤海国が九二六年契丹に滅ぼされたあと、渤海の遺民が東京（遼陽）に移されたため、人のいなくなった渤海の旧領に、黒龍江下流から南下してきて住みついたのが女直人である。契丹帝国では、自国の領内に移住させて戸籍を与えた者を「熟女直」、直接支配を受けない者を「生女直《せいじょちょく》」と呼んだ。生女直の一部族、完顔《ワンヤン》部族長の阿骨打《アグダ》（金の太祖）が一一一五年に独立し、大金皇帝の位についたのが、金の建国である。金という国号は、完顔部族の本拠地が今のハルビン市東南のアンチュフ（按出虎）水のほとりで、「アンチュン」が女直語で黄金を意味するからである。この地には金代には上京会《じょうけいかい》寧府《ねいふ》が置かれた。

金軍は契丹軍に連戦連勝して、最後の契丹皇帝を一一二五年に今の内モンゴルで捕らえ、引き続き宋に侵入して、翌年開封を占領し、宋の徽宗《きそう》・欽宗《きんそう》父子を捕らえた。欽宗の弟の高宗が南に逃げて、一一二七年に皇帝となり、杭州に臨時政府を置いた。これから後の宋朝を南宋という。金帝国は契丹の領土をほぼそっくり受け継いだ上に、新たに華北を領土に加えたが、遊牧地帯は内モンゴルまでで、漠北のモンゴル高原には支配が及ばなかった。契丹人は遊牧騎馬民出身だったが、女直人はもともと森林の狩猟民出身だったからである。だから、遼から金になったあと、支配のゆるんだモンゴル高原の遊牧諸部族の間に力の空白が生まれ、チンギス・ハーンの台頭へとつながったのである。

6 モンゴル帝国のしくみ

一二〇六年春、今のモンゴル国のケンテイ山脈のなか、オノン河の水源地に、モンゴル高原の遊牧部族の代表者たちが集まって大会議が開催された。その席上、全員一致でモンゴル部族出身のテムジンが最高指導者に推戴され、大シャマン（巫）、ココチュ・テブ・テンゲリが、彼にチンギス・ハーンという尊称を授けた。ココチュはさらに神がかりになって、次の天命を宣言した。「永遠なる天の命令であるぞ。天上には、唯一の永遠なる天の神があり、地上には、唯一の君主なるチンギス・ハーンがある。これは汝らに伝える言葉である。我が命令を、地上のあらゆる地方のあらゆる人々に、馬の足が至り、舟が至り、使者が至り、手紙が至る限り、聞き知らせよ。我が命令を聞き知りながら従おうとしない者は、眼があっても見えなくなり、手があっても持てなくなり、足があっても歩けなくなるであろう。これは永遠なる天の命令である」。これがモンゴル帝国の建国であり、今の言葉を使うならば、モンゴル民族の誕生だった。

君主になったチンギス・ハーンがモンゴルと呼ばれる集団の出身だったので、政権に参加した者はみなモンゴル人となったのだが、彼らは同時に、ロシアやヨーロッパからはタタル／タルタルと呼ばれ、ペルシア語ではトルコと呼ばれた。モンゴル帝国の構成員は、それまで様々な名前で呼ばれていた遊牧民すべての血統を引いていた。そもそも遊牧民は族外婚の習慣を持ち、同じ部族の中では結婚しない。モンゴル帝国の支配層は、このあと互いに娘を交換して結婚関係を結び、ほとんど全員が姻戚になった。モンゴル帝国の後裔の遊牧民が、今ではトルコ系とモンゴル系に分けられるのは、十九世紀のヨーロッパ人が言語と宗教によって分類した結果にすぎない。今のモンゴル民族は、八百年前に生まれたモンゴル人の子孫の一部である。

ここで、なぜ草原の遊牧民が建てた国家を遊牧帝国と呼ぶのか説明しよう。一つには、日本語の帝国の原語である英語の「エンパイアempire」のもとの意味は、最高の統治権、あるいは統治ということで、国境に囲まれた領土という意味が含まれていないから、現代の国民国家のような「国家」ではないという意味である。二つめは、遊牧帝国が多民族・多宗教国家だったからである。支配階級の遊牧民自身が、今で言うモンゴル系やトルコ系やイラン系など、あらゆる系統の人種が入りまじった諸部族の連合体だった。その遊牧民の支配を受けた定住農耕地帯は、東は朝鮮半島から西はロシア草原まで、南は中国からイラン高原まで含むのだから、これはもう旧大陸のほとんどすべての民族が入っていたと言っていい。だから帝国なのである。

遊牧帝国は部族連合であるから、チンギス・ハーンといえども、他の部族長の領民に直接の支配をおよぼすことはできない。軍事遠征に出るときは、ハーンが大集会を召集し、部族長である皇族や将軍たちと、軍の編成と徴発する兵隊の数を協議した。征服戦争に勝利すると、指揮官であるハーン個人が掠奪品の一割を取り、残りは決められた数の兵力を供出した各千人隊や百人隊に平等に分配された。チンギス・ハーンは、千人の兵士を出せる領民を持つ部族長を千人長に、複数の千人隊を指揮する将軍を万人長に任命した。これは平時には宮廷席次つまり身分であるが、戦時にはそのまま軍隊の階級になった。ハーンはさらに、氏素性のよい者の子弟から技能・体格ともに優秀な者を選抜して、平時には侍衛すなわちハーンの宿営の番士とし、戦時には近衛兵とした。彼らは「ケシクテン（ハーンの恩寵を有する者たち）」と呼ばれ、四班に分かれて三日三晩の当直についた。ハーンの宿営の番士を務めた間に仲良くなった有力部族長の子弟たちは、姉や妹を互いに妻とし合い、出身部族に戻った後も、モンゴル帝国の絆を固めるのに大いに役立ったのである。

遊牧民の相続は原則的に均分相続である。年長の息子から家畜を分けてもらって家を出て行き、末子が両親と同居してその面倒を見、最後に残ったものを相続するので、末子相続制とも言われるが、末子が全財産を相続するという意味ではない。遊牧帝国の支配層にとっては領民が財産だった。チンギス・ハーンは生前に子供たちと弟たちに、それぞれの領民が遊牧する土地を割りあてており、死んだときには、彼個人の軍隊も分配された。四人の息子たちは、長男ジョチが今のロシア方面、次男チャガタイが中央アジア、三男オゴデイが今の新疆、末子トルイがモンゴル高原を所領として与えられ、東方の大興安嶺方面は、三人の弟たちが遊牧領地を割りあてられた。

モンゴル帝国が建国後半世紀で分裂したのは、遊牧帝国に不可避の、均分相続による継承争いのせいである。遊牧民の君主たるものの条件は、第一に戦争の指揮がうまいこと、第二に掠奪品を公平に分配できること、第三に紛争の仲裁能力があることである。戦争は馬も食糧も武器も自前の出稼ぎで、負けたら投資はすべてなくなるわけだから、戦争に勝つ君主でなければついていかない。

第二に、戦争での働きを勘案して獲得品を平等に分配してくれなければ、やはりついていかない。君主にしても、征服戦争を続けている間は自分の財産も増え、部下もついてくるが、征服する対象がなくなったときが問題である。みなが均分相続をするので、皇族や将軍も代を経るごとに一人一人の財産が減っていく。こうして兄弟や従兄弟がライバルになっていき、支配層の間で内紛が起こっていったのだ。

チンギス・ハーンの死後、第三代ハーン選出のときに、すでにモンゴル帝国には分裂の兆しがあった。一二五九年、第四代ハーンとなったトルイの長男モンケが南宋征服作戦に従軍中に四川省で病没すると、次弟フビライと末弟アリク・ブガの間で継承争いが起きた。四年続いた争いの結果、四つに分裂したモンゴル帝国のなかで、もっとも東にあってモンゴル本土と満洲と中国を支配した宗主国が、中国史でいうところの元朝である。

7　モンゴル帝国が中国を支配する

一二六〇年にフビライはモンゴル帝国のハーンに即位し、一二七一年に「大元《だいげん》」という漢式の国号を採用した。フビライは、祖父チンギス・ハーンに太祖という廟号を贈り、これを祀ったので、中国ではチンギス・ハーンを「元の太祖」と呼ぶ。しかし、チンギス・ハーンの時代に元はないし、彼は中国人ではない。モンゴル帝国は中華帝国ではないし、中国王朝でもない。それにもかかわらず、元が南宋を滅ぼした一二七六年をもって中国史の第三期が始まるとする理由は、このときに北アジアと中国が一つの文明圏に統合され、皇帝は「華」と「夷」の両方に君臨すべきものと考えられるにいたったからである。

世祖フビライにはじまる元朝の歴代皇帝にとって、本拠地はあくまでモンゴル高原で、北京に新たに建設した大都《だいと》は冬の避寒キャンプ地にすぎなかった。大都は物資の補給基地であり、漢人を統治する行政センターであった。元代の「漢人」は、金の支配下にあった華北の定住民のことで、宋代の漢人の他に、契丹人、女直人、渤海人、高麗人も含み、一二三六年の統計では一一一万戸、五百万人ほどである。元は一二七六年に南宋の首都臨安《りんあん》を占領し、全中国の支配をはじめるが、南宋の遺民を「南人」とか「蛮子《マンジ》」と呼んだ。

モンゴルの支配は属人主義で、中国では戸（家族）ごとに課税し、中央アジアでは成年男子に人頭税を課すなど、支配地域の慣習に従って徴税した。さらに、すべての支配地域をつなぐ交通通信網の「駅伝」を設置した。これは、幹線道路に一定距離ごとに置かれた駅站《えきたん》で、ハーンの名で出された牌子《パイザ》という札を持った使者や公用の旅行者に、乗り換え用の馬や食物や宿舎を提供する制度である。このようにして交通の安全が保証されたおかげで、モンゴル帝国時代には遠隔地を結ぶ交易が盛んになった。遊牧君主たち

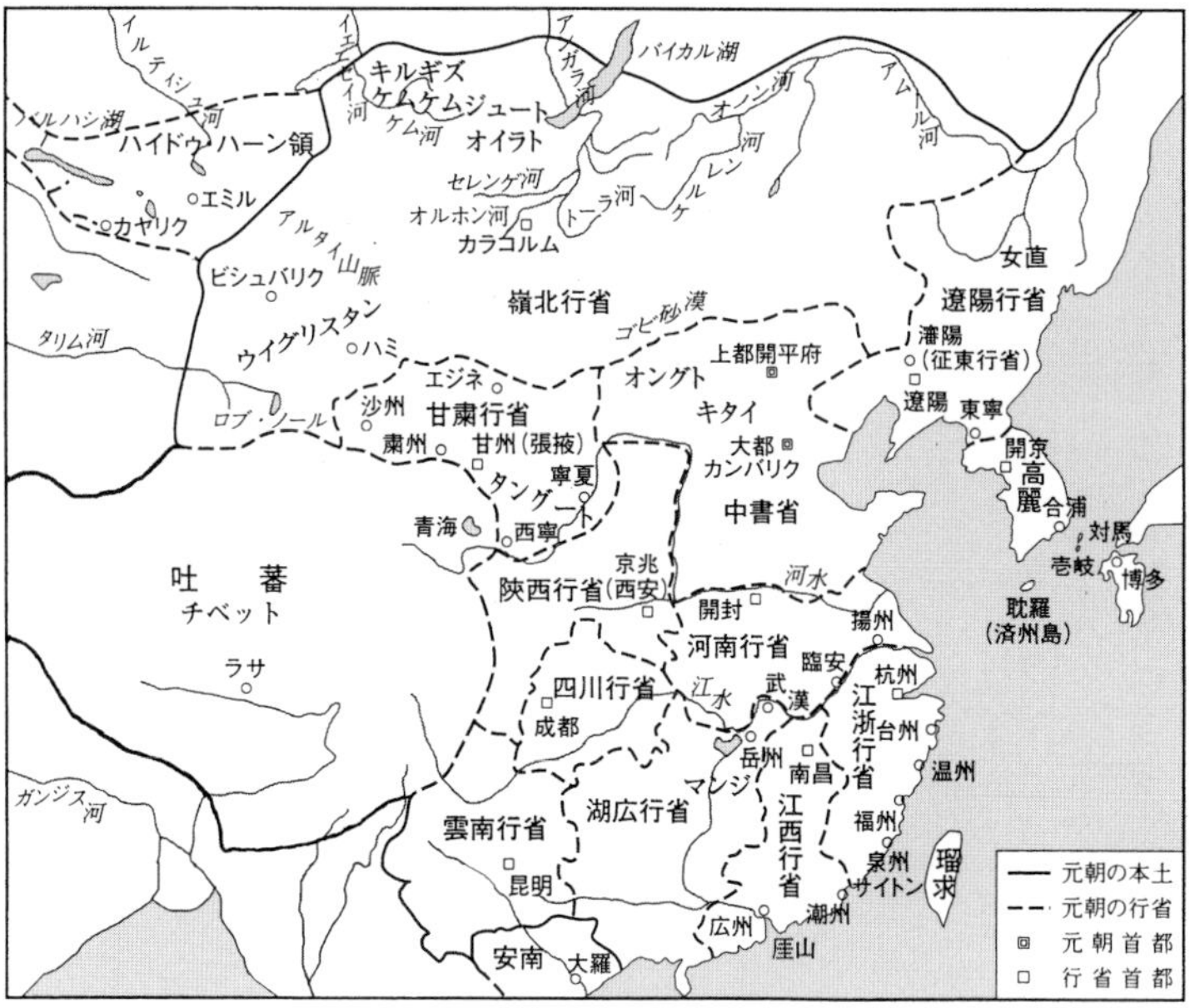

図２　元朝の行政地図
（第２代テムル・ハーン時代を標準とする）

出典：宮脇淳子『モンゴルの歴史』刀水書房，2002年，127頁を一部改変

は、掠奪戦争によらなくても、関税収入や商人への投資で、富を蓄えられるようになったのである。四つに分裂したあとも商売は盛んにおこなわれたので、モンゴル帝国時代は「パクス・モンゴリカ（モンゴルの平和）」とも呼ばれる。

元の最高機関である中書省《ちゅうしょしょう》という役所は、原則としてハーン（元朝皇帝）の直轄領を治める機関で、他の皇族の所領については、不在の領主に代わって差配し、あとで徴税の分け前を届ける、という役目を果たした。尚書省《しょうしょしょう》は、商業に投資し、鉱山や工場を経営して、フビライの私的財産の利殖に従事したが、彼の死後やがて廃止された。治安を担当する枢密院《すうみついん》はフビライの参謀本部であった。このように、役所の名前だけを見るといかにも中国化したように見えるが、実際には元朝は、遊牧民に伝統的な属人主義の強い帝国だった。大都に置かれた中書省は、ゴビ砂漠以南のモンゴル高原と、華北の山東・山西・河北を管轄した。これ以外の地方には、中書省から出向した行中書省《こうちゅうしょしょう》（略して行省《こうしょう》）を置いて、その地方の住民を管理した。この行省が、今の中国の省の起源である。それまでの中国は県城を中心とした地域が行政単位であり、このように広域を一つにまとめるという思想がなかったのである。

8　明と北元は南北朝

四つに分裂したモンゴル帝国は、十四世紀にはふたたび相続争いによって弱体化した。元朝においても、支配層の騎馬軍団の戦力が内乱で低下したのに乗じて、宗教秘密結社の白蓮教徒《びゃくれんきょうと》が組織する紅巾《こうきん》の乱が中国各地で勃発した。

一三六八年、紅巾軍の親分の一人朱元璋《しゅげんしょう》が大明皇帝の位につき、元朝皇帝は大都を捨てて万里の長城の北に退却した。中国史では元朝はここで滅びたことになるが、元朝皇帝はモンゴルに逃れ、高麗貴族の皇后が生んだ皇太子が帝位を継いで皇帝となった。モンゴル高原の遊牧民にとっては、植民地の中国を失っただけで元朝は続いていた。その証拠に、十五世紀にふたたびモンゴル人が大連合をしたときの君主をダヤン（大元）・ハーンという。それで、我々モンゴル研究者はこれを北元と呼ぶのである。

明は、元朝のすべての領域を支配するために、一三七二年、十五万の大軍を率いてモンゴル高原へ進軍したが、数万人の死者を出して退却した。モンゴル高原を制圧できなかった明は、一三八七年、北満洲に二十万の明軍を派遣し、この地の元軍を投降させた。これによって、モンゴル高原の北元と朝鮮半島の高麗王国の連絡は絶たれた。高麗は、かつて六度にわたるモンゴル軍の侵入を受けた後、一二五九年に即位前のフビライに臣従を誓い、太子がフビライの娘婿となった。このあと代々の高麗王の母はモンゴルの皇女だった。モンゴルの血を引く高麗王は、北元を助けるべく満洲に進軍するよう高麗軍に命じた。

高麗軍の副司令官だった李成桂《りせいけい》は、命令を拒否して鴨緑江《おうりょくこう》のほとりから王都開城に進軍し、王を廃位した。李成桂は、元末に咸鏡南道《かんきょうなんどう》で高麗軍に降伏した女直人の息子である。李成桂は、四年後の一三九二年、自ら高麗国王の位につき、明の洪武帝《こうぶてい》にこのことを報告した。そして、高麗が「朝鮮」と「和寧《わねい》」の二つの候補をあげた中から、洪武帝が、前漢の武帝に滅ぼされた王国の名前である「朝鮮」を選んで、これを国号にしたのである。

明はその後、永楽帝《えいらくてい》のときに五回もモンゴル高原に遠征したが、ついにモンゴル人を支配できず、かえって十五世紀初めから十六世紀末まで、ずっと万里の長城を修築し続けて、その内側にとじこもった。中国の正統史観では、明は元から天命を受け継いだ王朝でなくてはならない。それで、明の記録では、モンゴル高原の遊牧民を「蒙古」と呼ばずに「韃靼《だったん》」と呼び替えて、彼らが元朝の後裔であることを言葉の上でだけ否認した。これはまたもや、中国史における南北朝ではないか。ただし、この三番目の南北朝は、『史記』の枠組みも『資治通鑑』の枠組みも大きく越えてしまっていた。北朝に相当するモンゴルの世界は、中央アジアからロシア草原まで広がっていたのであるが、南朝である明は漢字文献にしばられて、古い中国の世界観から抜け出せなかったのである。

ところで、中国史における二番目の南北朝である、契丹人の遼、女直人の金と、これに対峙した宋・南宋は、元代に『宋史』とならんで『遼史』と『金史』が正史として編纂され、双方に皇帝が立てられた。それは、元は遼と金を継承した王朝であったことと、

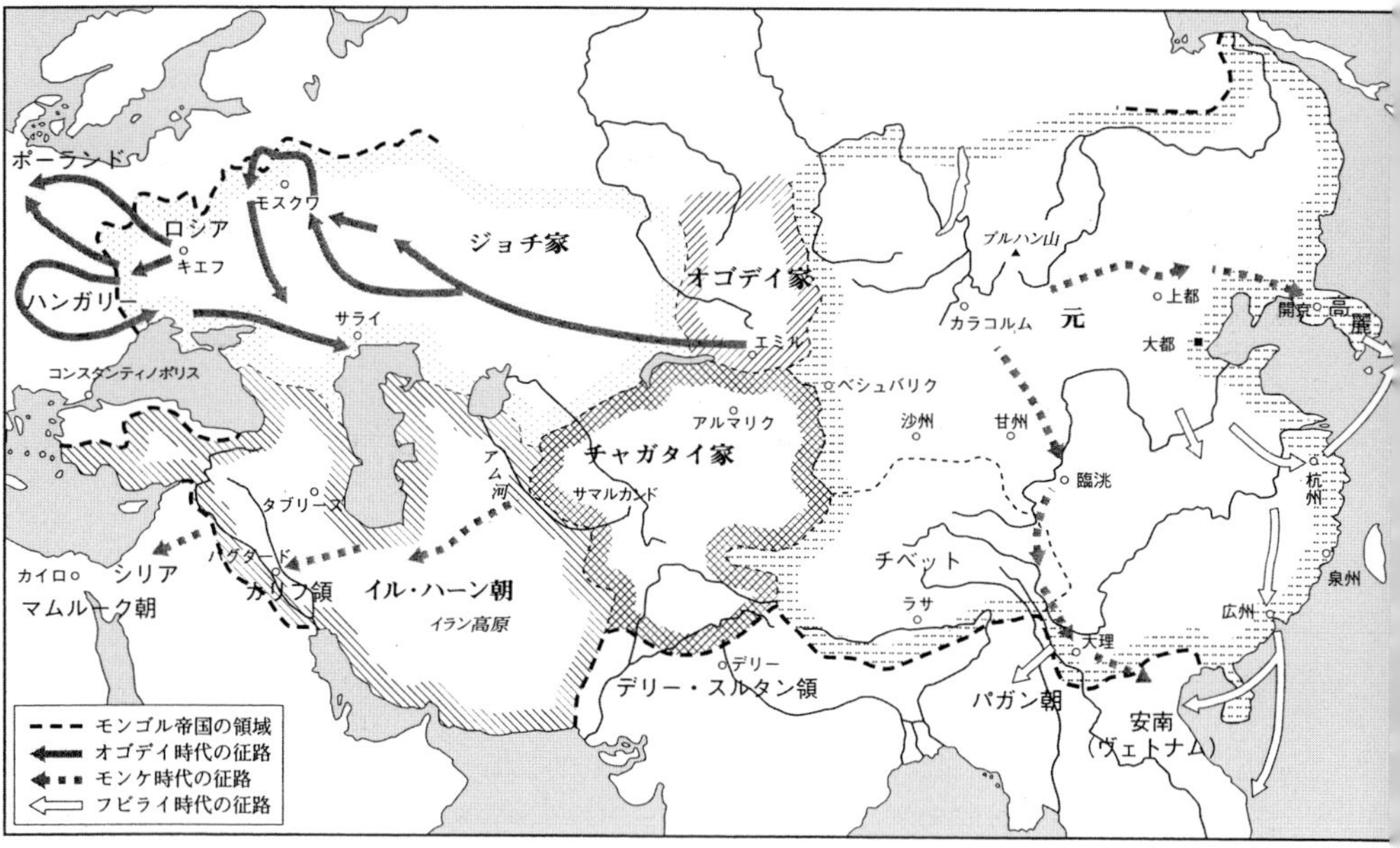

図3　モンゴル帝国の発展と分裂

元の支配者であるモンゴル人は、漢籍にとらわれない実際的な人たちだったからである。

9　モンゴル帝国を継承した大清帝国

北元と明という三番目の南北朝を大統一したのが、一六三六年、万里の長城の外側の瀋陽において建国された大清帝国である。この年、後金国第二代ハンのホンタイジは、瀋陽に女直人改めマンジュ（満洲）人、ゴビ砂漠の南のモンゴル人、遼河デルタの高麗系漢人の代表たちの大会議を召集して、三つの種族の共通の皇帝に推挙され、新しい国号を大清《だいしん》と定めた。「大清」は、モンゴル人の建てた王朝名「大元」と同じく、天を意味する。このホンタイジが清の太宗である。

その前年の一六三五年、北元の宗主リンダン・ハーンの遺児エジェイは、母とともに女直軍に降伏し、「制誥之寶《せいこうしほう》」と刻んだ元朝の玉璽《ぎょくじ》をホンタイジに差し出した。ホンタイジは、チンギス・ハーンが受けた世界征服の天命が、いまや自分に回ってきたと解釈し、ジュシェン（女直）という種族名を禁止して、マンジュ（満洲）と呼ぶことに統一した。なぜなら、ジュシェンという言葉は、隷属民という意味だったからである。大清帝国はモンゴル帝国の正統を継承したので、明のようにモンゴルを「韃靼」と呼び替える必要はなかった。それで、清代に編纂された『明史』「韃靼伝」

図４　清朝興起時代の形勢

出典：『民族の世界史 3 東北アジアの民族と歴史』三上次男・神田信夫編，山川出版社，1989 年，254 頁

では、「韃靼は即ち蒙古、故《もと》の元の後《あと》也」とわざわざ注記している。

大清帝国の前身の後金国は、ホンタイジの父ヌルハチが建てた国である。清が建国された後、太祖と諡《おくりな》されたヌルハチは、一五五九年、明が建州女直《けんしゅうじょちょく》に置いた三衛の一つである左衛の一部族長の家に生まれた。明は、満洲の女直人を懐柔するため、首長たちに都督《ととく》、都指揮《としき》、指揮などの称号を与え、部族に衛《えい》や所を置いた。明は女直人を三つに分類し、朝鮮東北境から吉林省東部にかけて住む集団を建州女直、松花江《しょうかこう》流域の集団を海西女直《かいせいじょちょく》、そのどちらにも属さず、牡丹江《ぼたんこう》、綏芬河《すいふんが》、黒龍江中下流域に住む集団を野人《やじん》女直《じょちょく》と呼んだ。ヌルハチは、父と祖父が明軍に殺された後、明の遼東総兵官李成梁《りせいりょう》の庇護を受けて建州三衛を統一し、これを「マンジュ・グルン（国）」と呼んだ。このあと全女直を勢力下に入れたヌルハチは、一六一六年に即位し、ゲンギエン（英明）・ハンの尊号を受けた。清の実録では、このときを後金国の建国としている。ヌルハチは一六一八年、明の領地であった撫順《ぶじゅん》を攻撃し、一六一九年には、天下分け目の戦いである「サルフの戦い」で明に大勝利をおさめ、一六二一年に瀋陽と遼陽を攻略し、またたくうちに遼東半島の先端まで、遼河以東の地を占領した。

一方、北元のモンゴル人の方は、ダヤン・ハーンの統一のあと、今の内モンゴルからモンゴル国まで、彼の子孫を部族長に戴く諸部がゆるやかな連合を保っていた。ところが東方から女直が台頭してきたため、これに脅威を覚えた宗主チャハル部族長のリンダ

モンゴルのハーン位継承図

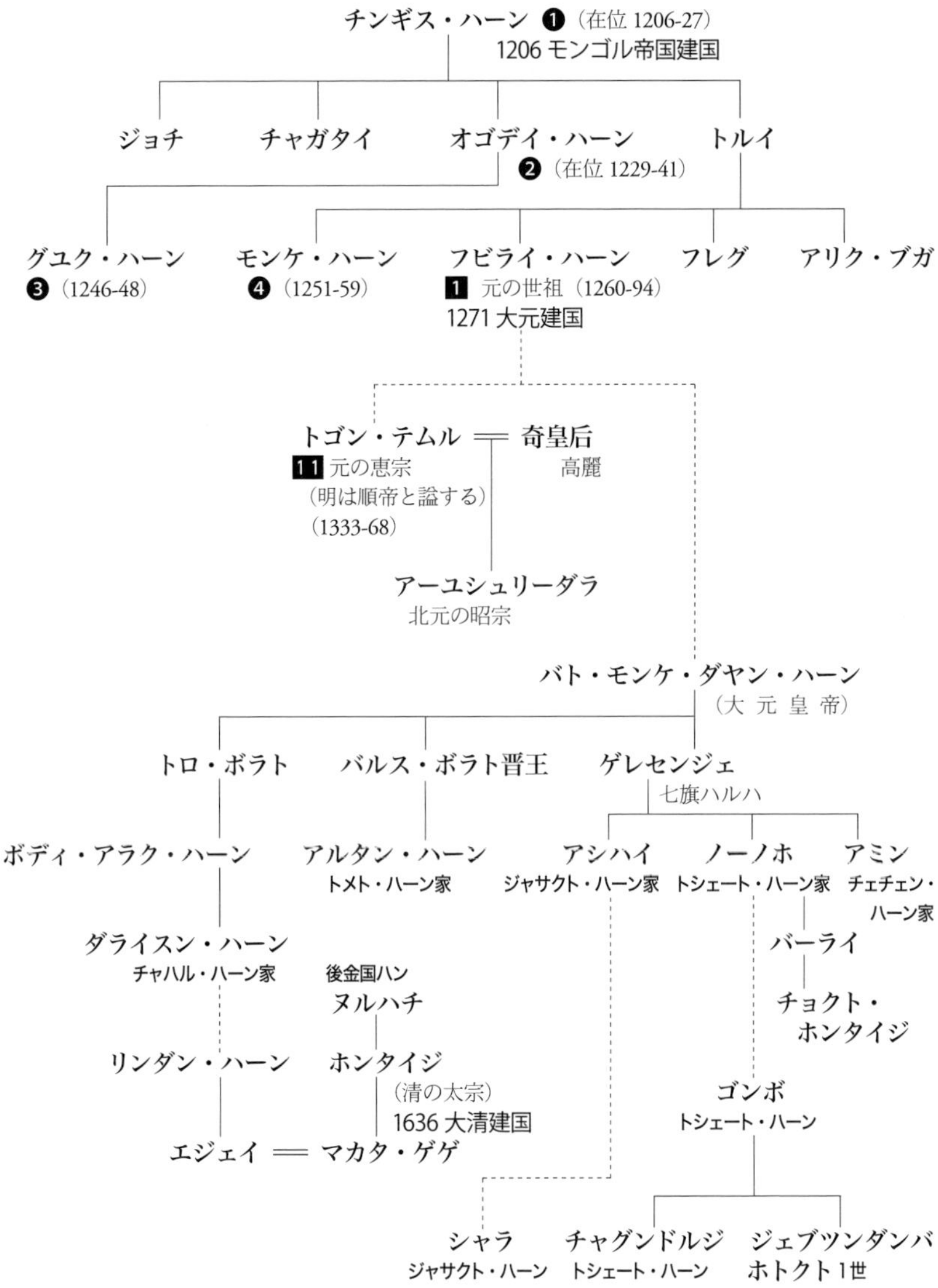

※直線は親子・兄弟関係を示し、点線は途中の関係の省略を示す。二重線は結婚関係を示す
※丸囲み数字はモンゴル帝国の君主の継承順位、四角囲み数字は元朝皇帝の継承順位

ン・ハーンは、強引にモンゴル部族の統合をはかった。リンダン・ハーンの強権を嫌うモンゴル諸部のなかで、チンギス・ハーンの弟の子孫のホルチン部はいち早くヌルハチと同盟し、一六二六年にヌルハチの跡を継いだホンタイジは、内ハルハ部を支配して熱河に進出した。リンダン・ハーンは大軍を率いて西方に移動し、トゥメト部を滅ぼしてフヘホトを占領し、オルドス部を服従させたが、チベット遠征への途上、甘粛の武威の草原で病死した。前述のように、彼の遺児がホンタイジに降ったため、内モンゴル諸部はすべて、一六三六年に清朝皇帝に臣従を誓ったのである。その八年後の一六四四年、明朝最後の皇帝崇禎帝《すうていてい》が自殺し、ホンタイジの息子フリン（世祖順治帝）が瀋陽から北京に入って、清朝の中国支配が始まった。こうして南北朝は終わりを告げ、中国史の新しい時代が始まることになる。

もし大清帝国を中華帝国と呼ぶなら、中華とは何を意味するのだろうか。その前の明が中国で、北のモンゴルが単なる夷狄であるなら、大清帝国の支配層は夷狄であり、領土の大部分は夷狄ということになる。『史記』や『資治通鑑』の枠組みから自由になれない中国史は、このような時代ごとの変化を論理的に説明する手段を持たないまま、今日に至っているのである。

参考文献

岡田英弘『世界史の誕生――モンゴルの発展と伝統』筑摩書房（ちくま文庫）、一九九九年（初版ちくまライブラリー、一九九二年）。

――『歴史とはなにか』文藝春秋（文春新書）、二〇〇一年。

――『中国文明の歴史』講談社（講談社現代新書）、二〇〇四年。

――『だれが中国をつくったか――負け惜しみの歴史観』ＰＨＰ研究所（ＰＨＰ新書）、二〇〇五年。

宮脇淳子『モンゴルの歴史――遊牧民の誕生からモンゴル国まで』刀水書房（刀水歴史全書）、二〇〇二年、等。

世界史はモンゴル帝国から始まった

世界史のなかの大清帝国

岡田英弘
Okada Hidehiro

おかだ・ひでひろ　一九三一年東京生。東京大学大学院東洋史学科満期退学。東京外国語大学名誉教授。歴史学。主著に『歴史とはなにか』（文藝春秋）『世界史の誕生』（筑摩書房）『モンゴル帝国から大清帝国へ』（藤原書店）等。

1　満洲人・モンゴル人・漢人の合同政権

大清帝国（ダイチン・グルン）は、一六三六年、初代皇帝のホンタイジが即位したときに始まり、一九一二年二月十二日、第十一代皇帝の溥儀《ふぎ》が退位したときに終わった。その間二七六年である。そもそも大清帝国を建国したホンタイジは満洲（マンジュ）人であった。漢人ではない。それに彼が即位したところは瀋陽で、今でこそ中国の遼寧省の省都であるが、そのころはまだ中国の外で、後金国（アマガ・アイシン・グルン）の首都であった。この瀋陽に、満洲人、モンゴル人、漢人の三つの種族が集まって大会議を開き、後金国の第二代のハーン、ホンタイジを共同の皇帝に選挙したのである。

満洲人は遼河の東方に住む狩猟民で、トゥングース系の言語を話し、それまでジュシェン（女直）と呼ばれていたが、「ジュシェン」というトゥングース語は、「ベイレ」（主人）に対して「隷民」の意味もあるので、これを嫌って満洲人と改称したのである。

一六三六年、大清帝国の建国に参加したモンゴル人は、遼河の西の遊牧民で、モンゴル語を話し、もとは大元帝国を建てたフビライ家の子孫を領主とする種族であったが、すでにその前年まで

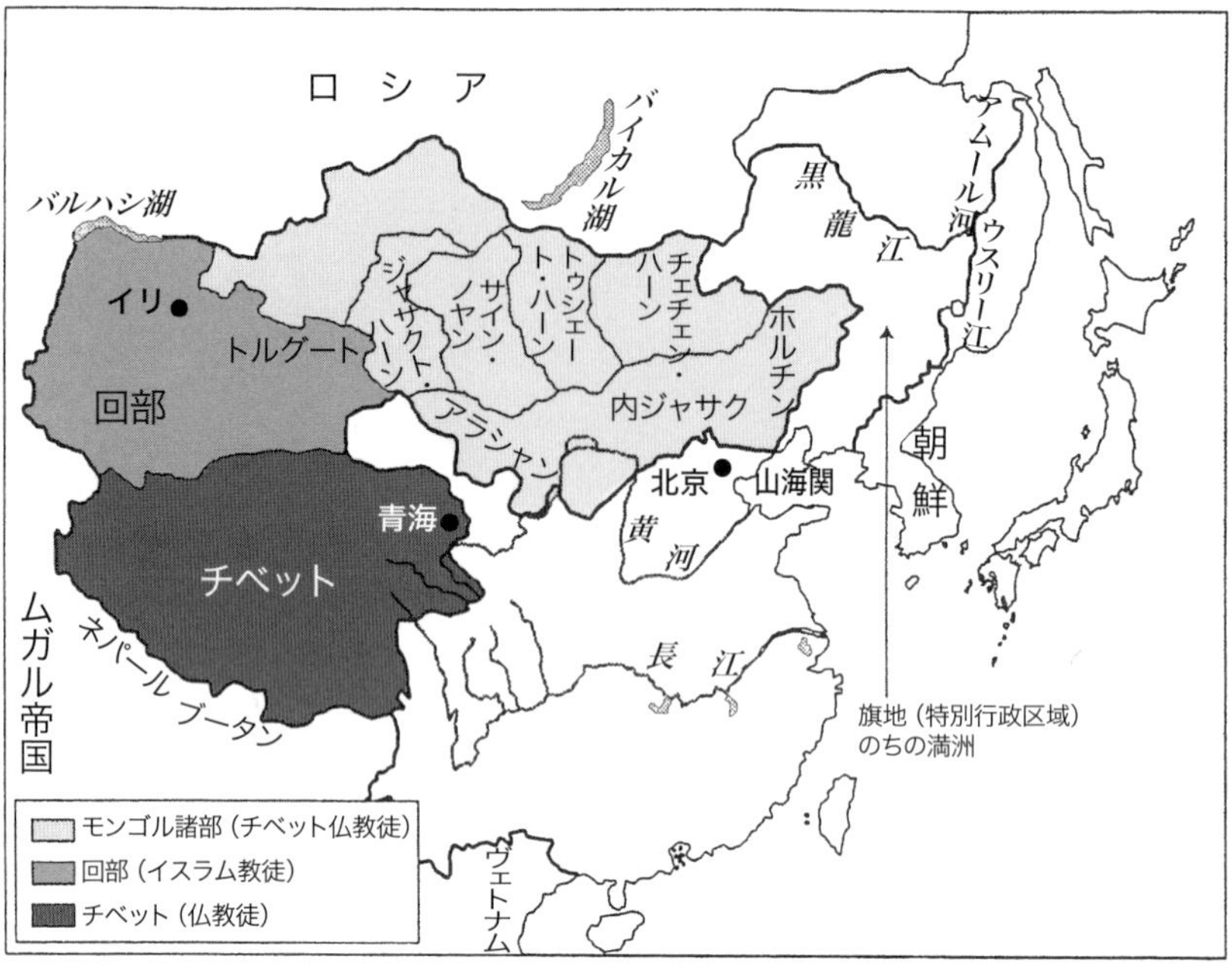

図1　清朝の最大版図と藩部

出典：岡田英弘『だれが中国をつくったか』PHP 研究所（PHP 新書），2005 年，166 頁

に、ゴビ沙漠の南のモンゴル人は後金国の勢力下に属していた。

同じく大清帝国の建国に参加した漢人というのは、当時、遼東に住んでいて農耕に従事し、漢族と見なされていたが、実は十三世紀のモンゴル時代に、六度にわたってモンゴル軍の侵攻を受けて、満洲に連れて来られた高麗人の後裔であった。

この三種族が清朝の基幹人種であり、そのために後世に至るまで、清朝の公用語は満・蒙・漢の三ヶ国語であって、これを「三体」と称した。

三体の例をあげると、清朝を建国したホンタイジは、満洲語では「ゴシン・オンチョ・フワリヤスン・エンドゥリンゲ・ハーン」、モンゴル語では「アグダ・オロシイェクチ・ナイラムダフ・ボグダ・ハーン」、漢語では「寛温仁聖皇帝」と称した。これらはみな同じ意味である。そして年号も、マンジュ語では「ウェシフン・エルデムンゲ」、モンゴル語では「デード・エルデムト」、漢語では「崇徳」としたのである。

清朝の公式の歴史記録は「実録」というが、これも三体で書かれた。さかのぼって清朝の初代皇帝とされたホンタイジの父ヌルハチの一生を記した『大清太祖武皇帝実録』を初めとして、最後の皇帝・溥儀の先代の光緒帝の『大清徳宗景皇帝実録』に至るまで、「実録」は代々、満洲語・モンゴル語・漢語の三体で書かれるものであった。

建国時の三体の伝統はずっと最後まで及んだ。清朝最後の皇

図２　避暑山荘・麗正門匾額（承徳）

左からモンゴル語・トルコ語（アラビア文字）・漢文・チベット語・満洲語

帝・溥儀は、一九一二年、その前年に中国の南方各省の新式軍隊が、日本の陸軍士官学校出身の青年将校たちに率いられて反乱を起こし、独立を宣言した事件（これを辛亥革命と称する）に遇って退位したが、この年は、マンジュ語では「ゲフンゲ・ヨソ」、モンゴル語では「ケブト・ヨスン」、漢語では「宣統」という年号の第三年に当たった。このように、清朝が存在した間、公式の記録は、満・蒙・漢という三種類の言語で書かれ続けたのである。

言語ばかりではない。清朝支配層の八旗にも、満・蒙・漢の三種類があった。

もともと清朝の軍制を「八旗（ジャクン・グサ）」というのは、軍旗の色合いから出た名である。軍旗の黄・白・紅・藍の四色に、縁取りのないもの（正）、縁取りのあるもの（鑲《じょう》）を区別して、正黄旗・鑲黄旗・正白旗・鑲白旗・正紅旗・鑲紅旗・正藍旗・鑲藍旗の八種に分け、すべてで八旗とした。そのうち正黄旗・鑲黄旗・正白旗の三旗は皇帝の直属で、「上三旗」と呼ばれ、他の五旗は諸王の私領であった。

一つの旗（グサ＝師団）の下には五つの甲喇（ジャラン＝連隊）があり、一つの甲喇の下には五つの佐領（ニル＝中隊）がある。およそ満洲人ならどれかの佐領に属しており、まさに国民皆兵であった。また満洲化したモンゴル人・漢人も八旗に編入され、モンゴル人は八旗蒙古（モンゴ・グサ）と呼ばれて、草原に遊牧する外藩蒙古（トゥレルギ・モンゴ）と区別された。また遼東の漢人は、八旗漢軍（ウジェン・チョーハイ・グサ）と呼ばれ、一般の漢人（ニカン）と区別された。これら満洲・蒙古・漢軍八旗を総称して「旗人」と呼んだ。旗人は、清朝の軍隊のみならず、あらゆる組織の根底であった。

2　世界史はモンゴル帝国から始まった

こういう複雑な構造の大清帝国は、いかなる事情のもとで誕生したのだろうか。国家モデルはあったのだろうか。話は十三世紀にさかのぼる。

一二〇六年、今のモンゴル国の東部のオノン河の源泉に、モンゴルという遊牧部族の首領テムジンが大会議を召集して、そこでハーンに選挙され、チンギス・ハーンと称した。これがモンゴル帝国の始まりであり、同時に世界史の始まりを示す事件であった。

チンギス・ハーンはそれから西へ向かい、西遼（カラ・キタイ）帝国・ホラズム帝国を滅ぼした。その結果、モンゴル帝国の領土は西に伸びてヴォルガ河・インダス河におよんだ。また南方では西夏王国を滅ぼし、チンギス・ハーン自身は一二二七年に死んだ。

モンゴル帝国第二代目の君主オゴデイ・ハーンは、チンギス・ハーンの三男で、一二三四年、金帝国を滅ぼし、中国の淮河以北はモンゴル領となった。翌年、モンゴル高原のオルホン河のほとりにカラコルムが建設され、そこで開かれた大会議で、ヨーロッパ征服など大規模な作戦が議決された。

ヨーロッパ征服作戦は一二三六年に始まったが、一二四一年の年末、オゴデイ・ハーンは死んだ。そのためヨーロッパ遠征軍は翌年八月、オーストリアから引き揚げた。遠征軍総司令官のバトゥは、チンギス・ハーンの長男ジョチの次男であったが、そのままヴォルガ河に留まって「黄金のオルド」を開いた。ロシア語でタタールと呼ばれた彼の子孫のモンゴル人は、そのあと今のロシアに五百年間、君臨した。

オゴデイの死後、モンゴル帝国でクーデターが起こり、チンギス・ハーンの末弟のトルイ家が権力を握り、トルイの長男モンケがハーンとなった。モンケの第四弟フビライは第六弟アリク・ブガと争って勝ち、フビライは一二七一年、モンゴルと中国にまたがる自分の領分を「大元」と名づけた。これが元朝の始まりである。その後フビライは、一二七六年に南宋帝国を滅ぼしている。

大元帝国が誕生したころには、モンゴル帝国は四つに分裂していた。東アジアの元朝のほかに、東ヨーロッパの「黄金のオルド」があり、中央アジアの「チャガタイ・ハーン国」があり、西アジアにはフビライの第五弟フレグの「イル・ハーン国」があった。

それでも全体としてはモンゴル帝国であり、その領域は、東は日本海・東シナ海に至り、南は南シナ海・ヒマラヤ山脈に至り、西はペルシア湾・ユーフラテス河・アナトリア高原・黒海・ドン河に至る広大なものであった。これらの範囲の住民は、一度すべてモンゴル帝国の一部に編入されて、そのあと今日につながる新しい民族や国家が生まれた。世界史がモンゴル帝国から始まったという意味の一つは、これである。

モンゴル帝国の構成員となった遊牧民は、匈奴《きょうど》や突厥《とっけつ》やウイグルや契丹《きったん》などの以前の名前を失い、部族はいったん統廃合されて、チンギス・ハーンの子孫を君主とする集団が新たに誕生した。現在のモンゴル人やタタール人はもちろんのこと、カザフ人もキルギズ人もウズベク人もトルコ人も、モンゴル帝国の継承国家のなかから、十五世紀以後に生まれた新しい民族である。

草原の遊牧民だけでなく、モンゴル帝国に支配された定住農耕地帯の住人も、その影響をまぬがれなかった。現在の朝鮮＝韓国人、中国人、満洲人、チベット人、イラン人、アラブ人、インド人、パキスタン人、ロシア人、ウクライナ人、グルジア人、アルメニア人なども、一度はモンゴル帝国の版図に組み込まれて、それ以前の政権が消滅し、外部との交流が盛んになったあと、現在につながる国家や国民が形成されたのである。

一方、モンゴル帝国の外側の日本と地中海・西ヨーロッパ世界は、ユーラシア大陸を東西につなぐ陸上貿易の利益をモンゴル帝国に独占されたことに対抗して、海上貿易に乗り出した。日本人の倭寇《わこう》は一三五〇年に始まり、ポルトガル人の大航海時代は一四一五年に始まるが、これはいずれも海上貿易の時代の開始を告げる事件であった。その副産物として、一四九二年のコロンブスのアメリカ大陸発見があるのである。ヨーロッパ人の大航海時代は、その直前のモンゴル帝国時代の東西貿易に刺激されて開始したのであるから、この意味でも、モンゴル帝国から世界史が始まったというのである。

3　モンゴル帝国を継承した大清帝国は、五大種族の同君連合

元朝は、先に言った通り一二七一年に始まり、その後まもなく南宋を滅ぼして中国を統一したが、その領土は決して中国だけではなかった。すなわち東は高麗王国を含み、南は雲南とチベットを統《す》べ、西は天山山脈の東部のウイグル王国とアルタイ山脈に及び、北はモンゴル国・シベリアに拡がっていた。これを今の中華人民共和国の地図と比べると、東は朝鮮・韓国、北はシベリアとモンゴル国が中国の外であり、西は新疆ウイグル自治区が中国に加わっているのが目に付く。この違いは、中華人民共和国がその領土を継承した大清帝国の末期、十九世紀になって、東の朝鮮・韓国が日本の勢力圏になり、北のシベリアは十七世紀から、モンゴル国も十九世紀末にはロシアの勢力圏に入ったからである。

一六三六年、万里の長城が渤海湾で終わるところにある山海関《さんかいかん》の東側（これが、満洲を指す「関東」という俗称の起源である）で建国された清朝は、その八年後の一六四四年、中国の明朝が流賊の反乱で滅びたため、明の将軍が山海関を開いて満洲人の救援を求め、

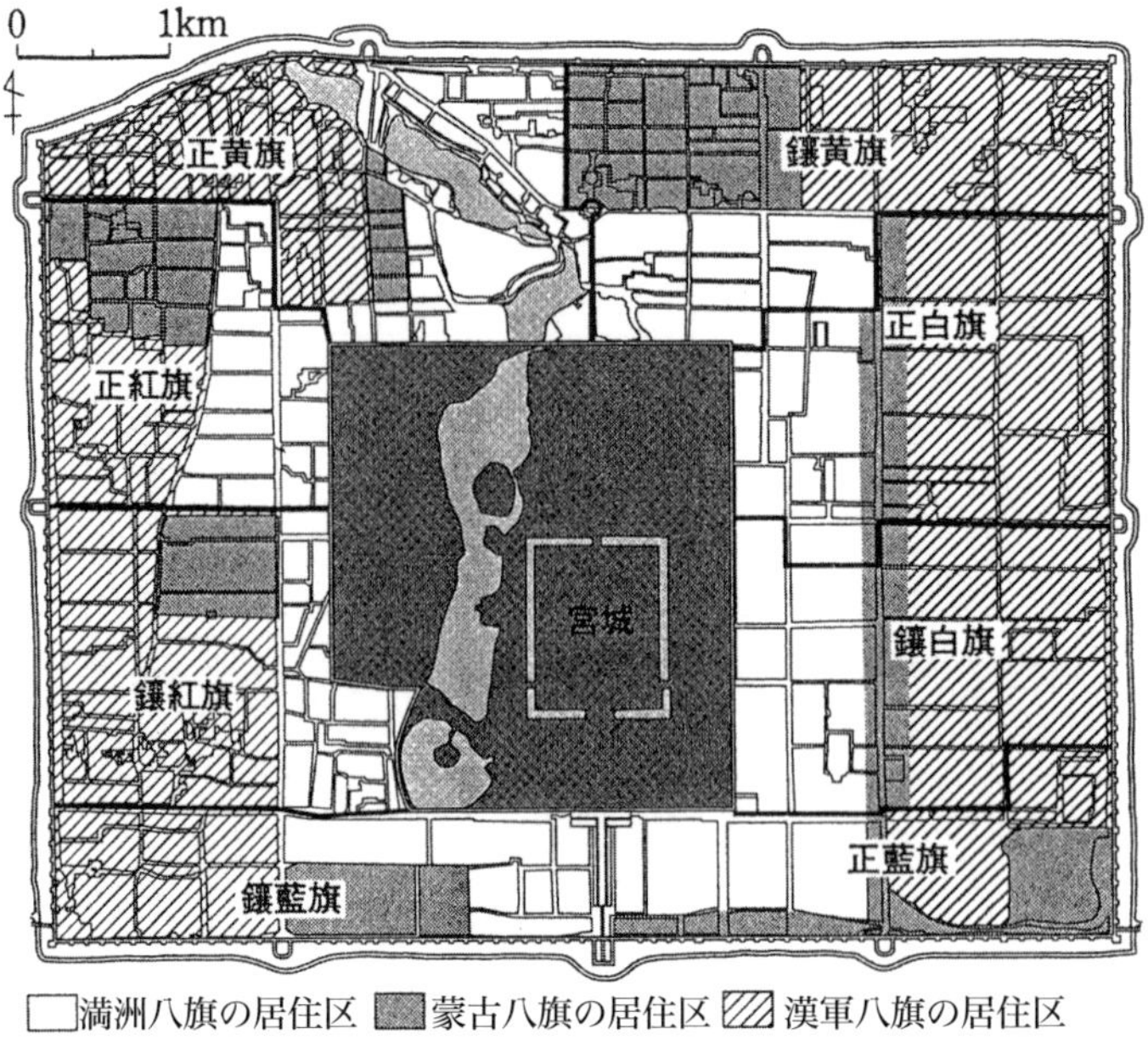

図３　清代の北京内城

出典：Mark Elliott, *The Manchu Way*, Stanford University Press, 2001, p.103 を日本語訳

これに応じて北京に入って中国支配を始めた。ホンタイジの息子の順治帝の治世である。

首都の北京に入った満洲人は、それまで住んでいた漢人を外城に追い出し、紫禁城をとりまく内城を東西南北八つの区画に仕切り、首都防衛を任務とする八旗の兵営を建てて、家族とともに暮らした。これが、北京の「胡同（フートン）」と呼ばれる古い市街地である。この他、南京、西安、成都など、地方のかなめとなる地にも満洲旗人が配属された。

順治帝の息子が康熙帝、その息子が雍正帝、その息子が乾隆帝で、この康熙・雍正・乾隆時代（一六六二〜一七九五）が清の最盛期である。

康熙帝は一六八三年、台湾を征服し、一六八九年のネルチンスク条約でロシア人をアムール河から閉め出した。その前年の一六八八年、西モンゴル（オイラト）のジューンガルに攻められた北モンゴル・ハルハ部の人々は、南に逃げて内モンゴルに亡命していた。一六九一年、フビライが建てた上都の跡地ドローン・ノールでハルハ王公たちから臣従の誓いを立てられた康熙帝は、一六九六年、ゴビ砂漠の北のモンゴル高原に親征し、ジューンガル部長ガルダン・ハーンを破った。こうして現モンゴル国を支配下に入れ、キャフタでもロシアと接することになった康熙帝は、一七二〇年にはジューンガル軍をチベットから駆逐し、チベットを保護下に入れた。

現新疆《しんきょう》ウイグル自治区全域を支配し、カザフ草原からシベリアにまで勢力をおよぼしていたモンゴル最後の遊牧帝国ジューンガルは、最終的には継承争いのために分裂し、乾隆帝は一七五五年、おのおの二万五千の満洲軍とモンゴル軍をイリに派遣してこれを滅ぼした。ジューンガルの支配下にあったタリム盆地のオアシス諸都市は一七五九年に清朝に降り、こうして清の支配圏は最大となった。

しかし、この時代はまだ国民国家以前である。清朝皇帝は、漢人にとっては伝統的な皇帝だったが、満洲人にとっては部族長会議の議長であり、モンゴル人にとってはチンギス・ハーン以来の大ハーンであり、チベット人にとっては仏教の最高施主であり、東トルキスタンのイスラム教徒にとっては保護者だった。大清帝国の本質は、五大種族の同君連合 personal union 国家だったのである。

清朝時代には、明の旧領だけが中国で、満洲は旗人の土地、つまり「旗地」と呼ばれて、将軍が治める特別行政区域だった。さらに、モンゴル草原、今の青海省・四川省西部を含めたチベット、回部と呼ばれた新疆は、清朝時代には「藩部」と言った。これを「外藩」とも言う。これら藩部に対しては種族自治を原則としており、種族ごとに現地で使用される言語も法律も異なっていた。

中国人に対しては、明の『大明律』をそのまま継承した『大清律例』を適用したが、満洲人に適用される法典は『八旗則例』と呼ばれ、モンゴル人には『蒙古例』が適用された。チベット人とトルコ系イスラム教徒が満洲皇帝の臣下となるに及んで、チベット人に適用される『西蔵事例』、イスラム教徒に適用される『回疆則例』が編纂され、のちに『西蔵事例』は、『蒙古例』と合して『理藩院則例』になった。最大版図を達成した乾隆帝時代には、建国時の満・蒙・漢に、チベット語（蔵）と、ペルシア文字で書かれたトルコ語（回）を加えた、五種類の言語の辞典『五体清文鑑』（四〇頁参照）が作成された。

そもそも一六三六年の建国時、今の内モンゴルで遊牧していたチンギス・ハーンの子孫の王公たちが清朝皇帝に忠誠を誓ったとき、かつてジュシェン人はモンゴル人の家来筋だったので、喜んだ清朝皇帝は、モンゴル人貴族に対して満洲人皇族と同じ爵位と年俸を与えた。清朝一代を通じて、満洲人皇族とモンゴル人貴族の間には頻繁な結婚関係が結ばれたが、順治帝の母はモンゴル人であったし、祖母であるモンゴル人皇太后に育てられた康熙帝も、モンゴル語を流暢に話した。

清朝支配層の満洲人は、自分たちも狩猟民出身であるから、遊牧民であるモンゴル人と漢人農民の利害が対立することをよく知っていた。それで、摩擦を避けるために、両者がなるべく接触しないような政策を取り続けた。建国当初から、明の支配下にあった地域と、満洲、万里の長城以北のモンゴル草原は分けて支配したが、さらにそのあと清朝の版図に入っていったゴビ砂漠の北のモンゴル、青海草原とチベット、新疆にも、漢人農民の移住を禁止した。商人も、一年を越えて滞在してはいけない、現地に家を持ってはいけない、現地で結婚してはいけない、などの政策を取った。このような同君連合国家だったからこそ、清朝はあのような広大な領域を、二六〇年間も統治することができたのである。

4　中国の人口増大と斜陽の始まり

清朝統治時代の中国に話を移そう。中国最初の人口統計は、『漢書』「地理志」に残る、紀元二年の「口、五千九百五十九万四千九百七十八」である。この六千万人という数字は、このあと、戦乱と飢餓のために、減少することこそあれ、一千年以上、このレベルに回復することはなかった。十六世紀の明代になってようやく、六千万人の水準を上下するようになったが、十七世紀に入って清朝の統治下で社会が安定するとともに、中国の人口は、急激な勢いで成長を開始した。十八世紀の初め、清の康熙帝の時代の末に一億の線を突破したようで、一七二六年には二億、一七九〇年には三億と増え続け、乾隆帝を継いだ嘉慶帝の次の道光帝の時代の一八三四年には四億に達した。このあと四億人台でしばらく足踏みしたが、一九四九年の中華人民共和国の成立以後は、あれよあれよという間に、五億、六億という数字が出て、一九八〇年には十億に達し、今では十三億人である。それはともかく、四億人でさえ、中国の土地と技術、社会システムが支えうる限度をはるかに超えた人口過剰であって、現在の中国のあらゆる困難な問題は、すべてこの極端な人口過剰に原因が求められることは言うまでもない。

清朝時代の急激な人口増加の原因は、一四九二年のコロンブスのアメリカ発見にさかのぼる。十六世紀以後、アメリカ大陸起源の農作物が中国に続々と渡来した。トマト、トウガラシ、アヴォカド、カボチャ、ピーマン、ナンキンマメ、トウモロコシ、ジャガイモ、サツマイモ、タバコなどである。これらのうち、トウモロコシ、ジャガイモ、サツマイモは、新しいカロリー源として中国農民によって盛んに栽培されるようになり、それによって多くの人々が飢饉から救われた。

十八世紀からの人口の急激な成長は世界に共通の現象だが、中国ではことに深刻である。これが華僑の海外進出の一つの原因になった。とにかくこの人口過剰現象は、清朝中期になって、中国のこれ以上の成長が不可能になると同時に起こったのである。華南を開発し尽くしたあと人口がさらに増え、もはや耕すべき土地がなくなった結果、十八世紀から東南アジアへの華僑の移住が始まった。最初に進出したのは福建人で、それに潮州人、海南人、客家人、広東人が続き、この時代の末には移住先も東南アジアから、オーストラリア、オセアニア、アメリカ、西インド諸島などにまで拡がった。

乾隆帝のとき大清帝国の領土が最大になったと先に言ったが、経済力もその頂点に達した。ということは、これからは下降線をたどるということである。最盛期の乾隆帝の治世にすでに、大清帝国の斜陽の始まりが見られる。一七一一年に生まれた乾隆帝は、一七九六年には在位年数が六十年に達した。祖父の康熙帝の在位六一年のレコードを破るのを避けるという名目で、乾隆帝は息子の嘉慶帝に譲位し、しかし実権は手放さないまま、一七九九年に八九歳で亡くなった。

乾隆時代の大清帝国は、祖父康熙帝、父雍正帝のお蔭で、国庫の蓄積が巨大であった。「十全の武功」と言われる十回の大遠征で、多大の人命と財力の浪費を行なうことが可能だったばかりでなく、その宮廷生活も豪奢をきわめた。紫禁城は、康熙帝時代は質素なものであったが、乾隆帝の時代には豪華な建物が並び、美しい調度で充たされるようになる。北京と台北の故宮博物院を見れば、その有様の一部が偲ばれるだろう。しかし、乾隆帝は同時に、父祖ゆずりの勤勉な君主でもあった。ある軍機処詰の秘書官の記録によると、皇帝は毎朝、夏でも冬でも午前六時前に起きて正殿に出御し、戦時などは夜半でも報告書に目を通し、指示を与えたという。乾隆帝の詩作好みは有名で、御製詩集は五集まであり、詩篇の数は十万首を越えた。また、康熙帝が編纂させた有名な『康熙字典』、雍正帝が刊行させた一万巻の大百科全書『古今図書集成』に続いて、乾隆帝も大部な書物を百点以上も編纂させたが、そのなかでも最も巨大な事業が『四庫全書』である。これは中国古来のあらゆる書物を集めて校訂した叢書で、三千五百種を収録し、写本が七部作られて、宮中にも納め、一般人の閲覧にも供された。

しかしいかに勤勉な乾隆帝でも、寄る年波には勝てない。乾隆帝が六十歳を過ぎた頃、精神の老化現象がはっきりした徴候をあらわすようになる。それは、ヘシェン（和珅）という身分の低い満洲人を抜擢して寵愛し、信任したことである。ヘシェンは初め、皇帝が外出するとき輿に付き従う士官だったが、応対の利発なのを乾隆帝に気に入られて、とんとん拍子に出世し、一七七六年には軍機大臣に任ぜられた。彼は権力を乱用して莫大な私財を蓄えたが、一七九九年に太上皇帝、乾隆帝が死去したあと、捕えられて死罪となった。国が没収した彼の財産を計算してみると、軍機大臣の職にあった二三年間、政府の歳入の五割以上がヘシェンの懐に入っていた勘定だった。これはとりもなおさず、乾隆帝がいかに巨大な存在だったかを示すものであるが、中央がこれでは、官僚の綱紀のゆるみと賄賂行政が、末端まで及んでいたであろうことは想像に難くない。

建国以来、勤勉で有能な皇帝を代々戴き、官僚と軍隊を兼ねた八旗という、国家に忠節な支配層を持っていた大清帝国が、乾隆時代の後半からみるみる弛緩した理由は、康熙帝以来の懸案だった中央アジアのジューンガル帝国を滅ぼして、気が緩んだからに違いない。モンゴル系遊牧民の最後の帝国であるジューンガルは、北モンゴルやチベットや青海や新疆をめぐる、清朝の最大のライバルだった。一七五五年にイリのジューンガル帝国が滅ぼされ、反旗を翻したアムルサナーも一七五七年にシベリアで病没した。

図4　カスティリオーネ(郎世寧)作「乾隆大閲図」

イリの人口が激減したことを知ったヴォルガ河畔の西モンゴル(オイラト)族のトルグート部は、一七七一年、七ヶ月におよぶ困難な逃避行の末イリに帰還した。乾隆帝は、トルグート部がロシアを離れて自発的に清朝に帰属したことをたいへん喜び、自らトルグートの来帰を題材とした三篇の詩文を作った。満・漢両文で書かれたこの御製で、尊敬する祖父康熙帝も果たせなかった全モンゴルの帰順という偉業を成し遂げたことを、乾隆帝は誇らしく詠いあげている。

一七九四年、イギリス国王ジョージ三世の使節として清を訪れたジョージ・マカートニーは、官僚との煩雑な折衝の末、ようやく熱河の離宮で乾隆帝に謁見することができたが、通商を求めるイギリス使節に対して、乾隆帝は、天朝は「地大物博」、清の土地は広く物産は豊かで、外国産のものに頼って補う必要などない、と返答し、マカートニーが提出した要望は何一つ実現しなかった。マカートニーが書いた訪問記の中に、大清帝国が「大きな図体と外観だけにものを言わせて、近隣諸国をなんとか畏怖させてきた、古びてボロボロに傷んだ戦闘艦に等しい」(『中国訪問使節日記』)という文章がある。乾隆帝の退位後すぐに始まった、南方のミャオ(苗)族の乱や、白蓮教徒の乱などを考えるとき、このマカートニーの言は、要望が充たされなかったせいの悪口とばかりは言えない。

5　アヘン戦争とロシアの進出

現代の中華人民共和国の公式の歴史では、一八四〇年のアヘン戦争によって「半植民地」の「近代」が始まり、それ以前は秦・漢帝国以来「封建社会」の「古代」だったと時代区分する。このような中国の近現代史観が創り出されたのは、一九三七年に始まる日本との戦争の最中で、中国の近代化に果たした日本の影響を認めたくない中国共産党指導部が、西欧の衝撃を受けて「近代」が始まったということにしたのである。

アヘンは十七世紀オランダ支配下のジャワ島から台湾に伝わり、

初めマラリヤの特効薬としてタバコに混ぜて吸飲した。一七二九年雍正帝がアヘン禁止令を出したときには、ポルトガル商人が、年間百箱を清に売っていた。一箱六十キログラムのアヘンは、中毒者百人が一年間に吸飲する量に相当すると言われ、約一万人の中毒者がいたことになる。ところが十八世紀末になると、イギリスの東インド会社が取り扱うベンガル・アヘンの中国への年間流入量は四千箱となった。四十万人が中毒者という計算になる。イギリスでは中国茶が必需品となり、中国に対して輸入超過の片貿易となったイギリスが、禁制品であることを承知の上でインド産のアヘンを清に売っていたのである。

一八三八年には四万箱が清に輸入された。これは四百万人分で、当時の清朝の人口がほぼ四億人として、百人に一人が中毒者となる計算である。清の道光帝は、アヘン貿易の禁絶を断行しようとして、林則徐《りんそくじょ》を欽差大臣（特命全権大臣）に任命した。一八三九年に着任した林則徐は、広州の商人たちから二万箱のアヘンを没収し、二十日あまりかけて塩水・石灰と混ぜて焼却した。イギリスの貿易監督官チャールズ・エリオットは、イギリス人の生命と財産が危険にさらされていると外相に伝え、一八四〇年、彼のいとこのジョージ・エリオット率いる軍艦十六隻、輸送船・病院船三二隻、陸兵四千で広東海口を封鎖し、廈門《アモイ》を攻撃したのが、アヘン戦争の始まりである。

道光帝は一八四一年一月、イギリスに対して宣戦布告の上諭を発した。イギリス軍は、一八四二年五月に軍艦二五隻で上海を占領し、揚子江（長江）をさかのぼって鎮江を取り、南京城に向けて砲列を敷いた。ついに敗北を認めた清朝は、八月に南京条約を結んだ。全十三条の主な内容は、一、香港をイギリスに割譲、二、焼却したアヘンその他の賠償金として二千百万メキシコドルを支払う（これは清朝の年間歳入の三分の一以上であった）、三、広東《カントン》・廈門・揚州・寧波《ニンポー》・上海を開港する、というものである。

しかし実際には清朝は、この後もイギリスを「英夷」と呼び、朝貢国の一つと見なしていた。むしろアヘン戦争の影響を強く受けたのは実は幕末の日本の方だった。イギリスはその後、アロー号事件を発端として、一八五七年英・仏連合軍で広州を占領する第二次アヘン戦争を起こした。一八五八年清朝は英・仏・米・露との間に天津条約を結び、一八六〇年には英・仏連合軍が北京の円明園を廃墟にして、北京条約が結ばれた。

清朝がこのように南方でイギリスとフランスの圧力を受けていた間に、もっとも利益を得たのはロシアであった。一六八九年のネルチンスク条約で黒龍江（アムール河）から閉め出されたロシアは、カムチャッカから北アメリカに進出していった。十九世紀初めまでサハリン島は半島と考えられており、黒龍江の河口は浅瀬で、海へ出入りできないとされていた。

黒龍江にロシアの船を航行させたいという希望はすでに十八世紀からあったが、清に拒絶されていた。あきらめきれないロシア皇帝ニコライ一世は、一八四七年にムラビヨフを東シベリア総督に任命し、現地調査をさせた。軍用船バイカル号は、サハリンは半島ではなく島であり、黒龍江口も海から出入りできることを確認し、一八五〇年に河口から三五露里さかのぼった地にニコラエフスク哨所を設けた。ロシア国内の反対意見に対して、ニコライ一世は「ひとたびロシア国旗を掲げた以上は、決してこれを撤去してはいけない」と勅語を下したのである。

一八五三年十一月ロシアとオスマン帝国が開戦すると、翌年三月英・仏がオスマン側に立ってロシアに宣戦布告し、クリミア戦争が始まった。英・仏海軍がアジアのロシア領を攻撃するかもしれないと考えたロシアは、軍隊輸送について清から許可のないまま、一千の兵を載せた船団をシルカ河から出発させ、黒龍江の下流まで航行し沿岸に植民を行なったが、一八五一年に始まった太平天国の乱に忙殺されていた清朝はこれを黙認してしまった。実際に一八五四年と五五年に英・仏艦隊はカムチャッカに上陸した。

一八五六年にクリミア戦争が終結するとイギリスの脅威はなくなったが、ムラビヨフはさらに黒龍江占領の政策を推進していった。一八五五年には三千人、五六年には千六百人と黒龍江沿岸に植民を進め、一八五七年にはアムール州と沿海州を設置し、事実上この地域をロシア領にしてしまった。

一八五八年愛琿《アイグン》で清とロシアの国境画定会議が開かれたとき、ロシア側は黒龍江をイギリスから守るために、黒龍江左岸の地とウスリー江右岸の地をロシア領として認めるように要求した。停泊中のロシア軍艦からは銃砲が乱射され、調印しなければロシアは武力をもって黒龍江左岸の満洲人を追い払うと脅迫したので、ついに清朝側の満洲大臣奕山《イシャン》らは屈服した。こうしてロシアは黒龍江の北の六十万平方キロの地域を獲得したのである。

6 大清帝国の変質——同君連合から国民国家へ

もともと満洲人、モンゴル人、漢人、チベット人、イスラム教徒の五大種族の同君連合だった清帝国が、国民国家への衣替えを試み始めたのは、アヘン戦争ではなく、そのあと起こった太平天国の乱と、これが引き起こしたイスラム教徒の反乱からである。

一八四〇年のアヘン戦争後、清ではキリスト教の影響を受けた洪秀全《こうしゅうぜん》を指導者とする太平天国の乱が、一八五一年から十四年間も続いた。洪秀全は客家《ハッカ》出身で、プロテスタントの伝道書を読み、エホバ（天父上主皇上帝）の長子がキリスト（天兄）で、自分は次男であると称した。旗揚げしたとき一万〜一万五千人だった太平軍は、五一年末武昌《ぶしょう》を占領したときには兵員五十万人になっていた。一八五三年に南京を占領し、ここを首都と定めたときの兵員は、男百八十万人、女三十万人である。客家の女は纏足《てんそく》しないので、女軍として活躍した。一八五四〜五五年には、太平天国は三百万人になっていた。

この太平天国の反乱に対して、不慣れな南方だったせいもあるが、清の八旗兵は役に立たず、漢軍の緑営も無力であった。清朝政府は、南方の有力者である地方の郷紳たちに軍隊の組織を命じた。これがのちの中国の軍閥の起源となったのである。有名なものに曾国藩《そうこくはん》の湘軍《しょうぐん》、李鴻章《りこうしょう》の淮軍《わいぐん》、左宗棠《さそうとう》の楚軍《そぐん》があり、彼らは郷勇《きょうゆう》と呼ばれた。

太平天国の乱自体は内紛によって弱体化し、一八六四年洪秀全は毒をあおいで自殺し、南京は陥落した。しかしその余党は、一八五三年に安徽《あんき》省で起こった白蓮教系の武装集団捻軍《ねんぐん》に合流した。清が捻軍を鎮圧できたのは一八六八年のことである。

太平天国の乱はまた、中央アジアのイスラム教徒の反乱も引き起こした。一八六二年、四川から陝西《せんせい》に侵入しようとした太平天国軍に備えるため、回民までもが動員された。回民は見た目は漢人と変わらないイスラム教徒であるが、これが引き金となって長年の感情的対立があった漢人と回民が衝突し、こんどは「洗回」と称する漢人の回民虐殺事件があちこちで発生した。漢人と回民の相互殺戮はやまず、一八六四年クチャの回民が清朝官署を襲撃し、反乱は新疆全土に及んだ。

新疆のイスラム教徒は回民ではなくトルコ系民族である。一八六五年に同じトルコ系のヤアクーブ・ベグがコーカンド（ウズベキスタン）からやって来て、新疆の実権を握った。一八六八年ロシア軍がタシュケントを占領すると、行き場を失ったコーカンドの武装勢力が新疆のヤアクーブ・ベグのもとに流入し、一八七〇年ヤアクーブ・ベグは天山以南のほぼ全域を支配下に置いて、カシュガルに独立王国を建てた。

清朝支配層の満洲人の中からは、遠方の新疆を放棄する案も出た。しかし、太平天国の鎮圧に功績を立てた漢人将軍左宗棠が、「新疆を取り返せなければモンゴルをつなぎとめられない。モンゴルをつなぎとめられなければ清朝はおしまいだ」と主張し、一八七五年に私兵の湘軍（曾国藩から引き継いだ湖南省の漢人義勇兵）を率いて平定に向かった。清軍は一八七七年にウルムチから天山南路へ向かう峠で勝利し、ヤアクーブ・ベグはコルラで急死して、十六年ぶりにイスラム教徒の反乱は鎮圧された。

清朝は、新疆平定に功のあった左宗棠の意見を入れ、一八八四年に新疆省を設置し、漢人に行政を担当させた。これは種族自治の原則を破って、中国人を中国以外の統治に参加させ、藩部を中国化するものであった。現在の中華人民共和国の新疆ウイグル自治区は、この清朝の新疆省に由来する。

新疆省の設置は、清朝の性格を根本から変える画期的なできごとだった。それまでの清朝は、満洲人とモンゴル人が連合して、中国人を統治し、チベット人、イスラム教徒を保護するのが基本的な構造であったのが、それからの満洲人は、連合の相手を中国人に切り替えて、「満漢一家」の国民国家への道に一歩を踏み出したことになる。それまで多種族の連合帝国だった清朝は、これで決定的に変質したわけで、モンゴル人やチベット人は、満洲人に裏切られたと感じた。モンゴルやチベットで、二十世紀の初めになって、清朝から独立しようという機運が動き出したのは、この不満が原因である。

7　大清帝国の日本化と辛亥革命

一八四〇〜四二年のアヘン戦争で、清朝はイギリス人に敗れて開港を余儀なくされたが、これは大清帝国の支配構造に打撃を与えるには至らなかった。何といってもイギリスは遠く、イギリス人は少数であり、香港は清の辺境であった。その後、一八五七〜六〇年の第二次アヘン戦争で、英仏連合軍に北京にまで攻め込まれ、円明園を廃墟にされた後は、漢人将軍たちの間に「洋務運動」と呼ばれる近代化が始まった。しかしこれもせいぜい、洋式の武器を採用し、西洋人の技師を雇った程度で、すべて私兵を強くするためであった。

ところが一八九四〜九五年の日清戦争の敗戦は、清国の支配層の満洲人ばかりでなく、その支配下の漢人にも深刻な打撃を与えた。わずか三十年前に西洋式のシステムを採用したばかりの日本、それも建国以来一貫して中国文化圏に属してきた日本が、当時最新の西洋式軍備を整えていた李鴻章《りこうしょう》の北洋軍を壊滅させたのである。

日清戦争に敗れた清国では、精神は中国のまま、物質面だけ西洋を摂取する「中体西用」の洋務運動に批判が生まれ、技術面だけでなく制度面でも、西洋式に改革しようとする「変法」論が台頭した。その中心人物である康有為《こうゆうい》は、日本の明治維新を手本として清朝を変法しようと論じたが、一八九八年、変法に着手した清の光緒帝《こうしょ》が西太后に幽閉されて、改革は失敗した。それでも、日本を見ならって近代化をするという方針は変わらず、日清戦争の翌年の一八九六年の十三名から始まって、毎年多数の留学生が日本に派遣された。日露戦争の翌年の一九〇六年には、年間九千人にのぼる清国留学生が日本にやって来た。

日露戦争における日本の勝利がほぼ決まった一九〇五年九月、中国で一千年以上続いた科挙の試験が廃止され、一九〇六年には立憲政治の準備の詔勅が出て、伝統的な六部も廃止された。一九〇八年には憲法大綱と憲政施行までのプログラムが発表されたが、これによると、一九一六年に憲法が発布され、翌年には議会が開かれることになっていた。しかし、これらはジェスチャーだけで、実際には満洲政権の延命策にすぎなかった。

大清帝国の実権は、すでに満洲人の手から、人口で圧倒的多数を占める漢人の手に移っていた。太平天国の乱とイスラム教徒の乱を鎮圧したのは、八旗兵ではなく中国南方の漢人将軍とその私兵だった。大清帝国の国軍である八旗兵は、南方や海から来る敵を想定した軍隊ではなかったのである。日露戦争後、清は初めて、満洲八旗ではなく漢軍八旗出身の趙爾巽《ちょうじそん》を奉天将軍に任命し、戦後処理に当たらせた。こうして一九〇七年、ついに満洲における軍政が放棄された。清は、奉天、吉林、黒龍江に中国内地と同じ省を設置し、各省に巡撫《じゅんぶ》という地方長官を置いた。そのうえに軍政と民政を総括する東三省総督を置いたが、これが現在の中国東北三省の起源である。

一九〇五年に科挙の試験が廃止されたあと、外国留学帰りの人々が清の官僚として採用されたが、留学生が最も多かった国は日本である。日本は一八六八年の明治維新以来、すでに三十年にわたって、欧米の新しい事物を表現するための文体と語彙を開発していた。江戸時代にはなかった術語を、日本人は漢字を新しく組み合わせることによって作り出した。この新しい漢語が、清国留学生によって学ばれ、摂取され、吸収された。欧米諸国に留学した中国人にとっても、新しい事物を伝える道具としては、やはり日本式の文体と語彙しかなかった。こうした新しい漢語は、中国全土におびただしく設立された新式教育の学校において、日本人教師と日本留学帰りの人々によってひろめられた。

日清戦争の直接の産物のもう一つは、清国の軍隊の日本化である。中国の近代化のために、まず強化されねばならなかったのが軍隊であった。清国留学生には、法律を学んで官僚になる文官の他に、日本の陸軍士官学校に留学した将校たちもたくさんいた。日本では、士官学校を受けたい留学生に配慮して、振武学校という予備校を陸軍の管轄でつくった。これに入って一年間、日本語を勉強し、それから各地の部隊に入隊して見習士官を一年間やる。このあと勤務状態がよければ、推薦で陸軍士官学校に入ることができた。士官学校を卒業して本国に戻った者たちを採用し、清朝では各省ごとに師団や旅団を編成し、急速な勢いで新式軍隊をつくった。

日露戦争以後、ロシアだけでなく日本でも革命思想が流行するようになるが、清国留学生の間でも、日本を見ならって清朝皇帝による立憲君主制にするか、清朝を打倒して共和制にいくかの大議論が、日夜戦わされた。結局、一九一一年の辛亥革命は、日本の陸軍士官学校に留学した、こうした将校たちに指導された新軍の反乱によって起こり、これによって、翌一九一二年、大清帝国の命運は尽きたのであった。そのあと政権を奪ったのは、結局、最大最強の新軍の兵力を指揮する軍閥、袁世凱《えんせいがい》だったのである。

参考文献

市古宙三『世界の歴史20　中国の近代』河出書房（河出文庫）、一九九〇年（初版一九六九年）。

岡田英弘「康熙帝・雍正帝・乾隆帝」『人物　中国の歴史9　激動の近代中国』集英社、一九八二年。

岡田英弘『中国文明の歴史』講談社（講談社現代新書）、二〇〇四年。

岡田英弘『日本人のための歴史学　こうして世界史は創られた！』ワック（WAC BUNKO）、二〇〇七年。

並木頼寿・井上裕正『世界の歴史19　中華帝国の危機』中央公論社、一九九七年。

宮脇淳子『世界史のなかの満洲帝国』ＰＨＰ研究所（ＰＨＰ新書）、二〇〇六年。

満洲の地域国家からユーラシア東方の世界帝国への歩み

マンジュ国から大清帝国へ

【その勃興と展開】

杉山清彦

Sugiyama Kiyohiko

すぎやま・きよひこ　一九七二年香川県生。大阪大学大学院文学研究科博士後期課程修了。博士（文学）。東京大学准教授。大清帝国史。主な論著に『東アジア内海世界の交流史』（人文書院、共著、二〇〇八）等。

十七世紀――日本列島で江戸の徳川政権が支配を確立する一方、大国・明《みん》はうち続く内乱で崩壊し、南海では鄭芝龍《ていしりゅう》・成功《せいこう》父子が海上王国を築いていた。この激動の時代を最終的に制し、アジア東方に新たな政治秩序を打ちたてたのは、漢人の群雄や聖賢でもなければ騎馬軍団を率いるモンゴル武人でもなく、寒冷なユーラシア東北部のマンチュリア（満洲）に住まう女直《じょちょく》（女真《じょしん》）改め満洲人の勢力であった。

アイシン＝ギョロ（愛新覚羅）氏の君主をいただき「大清《だいしん》」を号するこの国家――以下小稿では、大清帝国と呼ぶことにしたい――は、物産豊富な中原《ちゅうげん》の王朝でも精強な草原の遊牧国家でもなかったが、にもかかわらずそれらを打倒あるいは吸収して、十八世紀中葉にはパミール高原以東の大半の地域をおおう大帝国に発展した。そしてそればかりか、以後二十世紀初めまで巨大なまとまりを保ち続け、その全期間はもちろん、滅亡後もなお、広大な地域とさまざまな人びとに影響を与えてきたのである。

では、その興起の過程はいかなるものであり、その担い手たちはどのような人びとだったのであろうか。一六四四年以降本格的に展開する漢人社会や海外諸国との関係、また内陸アジア方面への発展とモンゴル・チベットとの関係といった諸問題については本書の諸論文に詳しいので、ここではその導入を兼ねて、十六～

十七世紀の帝国形成の過程とその原初の姿について概観したい。

1　東北アジアの変動とジュシェン人

ユーラシア東方の秩序変動

大清帝国の前身は、女直人の群雄の一人であったヌルハチ（一五五九～一六二六）が建てたマンジュ国である。マンジュ（manju）とは、一六一六年に漢字国号「後金《こうきん》」（のち、金）を立てる以前から用いられた国号で、「満洲」はその漢字表記にほかならない。一方、女直・女真とはジュシェン（jušen）なる語の漢字表記で、彼らの自称であった。つまり当初は国名＝マンジュ（・後金）、族名＝ジュシェンだったのであるが、まず一六三五年に自称がマンジュ、翌年に国号が「大清／ダイチン（daicing）」と改められ、以後国号＝大清、族名＝マンジュとなったのである。地域名称としての「満洲」はこのマンジュの語から起ったものであるが、元来は国名・族名だったのである。以下では原語と自称に従って、ジュシェン、マンジュなどと表記することにしよう。

マンジュ国が勃興した十六・十七世紀交代期は、かつてモンゴル帝国解体に伴って十四・十五世紀交代期に再編された政治・経済・外交の枠組みが各地で弛緩・崩壊し、新たな秩序が形づくられてゆく転換期であった。ユーラシア東方を見渡すと、日本列島では戦国の動乱が収束して天下統合へと時代が大きく動き、一方で、それまで対明貿易で栄えた琉球《りゅうきゅう》王国は幕藩制国家に従属を余儀なくされていった。明は、表面上は戦国日本と違って国家統合に揺らぎはなかったように見えるが、その内実は、国際貿易によって繁栄する江南など沿海諸地域と困窮化の進む内陸・華北とで明暗が分れ、支配の空洞化が進んでいた。明周縁部の東南沿海・長城内外といった地域では、好況の恩恵に浴する地方有力者や海商勢力、また投下される軍事費を吸収した駐屯軍など、王朝の傘の下にありながら必ずしも統制に服さない勢力が形成されていた。三〇年にわたって遼東《りょうとう》地方の駐屯軍司令官の座を占めて軍閥を築いた李成梁《りせいりょう》や、海上勢力を統合し東シナ海を股にかけて貿易を牛耳った鄭芝龍などは、その代表である。

目を北方に転じると、モンゴルでもチンギス＝ハーン家（ボルジギン氏）の君主を戴く多数の勢力が割拠し、互いに抗争・連衡していた。なかでもトゥメト部のアルタン＝ハーン王家は明との交易で繁栄し、その本拠フフホト（帰化城）は南（内）モンゴルの中心として発展した。このような状況はマンチュリアにおいても同じだった。十五世紀末以降、明の宮廷や富裕層の間に奢侈の風が広がると、マンチュリア・シベリア特産のテンの毛皮と薬用の朝鮮人参に対する需要がにわかに高まった。このためマンチュリアは貿易ブームにわき返ることとなり、交易の利益を基盤として新興勢力が成長し、またそれをめぐってジュシェン勢力相互で激しい抗争が繰り広げられたのである。

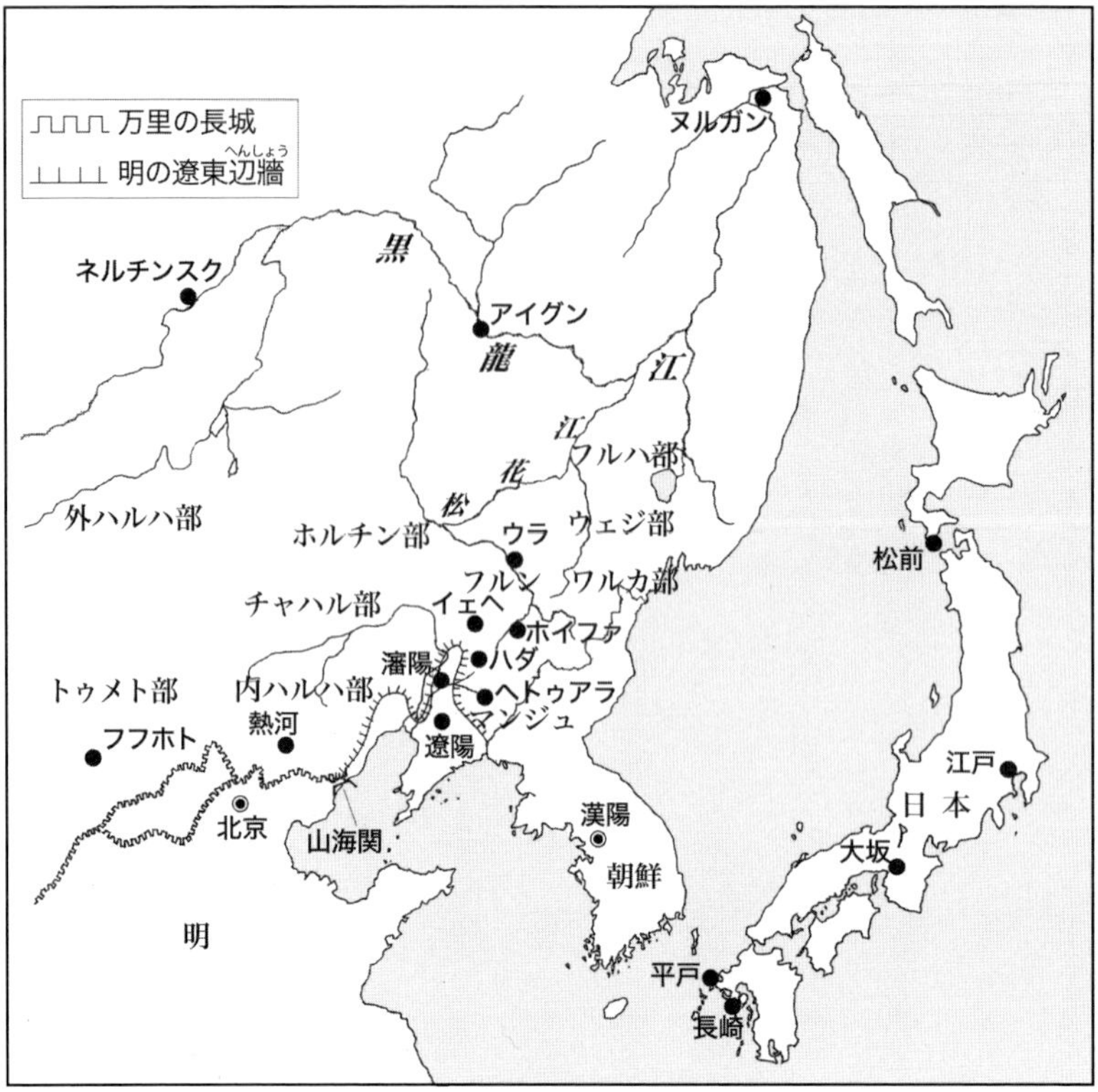

図１　16世紀末の東北アジア

総じていえば、時代は割拠から統合へと移りつつあり、まずは次代の統合の担い手となるべきいくつかの勢力が各地で形成されてきた段階であったということができよう。その〝予選〟の舞台の一つがマンチュリアであり、そこで勝ち残って各地の代表同士の最終決戦に進んだのが、マンジュ国改め大清帝国であったのである。そこで、大清帝国の母胎となったマンチュリアのジュシェン人の社会を少し詳しく見てみよう。

勃興前夜のジュシェン社会

十三世紀の金の滅亡後、ジュシェン人は独自の国家を建てることなく、大小の勢力に分かれて元・明の支配を受けていた。明は遼東半島と遼河《りょうが》下流域の平野部を直轄領とし、その東北方に散居するジュシェン人に対しては、各首長に武官職を授け、その集団を明の軍隊単位になぞらえた衛《えい》に編成して朝貢《ちょうこう》の義務を課し、間接的に統制した。そのさい明が交付する辞令書（勅書《ちょくしょ》という）が朝貢貿易の権利書として扱われたため、ジュシェン首長たちは交易目的で積極的に入貢したので、明の統制は比較的有効に機能したといえよう。一方で、彼らの内部では交易の利益をめぐって競合・抗争が広がり、勢力の再編・交替が進んだ。

ヌルハチが現れた十六世紀後半当時、ジュシェン諸部族は、建州《けんしゅう》衛・左衛・右衛（建州三衛）と呼ばれる明初の大集団の後身である南方のマンジュ五部（明側でいう建州女直に相当）と、その北方で強盛を誇ったハダ・イェヘ・ウラ・ホイファのフルン四国（海西《かいせい》女直に相当）、そしてそれら以東の日本海沿岸方面に広がったワルカ・ウェジ・フルハなどの東海諸部（野人《やじん》女直に相当）に分れていた。このうち求心力のある政権に組織されていたのはフルン四国だけで、ほかの各部はさらにその中でいくつもの勢力に分れ、互いに抗争していた。

彼らの社会はベイレやアンバンと呼ばれる領主層とジュシェンあるいはハランガといわれるその属下・領民から構成され、それぞれの領主のもと、数戸から数十戸程度の集落をつくって農業・交易・狩猟採集、さらには外敵との戦闘・防衛に従事した。元来ジュシェンの語は、漢人・モンゴル人などに対する族名としての用法のほか、このように領主層の属下・領民をも指しており、一六三五年以降は後者の意味に特化したのである。これらのうち大規模な集落、あるいは複数の集落を統率する有力領主が明から勅書を授けられ、内にあっては部族長、明に対しては武官職を有する朝貢者となったのである。

大は部族長から小は一般家庭に至るまで、ジュシェン人の家はエジェンすなわち主人とアハすなわち奴僕《ぬぼく》・奉公人からなっていた。主人は交易や戦争など対外活動を掌《つかさど》り、奴僕・奉公人は耕作や家畜の世話など主に生産労働に従事した。両者の関係は明確な分業と厳格な上下関係のもとにおかれていたが、同時に一方が欠ければ他方は立ちゆかないという関係でもあり、その結びつきはきわめて強固であった。厳格であると同時に緊密・親密であるというこのような関係は、家庭内から君臣関係に至るまで、彼らの社会秩序の根底をなした。

ジュシェン社会においては父系の出自とその門地の高下が重視され、相続においても母親の出自による嫡庶《ちゃくしょ》の別が問題とされた。彼らにとって資産や権利・義務は一族の共有と観念されており、それに与る資格は嫡出者間において平等であった。家産は分割相続で、長じた子から順に資産を分与されて独立してゆくことが一般的だったが、指導者の地位は嫡出の近親間の実力主義で、長子相続や本家・分家などの原則は存在しなかった。このため集団はたえず分化を繰り返し、また首長位の継承をめぐって紛争が絶えなかった。明初以来の建州三衛も、十六世紀前半には首長の系譜がたどれなくなるほど細分化していたし、同じころ台頭したフルン四国でも代替りごとに紛争が起り、全ジュシェン統合を果すに至らなかった。

しかし、一方でジュシェン人には、自分たちを明・朝鮮・モンゴルと接し、言語によってそれら諸国人と区別される一つのまとまりをなすものとする意識が存しており、この未だ統合されざるまとまりを〝ジュシェン国〟と呼んでいた。彼らの観念では、モンゴル人に大ハーン、漢人に皇帝、朝鮮人に国王がいるように、自分たちもハンを戴くべきものであるが、現実には金の滅亡以来自分たち自身のハンは不在で、他国の君主の支配や干渉を受けているものと認識していたのである。マンジュ五部の一領主から身を起したヌルハチの覇業とは、このジュシェン国の政治的統合を実現したものであり、その王朝の名前がマンジュ国であり後金国であったのである。

2 マンジュ国の勃興

ヌルハチ国家の形成

大清帝国の建国者となるヌルハチは、一五五九年にマンジュ・スクスフ部の首長の一人であったタクシの長子として生れた。当時、南マンチュリアでは明と結んだハダ国とこれに対抗するイェへ国が強盛を誇り、他方マンジュ各部では多数の中小勢力が乱立して覇を競っていた。タクシの父ギオチャンガはその一人で、かつて建州左右衛が拠った要地ヘトゥアラ地方を本拠とし、一五七〇年代後半にはスクスフ部東半をほぼ支配下に収めていた。

ところが一五八三年、明が反抗するジュシェン勢力を討伐した際に、明軍に協力したギオチャンガとタクシが不慮の死を遂げたのである。まだ館《やかた》の主程度の小領主にすぎなかったヌルハチは、二五歳にしてわずか十数騎の手勢だけで独り立ちせざるをえなくなった。これがヌルハチの挙兵といわれるもので、挙兵といっても明との戦争ではなく、マンジュ内部の群雄割拠の中に一豪族として参戦した、というにすぎない。しかし、類い稀なる軍事的才能と傑出した政治指導力を有していたヌルハチは、わずか六年足らずでマンジュ五部を統一し、強力な求心力をもつ政権を打ちたてた。これがヌルハチのマンジュ国である。当初の政権は、明から建州左衛都督《ととく》の称号を授けられたヌルハチと、右衛都督を与えられた同母弟シュルガチとがそれぞれ家臣団を従え、全体としてヌルハチの統制に服するという形で組織されていた。彼は服従させた旧首長層を居城フェアラ（一六〇三年以降ヘトゥアラ）に集住させて在地から切り離し、あわせて勅書の分配権すなわち貿易の権利を一手に握ることで、臣下を強力に統制した。

当時、遼東における明の実力者は駐屯軍司令官の李成梁で、ジュシェン事情にも精通し、ヌルハチ一族ともギオチャンガの代から関係があった。李成梁は、内紛の続くハダ国に見切りをつけてヌルハチとの提携に切り替え、彼を通してジュシェン人を統制する方針を取り、代りにマンジュ国の拡大を黙認した。そのもとで、ヌルハチはまず急速に衰えていたハダ国を一五九九年に倒し、ついで一六〇七年にホイファ国を滅ぼすとともにウラ国を破って日本海方面に本格的に進出し、東海諸部の併合を進めた。

このような国勢の急激な膨張をうまくコントロールするためには、それまでにもまして、強力にして公正な内部統制と、分配に充てるための収入の強化とが必要となろう。ヌルハチは、ハダ併合を機に本格的な統治・支配のための組織・制度の整備を進めた。国家の基本組織として、後述する有名な八旗《はっき》制度を創設・整備していったのもこの時期であり、また国務処理のため五大臣を筆頭とする政務組織をととのえ、成人に達した諸子も順次軍務・政務に当らせて自らを補佐させた。これらと並行して、後に世職《せいしょく》・世爵《せいしゃく》と呼ばれることになる独自の位階制を設け、明から授与される武官職によらない自前の秩序の創出に努めた。一五九九年に創案されたと伝えられるマンジュ文字（満洲文字）による記録・文書作成も、そのような努力の一環とみることができよう。

折から、ヌルハチの勢力を抗いがたいものとみて友好関係に入った南モンゴル東部の内ハルハ部が、一六〇六年にヌルハチにクンドゥレン＝ハンの称号を奉呈した。多分に外交儀礼的とはいえ、正統なモンゴル勢力からハンの称号を贈られることはユーラシア世界では非常な権威であり、ヌルハチはそれまでスレ＝ベイレ（聡明なる王の意）と呼ばれていたが、これ以降ハンと称されるようになる。

その最中の一六〇八年、老齢の李成梁が失脚し、明の方針が一変した。もはやヌルハチは強大になりすぎたとみて、残されたイェヘ国を支援してマンジュ国の抑えこみにかかったのである。ヌルハチの権力は、明との良好な関係を前提とした対明交易の独占と臣下への利益分配をかなめとしていたので、対明関係の悪化と交易の停滞は政権そのものの危機であった。そこでヌルハチは、政権の動揺・分裂を防ぐため機先を制してシュルガチを失脚させて権力の一元化をはかり、あわせて右のように明の権威・権力によらない国家建設を進めたのである。

一六一六年に至り、ヌルハチは臣下から推戴されてハン位に即《つ》き、ゲンギェン＝ハンを称して後金の国号を定めた。金の滅亡以来、四百年ぶりのジュシェン人自身の政権とその君主がここに出現したのである。二年後、ヌルハチは対明関係の修復を不可能と判断して開戦にふみきり、翌一六一九年に明の討伐軍をサルフの戦で粉砕するとともに最後に残ったイェヘ国を滅ぼし、ジュシェン統合を果した。ついで一六二一年に遼東平野に本格的に侵攻して明の統治拠点である瀋陽《しんよう》・遼陽《りょうよう》を奪い、多数の漢人農民の住う遼東の農耕地帯を支配下に収めた。これに伴って遷都を繰り返し、最終的に一六二五年に瀋陽に都を定めた。以後、瀋陽は北京への遷都後も清一代を通じて陪都《ばいと》（副首都）とされ、盛京《せいけい》城・奉天府と称されることとなる。

国家組織としての八旗制

旧首長層から隷属民・奴僕まで、政権傘下の全ての構成員を編成したマンジュ国＝後金国の国家組織が、八旗制である。八旗とは、グサと呼ばれる集団八つで構成された軍事・行政一体の組織である。グサとは軍団、集団という意味であるが、八つのグサは正・鑲《じょう》（縁取りのないもの・あるもの）の黄・白・紅・藍色の軍旗によって区別されたので、旗《き》と称されるのである。

基本単位はニル（漢語では佐領《さりょう》）と呼ばれる組織で、兵役・労役に服する成年男子三百人（数は時期により相違）を供出しうる規模を目安として、在来の集落・集団を再編したものである。出征・労働や狩猟、租税の賦課、戦利品の分配などあらゆる行為はニルを単位として行なわれ、戦時も平時も、一ニル当り何人という形で均等に動員・賦課された。ニルは、行政単位・社会組織としてみた場合は、これら徴発対象となる人丁だけでなくその家族・奴僕、および居宅・耕地・家畜などを含む一つの集落・集団であり、他方軍制単位としてみた場合は、そこから抽出・編成された部隊を指した。兵士になるのは人丁のうちだいたい三人に一人であった。マンジュ後金国の全ての構成員とその動産・不動産は、その出自や来歴を問わず、このような形でいずれかのニルに分属していた。したがってニルには家内奴隷や隷属農民として多数の漢人・朝鮮人が所属していたし、帰順したモンゴル首長や漢人・朝鮮人武将が率いるニルもあった。

このニルが五つ（数は時期により相違）で中間単位ジャラン（参領《さんりょう》）を構成し、五ジャランで一グサを構成した。各単位にはそれぞれグサ＝エジェン（漢語では都統《ととう》）・ジャラン＝ジャンギン（参領）・ニル＝ジャンギン（佐領）という長官（八旗官）が任じられて指揮・管轄に当り、また副司令官として二人のメイレン＝ジャンギン（副都統）がおかれた（当初は全て某エジェンといった）。これら各級の八旗官は、平時の行政官であるとともに戦時の部隊指揮官でもあった。彼らの多くはかつて家臣・領民を従えて割拠していた大小の領主であり、それが八旗制のもとで所領はニルという形に、領主としての地位はニル＝ジャンギン職という形に置きかえられて、再編成されたのである。したがって八旗は、一見近代軍隊にも似た整然とした組織体系をとりながら、一面において領主の連合という側面も有していたのであり、一兵卒からニル＝ジャンギンに成り上がれるようなものではなかった。

これら八つの旗はハンが一元的に掌握していたのではなく、それぞれに王族が分封《ぶんぽう》されてその旗のニルを支配していた。このような上級王族を旗王《きおう》と呼ぶ。旗王は当初ベイレと総称され、また後の王爵では親王から公までの爵位に相当したので、王公とも呼ばれる。創設当初は、ヌルハチ自身が正黄《せいこう》・鑲黄《じょうこう》の両黄旗を直率し、嫡孫のドゥドゥが鑲白旗《じょうはくき》、次子ダイシャンが両紅旗《りょうこうき》、マングルタイが正藍旗《せいらんき》、後に皇帝となるホンタイジが正白旗《せいはくき》（即位までに鑲白旗も領有）、そしてシュルガチの子たちが鑲藍旗《じょうらんき》を率いていた。君主の直属旗は後に正白旗が加わって上三旗《じょうさんき》と呼ばれるようになるが、その後もそれ以外の五旗は旗王たちが分有し続けた。つまりハンは八旗全体の頂点に立つのではなく、ハン自身も他の王族たちと同列に、旗を領有する旗王の一人だったのである。

旗王は旗を支配する領主として、旗に属する臣下すなわち旗人《きじん》

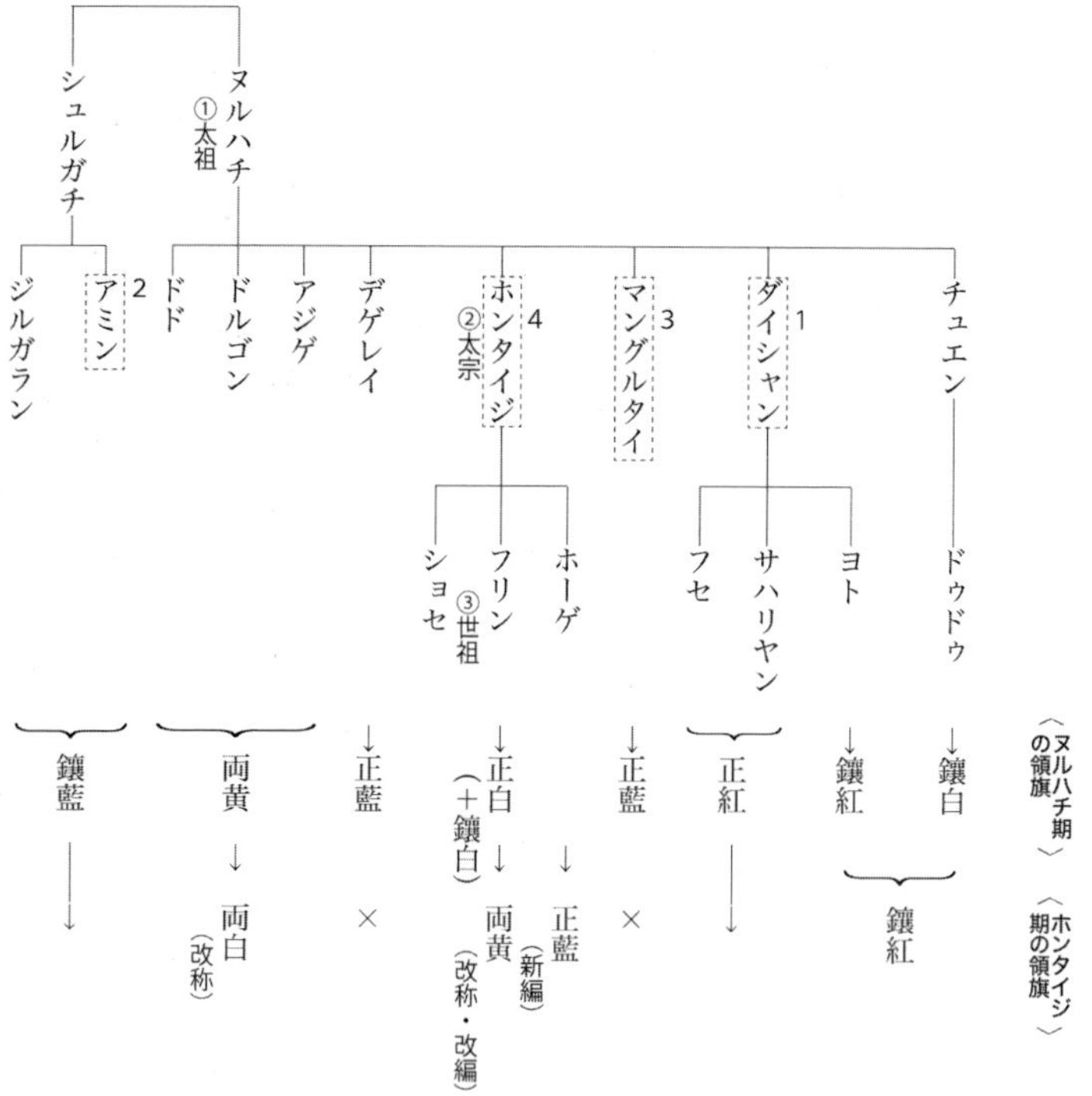

図２　帝室略系図・国初領旗分封表

※ヌルハチは全嫡子、シュルガチは主要な嫡出子を掲げた

※丸付き数字は皇帝代数、点線の四角囲みは四大ベイレ（数字はその序列）

たちとは身分上明確に区別されていた。旗の司令官職であるグサ＝エジェンといえども、その立場は組織上の最高責任者にして旗王の家老というべき筆頭家臣にすぎず、責任を問われることはあっても、本人が王族でもない限り旗王に昇格することはありえなかった。ニル＝ジャンギンと上級指揮官との間には主従関係はなく、旗人が主と仰ぐのは旗王であった。旗王にとってみれば、旗の所属ニルは国家の兵役・労役の単位であるだけでなく自己の家臣団・領民でもあったのである。そして八旗全体・国家全体は、各自の麾下を従える旗王たちがハンに臣従することによって統合されていた。

　このように八旗とはマンジュ後金国の国家組織そのものということができ、一つの身分集団・社会集団として、清一代を通して帝国の支配層とその領民を構成した。その特徴をいくつかにまとめてみるならば、第一に、臣下を強固な主従関係のもとに編成したことが挙げられる。明代のジュシェン社会では、規模・家格の大小上下こそあれ、それぞれが家臣・領民を従え明から公認された在地の領主であるという点において、建州三衛などの大首長も管下の首長たちと同列の存在であって、未だ強固な主従関係のもとには編成されていなかった。これに対しヌルハチは、服従した大小の領主たちを八旗制の厳格な組織体系に再編し、強固な主従関係の下に組み込んだのである。そもそもヌルハチ勢力の原点は、彼のためには水火も厭わず、奴僕にもなぞらえられるほどの強い主従関係を誓った股肱の臣たち（マンジュ語ではグチュと呼ばれる）からなる小軍事集団であった。以後の勢力拡大は、打倒・吸収した他勢力をそのような従属関係下に組み込んでゆく過程であり、服属したあらゆる勢力は、客分のような待遇を受けることはなく、あくまで主・従、エジェンとアハの関係に位置づけられた。

第二は、その主としての地位が君主の一門によって独占されていたことである。旗王は全てヌルハチ・シュルガチ兄弟の嫡出の子孫という狭い範囲に限定され、一族遠縁の実力者や外様《とざま》の異姓有力者はいなかった。たとえ国家創業の功臣であろうと建州三衛・フルン四国などの名門首長家であろうと、例外なくヌルハチとその近親の旗王たちの臣下に位置づけられたのである。同時にこのことは、その強固な主従関係が君主ただ一人の独占ではなかったことをも意味する。異姓・遠戚を排除した支配権の独占と、その果実の一門による共有――ここに、創業者ヌルハチの独創とジュシェン的伝統の並存を見出すことができよう。八旗制には、ジュシェン的慣習の克服という側面の一方で、国家を君主一族の共有とみなし、それを一族で分有するという伝統的観念がこのような形で表出していたのである。後者の面は、君主位の継承においても色濃く見られる。君主の地位は、当主個人のものでもなければ当主の長子など特定の立場の人物に自動的に与えられるものでもなく、後継者選任に当っては一族の合議ないし承認が必要と考えられていた。したがって、最後まで皇太子制は根づかなかったし、それは一門各王家においても同様であった。

第三は、このような主従制的支配の一方で、これと相対的に自立した官制機構・位階体系を創出し、安定的な国家運営に成功したことである。官制や職称は短期間に変遷を重ねたが、いずれにせよ八旗制下の統属関係や君主の家政運営とは区別される実務官職に旗人が充任されて、職務を遂行したのである。また旗人は統一的な位階制に従って官位を授けられて序列づけられ、戦闘や統治の功罪に応じて与奪・昇降された。つまり彼らは国家の公的な役職に就き位階を帯びて評価を受けるという点ではハンの官僚であり、主人の家に伺候しその命令に服するという点では旗王に仕える家臣であった。このような複合的な性格は、互いに矛盾するものというよりは、安定的・恒久的な事務処理には不可欠ながらともすれば形骸化・守旧化しやすい官僚制機構と、主観的・個別的なものではあるが強固で献身的な忠誠心・結束力を発揮しうる主従制的支配とを結びつけ、組織にしなやかさと強靭さを与えたものということができよう。そして、その二つの面を媒介したのは、やはり八旗制であった。

このようにヌルハチは、明快な組織体系と強力な統制という特徴をもつ八旗制によって、ジュシェン勢力が抱えてきた権力の遠心化という伝統的課題を克服し、かつ自分たちの価値観・慣習とそれがもつ主従的結合力を損なわずにそれを制度化してゆくことに成功したのである。

3　後金国から大清国へ

初の権力継承——ホンタイジ登極

しかしながらヌルハチも、その権力をいかに円滑に継承するかというもう一つの課題には悩まされ続けた。ヌルハチは安定的にハン位を継承させるべく、長子チュエン、ついで次子ダイシャンを自らの後見のもと執政に当らせて、早い段階から後継者としての既成事実を積み重ねようとしたようである。しかし、これほど慎重を期してさえ、特定の一人を偏重することは諸弟・重臣との軋轢を生み、いずれも失敗したばかりか、チュエンは逆に父とまで対立して処刑されるに至った。結局ヌルハチは特定の後継予定者を立てることはなく、年長の嫡出子であるダイシャン・マングルタイ・ホンタイジとシュルガチの子アミンを四大ベイレとして、それ以下の王族・重臣たちとともに共同で国政を分担させた。ことほどさように共同支配の観念は強かったのである。

一六二六年八月、ヌルハチが六八歳で病没すると（なお、明軍の大砲で受けた傷がもとで死んだというのは俗説にすぎない）、王族会議が開かれ、四大ベイレのうちから最年少で序列最下位のホンタイジが第二代ハンに選出された（位一六二六～四三）。ヌルハチには前後四人の正妃があったが、そのうち家格の高さを誇るフルンの大国イェへの王女から生まれたただ一人の王子がホンタイジであり、そのうえ彼はバランス感覚にすぐれモンゴル語・漢語を解するインテリであったので、初の権力継承において最も納得のえられやすい人物だったのだろう。しかし、指導者に選出されるだけあって、彼はただ担ぎやすい人物だったのではない。それどころか慎重に好機を待つ忍耐力と、その好機をものにするための時機と手段を誤らない政治的センスの持ち主であった。

ホンタイジ登位当初のマンジュ後金国を取り巻く状況は、経済的にも外交面でも厳しいものがあった。対明戦争は貿易の断絶を意味する以上、対明交易以外の手段で食糧・財貨を安定的に入手ないし生産することは必須の課題であったが、対明戦はヌルハチ晩年に遼西《りょうせい》地方で膠着状態となって展望は開けず、一方で農業地帯の遼東の統治は必ずしも順調ではなかった。通好関係にあった南モンゴル東部のホルチン部・内ハルハ部の一部も、代が替わったとみるや態度が変り、使者の往来が滞るなど様子見に転じた。これらの問題に対処するにも、ホンタイジは当初三人の兄ベイレと共同で南面して臣下から礼を受けるなど集団指導体制で国務に当っており、果断・迅速な意志決定に不安のある中での船出であった。

しかし、ホンタイジは即位するやただちにダイシャンに軍を委ねて内ハルハのジャルート部を急襲させ、翌年初頭にはアミンを司令官として朝鮮を討ち、後金への従属と物資の供給を強要した（いわゆる丁卯胡乱《ていぼうこらん》）。ついで遼西の攻略が困難であるとみると、南モンゴルを迂回して西方から長城線を突破し、一六二九年には初めて北京を包囲した。ホンタイジはこれら一連の外征によって指導力への疑念を払拭するとともに、軍事行動への動員・指揮を通して、八旗の旗王たちとモンゴルの首長たちとに自らの統帥を行き渡らせたのである。

一方で、軍事力一辺倒ではなく和戦両様の手段で勢力拡大をはかり、南モンゴルの諸勢力の平和的取り込みに意を注ぎ、また投降してきた大小の明軍部隊を鄭重に迎え入れて戦力強化を進めた。なかでも、一六三三〜三四年に投降した明の部将孔有徳《こうゆうとく》・耿仲《こうちゅう》明《めい》・尚可喜《しょうかき》は新式火砲をふくむ大部隊を率いており、ホンタイジは彼らを厚遇して旗王と同格に扱って迎え入れた。孔・耿の軍団は天佑兵《てんゆうへい》、尚のそれは天助兵《てんじょへい》と称されて、八旗に組み込まれずに在来の統属関係を維持したまま、いわば九番目・十番目の旗となったのである。同じ一六三四年、モンゴル再統一をはかって内外モンゴルに勢力を伸ばしていた北元《ほくげん》宗家のチャハル部のリンダン＝ハーンが、チベット遠征の途上、青海《せいかい》で天然痘に倒れて急逝し、モンゴルには権力の真空状態が生じた。この好機を見逃すホンタイジではなかった。

大清国の成立

一六三五年、ホンタイジは一気に行動に出た。弟ドルゴンを司令官とする遠征軍を送ると、リンダン配下の首領たちは雪崩を打って降り、ここに南モンゴルの大半が後金の手に落ちた。リンダンの遺児エジェイもイェへ国出身の母后に伴われて降伏し、トゥメト部から奪った大元の玉璽《ぎょくじ》をホンタイジに献上した。いったい漢人（および日本人）は王朝交替を「元・明・清」と理解しているが、モンゴル人は大元ハーンの系譜は明朝成立に関わりなく漠北で続いてリンダンに至ると認識しており、このときその地位が、帝位の象徴たる玉璽――その真贋はさておき――とともにジュシェン人のハンであるホンタイジに移ったのである。九月に遠征軍の凱旋を出迎え、エジェイと会見して玉璽を手にしたホンタイジは、その月のうちに最年長の兄ベイレ・ダイシャンを弾劾して自らの至尊を再確認し、十月には前述の如く自称をマンジュと定めて名分を正した。後金の君主権力のステップアップの準備が、いよいよととのった。

その最後の段階は、八旗制下での権力確立であった。継位当初、ホンタイジは麾下の両白旗を改称した両黄旗（黄色は君主のシンボルカラーであるため改称したもので、陣容は旧来のまま）を率いており、亡父ヌルハチ直属だった旧正黄旗・鑲黄旗は、鑲白旗・正白旗と名を改めて、年少の異母弟であるアジゲ・ドルゴン・ドド（いず

図３　瀋陽・盛京城の大政殿

盛京宮殿の東部区画で，正殿の大政殿（中央）の左右に十王亭と通称される八旗の殿舎が並び，この前庭に八旗が整列する。1636 年，ホンタイジはここで皇帝に即位した。

れも最後の正妃であるウラ国の王女の所生）が継承していた。両紅旗はダイシャン一門、正藍旗はマングルタイ・デゲレイの同母兄弟、鑲藍旗はシュルガチ諸子が変らず領有していたから、二旗を領するのはホンタイジだけではなく、彼は数の上でも質の上でも相対的優位さえ確保してはいなかった。ところがこの年十月、デゲレイが急死して正藍旗旗王が空位になった（マングルタイはすでに死去）。ホンタイジはこの機を捉え、マングルタイ遺子たちの旗王位継承を許さず、逆に正藍旗を解体・没収して自らの長子ホーゲを旗王とする新・正藍旗を組織したのである。かくてホンタイジは三旗を掌握し、八旗内においても優位を確立した。

　大元ハーンの権威と八旗制下の実力とを手に入れたホンタイジは、一六三六年四月、盛京（瀋陽）でマンジュ・モンゴル・漢人の代表から推戴されて皇帝位に即き、国号を大清、年号を崇徳《すうとく》と定めた。古くからの金とジュシェンの名に代えて、大清とマンジュを名乗る新帝国が、ここに成立したのである。

　このときホンタイジに即位の請願を奉呈したのは、八旗を代表する鑲白旗旗王ドルゴンとモンゴル諸部を代表するホルチン部長のバダリ、そして漢人を代表する都元帥《とげんすい》孔有徳であり、即位後、宗室《そうしつ》の旗王たちとモンゴルの首長たちには親王以下の王号が授けられた。また孔有徳・耿仲明・尚可喜にはそれぞれ恭順王《きょうじゅんおう》・懐《かい》順王《じゅんおう》・智順王《ちじゅんおう》の王号が与えられ、三順王《さんじゅんおう》と呼ばれた。すなわち、新たに成立した大清国は、宗室の旗王たちが皇帝とともに率いる八旗を中核とし、その外縁にモンゴル諸王と三順王がそれぞれの軍団を率いて連合した、八旗型主従ユニットの連合政権だったのである。

満・蒙・漢という三本柱は、ポストの配置や公的記録における三言語併用などさまざまな場面で国家の基本とされたが、一方で三順王の王号は正規の王爵体系にない特殊なものであるなど、体制の真の根幹はマンジュとその同盟者たるモンゴルの連合であるということが示されていた。同時に、それらの王号の名称や儀礼の手続などは明朝式の王爵制・冊封《さくほう》儀礼を模倣したものであった。中華王朝的な儀礼・制度体系の外貌と、実質としての満・蒙の主従ユニット連合という点で——けっして、「中華王朝に倣った小中国の成立」や「漢化の始まり」ではなく——、後につながる帝国の原型がここに成立したということができるであろう。

ホンタイジの時代、機構・制度の整備が着々と進められ、国家としての体裁が本格的に整えられていった。すでに一六三一年に明の中央官庁を模した六部《りくぶ》（吏部《りぶ》＝人事、戸部《こぶ》＝財政、礼部《れいぶ》＝儀礼・朝貢、兵部《へいぶ》＝軍政、刑部《けいぶ》＝法務、工部＝建設）が設置され、大清建国の一六三六年には、後の内閣の前身である内三院《ないさんいん》と明の監察機関を取り入れた都察院《とさついん》が設けられた。内三院は内国史院《ないこくしいん》・内弘文院《ないこうぶんいん》・内秘書院《ないひしょいん》からなり、文書記録を扱うハンの官房であった文館を拡大改組したものである。さらに一六三八年にはモンゴル事務を担当する蒙古衙門《がもん》を改組して理藩院《りはんいん》をおいた。あわせて儀仗・冠服や各種儀礼・祭祀が定められ、王朝としての体裁が整った。

ただし、ではこれを「中国化」ないしその萌芽とみるべきかというと、少し注意が必要である。このような明朝式官制体系の導入のみを見ると、中国王朝化しようとしているように感じられるし、また中華的な皇帝へと「中央集権化」を進める動きであるとも取れる。しかし、これらはあくまで事務処理組織の形式として導入されたものであり、個々のポストに充任されるのは全て旗人であった。彼らの基本的帰属は依然として各自の旗と旗王であり、官僚機構的ポストはあくまで割り振られた職務にすぎないのである。しかも、六部には各長官の上に旗王が管理担当に任じられており、形式は明制のようでも、その内実は大いに異なるものであった。

もう一つ注意すべきは、ホンタイジの目は決して山海関《さんかいかん》の内側のみに向けられていたわけではないことである。一見中華王朝的な冊封儀礼を行ないながら、モンゴル首長を八旗の旗王とともに帝国の藩屛《はんぺい》と位置づけていたし、またこの頃早くもチベットのダライ＝ラマ五世の招請を試みている。このようなモンゴルに対する姿勢やチベットへの視野は、ホンタイジやその周囲が、中華王朝だけでない世界観・モデルを明確にもっていたことを物語っているといえよう。

皇帝となったホンタイジではあったが、政権を取り巻く環境の厳しさは変りなかった。ホンタイジは皇帝選挙に加わらなかった朝鮮を膺懲《ようちょう》すべく自ら出陣し、翌一六三七年に降伏させて大清国への臣従を誓わせたが（いわゆる丙子《へいし》胡乱）、その目的は、名分や安全保障のためというよりは貢納・徴発・交易による財貨の強制供出という面が多分にあり、正面の敵・明に対しても、さまざまな形で講和や交易を試み、経済的苦境の打開をめざした。しかしながら、明に対する決定的勝利や講和・通商には至らず、大局的には事態を打開することはできぬまま、彼は一六四三年八月に五二歳で急逝した。

4　ユーラシア帝国への道

ドルゴン摂政王政権と入関

ホンタイジの死は、「疾《やまい》無くして端座して崩ず」と記されるように、突然であった。ただちに王族会議が開かれ、激しい議論の末、有力候補であったホンタイジの長子・粛《しゅく》親王ホーゲと弟・睿《えい》親王ドルゴンの両者がともに辞退し、わずか六歳の第九子フリンが即位した。これが第三代の順治《じゅんち》帝（位一六四三〜六一）である。フリンの生母はモンゴル・ホルチン部出身の孝荘文皇后（皇太后）であり、困難な状況下で幼い彼が選ばれたのは、ユーラシア世界において神聖なチンギス一族の血をうけつぐ王子であったからにほかならない。

さてドルゴンは、武勇には秀でているがいささか粗暴な者も目立つ王族たちの中で、剃刀のような頭の冴えをみせる、白皙《はくせき》の貴公子であった。自らが登位した場合のホンタイジ直参たちの反発を計算した彼は、帝位に野望をもつホーゲを道連れに辞退した上で、鑲藍旗を領するシュルガチ家の長である従兄の鄭《てい》親王ジルガランと共同で輔政《ほせい》の座に就き、まんまとホーゲを干してしまった。もとよりドルゴンは政治家として一枚も二枚も上手であり、すぐにジルガランをも抑えてしまった。かくて彼が摂政王《せっしょうおう》として全面的に政治を指導する時代が幕を開けたのである。「明滅ぶ」との驚天動地の報が飛び込んできたのは、そのわずか数ヶ月後のことであった。

一六四四年正月、古都西安《せいあん》で「大順《だいじゅん》」王朝の建国を宣言した流賊李自成《りじせい》は、北京遠征の軍を起した。三月十九日、破竹の勢いの

図4　孝荘文皇后

夫ホンタイジ亡き後、子・順治帝、孫・康熙帝の2代の幼帝を後見した。帝国発展の陰の功労者である

李自成軍の進撃の前に北京はあっけなく陥落し、時の皇帝・崇禎《すうてい》帝は自ら縊《くび》れて果て、ここに明朝は滅亡した。明は表面上の国家統合のもと、内部は極端な経済格差・局地的治安悪化に引き裂かれており、そのうちの〝負け組〟の暴発が手薄な心臓部を直撃し、いわば突然死したのである。したがって、明の軍事力は必ずしも全面的に崩壊していたわけではなく、各地には強力な軍隊が健在であった。遼西で清軍と対峙していた呉三桂《ごさんけい》の軍団もその一つである。北京陥落で今や腹背に敵を受けることになった呉三桂は、亡主の復仇を掲げてドルゴンに李自成討伐のための連携を申し入れたが、苦しい足元を見られて交渉の主導権をドルゴンに握られ、結局大清に帰順する形で援助を乞わざるをえなくなった。こうしてヌルハチ・ホンタイジ二代にわたって抜くことができなかった山海関《さんかいかん》が内側から開かれ、清軍は呉三桂の先導で関内に入ってたちまち李自成を蹴散らした。大清帝国によるユーラシア制覇の幕開けであり、これを入関という。

　五月二日にドルゴンが紫禁城に入ったとき、その玉座を争う勢力は主に三つだった。一つはマンジュ人の大清政権、一つは明の王族を戴く南明《なんみん》諸政権、いま一つが明を滅ぼした李自成ら流賊勢力であった。南明は南京の福王《ふくおう》（弘光《こうこう》帝）政権をはじめ多数が乱立して主導権争いが絶えず、流賊も李自成・張献忠《ちょうけんちゅう》の二大首領をはじめ勢力が分れており、そもそも南明と流賊は仇同士であった。これに対し、強力な統制力をほこる八旗制に組織され、英主ドルゴン指導する大清政権は、占領地の秩序回復と南明・流賊勢力追討の双方を迅速に進めていった。

　ドルゴンは、非業の最期を遂げた崇禎帝の葬儀をはじめ、科挙《かきょ》の継続、明末の諸増税の停止など民心安定・人心収攬策を矢継ぎ早に打ち出し、秩序の回復に努めた。同時に遷都を下令して、一時的占領ではなく恒久的支配の意志を明示し、早くも九月に順治帝を北京に迎えた。一方で敵方には態勢を整えるいとまを与えず、西方の李自成・張献忠勢力に対し同母兄アジゲ、南方の南明諸政権に対しては同母弟ドドを大将軍として、ただちに追討軍を繰り出した。清軍の鋭鋒の前に、早くも一六四五年に李自成は敗死し、弘光政権も崩壊して福王は殺された。翌四六年には四川《しせん》の張献忠もホーゲ率いる追討軍に討ち取られ、浙江《せっこう》・福建《ふっけん》方面で次々と擁立された南明諸王もことごとく滅ぼされた。残されたのは広東《かんとん》で擁立された桂王《けいおう》（永明王《えいめいおう》、永暦帝《えいれきてい》）政権のみであり、入関後わずか二年で華北・華中の大半が支配下に入ったのである。

　窮した永暦政権は仇敵のはずの李自成・張献忠残党の部将たちとさえ手を結び、一六五二年には追討軍の敬謹《けいきん》親王ニカン（ドゥドゥの弟）・恭順王孔有徳を相次いで戦死させるなど激しい抵抗を見せたが、頽勢はいかんともしがたかった。桂王は最後はビルマに逃げ込んだものの捕らえられて引き渡され、康熙《こうき》初めの一六六二年に呉三桂の手で殺され、南明は消滅した。残ったのは台湾に拠点を移した鄭成功の海上王国のみであった。

図5　呉三桂（左）とドルゴン（右）

入関の成功と迅速な支配の確立は、摂政王ドルゴンの知謀と指導力あってのものであった。一方で、ドルゴンはホーゲを追い落として正藍旗を奪い、皇帝直属の両黄旗を抑えるなど、亡兄ホンタイジ同様に着々と自勢力の強化も進めていった。しかし、一族きっての頭脳派である彼の弱点は、その健康にあった。もともと病がちであったドルゴンは、一六五〇年十二月に三九歳で急逝した。

ドルゴンが没すると、その独裁に対する反発からたちまち反対派の巻き返しが起った。翌年早くも生前簒奪《さんだつ》の意ありとして告発されて栄誉一切が剝奪され、ドルゴン派は一掃された。かわって、若き順治帝自らが親政を開始した。順治帝は自らの両黄旗に加えてドルゴンの正白旗を没収し、鑲黄・正黄・正白の三旗を皇帝直属軍団とした。これが上三旗の成立であり、これに対し依然として一族諸王家が分有するそれ以外の旗を五旗、下五旗《かごき》と呼んだ。

順治帝の短い治世は、内閣や宦官《かんがん》十三衙門といった明制の採用など「中国化」路線としてしばしば語られるが、一方でその政権は八旗分有体制下の上三旗支配に支えられており、また一六五二年にはダライ＝ラマ五世の北京招請を実現し会見するなど、父ホンタイジ同様、その政権構想を中華王朝への憧憬《しょうけい》や漢文化への傾倒とのみ見ることはできないであろう。しかし、順治帝はそれを明確な形にすることなく、天然痘で倒れて二四歳で世を去った。

康熙大帝の時代、そして

順治帝が没すると、八歳の第三子玄燁《げんよう》が即位した。これが名君として名高い康熙帝（位一六六一〜一七二二）である。ホルチン＝モンゴルの孝荘文太皇太后の後見のもと、順治帝の遺命でソニン・スクサハ・エビルン・オボイの四人の重臣が輔政大臣に任じられて政務に当った。

幼帝と輔政という関係は順治帝と同様であるが、大きな違いは、彼らが旗王ではなく旗人であったことである。これまで、君主が執政できない場合に政務を代行したのは旗王たちであったが、環境の変化に伴う疾病や激しい政争のため順治年間に王公の早世・横死が相次ぎ、この時には有力な旗王がいなくなっていたのである。一方、上三旗の成立によって、八旗の中においても皇帝の実力が確立していた。ソニンは正黄旗、エビルン・オボイは鑲黄旗、スクサハは正白旗に属しており、四輔政大臣の時代とは、一時的とはいえ帝国の運営が、八旗を分有する旗王たちではなく、八旗のうち皇帝の領旗である上三旗の臣下の手に委ねられたということである。輔政大臣といえば、康熙帝をも凌いで専権を振るった有名なオボイの印象もあって、皇帝権力を阻害するもののように理解されることが多いが、それは個別の主従関係ないし人格関係の問題であって、構造的にいえば、これは皇帝権力の拡充・安定化を示すものであることに注意せねばならない。

康熙帝は一六六九年に輔政大臣を退け、十六歳で実質上の親政を開始する。以後の帝の治世は、一六八〇年代末を境に大きく分けられる。前半の二〇年は、なお帝国の命運は予測のつかない危機の連続であった。当時最大の問題は、南明平定後そのまま華南各地に駐屯した平西王《へいせいおう》呉三桂（雲南《うんなん》）・平南王《へいなんおう》尚可喜（広東）・靖《せい》南王耿継茂《なんおうこうけいも》（福建）の独立王国、いわゆる三藩《さんぱん》の処遇であった。この廃止をめぐって一六七三年に呉三桂が反旗をひるがえし、有名な三藩の乱が勃発した。反乱軍は一時華中・華南の大半を席捲し、これに呼応して台湾の鄭氏勢力も攻勢に出た。さらに一六七五年には、北元正統のチャハル部当主である親王ブルニ（リンダン＝ハーンの孫）までが南モンゴルで挙兵し、大清支配は一時危殆に瀕したのである。この難局に対し、若き康熙帝は不屈の意志で自ら陣頭指揮に当り、ただちにブルニを討ち反乱軍を次々と切り崩して、一六八一年に乱を鎮圧した。残る台湾鄭氏も八三年に降伏し、ここに長城以南の支配が最終的に確立した。このころ、はるか北方の黒龍江《こくりゅうこう》（アムール川）流域では一六四〇年代以来ロシア勢力が活動を繰り返しており、康熙帝は返す刀でロシアと対決し、一六八九年にネルチンスク条約を結んでマンチュリアからロシアを閉めだした。こうして、入関以来の二代にわたる南北の懸案を解決したのである。

しかし、これと入れ替わるように、西モンゴルのオイラト部族連合の一つ・ジューンガルが強大化して帝国を築き、英主ガルダン＝ハーンが北（外）モンゴルに侵入した。以後七〇年にわたるジューンガル帝国との対決、大清・ジューンガル・ロシア三帝国鼎立《ていりつ》の時代の始まりである。ジューンガル帝国については本書所収の宮脇淳子論文「大清帝国とジューンガル帝国」、また三帝国鼎立下の国際関係とその推移については山口瑞鳳論文・柳澤明論文を参照されたい。この時期にはまた、帝の諸子が成年に達して続々と旗王に就封し、後継争いが深刻化してゆく。長きにわたる暗闘の末、帝位を手にしたのが第四子胤禛《いんしん》すなわち雍正帝《ようせい》(位一七二二〜三五)であり、その政権像については鈴木真論文に詳しい。

康熙・雍正・乾隆《けんりゅう》の三帝は、これらをはじめとする内外の諸問題に対し指導力を発揮して精力的に取り組み、十八世紀半ばまでに一応の道筋をつけた。「儲位密建《ちょいみっけん》」と呼ばれる独特の君主位継承制度の創始や、一七五〇年代のジューンガル帝国征服は、その著しい成果である。しかし、顧みて看取されるのは、帝国の拡大は一貫した構想に基づき何らかの目標へ向けて進められたものではなく、当面の課題に対応してゆく中で、多分に状況依存的に進行したということである。しばしば、乾隆帝の治世を「最大版図の達成」と位置づけ「全盛」とみなして、以後の時代を停滞と衰退の過程ととらえるのは、それほど根拠のあることではない。小稿では、十六〜十七世紀の帝国形成期を類書とは異なる叙述で描いてみたが、それと同様に後半の一五〇年間を——それだけでも、優に一つの王朝が興亡する長さである——、その安定・変容過程として描き直してゆく努力が、今後求められるであろう。

参考文献

本書の性格上いちいち挙げることはできないが、本稿で扱った時代・地域の概観を得るためには、次の書がよい。

岡田英弘・神田信夫・松村潤『紫禁城の栄光』講談社(講談社学術文庫)、二〇〇六年(初版一九六八年)。

岸本美緒・宮嶋博史『世界の歴史12　明清と李朝の時代』中央公論新社(中公文庫)、二〇〇八年(初版一九九八年)。

上田信『中国の歴史9　海と帝国』講談社、二〇〇五年。

このうち『紫禁城の栄光』はマンジュ・モンゴル史の観点を主軸として描きだしたもので、本稿と密接に関連する。より詳しくは、同書に掲げる参考文献を参照されたい。研究論文は厖大で割愛せざるをえないが、直接参考にしたもの、また根拠を示すものとして、以下を挙げておく。

岩井茂樹「十六・十七世紀の中国辺境社会」、小野和子編『明末清初の社会と文化』京都大学人文科学研究所、一九九六年。

岡田英弘「清の太宗嗣立の事情」『山本博士還暦記念東洋史論叢』山川出版社、一九七二年。

岸本美緒「東アジア・東南アジア伝統社会の形成」『岩波講座　世界歴史13』岩波書店、一九九八年。

楠木賢道「清太宗ホンタイジによるモンゴル諸王の冊封」『中華世界の歴史的展開』汲古書院、二〇〇二年。

杉山清彦「清初正藍旗考——姻戚関係よりみた旗王権力の基礎構造」『史学雑誌』一〇七編七号、一九九八年。

杉山清彦「ヌルハチ時代のヒヤ制——清初侍衛考序説」『東洋史研究』六二巻一号、二〇〇三年。

細谷良夫「後金国・清朝に来帰した漢人の様相」『中国——社会と文化』二号、一九八六年。

増井寛也「マンジュ国〈五大臣〉設置年代考」『立命館文学』六〇一号、二〇〇七年。

漢人にとって、満洲人を支配層とする清朝はいかなる存在だったか

漢人と中国にとっての清朝、マンジュ

岩井茂樹
Iwai Shigeki

いわい・しげき　一九五五年福岡県生。京都大学大学院文学研究科博士後期課程中退。博士（文学）。京都大学人文科学研究所教授。主な論著に『中国近世財政史の研究』（京都大学学術出版会、二〇〇四）等。

1　忠順な属夷から恐るべき敵へ

中国からすれば周辺の異族はすべて夷狄《いてき》であった。外夷として華夏の民とは区別されるものの、「天下の共主」たる皇帝にたいして臣従し、君臣の礼的秩序のもとにあるべきものとされた。老年になる以前のヌルハチのように、実力によって外夷の社会を取り仕切るとともに、皇帝から地位身分を証する敕書《ちょくしょ》をもらって「職貢」に励むのは、望ましい外夷の君長の在り方だった。

ヌルハチが三十歳の時、一五八九年（万暦十七）、薊遼《けいりょう》総督、遼東の巡撫《じゅんぶ》、巡按御史《じゅんあんぎょし》らが連名によってヌルハチに「建州左衛都《さえいと》督《とく》」の職を与えるべきだと上奏した。大官らは、ヌルハチが東夷を制禦するに足る強い勢力を持ち、その存在はかつてのワン＝ハン（王台）に比することができるとの期待を表明した。ワン＝ハンとは、十六世紀の中葉から遼東最北の要衝、開原の辺外で繁栄した海西ジュシェンのハダの君長であり、明との交易によって実力を高め、遼東辺外全域に睨みをきかせて明朝にもっとも忠順だったとされる人物である。彼はその功績によって「龍虎将軍」の号を帯びていたが、この称号はやがてヌルハチにも与えられることになる。

関門での交易独占を認めるかわりに、配下の諸集団を抑えて秩序を保ってくれる豪腕の頭目がいることが好ましい。かつてのワン＝ハンやヌルハチは外夷の君長として役に立つ存在だった。また、こうした君長にしても、自らが夷人であればこそ、明側当局への忠順と引き換えに「属夷」としての特権――とくに朝貢と関門での交易――に与れるわけである。中華と外夷の秩序は、こうした利益の交換によって支えられていた。

遼東の辺墻《へんしょう》から山西、陝西《せんせい》、甘粛方面へとのびる長城ライン上では、いくつかの関門に互市場が置かれた。張家口《ちょうかこう》以西の関門での互市を取り仕切っていたのは、順義王家をはじめとする右翼モンゴルの君長たちであった。山海関《さんかいかん》と遼東を繋ぐ回廊地帯の中ほどに位置する広寧《こうねい》から、明朝の直接支配地域の最北端にあたる開原までの関門では、ウリヤンハン三衛と海西ジュシェンの諸集団を相手とする互市場が置かれた。ヌルハチは遼東辺墻東部の撫順や清河の互市場に出入りする建州ジュシェンを取り仕切っていた。しかし、野心勃勃たるヌルハチはこれに満足せず、ワン＝ハンの末裔が押さえていた開原の貿易の利権をめぐってこれと争い、明側が「南関」と呼んでいたハダの弱体化に乗じてこれを滅ぼした（一五九九年）。

一六〇八年（万暦三六）、ヌルハチの庇護者であった総兵官李成梁《りせいりょう》が引退すると、遼東の明側当局は、大きくなりすぎたヌルハチの勢力を牽制するために、イェへの勢力を支援するようになる。明側が「北関」と呼んだこの集団も開原近くの関門＝互市場に睨みを効かせる位置に山城を築いていた。明側が牽制策を本格的に発動したとき、イェへには二人の有力な君長がいた。この二人の父と祖父にあたる兄弟は、かつて明側の計略にはまり、互市場に入ったところで伏兵に殺されるという惨劇の主人公であった。仇敵であるはずの明朝との協力を選んだのは、ヌルハチの圧迫が強かったことの他に、貿易の利益獲得が期待できたからである。

ヌルハチの側からみれば、遼東当局によるイェへ支援こそが、反抗に駆り立てる原因を作ったということになる。一六一八年（万暦四六、天命三）、ヌルハチは明に対する「七大恨」を綴った文書を散布した。恨みの第一は祖父と父の戦死の件である。ヌルハチの祖父ギオチャンガと父タクシは「王事のために死んだ」、つまり明朝のために戦で死に、ヌルハチは孤児となった。これは遥か昔の出来事であり、ヌルハチはこの事件について厚い補償を受けていたのだから、一種の言いがかりに過ぎない。ただ、親の仇といえば名目も堂々としているので、訴えの冒頭に置かれたのであった。恨みの第二、第四、第六、第七はすべて明のイェへ支援が関係している。ここから見ても、李成梁引退後の明側当局が「夷をもって夷を攻める」目的をもってイェへを支援したことが、かつての忠順な属夷を武力反抗に走らせることになったと言えよう。

ヌルハチの歿後、ホンタイジがその地位を継いで、勢力はさらに拡大する勢いを見せた。対抗勢力として明側当局は「北虜」つまりモンゴルの大ハーン位継承者たるリンダンの率いるチャハル万戸を利用しようとし、連携工作につとめてきた。その期待も空しく、リンダンの勢力は一六三四年（崇禎七、天聡八）、その死とともに瓦解し、部衆はホンタイジに帰順した。また、四代にわたって明朝皇帝から冊封を受け、長城ラインの西半分に安定をもたらしていた帰化城（フフホト）の順義王家はすでに一六二八年にモンゴルの内訌によって滅亡していた。最後の順義王ボショクトが持っていたという元朝皇帝の印璽「制誥之寶《せいこうのほう》」――羊が草原から掘り出したという触れこみだが、偽物であったに違いない――は、リンダンの末亡人の手をへてホンタイジに献上された。この印璽こそが「伝国の璽」としてホンタイジの皇帝即位、「大清」という新たな国号採用のきっかけとなったものである。清朝の支配圏域はその根拠地たる遼東の範囲をはるかに超え、張家口から帰化城方面にまで伸張することになった。ジュシェンという伝統の名前を捨てて、自らを「マンジュ」だと主張し始めたとき、それは中国本土の朝廷にとって、制禦不可能な北方の脅威となっていた。

かつて謝肇淛《しゃちょうせい》は、ヌルハチの軍事的勃興と北辺の情勢について、次のような危惧を表明したことがあった。ヌルハチが起兵して遼東を蚕食する以前、辺墻＝長城ラインの内側がまだ穏やかだった時期のことである。

> 女直の兵が一万になると〔明の辺軍では〕防ぐことができない。今の建酋《ヌルハチ》がこれであり、その軍勢は万をもって計るに止まらない。それでも遼東を窺う餘裕がないのは、西戎北韃〔モンゴルを指す〕が腹背の患をなし、かれらには内顧の憂がなお存在するからだ。辺軍の諸将が誠によく「夷をもって夷を攻め」、諸酋らを離間させ、たがいに猜疑心を起こさせることができれば、自らの領土を守るのに精一杯となり、内地＝中国本土に向かって手をだす遑もないはずだ。そうではなく、彼らが合して一丸となれば、その志、推量することもできない（謝肇淛『五雑組』巻四、地部二）。

十六世紀の末以来、ヌルハチはジュシェン諸集団を屈服させることによって勢力を拡大しつつあった。しかし、明の将軍らが隣接するモンゴル系の集団をうまく利用して、ヌルハチの野望を西から牽制しているあいだは大丈夫だ。ただ、ジュシェンとモンゴルの勢力が一致して遼東の辺内、さらには長城の南に向かえば、それは恐ろしいことになる。この謝肇淛の危惧はしだいに現実のものとなっていった。

ホルチンなど大興安嶺以東のモンゴルの集団は、はやくもヌルハチ時代にその同盟者となった。「内顧の憂」であったイェへは一六一九年（万暦四七、天命四）に滅ぼされた。ホンタイジ時代になると、まず後金勢力の西進を牽制すべき順義王家が消滅し、さらにモンゴル大ハーンに直属したチャハルまでホンタイジに併呑された。これは、ジュシェンとモンゴルが「合して一丸」となったことに他ならなかった。中国から見て漠北、はるかモンゴル高原のハルハ諸部だけは清朝と疎遠であったが、明朝が手を結ぶ相手としては遠すぎた。接触のしようもなかったのである。

　こうして遼東方面から北京の北方をめぐり、黄河の大湾曲部（河套）におよぶ長大な北辺の外側は、一丸となった敵対勢力の手中に堕ちた。謝肇淛がもっとも恐れていたことが実現したのである。「夷をもって夷を攻める」という中国の常套手段は完全に破綻した。「金」から「大清」に国号を改め、ホンタイジが大清皇帝を名乗った翌年、一六三七年（崇禎十、崇徳二）早々には、ソウル南郊で朝鮮国王がホンタイジの軍門に降った。ホンタイジは伝国の璽を携えて親征し、南漢山に籠城した仁祖国王にたいする最後通牒の詔論に、その印璽を押した。天命が自らにあることを示したわけである。自分はもはや金国ハンではなく、中国の皇帝となるべき者である、と。明との全面抗争に向けて清朝は「後顧の憂い」をも片づけた。「大清」と「満洲」という見慣れない文字が長城の南に伝わった時、それが歴史の転換を暗示することを人びとは感じたであろう。そして、こんなはずではなかったという嘆概を漏らした人も多かったはずである。

ソウル・三田渡「大清皇帝功徳碑」

満洲文・モンゴル文・漢文の三言語で記された、清の戦勝記念碑

2　「奴酋」と中国経済

一六一八年（万暦四六）、遼東においてヌルハチが反旗を翻してしばらくのうちは、中国の官僚たちのあいだに、次のような楽観論があった。

　奴酋《ヌルハチ》が必ず敗北するであろう理由は、土地が瘠せて人びとも貧しく、貂《てん》皮と人参に頼るにすぎないので、貂皮と人参の貿易を断絶しさえすれば、奴《ヌルハチ》はどうしようもなくなる（南京戸部主事牛維曜の奏文、王在晋『三朝遼事実録』巻二）。

「奴酋」も「奴」もヌルハチ（奴児哈赤）の語頭字にもとづく呼び名である。明側に取り入ることによって「建州左衛都督」の職、「龍虎将軍」の号を得ていた夷人の成り上がり者を「奴酋」「奴」と呼ぶことに、緒戦で惨敗を喫した明朝の当局者は、せめてもの

安慰と敵愾の気持ちをこめていた。寒冷の地に跼蹐する後金の経済が中国との交易に大きく依存している以上、関門での貿易を断絶し、経済制裁をすれば持ちこたえられないはずだという戦略のなかにも、大国意識が透けて見える。中国の大をもってすれば、それに依存するちっぽけな外夷が反抗するのは不可能だ。この見方が楽観に過ぎていたことはやがて明らかになった。

明末中国では多くの時事小説や時の話題を潤色した語り物や芝居が流行した。時事小説の一つに『遼海丹忠録』という題名の軍記物がある。

> 遼東総兵の李成梁は、かれ〔ヌルハチ〕の祖父と父とが王事のために死んだことを不憫におもい、かれを家に迎えて家丁にしてやった。かれを撫育したという恩があるのだ（『遼海丹忠録』第一回「斬叛夷奴酋濫爵、急備禦群賢伐謀」）。

遼東の総兵官であった李成梁がヌルハチをうまく利用し、ヌルハチが李成梁の庇護を得ながら勢力を拡大したことは確かである。しかし、李成梁に育てられ、その「家丁」であったというのは事実に反する。しかし当時、中国本土ではこうしたヌルハチの出自に関する説話が流行していた。「家丁」とは子飼いの兵卒のことであるが、彼らは食い扶持を得るため、また野心の実現のために有力軍人の門下に身を投じた者たちであった。それが「蒼頭《そうとう》軍」の別名をもって呼ばれたのは、奴僕同然の身分だったからである。「奴酋」にふさわしい出自だというわけであろう。

サルフの戦いで明・朝鮮軍が覆滅した直後、敗北の責任追及と善後策実施を求めて御史の楊州鶴という人物が上奏をした。その中に、次のような一段がある。

> 奴酋の反逆については、これを龍虎将軍として可愛がり、虎を養って患を遺し、今日の事態を致したのは李成梁父子である。李氏が遺した患であれば、当然に李氏にその収拾の責務を求めるべきである。しかし李如栢、李如楨兄弟は奴酋と「香火の情」がある。三路の兵がすべて敗北したのに、どうして李如栢軍だけが無傷なのか（「謹撮持危定傾之略疏」『籌遼碩画』巻十六）。

楊州鶴はヌルハチが李成梁の家丁であったという道途の説には乗らなかった。しかし、李成梁の息子たち、故父の跡目を継いで遼東で大きな勢力を維持したのみならず、北京の朝廷にまで食いこんでいた李如栢、李如楨兄弟は、ヌルハチと「香火の情」があると断言した。「香火」とは線香のことである。義兄弟などを契るに時、誓いの証しとして線香を焚いて煙を天に昇らせる習慣があった。それで「香火の情」と言った。三方面から進軍して全軍覆滅の憂き目を見た明・朝鮮軍のなかで、李如栢の手勢だけが無傷とはどういうことだ。これを言挙げして、ヌルハチと李氏兄弟が義兄弟も同然だという見方を補強したわけである。

種々のヌルハチ伝説の真偽はさておき、辺境の大軍閥にのしあがった李氏の勢力と、辺外で膨張した海西ハダ、イェへ、そして

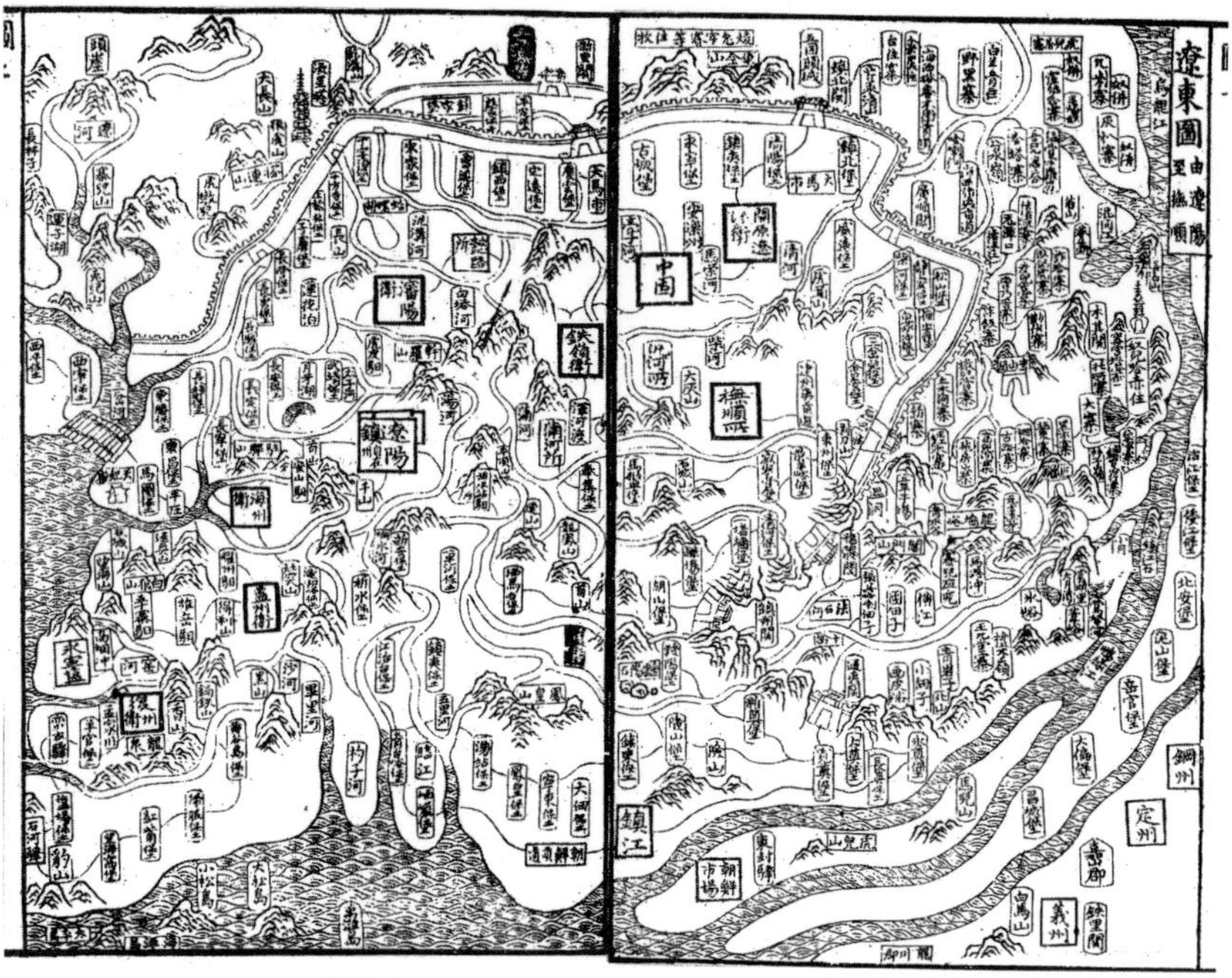

『籌遼碩画』（1620 年）巻首「遼東図」

図右端中央付近に「奴児哈赤住」との註記がみえる

建州ヌルハチの勢力とは、表裏一体のものであったと言えよう。李成梁が多くの家の子郎党を養うことができたのは、「全遼の商民の利」（『明史』巻二三八、李成梁伝）を吸い上げたからである。ヌルハチは「貂皮と人参の利を独占して富強すでに一日にあらず」（程開祜「東夷奴児哈赤考」）と言われ、清朝が自ら編纂した実録もマンジュの勃興が辺境商業によるものであったことを特筆している。

> 大明と通好し、五百道の敕書を執り、年例の賞物を領す。本地産する所、明珠、人参、黒狐、玄狐、貂鼠……もって国用に備う。撫順、清河、寛奠、靉陽四処の関口に互市交易し、例に照らして賞を取る。これに因りてマンジュは民殷んにして国富む」（『武皇帝実録』巻一）

敕書は、明に服属する夷狄の頭目や有力者に「都督」「都督僉事」「指揮使」「千戸」「百戸」など名目だけの軍職を授ける任命書であった。これは、「関口に互市交易」する権利を保証する文書でもあった。敕書が貿易許可書として物権化し、ワン＝ハンやヌルハチのような「巨酋」が数百枚もの「敕書を執る」ことによって「居停の利を専らにす」（『開原図説』巻下「海西夷北関枝派図説」）、つまり中間利益を独占するという事態が起こったのである。敕書は皇帝が授けるものであるから、その授与や継承にさいしては、もともと厳格な審査手続きがあったのであるが、総兵官李成梁は敕書の与奪をつうじて、辺外のモンゴル、ジュシェンの頭目らをコントロールする一手段とした。ジュシェン社会のなかでは腕ずくの敕書争奪戦も起こった。

「全遼の商民の利」の大きな部分を占めた毛皮や人参、淡水真珠など高級な商品は、敕書を握った頭目らが関門の互市場に持ちこむものであった。上引の実録の記事に「賞を取る」とあるのは、おとなしく関門の互市場に買売にきた夷人一行に酒飯および銀などを褒賞として与える「撫賞」のことを言う。敕書の権利は二重に美味しかったわけである。ところが奥地の生産者には敕書がない。多数の敕書を握るとともに関門の互市場の附近を制圧している「巨酋」は、彼らから商品を買い取る問屋でもある。「居停」とは宿屋のことであるが、遠方から商品を持ちこむ者に宿泊の便を提供し、買売を仲介することによって中間マージンを得る。それが「居停の利」であった。その利益は中国という大市場に依存していた。

敕書の与奪は、明側への従順を促す政治的手段であったと同時に、高級商品の供給経路を制禦する経済的手段でもあったことになる。敕書を与えたり、その独占を認めたりする李成梁と、敕書を行使する巨酋とは共存共栄の関係であった。この関係は十六世紀中葉以来の辺境の経済ブームのなかで生じた。辺境が産出する高級商品の大消費地であり、またその交換物資となる絹や木綿、鉄、陶磁器など工業製品の大生産地でもあった中国が経済発展を遂げるなかで、一つの周辺の環としてこの関係が機能したのである。

李成梁がヌルハチを「雛蓄」したとか、家丁だったとか、ヌルハチが李如栢、李如楨らと義兄弟同然だったなどの途説口碑は、中国が、直接には中国辺境の経済がマンジュの産みの親であったという関係を象徴するものだった。

3 英雄と漢人たち

ヌルハチの辣腕は、財力と武力が物を言う辺境のなかで、夷人のライバル、そして李成梁ら百戦錬磨の明側当局者らと、長年にわたってやり合ってきたことの賜物だっただろう。硬軟とり混ぜた巧みな交渉術は、対手となった当局者をいらだたせ、切歯扼腕させたようである。ヌルハチの狡猾さ、その対明戦略の柔軟さ、反復きわまりないことを、同時代人が筆に残している（たとえば茅瑞徴《ぼうずいちょう》『東夷考略』）。

その一方、遼東の漢人社会では、起兵前からヌルハチが英雄視されていたという証言もある。一六一八年（万暦四六、天命三）、ヌルハチが撫順などを陥落させたという消息は、中国の内地でも大きな話題となった。傅国という官僚は次のような体験を書きのこしている。河南省開封府では、府下の知県たちが開封の府衙門に集まったり、知府と茶飲み話をしたりすると、必ず撫順陥落のことが話題になった。時の儀封の知県劉廷宣という人物は遼西に生まれ育ち、現地の状況を熟知していた。劉廷宣は言った。

この人――ヌルハチ――は英雄である。われわれ遼人が辺外に侵入し、特産物を盗むことで恨みを懐き、深謀を蓄えてきた。遼人は十年ほども前からこのことが起こるのを知っていた。今、白髪頭になって旗揚げしたことは憂うべき事態だ（傅国『遼広実録』）。

ヌルハチは明側当局の圧迫におとなしく膝を屈しているような人物ではない。かれは英雄、すなわち秀でた男であり、略奪や一時の忿懣を晴らすために撫順や清河を攻撃したのではない。深謀遠慮をもっているはずだ、と。撫順と清河をたやすく陥落させたのは、明側の守備隊長であった遊撃李永芳はじめ、投降してヌルハチ側に寝返る漢人らが続出したからである。中国側には次のような見方があった。

> 撫順、清河の人たちは、始めは彼らジュシェンと兄弟のように接し、やがて通婚して親戚となる。故に撫順が陥落すると、清河もたちまち落ちたのだ。この二城の人たちは、今でも奴《ヌルハチ》のために働き、奴《ヌルハチ》にもまして残酷狡黠である。その原因を探ると、関門の互市をおこなうこと久しく、夷夏の隔てがおろそかになったからだ。故にその人らは犬羊となっても恬《てん》として恥をしらず、奴の方も深く交誼を結び、任用して疑うこともない。こうした輩が約二、三千もいる（陳仁錫「紀奴奸細」『無夢園集』海一）。

見こみのない反逆者に身を投じる者はいない。遼東の漢人らにとっても、ヌルハチが、将来を託すに足る「英雄」と映っていたからこそ、この事態が生じたわけである。

遼東の辺境社会にとって、一六一九年、イェヘがヌルハチの軍門に降ったことの衝撃は大きかった。反ヌルハチの最後の砦が崩れたからである。明軍の作戦指揮の責任者となっていた遼東経略熊廷弼《ゆうていひつ》は北京の朝廷に次のように報告した。

> 近頃、北関〔イェヘ〕の消息を聞くと、各営から逃亡する者が日ごとに百人、千人をもって数えるほどになった。もし逃亡するのが一、二営だけ、あるいは数十人、百人の程度であれば、臣《わたくし》はなお重法をもってこれを縄ることができるが、今や五、六万の誰もが逃亡しようとし、営営みな逃亡するありさま、〔三国〕呉の孫堅の軍令をもってしても禁止しがたい。……いわんや遼人は胡俗に染まっており、その気性や習俗も〔夷人と〕同類である（熊廷弼「遼左大勢久去疏」『経遼疏牘』巻一）。

逃亡した兵卒らはどこへ走ったのだろうか。山林に逃れて盗賊になるのは一つの選択肢であろう。しかし、勝ち馬に乗るべく、ヌルハチのもとに身を投じ、辮髪をぶら下げてジュシェンの仲間入りをした者も数多くいたはずである。熊廷弼が見たように、民衆のあいだでは「胡俗」と「漢俗」というエスニシティの壁は低かった。ヌルハチ、ホンタイジがこれを利用して「遼人」の収攬に務めたことは言うまでもない。

ヌルハチがどのような展望のもとに起兵したか、答えることは難しい。「金」という国号を採用したことからすれば、十一世紀から十二世紀にかけて宋、契丹、金の鼎立、そして南宋と中国を二分する情勢を出現させたジュシェン人の偉業を意識し、民族的復興を謀ろうとしたのだ、と言えなくもない。しかし、いくら野心に燃える豪腕とは言え、還暦を迎えようとしていた老ヌルハチにとって、中国本土にまで支配圏を拡げようという野望はなかったであろう。明と朝鮮の両方にたいし一撃を食らわすことによって足場を固めておき、ゆくゆくは金国ハンとして遼東に自立する、支配領域が辺外に限られたとしても、アルタンのように軍事的圧力をかけ続けたすえに明の冊封を受けて王号をもらい、関門での人参や毛皮の商売を復活させる。こうした和議路線を頭のなかで描いていた可能性が高い。

　一六三六年の清朝建国以前、ヌルハチもホンタイジも「ハン」であった。もちろん、「ハン」を「皇帝」と訳すこともあるのだが、明朝にたいしては「大金皇帝」ではなく「金国汗」と名乗っていた。「汗」と称するか、「皇帝」の文字を使うか、政治的な意味はまったく異なる。皇帝を名乗れば、明帝に対し分庭抗礼の意志を通告することになる。しかも中国では天下二分、三分の情勢が安定した試しがなく、「一統」へ収斂するまで激しい駆け引きと血みどろの闘争を見ることになる。汗号を使ったのも戦略の一環であっただろう。

　一六三六年の皇帝への即位は、まさしくルビコンを渡る行為であった。さきにも触れたが、これは「制誥之寶」の印璽がホンタイジの手に渡ったことをきっかけとしていた。ドルゴンの率いる凱旋の軍が印璽を盛京にもたらすより先に、秘書院の鮑承先《ほうしょうせん》が上奏し、璽の獲得を天命が移ったことの表徴であるとした。アジテータ第一号となった彼は、もちろん漢人である。璽を携えた軍が到着した二週間後、ホンタイジにたいし帝位に登るよう勧進の上奏をおこなったのも、海を渡って明から亡命してきた武将、孔《こう》有徳《ゆうとく》、耿仲明《こうちゅうめい》らであった（『天聡九年旧満洲檔』八月六日、九月十九日）。ホンタイジ自身、あるいはその兄弟をはじめとするベイレ（王）たちが何を考えていたのか、皇帝を名乗ろうとする策動をホンタイジがしていたのか、これを窺わせるような資料はない。清朝の歴史記録では、漢人の文臣と武将たちが、ホンタイジを皇帝に祭り上げる輿論を先導したことになっている。おそらく、これが事実であろう。先例があるからだ。

　かつて十六世紀中葉、右翼モンゴルに覇をとなえて明廷を脅かしたアルタンを皇帝に祭りあげ、天下の乗っ取りをそそのかそうとしたのは白蓮教徒や逃亡将兵など亡命漢人であった（瞿九思《くきゅうし》『万暦武功録』巻七「俺答列伝中」）。彼らにとって、和議路線はみずからの死を意味する可能性があった。じっさいに、アルタンは一五五一年（嘉靖三十）、明側が互市を許すことと引き換えに、配下の亡命白蓮教徒の頭目を明にひき渡した（『明史』巻二一五、韃靼伝）。また、この二十年後順義王として封貢が実現するさい、アルタンはそれまで重用してきた趙全、李自馨、王廷輔ら漢人の腹心八名を明側にひき渡し、彼らは処刑された（『明穆宗実録』隆慶四年十二月丁酉）。

外夷の君長である「金国汗」に仕えるよりは、自らの君主が天命を受けた皇帝であり、その臣下となるほうが聞こえがよい。明朝を見限って身を投じる相手が「天子」であれば名分も立つ。明との和議実現の芽はできるかぎり摘み取っておかねばならない。生粋のジュシェン人やモンゴル人にはこのように考える者はほとんどいなかったはずだ。ルビコンの水に足を押し出させたのは、そして清朝皇帝を出現させたのは、大きな賭に出た漢人たちだった。「伝国の璽」獲得というのはいかにも安っぽい演出であるが、ホンタイジはジュシェン、モンゴル、漢人それぞれからの勧進に応じた。勧進の列に加わることを拒んだ朝鮮には、武力討伐を加えよう。天命は自分で引き寄せるものだ、と腹をくくったのかもしれない。

4　辮髪、反清、復明

一六四四年四月二五日、北京の崇禎帝は紫禁城裏手の煤山《ばいざん》（景山）で自縊した。李自成の反乱軍が迫るなか、南遷の議論を排して社稷に殉じる道を選んだのである。盛京ではホンタイジの急死をうけて幼少のフリンが即位していた。山海関の最前線にいた呉三桂の軍が清軍に降り、辮髪をぶらさげて北京へ進む八旗の先導役となった。李自成の政権があっけなく瓦解すると、秋にはフリンが北京に入り、孟冬十月一日、「天地、社稷、宗廟」にうやうやしく告げ、あらためて皇帝の宝座に即位した。この日、施政方針を記した詔勅が発布された。方針は計六五箇条にもおよび、まず親王以下のマンジュ皇族、開国諸臣、将領、文武官、出征兵丁らの処遇を明示し、ついで中国統治の諸政策が並んでいる。要は明の制度を継続するということである。末尾にはかの「制誥之寶」が押捺されていた。北京に乗りこんだときから、清朝は社稷と宗廟を継承する中国の王朝であることを宣言した。

河南に封じられていた福王を奉じて南京に明の朝廷が復活したが、長江北岸の要衝揚州が陥落すると、南京はほぼ無血開城であった。しかし、浙江方面では知識人を核とする反清の勢力の抵抗が強かった。江蘇で収まりかけていた抵抗を再燃させたのは、いわゆる「剃髪令」の実施であった。

かつて遼東では辮髪政策はうまく機能した。後金軍は「髪を切って我に従うものは、すべてもとどおりに安堵する」と下令し、略奪や強姦などを厳しく取り締まったので、「民は大いに悦び、すべて髪を切って服従した」。これは清朝側が自分に都合がよいように残した記録ではない。明軍の参謀として遼東にいた茅元儀の『督師紀略』に見える。朝鮮には、「賊が遼東を得た後には一人も殺さず、尽く頭髪を剃らせ、前と同じように農作させた」という情報まで伝わっていた（李肯翊輯『燃藜室記述』巻三三）。

こうした成功の経験が、ドルゴンら江南鎮圧の諸将の判断を誤らせたのであろう。中国の知識人層にとって「衣冠」の伝統を失うことにも増して、胡俗の象徴である辮髪を下げることへの抵抗は大きかった。しかし「綸言《りんげん》、汗の如し」、清朝は頑として撤回しなかった。辮髪拒否を貫こうとすれば、死ぬか、すっかり坊主頭になって仏寺にこもるしかなかった。節を曲げず、この生き方を選択した知識人も少なくなかった。しかし、反清勢力の鎮圧と並行して、巧みな知識人懐柔策を実施したことによって、辮髪への抵抗は薄まっていった。

知識人の支持を取りつける上で、もっとも有効だったのは科挙試験である。科挙に参与して官僚を志望することは、清朝政権を承認することに他ならなかった。資格の入り口にあたる生員をめざし勉強する受験生（童生）まで含めると、科挙の実施は数百万の士人の支持表明を獲得するのと同じである。

清朝の文化政策も巧みであった。亡んだ明朝の正史を編纂する事業は、半世紀を優に超える時間を要したが、清朝の求めに応じて「史館」で働いた知識人のなかには、かつて激しい反清運動の中心となった浙江省東部出身者が少なくなかった。中華の伝統を尊重して文化の発展につとめ、競争を通じて名誉と権力と富との分配に与る道を開いてくれるのであれば、清朝を夷狄視して不服従を続ける動機は薄くなった。

その一方で、反清の運動に身を投じる人も絶えなかった。その多くは「復明」を旗印とした。例えば「三藩の乱」である。これは「王」の特権を得て雲南、広東、福建で軍閥化しつつあった明からの投降将領が、北京の朝廷の抑圧策に反撥しておこした反乱であったが、反乱に決起する大義名分は「復明」であった。一六七四年、福建船が長崎にもたらした呉三桂の檄文は「興明討虜大将軍呉」の名義で出されており、文中には自らが崇禎帝の三男坊（朱三太子）をかくまってきたこと、そしてついに「三太子を推奉し」、天地を祭祀して帝位に就け、「周啓」の年号を建てたことが宣言されている（『華夷変態』巻二）。呉三桂はかつて最後まで抵抗した明室の王を捕縛したことがあり、反乱の終局では自ら帝位につくなどした。「復明」の姿勢はポーズに過ぎなかった。しかし、「復明」を旗印とし「朱三太子」を奉じることが、正統性の拠り所とされたことを見逃すべきではない。「国姓爺」鄭成功も、南明の監国魯王から「朱」姓を賜って勤王に励むという立場であった。「一念和尚」「朱一貴」など出自も明らかでない反乱者のなかに、「朱」姓との関係を標榜したものは少なくなかった。

雍正年間、四川・陝西の総督であった岳鍾琪《がくしょうき》が、岳飛——女真に対抗した宋の将軍、中国では軍神として祀られた——の末裔であることに目をつけ、反乱に引きこもうとした連中が摘発された。その中心人物曽静は湖南省の一隅に生まれた知識人であった。曽静の言動には夷狄を禽獣視する強烈な中華優越主義が溢れているのだが、その反乱マニフェストには、清朝にたいし「明を亡ぼした恨み」があると書かれていた。雍正帝から、これは事実に反すると指摘されると、曽静は山間地に数十年間住んでおり、「史冊を借りて調べることもできず、郷党鄰里の無知な老人らから伝聞したとおりに、本朝が明に代わって天下を取ったことだけを知り、明の天下が早くも流寇の手によって失われたことを知らなかった」と答えている（『大義覚迷録』巻一）。清が明を滅ぼしたという短絡した誤伝が民衆のあいだに広まっていたとして、不思議ではない。ここにも「反清復明」の底流があった。

入関後の清朝が「国語」「騎射」に代表されるマンジュの伝統維持に努めたことはよく知られている。八旗制度を支配の中核として維持し、官界でも満官の優位を保った。家族を含めても百数十万に過ぎない少数者が特別な世襲身分を保持し、北京では内城に集住した。内地の重要都市、江寧（南京）、杭州、福州、荊州、成都、広州、綏遠城、西安、寧夏、密雲、青州などには「駐防」とよばれる八旗軍団が駐屯したが、その家族も都城の一部を城壁で区切って集住した。それは「満城」とよばれた。漢人とは通婚もしなかったから、強い隔離政策をとっていたことになる。こうでもしなければ、漢人の大海のなかで集団を維持することはできなかったであろう。

こうした隔離政策のなか、種族の差異にもとづく集団間の緊張が高い社会であったかというと、そうでもない。華夷の辨別の意識は、文字にすると著しく過激な表現となることがあった。しかし、一面では「諸侯も夷の礼を用いれば則ちこれを夷とし、夷にして中国に進めば則ちこれを中国とす」（韓愈「原道」）という有名な語が示すように、固定された民族意識、人種意識とは異なるものだった。統治の維持をはかるさいに、清朝の皇帝が、中華の天子として大統を継いだことを意識し、それと齟齬しない政策を選んだだけではない。中国の人々は、八旗出身者と共存するあいだに、中華の民も、もともと外夷であった民も、同じようなものだという感覚をもったに違いない。同様に辮髪をぶら下げ、漢語と漢字の言語生活を送っていれば、習俗の違いはありこそすれ、心性の差異は縮まる。

5　民族主義と排満革命

十九世紀の後半に、民族主義の思潮と運動は、現実を動かす大きな力を獲得した。国家・民族の「優勝劣敗」論を補強した社会進化論と進歩主義の歴史観、人種や民族ごとの差異を論じることに集中した人類学、そして植民地に転落する地域とそれを支配する「列強」が登場し、世界が色分けされたという現実、こうした状況の中で、人種や民族の優劣という言説は人びとの世界観に深く根をおろした。清朝末期の中国では、列強によってメロンのように切り分けられる――「瓜分」の危機が強く意識されるようになると、崖縁に立たされたような「優勝劣敗」の切迫が、「排満」を旗印とする民族主義に飛躍の機会を与えることとなった。「排満」民族主義の頂点は、義和団戦争（一九〇〇年）と辛亥革命（一九一一年）とに挟まれた十年間である。

「排満」あるいは反満清を柱とする民族主義の主体が漢人＝漢民族であったことは言うまでもない。国外に出た留学生などは、辮髪を切り落とすことで革命派の立場を表明した。では「満清」の打倒は、エスニック集団としての満人＝マンジュ族の支配の軛を脱することで達成されるのかというと、話はそう単純でない。

一九〇七年、劉師培は「普《あまね》く漢人に告ぐ」というアジテーションの文章を書いて反満の旗手となった。これは当時、東京に本拠のあった中国同盟会の機関誌『民報』の臨時増刊として刊行された『天討』に掲載されたものである。標題はいかにも檄文風であるが、その内容はいわば歴史実証主義の要求を守りながら、漢人の読者に革命の必要性を説き、反満清の情緒を吹きこもうという文章である。劉師培は、アナキストとしても知られるが、根っからの学者であり、辛亥革命後に四川国学院で、一九一七年からは北京大学で「国学」、つまり経・史・文にわたる中国古典学を講じることになる。

劉師培の「普く漢人に告ぐ」は、歴史資料はもとより、個人の碑伝などを渉猟し、満清支配のもとで漢人がいかに苦しめられてきたか、事例を挙げながら詳細に論じる。満洲の君主は異族かつ暴君であるから、今日の「討満」は「種族革命と政治革命を並行するものだ」という。清朝支配の酷烈を摘発するのに、まず、士人の虐遇を取り上げている。以下、平民の虐待、官吏の虐遇のそれぞれについて挙例し、この排満革命が「力《つと》めて胡塵を一掃し、生臭い汚れた徳を晒しだし、大漢の天声を振るわす。上は百世の仇に報復し、下は万民の困を抒《の》ばす」ものだと檄を飛ばす。「華夷の辨」の理念にもとづき、先験的に華夏の優位を主張する、あるいは華夷の上下関係が逆転していることの不当を訴えるような文章に比べると、多くの具体例にもとづく劉師培の学術的檄文ははるかに説得力に富む。

しかし、「復仇」「種族革命」を叫ぶわりには、種族間の対立や矛盾が暴力による革命を必要としているのだ、という議論が前面に出ているわけではない。むしろ、専制的な支配のもとで人民や知識人が苦しんできたことを主張している――換言すれば清朝の支配下だけでなく、それ以前の王朝の時代にもあったような抑圧の不当性を告発しているように感じられる。眼前の打倒対象が満洲王朝であったが故に、「討満」が恰好のスローガンとなったものの、種族間の支配と被支配の関係を逆転させることで革命の目的が達せられるわけではない。劉師培自身も言うように、それは政治革命と並行すべきものであって、満清朝廷が転覆し、種族の上下関係がひっくり返ったとしても、政治支配のあり方が変わらなければ問題は解決しない。しかし、革命の気運を盛り上げるには、「民権」や「民生」という政治的理念よりは、「漢人」の感情を刺激する「種族」や「復仇」を説くほうが効果が大きい。革命派の知識人は、このような判断のもとに「排満」の檄を散布しようとしたのであろう。

一九一一年十月の武昌蜂起ののち、各省で清朝支配が覆されて「光復」が実現することになる。革命運動の拡大をはかる段階では「排満」がもっとも強調されていたが、革命が爆発すると、種族支配の仇を討つ行為が広がったわけではない。西安では駐防の八旗の部隊が革命軍に抵抗し、「満城」が陥落すると、およそ二万と推定される八旗の人びとが、婦女子も含めてほぼ全員殺されるという惨事が起こった。西安では哥老会が革命軍の一翼だったことが、虐殺の一因であったらしい。これを例外として、満人が満人であるがために暴力的鎮圧の対象となることはなかった。

十七世紀、清朝の先人たちは、自分たちの仲間に加わった印として辮髪を結ばせた。生粋のジュシェンだけが辮髪を垂らしていると、それが小勢力であることが暴露されてしまう。辮髪は「自分たち」を多勢に見せる手段でもあった。兵員だけでなく、支配地域の漢人農民などにも辮髪を求めた。抵抗は小さかったというが、辮髪には嫌なこともあった。明の軍隊が戻ってくると、辮髪頭は褒賞目当ての首狩りの対象となるからであった。本物のジュシェンの首はなかなか取れないが、農民なら楽である。中国全土に支配をひろげる際にも同じことをやった。中国人すべてを擬似マンジュに変身させたことになる。精鋭揃いとは言え、二十万に満たない八旗の兵力は、誰が見ても少なすぎる。服従の印を附けさせたのは、この不安の反映だったであろう。

しかし、やがて逆転が進行することになった。辮髪を下げた人間がすなわち中国人であるという一般化がおこる一方で、辮髪はあるものの「国語」「騎射」も怪しいマンジュが増えた。固有の標識であったはずの辮髪は、今や全中国人の共通標識である。呑みこんだと思っていた側が、年月を重ねるうちに呑みこまれることになった。二十世紀の「種族革命」は過激な「復仇」「排満」の語を散布した。しかし、八旗の人びとが逃げだそうとしたという話はきかない。逃げこむ故地もなかっただろうが、辮髪頭の首狩りがもはや起こりえないことを感じていたのかもしれない。中華の文明と社会は、「夷にして中国に進めば則ちこれを中国とす」の言葉どおりに、遼東の外夷を「中国とした」のであった。

清朝において満洲人はいかなる役割を果たしていたか

清代満洲人のアイデンティティと中国統治

マーク・エリオット　Mark C. Elliott

楠木賢道＝編訳

Mark C. Elliott　一九五八年米国生。イェール大学卒業。Ph. D.（カリフォルニア大学バークレー校）。清朝史・内陸アジア史専攻。主著 *The Manchu Way*, Stanford University Press, 2001等。

1　はじめに

清朝の皇族、礼親王昭槤《れいしんのうしょうれん》（一七七六～一八二九）の著名な随筆『嘯亭雑録《しょうていざつろく》』には、清初の満洲人の勇将アリマの物語が載っている。アリマは、千斤もある瀋陽実勝寺《しんようじっしょうじ》の石の獅子を持ち上げることができるほどの怪力であったという。戦場での功績は目覚ましいものがあったが、満洲人たちが北京に移住したあと、アリマは法を犯すことが多かったため、順治帝は結局彼の逮捕を命じ、処刑することに決した。彼の逮捕に関する皇帝の理由を聞き、アリマは冷静に受け止め、「好男子たるもの死をどうして恐れようか」といった。彼はそれから縛られ、護送車に乗せられ、北京東南の刑場に牽かれていった。しかし、その護送車が宣武門《せんぶもん》に至り、満洲人の居住区である北京内城を出ようとしたとき、アリマは煉瓦でできた城壁の門に足を引っ掛けて車を止め、そして「死ぬならば死ぬだけだ。しかし俺は満洲人だ。漢人の目に俺の最期をさらさないでくれ。どうか門内で殺してくれ」と叫んだ。

歴史的な根拠があるかないかは別にして、この話は清代に満洲人のアイデンティティが形成される際、歴史や神話が影響したことを示している。またこの話は、身近な存在であった漢人を、満洲人がずっと他者として認識していたことを想起させてくれる。このような観念は、一八〇〇年代に普及していった筆記文学のかなりの数の著述に浸透しているが、十九世紀初頭の嘉慶朝に書かれた『嘯亭雑録』は、このジャンルの著作として有名である。この『嘯亭雑録』は、文化変容によりアリマのような英雄が長らく見あたらなくなり、しかも彼ら英雄の話が平易な満洲語ではなく典雅な漢語で書かれるようになったときに、記されたのである。アリマの物語の内容と、その物語が他でもない満洲人の皇族によって書かれたことは、文化変容を被っているにもかかわらず、満洲人のプライドが保持されていることと、そのプライドに付随して満洲人の独自性という観念が継続していることを示している。本稿では、この独自性が意味すること、そして中国史上における清朝時代の理解のために、その独自性が意味するより広い含意について述べてみたい。

2 満洲人の奇跡

満洲人は突然世界史の舞台へと登場した。小規模だが強力な軍事力を有する集団であった。北京の街頭への彼らの出現は予期せぬことであったが、彼らが権力強化に成功したことは、様々な意味で一層驚異的なことであった。一六四四年六月時点で、満洲皇帝が一九一二年まで中国を支配し続けることを、だれが予言しえたであろうか。実際、満洲人は歴史家に多くの興味深い問題を突き付けた。これらのなかでもっとも基本的な問題の一つが、いわゆる「少数者による支配の問題」、すなわち漢人三五〇人に対して一人にも及ばない少数だった満洲人が、どうして中国を巧みに征服し、三百年近くの間支配を続けられたかという、慎重に検討すべき問題である。郭沫若《かくまつじゃく》がかつて述べたように、満洲人が入関し、二百年以上にわたって中国を支配できたのは実に不思議な事である。これに関係するもう一つの問題は、漢人とは異なるツングース系の満洲人が、この中国史の重要な局面で、中国を統治したことはどんな意味を持つのかということである。

最初の問題に対する通常の答えは、満洲人たちが朱子学的な統治規範を保証したおかげで、彼らは政治的な生き残りが必須の、富裕で教養ある漢人エリートの支持をかちとって、自分たちの地位を維持した、というものである。第二の問題、すなわち一六八〇年代までに決定される満洲人の征服者と漢人の臣民という関係の調和、いわゆる「満漢問題」については、今度は満洲人が漢人社会に完全に同化し、それゆえに清朝が満洲人の王朝であったことは結局それほど重要な問題ではなかった、という一般的な結論が導き出されてきた。

満洲人の成功の理由を考える際、私は、大きく立場を異にしている「清史」と「満洲史」を結びつける努力をしてきた。私の結論は、通説となっている満洲人の支配の意義に関する説明とは別のものとなっている。すなわち、清朝の偉業は、満洲人が中国の政治的伝統に適応する能力、そして独自のアイデンティティを保持する能力の双方に依拠するものであると、私は思う。清朝は、儒教的な制限からまったくはなれて、狭い支配者一族の利害であるとか、単なる漢人に対する満洲人の軍事的支配などという単純な理由を超越して、一つの別個の民族として満洲人の支配に基礎を置く統治を主張しているのである。満洲人であることは重要な政治的意味を有し、満漢関係として特徴づけられる緊張はもともと存在したもので、清の秩序の永続的な特徴であった。かくして古い格言には、部分的に真理が含まれていた。すなわち、「天下は、戦いで勝ち取ることができても、馬上から統治することはできない」ということが本当だとすれば、「満洲人たちがおりた馬から遠く離れてしまうことは決してできない」ということも真実であった。このバランスを維持することが容易な問題ではなかったのである。

拙著『満洲の道』（*The Manchu Way: The Eight Banners and Ethnic Identity in Late Imperial China*, Stanford University Press, 2001）では、満洲人の帝国の偉業について、いくつかの新しい考え方を提示しており、それは十七、十八世紀における満洲人アイデンティティについてさらに詳しく知ることが重要であるという信念に基づいている。なぜならば、そのことが「少数者による支配の問題」（いかにして清朝がうまく約三百年もその権力を保持できたのか）とともに、「満漢問題」（清朝の支配者が漢人ではなく、満洲人であったということが、最後の中華帝国の歴史にいかなる違いを生じさせたのか）の答えを導き出すための一助になるからである。この問題を論じる際、私は同化の通説を排除し、満洲語文書史料が語る満洲史、及び我々が今日知る民族の構造、特に進行する文化変容と執拗に維持されるアイデンティティ＝システムの決して単純ではない関係によりよく適合するよう、複雑な像を描いてきた。

3 少数者による支配の問題

「少数者による支配の問題」を理解するために、私はまず、清朝にとってなぜ「満洲」という概念を持続させることが重要であったのかを解明しようとした。私の仮説は、上述のように、王朝の正統性が二つの正当化の言説に基礎を置いており、清朝の支配者自身によって基礎を置くべきであると理解されていたからであるということである。一つの言説は、伝統的な中国の王権思想に基づき、そしていま一つの言説は、外来征服集団たる満洲人たちの利害という、より狭い考えに基づいている。そしてこの両極を横断して、広汎な多数派の主張と狭小な少数派の利益、普遍主義と排他主義、学問による実力主義と貴族主義、そして文と武の理想の間で、緊張が極限まで達していたのである。中国を統治する際の清朝の重要な課題の一つは、これらのバランスを維持すること

カスティリオーネ（郎世寧）作「瑪瑺斫陣図」（部分）

であった。というのはどちらの側に傾きすぎても失敗の危険があるからである。[1] 王朝が第一の言説（一般に朱子学の正統論と呼ばれている）を捨てたとすれば――たとえば科挙制度を廃止するなど――漢人の知識人の支持を失ってしまい、統治することが不可能になっていたであろう。一方、満洲人を多数派の漢人と別個の集団として位置づける境界の破壊が許され、満洲人が一般の人々の間に分散することになったとすれば、そのときには、私が「族群主権 ethnic sovereignty」（「エスニック＝グループが持つ主権」という意味）と呼ぶ、征服民族の継続的な保全と団結によって権力とアイデンティティを結びつける輪は損なわれ、そしてその王朝の将来は危うくなったであろう。第一の道を歩んだのが一世紀足らずして滅亡した元朝であり、第二の道を歩んだのがホンタイジが文化変容の危機の警告と考えた金朝であった。

賞賛に値すべきことは、満洲人の支配者が、エスニシティは政治にとって不安定な基礎である、と認識していたらしいことである。これゆえに満漢一視同仁と称し、漢人に対して儒教的な態度を装った。しかし、彼らの「個人的な」考え、そして行動は、全く異なっていた。一七三〇年の出版物である『大義《たいぎ》覚迷録《かくめいろく》』における、漢人の反清論者に対する雍正帝《ようせいてい》の反論にみられるように、満洲人はめったに不安な少数派の姿を見せなかった。この事件に関して、乾隆帝がその即位から二週間もたたないうちに、父雍正帝の布告の書を全て回収するよう命じたことは、偶然ではない。

その書は、王朝が漢人に対して持つ不信と、王朝自体のもつイメージに対する偏見を平易に暴露しすぎていたのである。

またもし満洲人の支配をうまく維持すること、そしてひとつの集団として満洲人の団結を維持することが清朝による支配成功の条件であったとすれば、さらにもし本当に清朝支配がかなりの成功であったと認めるならば、漢化論者の考え方とは正反対に、満洲人のエスニシティがともかく維持されていたという結論になるにちがいない。しかし、我々が眼にする満洲人のアイデンティティに関するどの記述も、十八紀初頭までにすでに危険な状態になっており、満洲人のアイデンティティを守るための朝廷の施策は、満洲人が自分たちの習慣を放棄し、漢人の習慣を受け入れることを阻止できなかったと語っている。朝廷は「満洲の古き道」――乗馬、弓術、質素倹約、そして満洲語の能力を重んじるスパルタ流の理想――を奨励したが、聞き入れられなかった。では、いかにして満洲人のアイデンティティは持ちこたえたのであろうか。

この疑問に対する私の回答は、数ある清朝の制度のなかで、最も満洲的である八旗の研究をめぐって体系化される。高度に軍事化された社会組織の形は、過去の他の内陸アジアの集団によって用いられたものと似ており、八旗制度はもっとも明瞭に満洲人の非中国的な性格を表すものであった。そして全ての満洲人の男、女、そして子供が八旗に所属したので、八旗の歴史は満洲人の歴史と不可分である。これらの問題に関して、私は拙著のなかで、満洲人のアイデンティティをエリート層においても、非エリート層においても八旗制度内部で展開したものとして捉え、その性質を検討した。私が見い出したことは、清朝による中国の征服が占領に転換するにつれて、朝廷の理想である規範的な「満洲の道」が、遂行的な「満洲の道」によって、部分的に取って代わられたということである。[2] 八旗のニルは、征服者らの「故郷」となり、時間が経つにつれてそこに住む人々も八旗によって再定義され、満洲人を旗人にし、そして結局逆に旗人たちを満洲人にするようになっていった。この過程は、一九五〇年代に中国政府が清朝時代の旗人を全て「満族」とする究極の認定にいたった。

このように、満洲アイデンティティは八旗を通して二つの道で認識され、維持された。ある段階では、中国本土に広がった八旗制度の存在が、全体として、王朝の満洲アイデンティティを鼓舞した。別の段階では、八旗制度によって旗人に強いた生活様式が、十七、十八世紀における満洲人のエスニシティの展開に大きな影響を及ぼした。これらの問題を、以下簡潔にまとめる。

清朝の統治当初の約八十年間、朝廷は北京に暮らす旗人(京旗)と地方に暮らす旗人の守備隊員(駐防八旗)により、満洲人の中国統治を主張し維持した。そして、北京全市の占有だけではなく、一六四五年の西安・南京をはじめ、主要都市を部分的に占拠していった。合計十八ヶ所の「満城」が各省に設立され、一七〇〇年までにそのうち十二ヶ所で、最終的には全ての「満城」において、

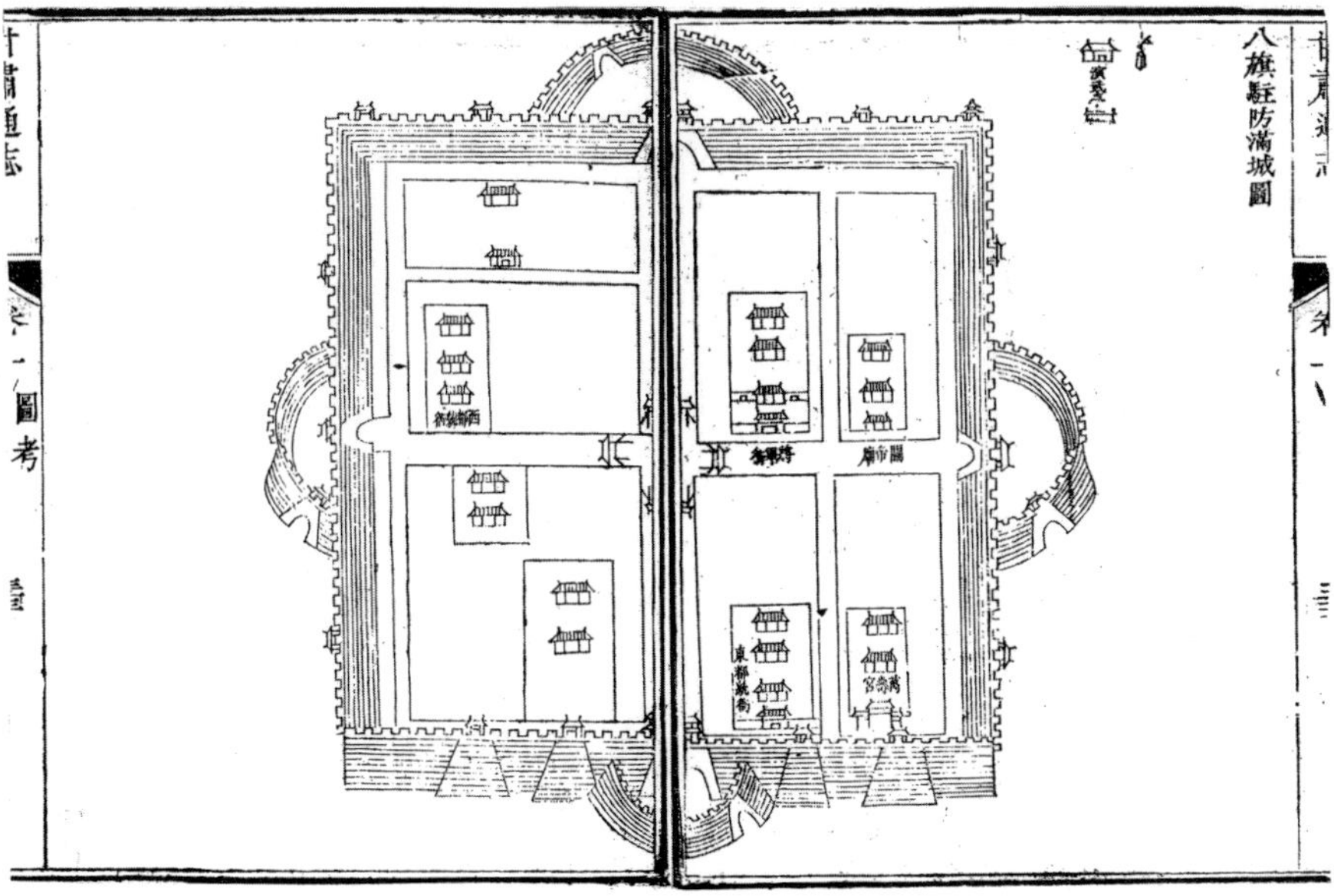

寧夏府郊外に単独で建設された駐防八旗の満城

（乾隆『甘粛通志』巻一）

北京のように旗人の隔離居住の原則がとられた。駐防地に送られた兵士は、その家族をすべて帯同し、現地の漢人から隔離された城壁のなかに居住区を割り当てられた。しかし、彼らは北京以外のどこにおいても、財産を持つことが許されなかった。そして、十八世紀中葉にいたるまで、旗人が死亡したとき、その遺体は埋葬のため北京に戻されたのである。このことは、清朝の地方占領が暫定的なもので、駐防兵の任務も臨時的なものであり、北京、及び北京に置かれている各旗とが、依然として満洲人を含む旗人全ての故郷であるという観念を示している。この虚構こそが、征服者集団としての満洲人を純粋に維持するための王朝の計画の核心であった。

　これらの政策は、清代を通じて実際にうまく機能した。中国の主要な地方都市に部族的（または準部族的）な忠誠心を有する軍隊を分散させ、城壁の中にある首都と宮殿に、全八旗軍の過半を集中することによって、清朝は高いレベルの安全を獲得していたのである。そして各省においては、「満城」が、その地に住む漢人たちに最高の権威が誰の手にあるかということを絶えず認識させた。また駐防八旗のネットワークは、朝廷の監視装置ともなった。駐防八旗は、そのほとんどが満洲人である旗人のみによって構成される、いわば第二官僚制の一部となった。ここでは、「民族平等」を考慮する必要はなかった。地方の八旗官員は、皇帝と絶えず頻繁に通信して、将兵の行動を報告するのみならず、地方の状況や文官の活動全般について、報告し続けた。

同時に、これらの方法で八旗に頼ることは、相当な経済的・政治的代価を必要とした。王朝にとっての八旗の重要性は、旗人の制度的支援に対して朝廷が投入した大金を考えれば、明らかである。何百万両の銀が費やされたか、正確に計算することは難しいが、巨額な国家歳入に対して、年間の旗人の給与、穀物の購入、贈与・特別手当・債務の免除のための資金、投資計画、増加した職位や都市建設の財源が予算化されており、八旗制度、駐防八旗、そして旗人の生活を維持するためには、いかなる歳出も厭わなかったようである。また旗人が合法的に就ける職を厳しく制限したために、膨大な潜在的労働力を浪費するという経済的代価も支払った。これらの制限は、直接的に各旗の人々の貧困を固定化し、最終的には国家全体の損失をもたらした。もう一方の政治的な代価は、より直接的に、満洲人と漢人を引き離す深い不信感を抱かせた。清初だけではなく、多くの漢人は、満洲人の「天命」の主張に対して懐疑的であった。そしてこの疑念に対する満洲人の自覚は、彼ら自身の漢人に対する不信、また彼ら自身の支配者としての不安を増幅させた。また安定と同様に自尊心という理由から、満・漢両者とも、偏見と恐怖を隠すために十分な理屈をもっており、それは「満漢一家」というレトリックによって促進された。にもかかわらず、あらゆるレベルに存在した満漢相互の接触は、しばしば実際に緊張をもたらした。

満洲アイデンティティが八旗に重ね合わされている第二の道は、旗人を漢人から効果的に分ける日常生活の一連の慣行を伝えている。八旗制度は、満城の城壁や、軍事的配置、建物の特殊性によって、旗人を満城内に物理的に分離した。そして、八旗制度は経済的に満洲人を際だたせ、清朝社会において彼らに独自の特権的地位を与えたのである。その上とくに満洲旗人・蒙古旗人に対して、八旗制度は生活信条を明示し、彼らが兵士、官吏（ときに農夫）以外のどの職業に就くことも禁止し、そのかわりに、旗人に対し、官途に就くための熾烈な競争に多大の便宜を図るなどさまざまな配慮を施した。そればかりか八旗には独自の法的地位が与えられ、旗人は、たとえば一般的な民事訴追の全面免除、自動的に寛大な処遇を受ける資格、及び刑の軽減を享受した。

個別にとりあげて、その背景を検討しない限り、これらの八旗の地位に付随する現象のなかには、本質的に民族的なものはなにもみえないであろう。しかし、八旗の身分が世襲であったことを想起すると、その様相は一変する。常に流動する一般の社会エリート特有の特権とは異なり、制度的に定められた旗人の生活様式は、少数者の軍事カーストという特質を明示するようになり、旗人の資格は固定され、制御され、つぎの世代に受け継がれた（八旗構成員の出生・死亡・婚姻・養子に関する首尾一貫した正確な文書史料からは、彼らが歴史上最も徹底的に目録化され、監視された人々であったことがわかる）。清朝の族群主権の歴史的背景及び政治的背景から考えると、八旗制度と満洲人の双方が国の基礎であるという朝廷の主張は、矛盾していると考える必要はない。それどころか、両者は実際上、同義である。各旗は、明らかに民族的組織であり、十七世紀初頭の形成期からそうであった。八旗は、様々な特徴的な満洲文化の習慣（稀釈されたり変更されたりしていたかもしれないが）とともに、帝国の民族集団「満洲」を、生活様式の共有、制度の共有、そして過去を共有するという信念によって束ねられた、別個の一貫した世襲集団として存続させていたのである。

このことは十八世紀における満洲アイデンティティの危機を見れば一目瞭然である。一七二〇年代になると、満洲人の伝統と言語の消滅のなかで、朝廷は、上・中層の満洲人エリートとともに、それが王朝の「根本」に対する脅威であると気づいた。京旗・駐防八旗間の格差の広がりは、朝廷にとって、満洲人による占領の条件が変化している否定しがたい証拠であった。気の進まぬ妥協――北京のニルのように、満城内の八旗の部隊に「本拠地」としての機能を果たさせる――だったにもかかわらず、朝廷は、いつどこでそれができるかという作業工程を限定する決意もさせられた。記憶、歴史意識、恥辱の気持ち、そして義務に訴えても、あまりよい結果が得られないと予期していたであろう雍正帝（彼は常に実践的な人であった）は、分類学的に「満洲」という標号を保全し、存続させるために、ただちに人口統計学的にそして財政的に重荷となった八旗制度の改革に着手しなければならないと決意した。この改革は、八旗の各人の家系を包括的に再調査し、八旗制度内の内陸アジア（満洲・蒙古）と中国（漢軍）との間の制度的なそして地位上の相違をはっきりさせることにかかっていた。一七七九年までに、漢軍旗人は北京と広州以外のすべての満城から除かれてしまい、事実上視界から消え去ってしまった。この処置は、多民族的な組織とはいいながら、八旗のその存在理由が清帝国内における満洲人（そしてモンゴル人）の特権的な地位の維持にほかならないことをはっきりと露呈させた。

八旗制度が「族群主権」の基礎を固める際に重要な役割を演じたのは、まさにここにおいてであった。満洲人のエスニシティを維持することが、満洲人たちに中国における特別な地位を認めた制度を維持することを意味したならば、これは朝廷が行うべきことであった。その過程において目的が意識的に表示されようが、されなかろうが、ちょうど王朝のエリートが「満洲の古き道」の理想を主張し続けたように、旗人の生活を常に特徴づけてきた制度上のそして経済的な絆がより一層重要な意味を持つようになった。朝廷がこの道を進むことは、間違いなく容易なことであった。すなわち、文化的に人々に満洲語を話すよう強いることはできなかったが、制度的に穀物や銀を収奪することはできたのである。そして、八旗を通して結婚と再生産を制御することがなお保証されていたのであった。

もちろん、どれほどこれらの改革が成功したのか判断することは、不可能である。疑いなく何百、いや何千という、暴露を免れた不正なアイデンティティの事例があっただろう。そして多くの満洲人たちが、疑いなくひそかに八旗を離れて満城の外であたらしい生活を始めたであろう。そしてそこで、やろうと思えば、彼らは漢人の市民として通用したのである。しかし、清朝や満洲人と同様に、八旗制度は二十世紀に入っても存続したので、改革は十分に成功したともいえる。

よくある質問に、結局いかにしてこれらの満洲人は「満洲的」でありえたのか、というのがある。朝廷の理想とする「満洲の道」の規準によればあまり満洲人らしくなく、宮廷からの眺めはわびしかったであろう。皇帝には、まわりのいたるところに、馬を乗りこなせず、弓も引けず、母語の話し方も忘れてしまった満洲人たちが見えた。彼らが維持していた固有の「満洲人らしさ」は、髪型、纏足をしない女性、そして過去の栄光の記憶だけであった。しかしながら、文化的な相違が小さくなるにつれ、八旗制度における成員の資格が、系譜的な信頼性（真実であろうとなかろうと）と特権という見地から授けられて、他の満洲エスニシティの感情的な要素と結合して、満洲アイデンティティの決定的な指標となった。このように、もともと単に満洲人の生活を整えることにのみ責任を負っていた組織は、満洲エスニシティの貯蔵庫ともなったのである。各旗に所属する人であれば誰でもいまや「満洲人」であり、八旗の地位は、エスニシティの境界を形成するもの、及び構成要素となった。漢語を話し、漢文で詩を書き、そして漢人の妾を家に持つ者ですら、かれの旗人としての身分は固有の民族的な地位を保証していた。人々は通常、名前を調べたり、本妻の足を一瞥したり、お茶の中にミルクを入れるかどうかや、周りをうろつきその家で行われる婚儀・葬儀・祭事をみることによって、標準的な漢人とは異なる様々な点を確認することができた。もし仕事をしていないように見えても、そのことこそが旗人らしさの一部であった。旗人をこころよく思わない漢人官僚の言葉のなかに、旗人たちは、「学者でも、農民でも、労働者でも、商人でも、兵士でも、庶民でもなかった」というのがある。(3) 彼らは、中国社会のどこにも居場所がなかったようにみえるが、それでも彼らはそこに存在したのである。

何が満洲人を「満洲」たらしめているかということを立証しようと調べると、この名称が人々の本質的なあるいは真の範疇を反映していなかったとはいい難い。正確にいえば、一六三五年のその命名の瞬間から、「満洲」は、高度に政治化された民族名称であった。この名称は、単に文化的また血統的なものを包含するだけでなく、それを超越していた。元来の八旗満洲の末裔たちは、かなり文化変容しており、実際に内陸アジアではこの点によって有名であったが、エスニシティの典型的な指標である言語、習慣、服装そして宗教といったものは、かならずしも完全に消え去ったわけではなく、漢人との通婚は清末まで異常なこととされていた。八旗のコミュニティは、強固だったようにみえる。今日でも多くの場所でその痕跡が残っている。だが一方、十七世紀の満洲人らしさの規準で測れば、十八世紀後半や十九世紀の満洲人はあまり満洲らしくないように見えたかもしれない。しかし十七世紀において彼らの独特の習慣が彼らを「満洲」たらしめたことを認めるならば、その後、種々の存続のための必要条件が多様な技術と対応策を生み出した一七五〇年または一八五〇年においても同様に、彼らはその変容した側面をいだきながら、「満洲」として存在し続けたのである。「満洲」の事例は、このようにエスニシティが単に政治的な構成概念として存在していたばかりでなく、構成概念が文化的、歴史的、そして血統的正統性のオーラを除外しては存立し得ないことを明示している。それはまた、人々がいかにして共有のアイデンティティに気づくようになるかを説明しようとする歴史学者にとっても、制度上の地位と構造——普通直接的にエスニシティを連想しない——に注意を向けることが、有効なものとなるかもしれないことを示唆している。

4　「満漢問題」

第二の大問題、すなわち「満漢問題」について答えるには、まだ検討の余地が残されている。それでも、清朝の支配者が内陸アジアからやってきた人々であり、漢人ではなかったということが重要な差異であったことを示す、少なくとも三つの領域を指摘できると私は確信している。これらの領域の第一は満洲人の政治様式、第二は領土問題、第三は多民族性と関係している。この三つの領域は、「異民族統治」のモデルと他の征服王朝に関する研究成果によって予想されるように、清朝がそれまでの中華帝国とは非常に異なった形態をしているという明白な事実に基づいている。一六四四年以前において中央ユーラシア東部のかなりの部分にすでに及んでいた清という連邦の存在は、清帝国の構想において非常に異なった出発点を示唆している。「大清」の理想は、秦の始皇帝のものだったばかりでなく、同様にチンギス＝ハーンのものでもあった。歴史の大舞台で、満洲人たちは、二五〇年前、元朝が崩壊し、モンゴル人が立ち去った際に空白となった場所を、極めて自覚的に引き受けた。たとえば、承徳《しょうとく》や盛京《せいけい》における副都の維持のような類似点を、清朝と他の征服王朝との間に見つけることは困難である。乾隆帝《けんりゅうてい》の朝廷において、十二世紀に金朝が宋朝に勝利したことを祝う歌の上演は、満洲人がモンゴル人・女真人・契丹人の足跡を追っているという気持ちを示すもう一つの証拠である。[4] これが清朝の支配者を賞賛して伝説上の聖王堯《ぎょう》・舜《しゅん》にたとえることと、決して相容れないように見えないということは、清朝の像がいかに重層的であるか、そして中華帝国の像とは異なっているかを示している。

清朝支配の満洲らしさが最も重要に見える第一の領域は、私が「結束した保守主義」（諸階級を閉鎖し、現状が脅威にさらされたとき防禦しようとする満洲人の傾向を意味する）と呼ぼうと思う満洲人の政治様式と関係している。もちろん、あらゆる支配者集団はこの種の行動様式をもっている。しかし族群主権が、満洲人のなかでこの「結束した保守主義」を強調したようにみえる。よく知られているように、満洲人エリートは帝国の階層制度の頂点にいる自分の地位にあまり確信を持てなかった。自分たちの優越性や正統性への挑戦に気付くと、皇帝は古代の天子によって何世紀にもわたって唱えられた情け深い君主であると規定する主張を通常伴いながらも、素早くそしてしばしば冷酷に処理した。このような主張が往々にしていかがわしいとしても、自分の考え方に依拠して、自分の権力と旗人の優越した地位を保持しようとする満洲人の精力的な献身は、肯定的な光明のなかに見えるであろう。実際、清朝は中国史上の他のいかなる王朝よりも有能な君主が占める割合が格段に高かった。このことは単純に幸運だったかもしれない。しかし少なくとも考慮すべき説明の可能性が他に二つある。一つは彼らが漢人ではなかったので、長男を玉座につける伝統にとらわれなかったということである。アルタイ系諸族の風習により、ジョセフ＝フレッチャーが「族長後継者制 tanistry」と呼んだ規則にしたがって、彼らは自由に最も有能な継承者を選べたのである。このようにして、長男が愚か者であったり不良であったりしたとき起こりうる長子相続制に付随するジレンマを、満洲人は運良くさけることができたのである。そして概して清朝の支配者は、自分の責務遂行に本当に誠実で聡明な人であったようにみえる。いま一つの説明は、外来の支配者として皇帝と満洲人官僚は、占有する利権に対する脅威を警戒するために、永遠に用心深くしておく必要があるとわかっており、いつもそうしていたというものである。その証拠に、彼らはあたかも自分の夷狄としての出自と他者であることを埋め合わせる必要があることを感じ、激しく働いているようにもみえる。結果として、改宗者のなかにしばしばみられるように、彼らは漢人にではなく、気難しい儒者になった。

このような傾向は、満洲人エリートのなかに見られる印象的な結束や、満洲人エリートが統治の職務に自らを捧げる真剣さを説明する助けになるかもしれない。しかしそれらは十九世紀に否定的な結果を持ったようにみえる。というのは、そのとき極度の過敏症が、恐ろしい保守主義に取って代わられたからである。ほぼ完全な満洲人の軍事機構の衰弱、国内不安の増加、西洋の帝国主義の到来など、一八四二年以降の世界情勢の変化は創造的な対応を求めたが、満洲人は指導力をほとんど持っていなかった。別の考えを思いつかないまま、清朝の支配者はアルタイ系の遺産を棄てて、かわりに次第にあまり意味のない中国的な儀礼を復唱して生き残りをはかろうとしていった。以前にはたしかであった儒教的世界主義と排他的民族主義の間の彼らのバランス感覚は、この時点で失われ、満洲人が盲目的に帝室保護に献身したことは利己的に見えた。結局その行為は自己破壊でもあった。一九〇一年以後、改革を採用した時でさえ、顕著な満洲びいきは、漢人臣民に、国事を処理する清朝の能力を保証していなかった。ましていかなる高尚な公明正大さも保証するはずはなく、王朝の滅亡を早めることになった。もちろん本来の体制が帝国から国家への移行を切り抜けるよう十分に努力したとしても、代議制政治の要求によって装われた帝国支配に対する漢人の挑戦への対応が、これ以上成功したかどうかは、わからない。問題点は単純に、清朝の政治様式の特徴であり、成功と最終的な失敗の双方にある程度理由となっている「結束した保守主義」が、奇妙なことに満洲人の権力からの転落をもたらしたということである。歴史学者たちのあいだでは、共和制革命論者らの本当の不平が皇帝制度であったのか、それとも満洲皇帝制度であったのか、なお意見が一致していない。その間に、革命論者自身は、自分たちの前に突然横たわった広大な領土をどのように統合するか、種々の人々をどのように統治するかといった別の論争に、躊躇なく動いていってしまった。

三つの領域の第二は、清朝の地理的遺産である。そこからは、満洲人の統治の特徴的な痕跡を見つけることができる。簡単にいうと、この遺産とは、清朝が内陸アジアの多くの地域、すなわちマンチュリア、モンゴル、チベット、東トルキスタン、そしてアルタイ地域の一部分を帝国の版図に編入し、その版図が、まず中華民国、継いで中華人民共和国に受け継がれたということである。満洲人のみがこの編入を遂行できたと主張する一部の人は、満洲人が伝統的な中国辺境の一員としての地位を受け、さらに満洲人が他の内陸アジアの人々の信頼を勝ち取り、そして満洲人は柵のなかに彼らを入れた、と考える。しかしながら、一般に満洲人と他の内陸アジアの人々との関係が、それほど問題がなかったとは思えない。例えば、仇敵ジューンガルと対する満洲人には、アルタイ系諸族の仲間意識は完全に欠如していたように思われる。東部のモンゴル人は満洲人にとって草原における最も親密な同盟者であったが、東部モンゴル内の部族を清に帰属させるためにも武力を用いる必要があった。十七、十八世紀における内陸アジアの人々が満洲人をどう見ていたかについて、まだ研究が十分でない現状では、満洲人はモンゴルとの関係の長い歴史のなかで、草原社会のはたらきを十分に理解していたので敵を軽視しないように警戒し、辺境諸勢力の政治的展開の内部事情についてもよく情報をもっており、拡張するロシア帝国の脅威と、堂々としかも創造的に交渉することができたということができるだけである。

満洲人の類い希な偉業は、厳しく統制された武人らしい生活様式と内陸アジア辺境からもたらされた好戦的気質が清朝を恐ろしい軍事力としたことによって説明できるであろう。それは同時代のユーラシアで最強の軍団であり、十七、十八世紀に繰り返し証明された。満洲国家と八旗とが最初から征服に基づいていることを理解すれば、清朝が内陸アジアを縦横に行軍できたことを躊躇なく理解できるだけでなく、注目すべきことになる。中国人の軍隊に同様の遠征が不可能だったというのではなく、そのような手柄は満洲人らが自分たち自身をどのように規定し、他人からどのように見られたいかを示す不可欠の要素だったといいたいのである。

つぎに、帝国の正式な境界について、満洲人が持っていた特徴的な認識を見る必要がある。明清時代の漢人の考えでは、一般的に長城によって「内」と「外」に分けられていた。長城の南は「中原」であり、中国本土である。長城の北は「塞外」、すなわち広大な砂漠からなる無人の荒野であり、非常に寒かった。満洲人にとって長城は、それほど重要ではなかった。万能の支配者たる満洲皇帝（ハン）の概念は、そのような人工の境界をまったく無視した。すでにみてきたように、朝廷は「内」と「外」という考えをとらなかった。境界線は北京と北京の外界の全てとの間に引かれた。換言すれば、中国としての「中原」と辺境としての「塞外」という分断を、満洲人が取り払った。この意味で、彼らの「中国統一」の宣言は正当であり、きわめて重要である[5]。なぜならば満洲人は「内」と「外」を統一することにより、「中国」とは何かを再定義し、それが現代中国のかたちになっているからである。

そうはいっても、あらたに統合された領土が中国となる過程は、二十世紀の民族主義の観点から読み返せば、示唆を受けるほど簡単なことではなかった。清帝国の崩壊はあたらしい中国人の国民国家とモンゴルの一部のみを残し、そして二十世紀のさまざまな出来事によって、とても不安定な支配権が内蒙古、マンチュリア、新疆、チベット、そして台湾に及んだ。この不安定性は、ある程度国外の植民地軍による地方統治の侵害に起因している。しかし、近代中国の共和国が構築してきた政治的イデオロギーが、大清帝国のそれと非常に異なっていたということも、不安定性の原因としてあげなければならない。それ故、中国の中央政府が、常にすべての少数民族の完全なる平等と、「民族大家庭 big national household」のなかの「民族大団結 great ethnic unity」を主張しているにもかかわらず、清朝時代に辺境だった地域が今日でも引き続き紛争の原因になっていることは驚くに当たらない。

このレトリックは、多民族性を標榜する清朝のレトリック「満漢一家」と類似していることからみて、満洲人の支配は近代中国の発展に大きな影響を与えたということができる。すなわち筆者が設定する第三の領域である。満洲人自身の民族的な違いがしばしば彼らに刃向かったとするならば、民族的平等の政治組織体としての中国の像が満洲人に帰されなければならないことは、いささか皮肉である。しかしこのような言説が最初にあらわれるのは、まさしく清朝滅亡と同時であり、孫文《そんぶん》は革命以前の「単一民族的統合」を大転換して、一九一二年以降「多民族的国民統合」を展開し、「国家の根本は人民である。国民統合とは、漢・満・蒙・回・蔵が住む地域を単一国家とし、これらの人々の連合を単一の人民として統合することを意味する」と主張した。このような方針に沿った国土の区分と、「五族一家」というような成句の導入は、清帝国の組織立てを強く想起させるものであり、乾隆帝が編纂を命じた五言語辞典『五体清文鑑《ごたいしんぶんかん》』と完全に対応する。また孫文の立場は、のちの共産党によって採用されることになるいわゆる「少数民族」に対する姿勢を予期させる。実際、中華人民共和国政府は、中国の人々に対する統治権要求を継続するために、「統一的多民族国家」という考えを最も強力に押し進めてきた。「中華人民共和国は多くの民族が統合された国家である」という公式見解は一九四九年に初めて発せられ、ほとんど「お題目」になってしまっている。承認する民族集団の数を五五に拡大し、あらゆる民族集団間の平等を約束する過程で、中華人民共和国は清朝の先例からはっきりと離れていったが、それでも満洲人の影響力が感じられる。周恩来《しゅうおんらい》は一九五七年に少数民族の地方自治を促進する演説のなかで、満洲人を有能な人々であると賞賛し、はっきり「今日の我々の広大な国土は、清朝のおかげである」と言及している。中華人民共和国が清朝の継承国家であるという考えは、学界のみに限定されたことではないのである。

　この意味で、満洲人は、近代中国国家、さらには二十世紀に「中国人」が何を意味してきたかの再定義に対して、間接的に影響した。中国人は「漢人」か、それとも「中国の人」なのか、はたまた「中華民族」なのか。確かにこれに対する明確な答えを出すことはむずかしい。しかし、この問題自体が緊急性を有している。満洲人によって漢人に譲り渡された、非常に拡大した中国を、孫文が漢人を中心になんとか再配置しようと努力したことは、彼の闘争のなかで、緊急性を有していたと理解することができる。孫文や他の革命家が長い間主張してきたように、そのことは漢人の生得権だったのである。たとえ満洲人が引き立て役だったとしても、ロシアの例が示すように、帝国を国民国家にするのは容易なことではない。先に述べたように、孫文は、革命後「五族共和論」を唱えたが、のちに「単一民族国家論」に戻り、さらに蔣介石《しょうかいせき》はこの方向を推し進め、「五族」が存在することを完全に否定し、宗教によって区別される五種の人々のみが存在し、彼らは全て同じ「一族」であると主張した。この「一族」とはもちろん漢人によって支配された national family として理解された。このような姿勢は、漢化に対する固い信念に影響されており、また間違いなく、蔣介石が「中華民族の生き残りのために不可欠なのは単一の地域の存在であり、そこには我々の文化が浸透している」と主張し続けたように、国家的危機における中華民国の領土的主張を鼓舞することを目的としていた。

　この声明は、清朝と同じ領土的広がりをさして漢族のための中国を主張する一方で、同時に中国人は「漢」であると主張する矛盾を露呈している。なぜならば、漢人も漢文化も実際には領土の全てに浸透しているとはいえないからである。その点、「中国人」という言葉の不正確な点を部分的に修正し、より大きな範疇で「中国人」を再定義することによりこれらの矛盾を解くことができたが、最善の解決策は疑いなく「中華民族」という言葉を用いることであった。中華民国によって採用された名称と非常にうまく調和しているこの成句は、二十世紀において、広義には漢・満洲・モンゴル・チベット・ウイグル人などを含む「中国の人々」を意味する言葉として、非常に大きな影響を持っていた。もちろん「中華民族」が「かつての清朝領内の人々」と同義であると考えることは、見当違いなことではない。

現代中国の国家神話の本質的構成要素は、長い間、『中国』は『中華』の名の下に統合された多くの土地と多くの人々の壮大な調和である」ということであった。先に論じたように、この神話の基礎は、約三百年の満洲人による統治によって残された領土的、民族的な遺産の中にある。ただ満洲人の統治は、上述したように様々な意味で非中国的であったので、このことは少しばかり矛盾している。にもかかわらず、この矛盾は、我々に対して、「清帝国」と「中国」の間に太すぎる線を引くことを警告するはずである。まず満洲人自身がみずからの「大清」をどのように見ていたかを考えるとよいであろう。彼らにとってその意味するところは「中国」だったのであろうか。そして漢人にとってはどうだったのであろうか。そして周縁部や外界の人々にとってはどうだったのであろうか。「中国」と考えたとすれば、その「中国」とはどのような意味をもつのであろうか。これらの問題に対する答えは、現代世界における中国と内陸アジアにとって、満洲人と彼らの帝国が如何なる重要性を持っていたか、これから議論するための素材となるであろう。

付記

本論文のもとは、二〇〇〇年六月二四日に開催された「平成十二年度日本大学史学会春季講演会」の日本語講演稿である。その講演稿を増補し、論文「清代満洲人のアイデンティティと満洲人の中国における統治」(『満族史研究通信』第一〇号、二〇〇一)とするにあたり、私もお手伝いした。本論文では、著者が作成した英文にさかのぼり、旧稿の誤謬を正し、表現を平易に改めながら、若干要約した。(編訳者)

注

(1) 清朝が満洲人・漢人間の利害の均衡をとる必要があったという考え方は、決して新しくない。しかし、一般にそれは、清初固有の政治的課題で、雍正帝が皇族・満洲貴族の権力を奪取したことによって終焉した、と考えられている。この考え方はいくつかの点で正しい。しかしながら、私が述べたいことは、これは単なる政治的な利害の均衡以上のものであって、清朝支配に固有な問題ということである。というのは、満洲人とそれ以外の人々との間の「違い」を保存することが、清朝の戦略中、不可欠の要素だったと考えられるからである。

(2) 王朝が奨励する「満洲の古き道」として示された特有の技能と特性を、「規範的な normative」という言葉で示した。そして、八旗生活の一部であり、

ヨーロッパ人が描いた清朝（帽子と辮髪）

周囲の漢人から八旗構成員を区別する習慣と特権の全てを「遂行的な performative」という言葉で示した。
（3）『皇朝経世文編』巻三五、一四葉表。
（4）Shen Yuan and Mao Biyang, "Rhyme in Manchu Court Poetry of the Qing," trans. Mark C. Elliott, *Saksaha* 4, 1999, pp.25-26.
（5）中国第一歴史檔案館所蔵のセクセンが乾隆二四年八月四日に記した満文の上奏文には、「謹んで考えるに、聖主の威徳が遠くに及んだので、このたび西北辺疆を平定して、ジュンガルの平原・山野を中国の版図に併合した」とある。

「満洲」の語源

【文殊師利ではない】

岡田英弘

　清朝の支配層を満洲人という。「満洲（マンジュ）」という言葉は、はじめは種族名だったが、のち十九世紀に入って、日本人やロシア人が彼らの故郷を満洲と呼ぶようになって、地名として使われるようになった。ところで日本では、「満洲」という語の意味はふつう「文殊（マンジュ）」と同じだと思われている。文殊といえば、仏教でいう「文殊師利（マンジュシュリー）菩薩」の略称で、智慧をつかさどり、獅子に乗る。徳をつかさどる「普賢（サマンタバドラ）菩薩」が白象に乗るのと対になって、「釈迦牟尼（シャーキャムニ）仏」の脇侍として表現されるものである。

　満洲が文殊菩薩のことであるとする日本の概説書の一例を挙げれば、神田信夫は『民族の世界史3　東北アジアの民族と歴史』（山川出版社、一九八九年）で、このように言っている。「満洲とはマンジュの発音を写した漢字である。満殊とか曼殊とかいうような文字もときに使われ、明初に建州衛の部長であった李満住の満住もやはりその音を写したものであろうが、清代には公式にはもっぱら満洲の文字が用いられた。このマンジュは、文殊菩薩のマンジュシュリに由来するといわれている。後に述べるように、ヌルハチが建州女直（真）を統一してその国をマンジュ国と称したので、以後その勢力の伸長するにともない、マンジュ国の範囲も拡大したのであるが、民族名としては従来どおりジュシェンすなわち女真であった。」

　最近でも、平野聡は『興亡の世界史17　大清帝国と中華の混迷』（講談社、二〇〇七年）で「マンジュという名称は一般的に、彼らが信仰する文殊菩薩（マンジュシュリー。仏陀に付き従って智恵をつかさどる）にちなんでいるとされる。この名と、その音に漢字を当てた「満洲」が、ヌルハチの台頭とともにジュシェンに代わる民族名称になってゆく」と述べている。

　ところが、じつはこの語源解釈が、一向に明白ではない。満洲学の世界的権威である、イタリアのジョヴァンニ・スターリ教授は、一九九〇年に『セントラル・アジアティック・ジャーナル』の三四号に発表した論文（「満洲という語の意味」）で、この俗説を逐条批判し、結局、満洲という語の意味は知られないままだ、と断定している。まことにもっともだと思うので、この論文の論点を次に紹介しよう。

文殊菩薩の格好をした乾隆帝

まず第一に、日本人は「文殊師利菩薩」を一般に「文殊」と略称するが、満洲人自身が文殊師利菩薩に言及するとき、決して「マンジュ」すなわち「文殊」と略称せず、正式に「マンジュシュリー」と呼ぶ。それに満洲人は、自分の種族名がこの菩薩から来ているとは、夢にも思わなかった。

第二に、満洲人が仏教を受け入れるずっと前から、「マンジュ」は人名として存在していた。例えば、神田説にある「李満住」である。李満住は一四二二年（永楽二十年）ごろ父釈家奴《シギャヌ》（李顕忠）を継いで建州衛を率いたが、一四六七年（成化三年）朝鮮軍のために斬殺された。ヌルハチがモンゴル文字を利用して満洲文字を創った一五九九年（万暦二十七年）を先立つこと、実に百三十二年である。「満住」の意味はわからないが、トゥングース系の語に相違ない。

第三に、一六四二年（崇徳七年）、チベットの第五世ダライ・ラマが清の太宗皇帝を「曼珠師利大皇帝」と呼んだという。この称号の略称から「満洲」という種族名ができたというのが通説であるが、太宗はすでに一六三五年（天聡九年）、それまで自分たちを呼んでいたハダ（哈達）・ウラ（烏喇）・イェヘ（葉赫）・ホイファ（輝発）・ジュシェン（諸申）の名を禁止して、マンジュ（満洲）という名を正式に採用している。一六三五年の禁止は、一六四二年に先立つこと、七年である。

それに一六四二年、ダライ・ラマが手紙で太宗を「満珠師利大皇帝」と呼んだというのも確かではない。清朝の実録は、ダライ・ラマの手紙にどうあったのか、何も言及しない。ダライ・ラマ自身は一六五二年（順治九年）、北京に来て順治帝に会っているが、この時の記録にもない。一六六一年（順治十八年）に位を嗣いだ康熙帝のことを、ダライ・ラマが手紙で「曼珠師利大皇帝」と言ったというのは、証拠があるので確かである。

要するに「満洲」の語源は、日本の概説書の言にかかわらず、まったくわからないままなのである。ただ、のちにチベットのダライ・ラマ政権が「マンジュというからには、清朝皇帝は文殊菩薩の化身である」と宣伝し、これを嘉《よみ》した乾隆帝が大いに利用したことから、俗説が生まれたのであろう。

愛新覚羅＝アイシン＝ギョロ氏とは

杉山清彦

ヌルハチに始まり宣統帝《せんとうてい》溥儀《ふぎ》に至る大清皇帝の姓は、マンジュ（満洲）語でアイシン＝ギョロ（Aisin Gioro）という。これを漢字で書き表したのが、かの有名な「愛新覚羅」である。これはマンジュ語の発音に漢字で当て字したもので、残念ながらロマンティックな文字遣いには特段の意味はない。アイシンはマンジュ語で金の意、ギョロは姓の固有名で、すなわちこれは「金のギョロ氏」を意味する。ヌルハチも当初は単にギョロ姓を称していたが、皇帝となったので、その血統を特別に形容して「アイシン＝ギョロ」と呼ぶことにしたのである。

　では、この「アイシン＝ギョロ」を名乗る一族はいかなる出自であったか。ヌルハチの公式伝記『満洲実録《まんしゅうじつろく》』の原典となった古記録では、その起源と家系は神話的な建国伝説として語られている。

――昔、ブクリ山（『満洲実録』では長白《ちょうはく》山《ざん》東方とされる）の麓のブルフリ湖で、三人の天女が水浴びをしていた。そのうちの末の妹が、鵲《かささぎ》が運んできた紅い果実を口に含んだところ、自然に喉にすべりこんで身籠もった。生まれた子は姓をアイシン＝ギョロ、名をブクリ＝ヨンションといい、そのころジュシェン（女直《じょちょく》・女真《じょしん》）国に君主がおらず多くの人びとが争いあっていたので、母の命でその地に行き、国主として迎えられた。その後数代を経て政治が乱れたため反乱が起り、子孫でただ一人ファンチャだけが逃れて国を再建した。その子孫のドゥドゥ＝メンテムはヘトゥアラの地に移り住み、以後チュンシャン・シベオチ＝フィヤング・ドゥドゥ＝フマンを経て、ギオチャンガら六兄弟が出た。六人はニングタ＝ベイレ（六王の意）と呼ばれ、そのうちギオチャンガの四男タクシの長男がヌルハチである、と。

　この説話は大きく二つの部分からなる。第一は、天女が地上で懐妊して産んだ男子がジュシェン国を治めたという始祖伝説で、第二は、王統というべきそれ以降の系譜の部分である。しかし、十六世紀末に興起した若い王朝がこのような建国神話を標榜するのはいかにも不自然であり、系譜の信憑性が早くから注目を集めてきた。現在では、第一の部分は、ヌルハチが出た南満洲の建州《けんしゅう》女直とは別系統の、はるか北方の黒龍江《こくりゅうこう》方面の部族からもたらされた神話を取り入れ、それに建州女直が聖山と仰ぐ長白山の記事を冠して成立したもの、ということが明ら

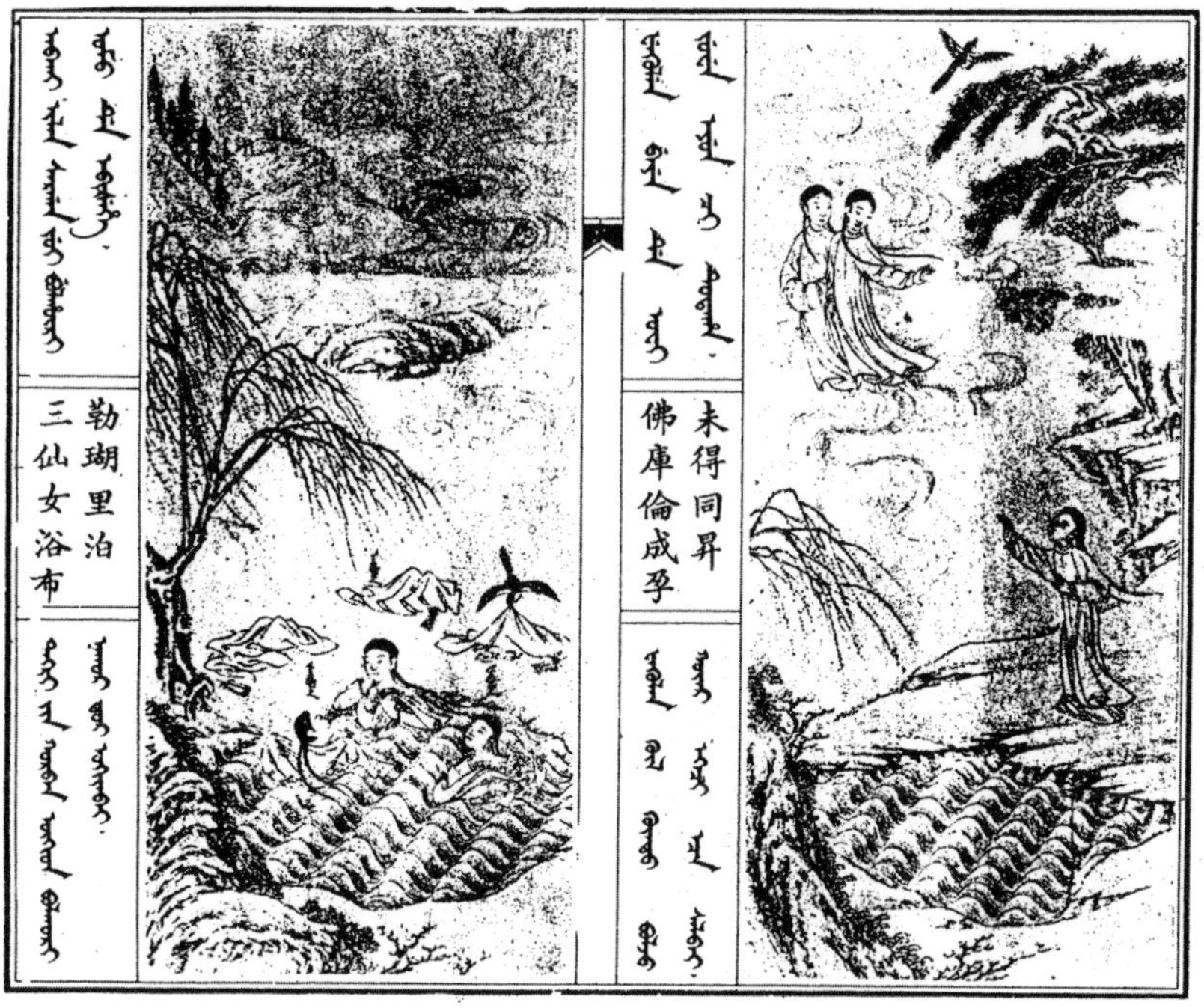

『満洲実録』巻一

『満洲実録』は絵入りのヌルハチの公式伝記で，本文は上段からマンジュ（満洲）文・漢文・モンゴル文，行は左から右に進む。図は巻頭の始祖説話で，三人の天女がブルフリ湖に下って水浴びをし（左），鵲が置いた紅い実を食べたために身籠った末娘が地上に残される（右）。こうして生まれた男子がアイシン＝ギョロ氏の祖となったという。

かになっている。また、天女が天や神に感じて身籠もるという始祖伝説のパターンは、東北アジア諸民族に古くから見られる「感精」説話の一種であるとされている。一方で、これは王家の起源伝承であって、国産み神話と異なり「ジュシェン国」自体は降臨前から存在していたことに注意せねばならない。

　他方、第二の部分、すなわち家系については、十五世紀初頭以来の建州女直の中核集団たる建州左衛の系譜を取り入れたものということが、つとに指摘されている。建州左衛は、モンケ＝テムルという有力首長の率いる集団に明《みん》が与えた名称であり、このモンケ＝テムルこそドゥドゥ＝メンテムのモデルにほかならない。彼の死後、異父弟ファンチャは兄の遺子チュンシャンと争って建州右衛を分設した。以下、続柄こそ変っているが、説話中の歴代人物が建州左右衛首長家をモデルとしていることは明らかである。このモンケ＝テムル一族の姓氏がギョロ氏であった。

　その後、首長家の嫡統は勢力が衰えて

系譜をたどることができなくなるが、集団としては、十六世紀の建州女直＝マンジュ五部のうちドンゴ部が左衛の、スクスフ部が右衛の後身とされている。このスクスフ部の中心地であるヘトゥアラ地方に拠っていたのがギオチャンガらニングタ＝ベイレであり、ヌルハチも当初は右衛の職官を称していた。これらからして、ヌルハチの家系は、直系ではなくともやはり建州左右衛首長家のギョロ氏の一族、おそらくは右衛の後裔である蓋然性が極めて高い。ただし、同じ左右衛のギョロ氏の中では創設の経緯からして左衛の方が嫡流であり、そのため、ドンゴ部を傘下に収めたのち左衛の系譜を自家に取り入れたものと考えられている。

かつては、史料上フマンの実在が確認されないことから、ヌルハチの家系は実質上ギオチャンガに始まるものとする見方が根強かったが、系譜につながらない部分こそあれ、やはり名族ギョロ氏の一支派とみる方が自然であろう。左衛の系譜を借称しているからといって、出自自体が左右衛首長と無縁の成り上がりであったことにはならないのである。

このように、アイシン＝ギョロ氏とは具体的にはギョロ氏のうちニングタ＝ベイレの子孫を指すものということができる。さらにその中では、ヌルハチ兄弟の子孫を宗室（ウクスン）、それより遠縁のニングタ＝ベイレの子孫を覚羅（ギョロ）と呼んで区別した。そしてこれより遠縁のものは、イルゲン・シリンなどの冠称を附されて、アイシンを冠する帝室とは別の氏族として区別された。

これらのうち最上級の存在が、八旗を率いる旗王の身分を得た者たちである。なかでも建国期に功労のあった八王家（六親王・二郡王）は、爵位が代々変わらない「世襲罔替《ぼうたい》」の特権を与えられ、後代まで重要な地位を占め続けた。清末、きわめて遠縁の鄭《てい》親王や粛《しゅく》親王が政界で実力者として振る舞うのも、このようなマンジュ王朝的特徴のゆえにほかならないのである。

辛亥《しんがい》革命後、マンジュ人全体が苦境に立たされる中でアイシン＝ギョロ氏の人びともさまざまな選択を余儀なくされ、姓名を変えて過ごす者も少なくなかった。その際、全く別の姓名を称する者もあれば、「溥儀」の如く漢字名の名のみを称する者もあり、またアイシンに因んで金姓を称する者も多かった。

参考文献

神田信夫『清朝史論考』山川出版社、二〇〇五年（「愛新覚羅考」）。

増井寛也「満族ギョルチャ・ハラ考」『立命館文学』五四四号、一九九六年。

松村潤『清太祖実録の研究』東北アジア文献研究会、二〇〇一年。

――『明清史論考』山川出版社、二〇〇八年（「清朝の開国説話について」「布庫里山と布児湖里泊」）。

清朝の支配体制

北京・紫禁城乾清宮

八旗制度を中核とする帝国統治のシステムをさぐる

大清帝国の支配構造

【マンジュ（満洲）王朝としての】

杉山清彦
Sugiyama Kiyohiko
（執筆者経歴は七四頁参照）

「大清《だいしん》」とは、十七世紀に南マンチュリア（満洲）でツングース系のマンジュ（満洲）人が建て、一六四四年の入関《にゅうかん》すなわち中国《チャイナ・》本土《プロパー》進入を経て、一九一二年までユーラシア東方に君臨した帝国が自ら称した名である。十八世紀半ばに最大に達したその領域は、王朝勃興の地マンチュリアから旧明《みん》領の中国本土、さらにモンゴル、チベット、東トルキスタンにまで広がり、その滅亡後も、現在に至るまでのユーラシア東方の国家や民族のまとまりの原型となった。

しかしながらこの帝国の実像は、その広大な版図、長きにわたる統治にもかかわらず、まさにその巨大さ、多様さ、長大さのゆえに、はっきりとはみえにくい。これまでの帝国像は、その多様な側面のうち、中国史上の一王朝としての面のみを切り取って語られることがふつうであった。すなわち、皇帝は明からその地位を受け継いだ中華皇帝であり、高級文官採用試験である科挙《かきょ》によって選抜した漢人官僚を重用し、中国近世の君主独裁体制を完成させた。官制は中央の内閣・六部《りくぶ》、地方の総督・巡撫《じゅんぶ》をはじめとして明の制度をほぼそのまま継承しており、それ以外に軍機処《ぐんきしょ》・理藩院《りはんいん》・内務府《ないむふ》といったいくつかの独自の制度を附加したにすぎない。その広大な領域は直轄領と藩部《はんぶ》に分けられ、中華の文化の浸透していない後者においては、理藩院の管轄下で在来の社

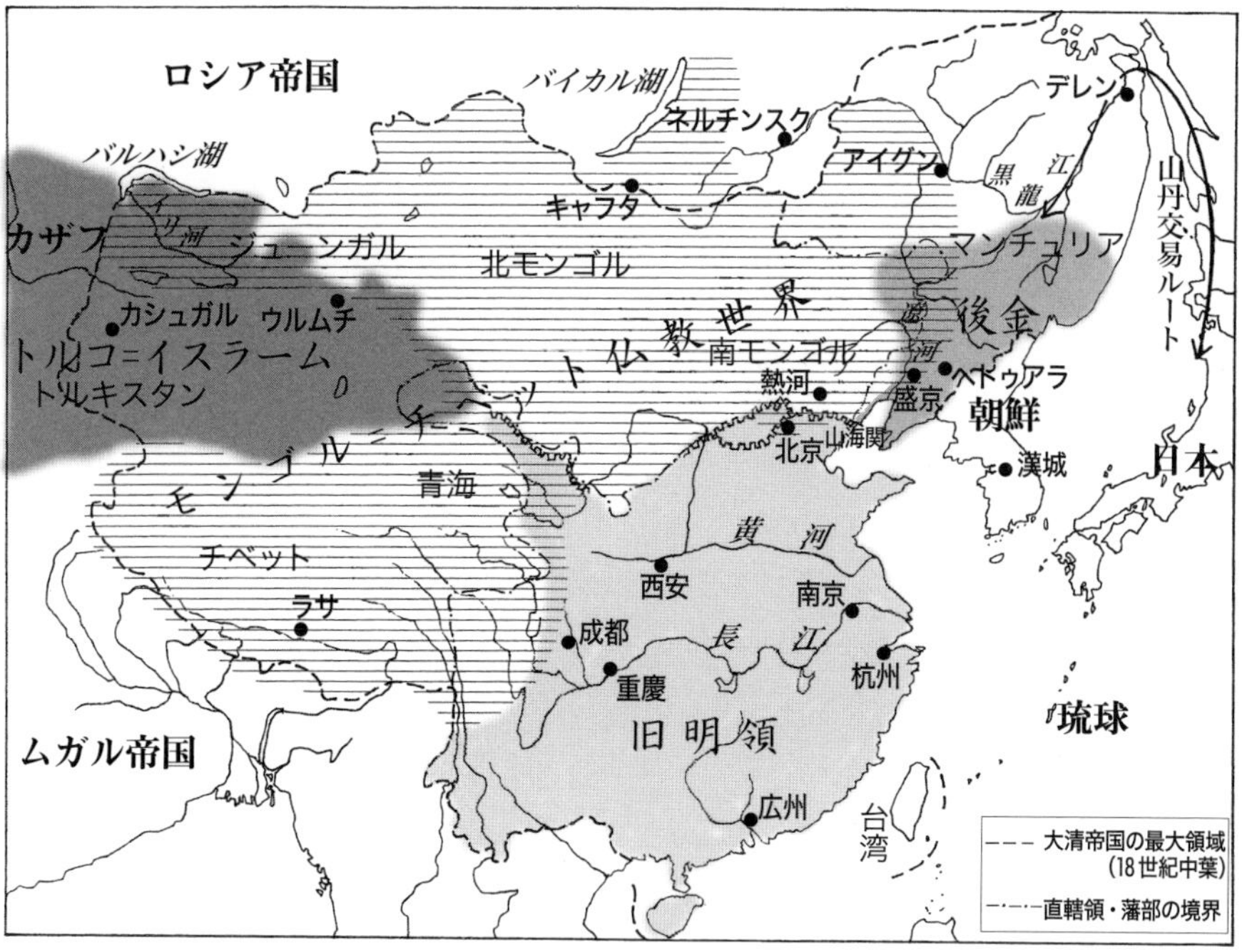

図1　大清帝国の支配領域とその構造

会構造が維持された――と。つまり、明の体制・制度を基準とした上で、その枠に収まらない要素を「清代に附け加えられた部分」として処理するか、「征服王朝としての側面」と片づけてしまい、全体として「最後の中国王朝」として説明するのである。そこにおいては、支配集団であるはずのマンジュ人は、制度上も文化面でも「中国化」したとして旧明朝と一体のものとして扱われ、独自の行政体系・社会組織は捨象されてしまう。

しかし、これらは漢人の社会と価値観、そしてそれに基づく王朝像を基準として描きだしたもの、すなわち中華王朝「清朝」の姿であって、この帝国それ自体に即した説明ではない。モンゴルの遊牧民やオアシスのムスリムなど治下の多様な人びとにとってみれば、この巨大なまとまりは、アイシン＝ギョロ（愛新覚羅）姓を称するマンジュ人の君主に服従することによってのみ結びつけられたものにすぎないのである。「大清」とは、その「帝国」の名にほかならない。そこで本稿では、マンジュ人皇帝が君臨しマンジュ人が支配層を構成しているという、ある意味当り前の事実に立ちかえって、「清朝」ではなく「大清帝国」の支配構造について、十七～十八世紀を対象に素描を試みたい。

1　マンチュリアの八旗制国家

マンジュ＝大清国と八旗制

大清帝国は、ヌルハチ（一五五九～一六二六）がジュシェン（女《じょ》直《ちょく》・女真《じょしん》）すなわちマンジュ人（一六三五年改称）を統合して建てたマンジュ国に起源する。一五八〇年代にマンチュリア統一戦に乗り出したヌルハチは自らの国家をマンジュ国と号し、統一を目前に控えた一六一六年にハン位に即《つ》いて後金《こうきん》という漢字国号を立てた。ついで第二代ハンとなったホンタイジ（位一六二六～四三）は一六三六年に皇帝位に即き、新たにマンジュ語でダイチン＝グルン、漢語で大清国という満・漢対応した国号を定めた。このように段階的に形成されたマンジュ人の国家が、一六四四年の明の滅亡に乗じて北京に進出し、以後ユーラシア東方全域へと拡大していったのである。

本書別稿「マンジュ国から大清帝国へ」で述べたように、その国家組織が八旗《はっき》制である。入関前、全ての家臣・領民は八旗の基本単位であるニルに組織され、国家構成員の把握、公的負担の割り振りなど万事が旗・ニルに基づいて行なわれた。このような点で、ヌルハチとその後継者たちが築いた国家を八旗制国家と呼ぶことができるであろう。八旗制国家は、入関に伴って総員を挙げて北京一帯に移動するが、彼らの政治的・社会的まとまりが融解したわけではない。八旗制国家の成員は、以後も清一代を通じてニルに所属し独自の戸籍に登録され、中国本土の漢人と明確に区別される社会を維持し続けたのである。そこで、入関前後の連続性を念頭におきながら、八旗制国家の特質をいくつかにまとめてみよう。

第一は、整然としたピラミッド型の階層組織体系である。八旗の組織は、ニルを基本単位として五～十数ニルで一ジャラン、五ジャランで一グサすなわち旗を構成するという階層構造をとった。この体系は、匈奴《きょうど》以来の中央ユーラシアの遊牧国家にみられる十人隊―百人隊―千人隊というピラミッド型組織と共通したものであり、十進法でこそないものの、八旗の組織体系がこのような遊牧軍制の系譜上に位置することは一見して明らかである。一方で、傘下に入った集団は厳格な組織体系のもとに再編され、その構成員・構成単位として強い統制下におかれていた。ここに悠久のユーラシア的伝統と八旗特有の性格の双方を看取することができよう。

第二は、階層組織体系とは区別された、垂直方向にみたときの身分秩序である。国家の支配層は、ハン＝皇帝を頂点として、ベイレと総称される上級王族たちとアンバンと呼ばれる上級家臣たちを中核としていた。アンバン以下の家臣・領民たちが全てニルに組織されて八旗に分属したのに対し、ベイレたちは各旗に分封《ぶんぽう》されてその旗の構成員すなわち旗人《きじん》を支配した。ニルを支配する君主の立場にあるそれらの上級王族を旗王《きおう》といい、また一六三六年以降整備された爵位では和碩《ホショ》親王から輔国《ほこく》公までの位に相当したので、王公とも呼ばれる。彼ら旗王はピラミッド型階層組織に組み込まれるのではなく、その上に立って麾下の旗人を支配する存在であった。

　これに対し、旗王以外の異姓臣下は世職《せいしょく》・世爵《せいしゃく》などと呼ばれる民爵によって秩序づけられ、また同じアイシン＝ギョロ一族でも、王公爵をもたない一般の王族は、民爵と同列の爵を与えられ旗人として扱われた。旗王の地位は極めて高く、彼らは官品《かんぴん》の正一品《せいいっぴん》、民爵の一等公よりも上位に位置して全ての臣下の上に立ち、自己の領旗の旗人を家臣、ニルを所領として支配した。旗人にとってみれば、皇帝との間には官職・爵位の叙任という関係はあるけれども、直接の主従の関係は各旗の旗王との間にあったのである。

　第三は、水平方向にみたときの並列体制である。右に述べたように八旗各旗は旗王が分有しており、皇帝自身も当初は正黄《せいこう》・鑲《じょう》黄《こう》の両黄旗、のちに正白旗《せいはくき》を加えた上三旗《じょうさんき》を直率していた。すなわち自らの領旗を率いるという点において、皇帝もまた旗王と同列の存在だったのである。八旗には鑲黄旗を首位とする序列があり、また皇帝と親王～公など領主の地位の違いもあったが、これらは序列の先後・上下はあっても、組織としては同格であった。兵役・労役から賞賜に至るまで、あらゆる権利と義務は旗・ニルを単位として均分され、君主の領旗・麾下ニルといえども特権的な扱いはなかった。この点において、君主は中華皇帝のように全体に超越するものではなく、また分封制をとりながらもハーン自身が圧倒的多数を直属下におくというモンゴルの形態とも異なっていた。

　第四は、皇帝の強い指導力と求心力である。八旗は組織の上では自立的・自己完結的なニル・旗を単位として組み立てられ、皇帝自身もその中の領主の一人であるという形式をとっていたが、同時に皇帝は国家全体を指導する君主として、また八旗の支配権を独占する旗王たちの家長として、強力な指導力を発揮した。国政運営に当っては旗王・重臣による合議制や輪番制がとられたが、それらは諮問に対する答申や日常事務の処理にとどまり、最終的な決定は常に皇帝自らが下した。

　このような強力な君主権力の背景にあるのが、一つはエジェン（主人）とアハ（奴僕《ぬぼく》）という伝統的な主従関係の観念であり、いま一つがヌルハチ以来一貫・徹底して行なわれた集住政策である。明代のジュシェン諸勢力は、分割相続の慣習とそれに伴う分居のために勢力の分裂をくり返していたが、ヌルハチは服従した勢力を首都周辺に領民ごと強制移住させて強い統制下におき、加えて旗王たちに対しても空間的な領土分封を行なわず、主従関係のみを設定して君臣ともに首都に集住させた。これによって、それまで常態であった分裂・内紛を根絶するとともに、強力かつ長期にわたる独裁的政治指導が可能となったのである。

このような八旗制によって組み立てられたマンジュ国～大清国政権は、皇帝の統率力・指導力にみられる強い求心性と、それを支えかつ牽制する八旗の連合体制という、二つのベクトルのバランスのうえに成り立っていたということができる。前者の側面こそ、長きにわたって求心力を維持し続けて他勢力との競争に打ち勝ちえた秘訣であり、他方、後者の側面は、権利や資産を一族の共有とみなす、マンジュ社会の伝統的観念の表れであった。

さらに視野を広げるならば、ピラミッド型の組織体系をとりつつ各単位が高度に自立しているという分節的・重層的な構造は、遊牧民のモンゴルをはじめとする中央ユーラシアの諸国家・諸社会に広くみられるものであり、八旗制下の体制もまた、その一類型とみなすことができる。そのようにみたとき改めて浮かび上がる八旗独特の特徴は、その求心力の強さである。八旗制国家は、マンジュ社会を含むユーラシア世界に共通の分節的・重層的国家構造をとりつつ、それが強力に統合されたものということができよう。

〝いくつもの満・蒙・漢〟

八旗制に基づくこのような支配体制は後金建国までにほぼ整えられ、以後段階を追って変容しながらも、国家の基本型であり続けた。その推移に関してしばしば説かれるのが、「ヌルハチによるマンジュ国家の樹立」から「ホンタイジによる満・蒙・漢三民族の連合国家の形成」を経て「入関後における中華帝国の継承と多民族国家への発展」という流れである。たしかに八旗制国家においてマンジュ・モンゴル・漢人の三者が組織・成員の基本とされていたこと、またホンタイジがこれら三者によって皇帝に推戴されたことは事実である。ただし、その組織が出自によって「民族別」に編成されていたというわけではないし、有名な満洲・蒙古・漢軍の八旗に対応するというわけでもなかった。ひとくちに〝満・蒙・漢〟といっても、その内実は多重的であり、**図2**としてモデル化して示したように、それらを区別する必要がある。

まず国家の根幹たる八旗についていえば、それにはグサのレベルと、基本単位たるニルのレベル、さらに個々の成員のレベルがある。〝満・蒙・漢〟といえば、しばしばホンタイジ時代を画期とするもののようにいわれるが、成員についていうならば、その構成は当初から多民族的であった。マンチュリアには、もともと漢人・モンゴル人・朝鮮人などマンジュ人以外の人びとが招聘・亡命・拉致などさまざまな経緯で多数入りこんでおり、ヌルハチは国家建設に当ってこれらを区別することなくニルに組織したのである。その点では、マンジュ国はマンジュ人の「民族国家」だったわけではなく、その勃興の当初から多民族統合の姿勢・組織技術を内包しつつ成長していったということができる。

その後、新たに服従し移住してきたモンゴル集団と火器の製造・使用ができる漢人とが増えたため、ホンタイジのときにそれ

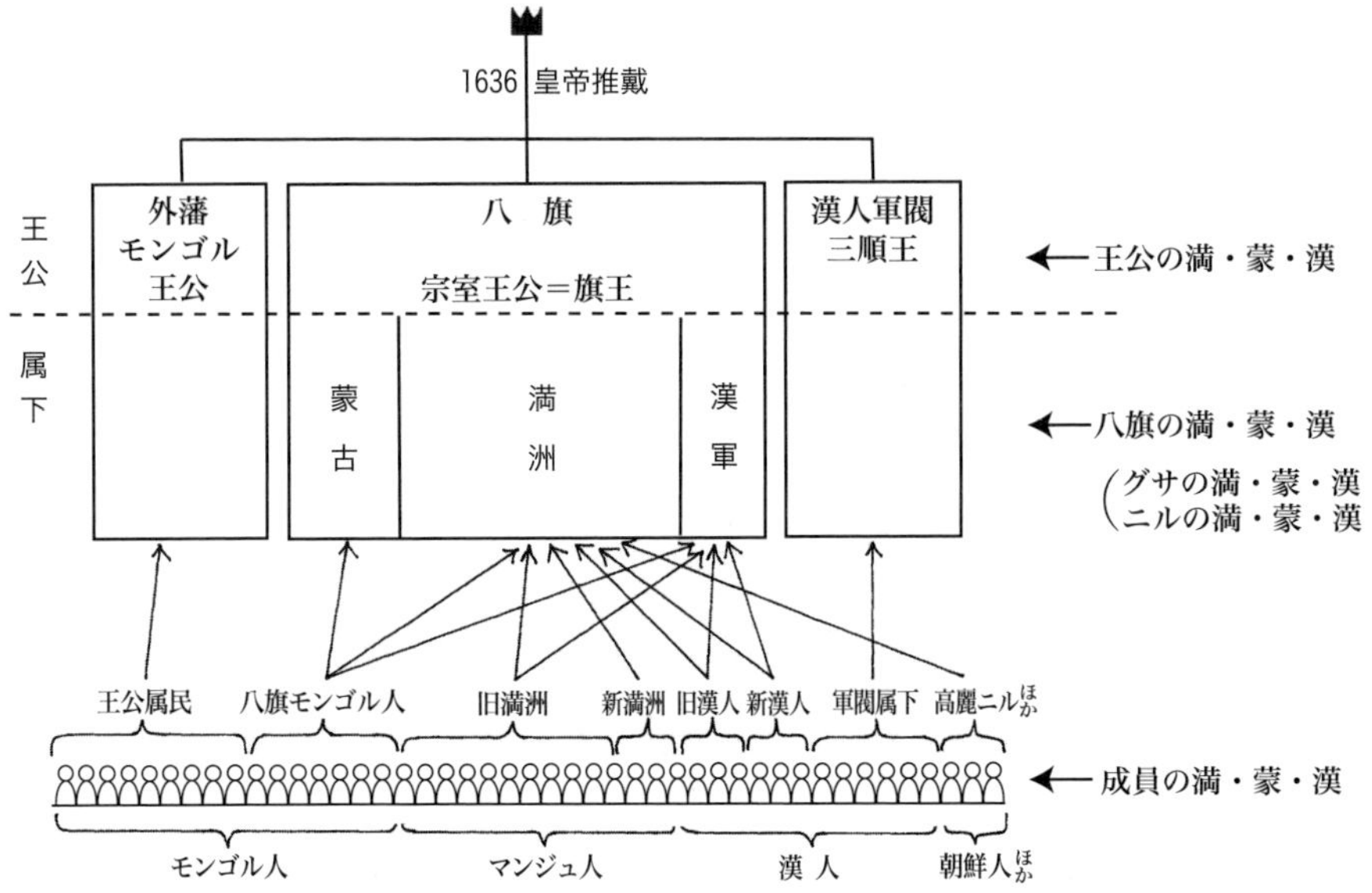

図2　いくつもの満・漢・蒙

ぞれを分離して独自のニルに組織した。さらにそれぞれをグサ・ジャランに編成したため、各旗は満・蒙・漢の三グサ編成となったのである。これが八旗満洲・蒙古・漢軍である（ただし、漢軍という漢称は入関後に定められたもので、マンジュ語では一貫して烏真《ウジェン＝》超哈《チョーハ》と称された）。

つまり満・蒙・漢の八旗とは、各旗内にグサの種別として満・蒙・漢の三種が編成されたということであって、八旗自体が三組に増えたというわけではないし、またそれぞれの内部が同種のニル・成員のみで構成されたというわけでもないのである。ニルのレベルでいえば、引き続き満洲グサに属したままの蒙古ニルなどもあったし、また満・蒙・漢のほかに、グサこそ設けられなかったものの朝鮮人のニル（高麗ニル）もあり、これは満洲グサや包衣《ボーイ》と呼ばれる旗王家直属のニル群に所属した。まして個々の成員レベルでいえば、出自によって帰属が決められたわけではない。例えば、八旗漢軍はその名の通り専門の砲兵部隊であって（ウジェン＝チョーハとは「重い兵」の意で、重火器部隊を指す）、漢人の大多数はむしろ満洲ニルに隷属民として所属していた。つまり、組織名称に族名が用いられているからといって、即「民族別」編成をとったと考えるべきではないのである。これら八旗制下の「民族」問題については、詳しくは本書の村上信明論文を参照されたい。

さらに、王公レベルでも満・蒙・漢がある。八旗制国家の基本構造は、王公爵を有する上級王族がピラミッド型組織に編制された麾下の軍団を率いるというものであったが、ホンタイジの時代に、これが八旗の外側に対しても拡大して適用されていったのである。すなわち、南（内）モンゴルのホルチン部をはじめ牧地に留まったまま服従したモンゴル諸勢力は、その首長に王公爵を与え、麾下の集団をジャサク旗という形式に組織して従属させた。ジャサク旗の内部は八旗になぞらえた階層組織からなり、モンゴル王公を旗王に相当する世襲のジャサクに任じて支配させた。また、部隊ごと投降してきた明の部将孔有徳《こうゆうとく》・耿仲明《こうちゅうめい》・尚可喜《しょうかき》の集団も、階層組織に再編された上で天祐兵《てんゆうへい》・天助兵《てんじょへい》なる独立した軍団として従属し、三人にも王号が授けられて三順王《さんじゅんおう》と呼ばれた。八旗蒙古・漢軍に属する者があくまで八旗の成員であって各旗王に臣属したのに対し、これらジャサク旗・漢人軍団は、八旗には編入されず在来の統属関係を維持したまま別個の集団をなすものであったが、見方を変えていえば、王公の支配するユニットという点では八旗と同列のものということができる。

一六三六年にホンタイジを皇帝に推戴したのは満・蒙・漢の八旗ではなく、それぞれが八旗型のユニットを率いるこれら満・蒙・漢の王公であった。換言すれば、大清国はこれら分節的な八旗型ユニットを支配する満・蒙・漢の王公たちの連合だったのであり、そこでは、宗室《そうしつ》の旗王に率いられる満・蒙・漢の八旗はそのうちの「満洲」に含まれていた。

このように、八旗はそれ自体が多様な構成要素からなる組織であると同時に、外部のさまざまな集団を組み入れてゆくひな型ともなったのである。それは、旗王の支配のもとニルからグサに至る明快・厳格な組織体系と、それにさえ従えば誰でも編入しうる柔軟な運用という、両面の性格をもつ組織であったということができよう。それゆえ後にはロシア人捕虜や亡命ベトナム人のニルまで編成され、八旗満洲や漢軍に配属されたほどであった。このような〝固さ〟と〝柔らかさ〟を兼ねそなえた八旗制は、あらゆる帰順者を帝国の構成員へと位置づけなおしてゆく人員吸収・再編成システムであったということができる。

八旗制と官僚制

では、国家全体の意志決定・業務処理は、どのように運営されていたであろうか。支配組織に即していえば、執政・実務に当る役職として、当初は五大臣と呼ばれる最上級アンバンを筆頭にジャルグチ（断事官）・バクシ（書記官）などがおかれ、さまざまな政務を分掌した。官制や職称は変遷を重ねながら整備が進められ、ホンタイジの代に、明の中央官庁を模した六部を皮切りとして、文書の作成・記録を扱う内三院《ないさんいん》（内国史院《ないこくしいん》・内弘文院《ないこうぶんいん》・内秘書院《ないひしょいん》）、監察機関の都察院《とさついん》、モンゴル事務を統轄する理藩院が順次設置・整備され、明を範にとって科挙も開始された。

このような過程は、しばしば入関後の全面的な明制採用を念頭に「中国化の始まり」、またマンジュ政治史の文脈においても「中央集権化」の現象と評価される。しかし、徴税・司法・公共事業などの諸業務を処理する機構を整えていく際に、また明や朝鮮に対抗して国家組織を整備していく際に、伝統的な中華王朝的機構の形式を採用することは――わが国の歴史を顧みても――、自然なことというべきではなかろうか。重要なことは、そのような名目上・形式面での組織技術の模倣と、運用の内実とを区別して考えることであろう。

注意しなくてはならないのは、これらはあくまで事務処理と執行のための機構にすぎないということである。国政・軍事の意志決定は、これらの機構ではなく議政王大臣会議と称される旗王・重臣たちの合議によって行なわれ、最終的にはハン＝皇帝の専決によった。このような複数の有力者による協議・運営はマンジュ社会の伝統をひくもので、その根底には、国家は君主個人のものではなく一族の共有であるとする観念が存した。そのため、国家に対し権利と義務を共有する旗王たちが君主を取り巻いて共同で国政に参与したのであり、君主が臣下の中から特定の宰相を選んで政治を一任することはなかった。

いま一つ注意すべきなのは、それらの官職に充任される官員の性格である。名称・外貌は明の借用であっても、ポストに就くのは全て旗人であった。彼らにとって、役職や業務は目前のこなすべき任務ではあっても、自己・自家の恒常的な帰属や使命を意味するものではなく、最優先の帰属先が自らの所属旗と旗王であることは変りなかった。現代日本にたとえるならば、一見すると六部や内三院などは中央省庁に、その官員たちはキャリア官僚のように思えるが、官庁よりもむしろ自民党――ひと昔前の、というべきかもしれないが――になぞらえた方がふさわしい。彼らは、後援会や業界団体ならぬニルや一族郎党を各自の地盤として個々に功績を競う一国一城の主であり、その功労やキャリアに応じて党三役のごとく六部などの役職を割り振られ、党務ならぬ政務をこなしていたのである。数百人いるニル＝ジャンギン（ニルの長官）以上の上中級旗人はさしずめ国会議員、彼らが属する旗・旗王は派閥とその領袖に当ると思えばよい。そのように考えれば、八旗制国家の権力構造のメカニズムとその下での各員の働き方が理解いただけるであろう。その伝でいけば、ジャサク旗・三順王は連立与党といえようか。とまれ、このような体制の国家が、万里の長城を越えて北京の政府機構を接収・融合したのである。

2 大清帝国の支配構造

「清朝」の支配構造

一六四四年に北京に入ったマンチュリアの八旗制国家はさらに拡大を続け、一七五〇年代にパミール高原以東の大半を支配する大帝国に発展した。この巨大な領域の統治構造は、ふつうには故地マンチュリアと中国本土とからなる直轄領と、間接支配の布《し》か

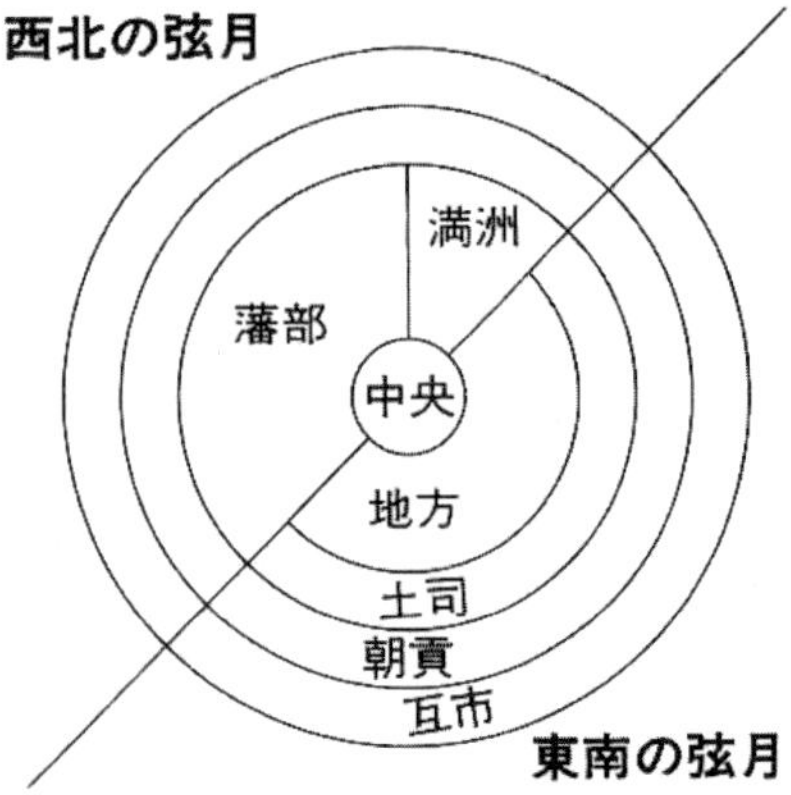

図３　清朝の統治構造（茂木敏夫）

出所：同『変容する近代東アジアの国際秩序』17頁

れた藩部とに二分、ないし三分されて説明される。直轄領においては、マンチュリアを特別行政地域とし、中国本土については明の体制を踏襲して皇帝が中央主要官庁と全国の地方官を直接統轄して統治した。他方、藩部と総称される地域は、理藩院の管轄のもと、南北（内外）モンゴル・青海《せいかい》などではモンゴル王公、チベットではダライ＝ラマを頂点とする聖俗領主、東トルキスタンではベグと呼ばれる各オアシスのムスリム有力者といった現地の支配層・有力者層が、爵制・官制体系上に何らかの形で位置づけられて、送りこまれた駐防《ちゅうぼう》官らと並立して統治に当った。さらに、皇帝を中心・頂点とする秩序は版図を越えて周辺の諸国にも及び、冊封《さくほう》—朝貢《ちょうこう》の関係を通してそれらを支配の枠組みのもとに結びつけた、と。

このような支配秩序を説明する際にしばしば用いられるのが、皇帝を中心として、各要素を中心からの遠近に応じて階層的・差等的に配置する同心円型モデルである。なかでも茂木《もてぎ》敏夫は、アメリカのマーク＝マンコールの学説を敷衍して、帝国の領域内外を二つの部分、すなわちマンチュリアと藩部からなる内陸アジア世界としての〝西北の弦月《げんげつ》〟と、中国本土とその朝貢国からなる中華世界としての〝東南の弦月〟とに分つモデルを提示している（**図３**）。この「西北／東南の弦月」モデルは、歴代中華王朝の伝統的領域観に立脚しつつ、それのみに還元されない清代特有の複合的性格を巧みに表現したものとして、近年広く受け容れられている。しかし、視点を変えてマンジュ人支配者の立場からみるならば、なお検討の余地があるといえよう。

第一は、中心に据えられねばならないはずのマンジュ人の位置づけが明らかでないことである。空間的配置に重点のあるこのモデルでは、支配集団の出自たる「満洲」が「中央」に対する周辺と位置づけられてしまい、また皇帝はその出身母体と切り離されて「中央」に一体化したものとして扱われることになる。第二は、同心円型モデルでは各要素相互の関係や要素内部の構造を表しきれないことである。本稿・別稿で強調したように八旗に編成されたマンジュ人は帝国の支配層をなしたが、それは王公・官員層のことであって、集団全体が支配者だったわけではないし、〝東南の弦月〟においても、中国本土の漢人の庶民までが朝貢国の君主より上位にあったなどということはない。現実にはどの集団も支配層と被支配層に分かれており、またそれら相互の関係は多様であるが、それは同心円型モデルでは表現しえないのである。

これらの問題は、各要素を一まとまりのものとして捉えた上で、中心からの遠近によって配列するという同心円型モデルの本質的限界であろう。さらにいえば、清代特有の複合性・多様性に注意を払いつつも、結局のところ同心円に構想された華夷思想・儒教的天下観に基本をおいていることに起因しているといえよう。そこで視点を変えて、上空から見下ろすようにではなく、各要素の内部構造と相互の関係を眺めうるように、ヨコから断面を見てみたい。

マンジュからみた全体構造

では、原初に立ちかえって、大清帝国の前身にして中核となったマンジュ国の構造はどのように示しうるであろうか。マンジュ国の国家組織そのものであった八旗においては、各自の麾下を従える旗王たちが、その一人を皇帝として戴いて連合していた。他方、旗王すなわちアイシン＝ギョロ氏王公以外の諸勢力は、旗王麾下の旗人として位置づけられて領民支配に当っていた。八旗制下のこのような支配―被支配関係を示したのが、**図4**のアミカケ部分である。図で水平方向に引かれた実線は支配層・被支配層の区分を、また破線は支配層内における王公身分とそれ以下との区分を、それぞれ意味する。このように八旗制下では、皇帝とそれ以外という君臣の区分だけでなく、皇帝をもその一人とする旗王たちと旗人という区分、さらに旗王・旗人たち支配層とその領民という区分も存していたのである。

帝国形成はこの中央のブロックから出発したのであり、征服活動・版図拡大は、中央から左右に広がってゆく過程として説明することができよう。その際、八旗制は、マンジュ人自身の組織としてだけでなく帝国支配のモデルとして応用された。支配領域が拡大し成員が増加するに際し、まず当初は全て八旗に編入し、ついで八旗の中で蒙古・漢軍を増編して対応した。**図4**において宗室王公が左右へ張り出しているのは、八旗満洲のみならず蒙古・漢軍をも支配していることを表現するものである。

さらにまとまった規模の集団が傘下に入るに及び、それらを八旗と同形式の組織に編成して外縁に連ねた。先に述べたようにモンゴル諸勢力はジャサク旗として、また明の降将の軍団は天祐兵・天助兵として再編され、首長たちは旗王に準じるジャサク王公・三順王に封じられて従属したのである。後者には有名な呉《ご》三桂《さんけい》が入関時に加わり、他方孔有徳が南明《なんみん》征討戦で戦死して脱落し、三藩《さんぱん》となる。前節でみた入関前の大清国政権は、このように宗室のマンジュ王公すなわち旗王率いる満洲・蒙古・漢軍の八旗

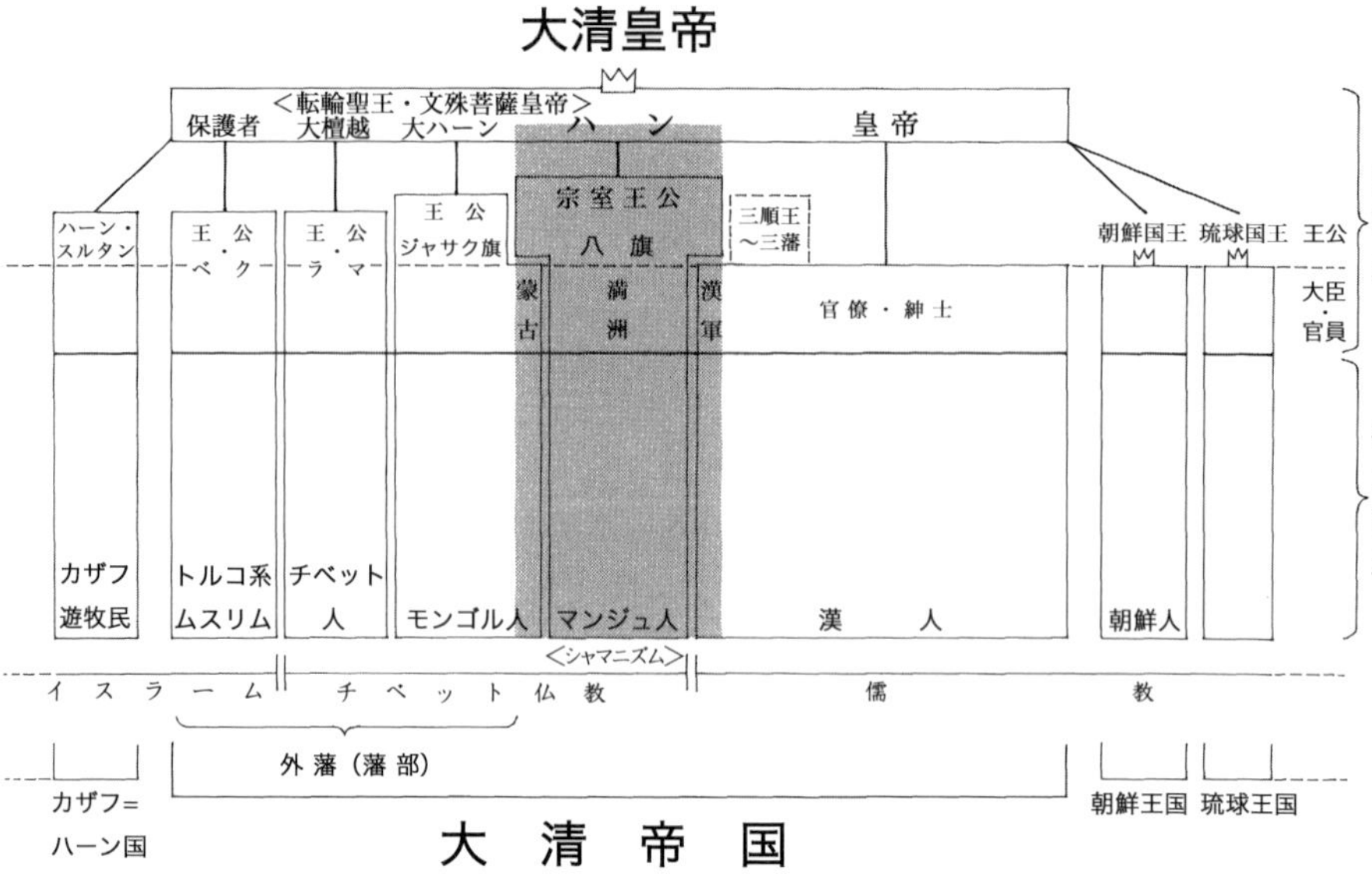

図4　大清帝国の支配構造

と、これと同格・同形式のモンゴル王公率いるジャサク旗、三順王率いる天佑兵・天助兵の連合であり、その外縁に朝貢国として朝鮮を従えるというものであった。

このような体制は、入関後も基本型として堅持されつつ、それぞれの拡大方向に応じて分化していった。漢人についていえば、入関当初は八旗型主従ユニットの三藩と、王公を介さず直接臣従する州県制下の一般漢人とが並存したが、前者は三藩の乱（一六七三～八一年）後解体されて八旗漢軍に編入され、中国本土については一元的な支配がおおむね達成された。他方、モンゴルに対してはジャサク旗制が広汎に適用され、さらに複数のジャサク旗で盟を編成した（盟《めい》旗《き》制）。ジャサク旗制は、征服の進展とともに、**図4**左側に連なる多様な地域の諸集団に対しても順次拡大されていった。そこでは、青海のようにモンゴル同様本格的に展開した地域もあれば、東トルキスタンのように一部にとどまった地域もあったが、いずれにせよ明朝式官制とはほとんど無縁の世界であった。

これら多様な地域にまたがり、さまざまな形式で服従する臣下を統一的に秩序づけていたのが爵制である。なかでも、**図4**左側の地域の首長層は、宗室と同級の王公爵を授けられ、帝国の身分秩序の頂点を構成した。彼らは内王公すなわち宗室王公に対して外王公・外藩《がいはん》王公と呼ばれ、またその集団・領域は外藩・藩部と称された。すなわち大清帝国は、一面において八旗を統べるアイシン＝ギョロ氏の「内」王公と、ジャサク旗を率いるモンゴル王公を頂点とする「外」王公との連合であったのである。その意味で王公爵は、宗室の旗王を整序するにとどまらず、大清皇帝に忠誠を誓い各自の属下を支配するという点では同格の存在であるこれら諸首長を、統一的に序列化するものであったということができる。外藩王公のほとんどはモンゴル王公であったから、爵位の世界においては、帝国が本来マンジュ・モンゴルの連合政権であったことが如実に示されているといえよう。よく誤解されているが、担当官庁の理藩院は藩部を支配するものではなく事務を掌管するにすぎず、宗室の旗王たちと同格の外藩王公が上位であることは歴然としていた。

帝国統治の原則

大清帝国の広域支配は、基本的に在来の支配関係・社会慣習に干渉せず、上述のように現地支配層を帝国の統治組織に組み込んだ上で、監督官・駐留部隊を派遣して間接支配するというものであった。支配体制を構築していく際の原則は、帰順以前の枠組みに基づいて、領主・代表者を通じて把握し、その属性によって区分するものということができる。領主―領民の形で把握される社会の場合は、南北モンゴル・青海・オイラトの首長のように、王公爵を授けてその集団を旗制を適用して編成した。これに対し在地有力者・指導層はあるけれども領主とはいえない場合は、東トルキスタンのベグのように、それらを統治官に任用する形で支配組織に組み込んだ。

ただし、原則をふりかざして帰順以前の状態に改変を加えるようなことは基本的に避けた。このため、中国西南の非漢人地域には独自の首長がいる場合が多かったが、これを切り分けて王公―旗制を布くようなことはせず、旧明領として一括して把握したうえで土司《どし》（土着の首長を世襲の地方官に任命した統治組織）として扱った。ジューンガルの徹底的解体はむしろ例外であり、それだけ脅威を感じていたことの裏返しといえよう。

では、旧明領の漢人の扱いはどのように捉えられるであろうか。漢人に対しては、当初は八旗に直接編入するか八旗型組織に編成して従属させるという満・蒙・漢共通の対応で臨み、入関して中国本土の巨大な漢人社会を直接支配しなくてはならなくなるに及んで、科挙による人材登用、州県制による地方行政など在来の明制適用に切り替えたということができる。ただし、それはその方が統治しやすいという合理性からの判断であって、民族的出自を基準としたり儒教的価値観を尊重したというわけではなかった。したがって、旧明領内で割拠・横行していたさまざまな武装勢力に対しては、漢人だからといって杓子定規に州県に登録し科挙を目指させるようなことはせず、八旗に編入して軍事力化するという現実的対応をとった。帝国の姿勢を明瞭に示すのが、爵位の扱いである。科挙によって出仕した漢人士大夫は、就く役職は高くても、身分を示す爵位においては旗人よりもはるかに低く抑えられていた。しかも漢人には王公身分がなかったので、一見中華王朝の伝統の表れのようにみえる爵位の世界では、漢人の地位はきわめて低かったのである。

　このようにみるならば、中国本土が外藩と異なる直轄支配の形式をとったのは、そこに特別に尊重されるべき価値観を見出したからというよりは、征服以前の明代において、領主・首長が分有支配するような社会ではなかったからというべきである。しかも、直轄領といいながらも直接民衆支配に当る府州県レベルは漢人官僚のみが行政に当っており、これは、王公—旗制と身分・形式は異なるものの、在地レベルの統治を在来の支配層に委ねているという点で、藩部支配と一脈通じるものということもできよう。その意味では、中国本土における科挙の継続と儒教・学芸の保護は、モンゴルにおけるチンギス家王公との提携やチベットにおける仏教寺院・高僧の保護などと同列の方策であったということも可能である。これは在地社会に統治の実務を委託し請け負わせたものともいえ、いわば帝国はローコスト経営であった。

3　帝国統合のメカニズム

八旗による帝国統御

このように、大清帝国の支配は全面的な押しつけでも一方的な妥協でもなく、在地在来のやり方に任せつつ、要所で手綱をしぼるというものであった。その手綱としての役割を担い、帝国統御の手足となったのが八旗である。八旗は高い機動力と統制力で帝国の拡大と維持を支えた軍事集団であり、同時に一つの身分集団・社会集団として、文武官の人材供給源の役割をも果した。

　八旗は、即物的な軍事力として、また支配者の手足としては、要所に集中的に投入して効率的にポイントを押えるという方針のもと活用された。八旗を分散せず、要地にまとまった数を集中的に駐屯させて全土ににらみをきかせ（駐防八旗）、また主要な港・関所や産業の中心地には八旗管轄下の官用品製造局（織造《しょくぞう》など）や税関監督などの機関・役職を配置し、利権を押さえた。本書コラムの渡辺純成「磁器と透視遠近法と雍正改革のはざまで」で描かれる旗人官僚年希堯《ねんきぎょう》は、そのような役職者の好例である。一方で、人事や命令系統は中央で強力に管理していたため、それらが地方で自立化することはなかった。清代、中央・地方ともにマンジュ支配層内部の反乱が一切起らなかったことは、世界史上特筆すべきである。このような強い求心力と厳格な統制は八旗制固有の特徴であり、これが強力かつ長期にわたる広域支配を可能にしたのである。

　また人材供給源としては、彼ら自身の八旗諸官制や外藩統治部門に起用するのはもちろん、明制をほぼそのまま引き継いだ中華王朝的中央・地方統治機構に対しても、人事を通して旗人たちが入りこみ、組織を内部から押えた。制度上は、要職にはポストを複数設けて旗人と漢人を同数任用する満漢併用制（満漢箝制《かんせい》）を導入し、また併用制ポストか否かにかかわらず、要職ほど旗人を重用した。任用においては、官職ポストすなわち「缺《けつ》」に就任資格を指定し、旗人を優先した。その序列は、宗室を筆頭として以下満洲旗人、蒙古旗人、漢軍旗人、内務府包衣旗人（皇帝直属の上三旗の包衣）、そして最後が一般の漢人というもので、上位のカテゴリーの者ほど就任可能な役職は幅広く、また要職が多かった。その関与する範囲も、旗人は帝国全域を「巡礼圏」（B・アンダーソン）すなわち赴任範囲としており、これに対し漢人科挙官僚は十九世紀まで原則として旧明領以外の統治に関与を許されなかった。

先のたとえでいうならば、漢人の官員たちが現代日本の事務次官以下の官僚に相当し、旗人の官員は国会議員から充てられる大臣・副大臣の方に当るといえよう。前者が統一的な人事によって採用・遷転され、その時々のポストや自己の官歴そのものに存在基盤を見出すのに対し、後者は、任にある限り業務は処理するが、あくまで彼らの恒常的な帰属先や忠誠心・野心を向ける先は政党であり派閥――すなわち旗であり旗王――である。清代の場合、両者は上下関係ではなく併用制によって形式上同級であるが、いずれにせよ性格の相違は明らかであろう。このため、失策や犯罪で官職を失うことは漢人官僚にとっては致命的であるが、旗人の場合は、党務よろしく八旗ポストの方に廻ったり、ほとぼりがさめるのを待って再起用されることがふつうであった。

帝国を束ねる〝皇帝のいくつもの顔〟

このようなさまざまな集団・地域を従え、それを操る手綱を一手ににぎるのが、マンジュ人の大清皇帝である。大清皇帝は一般に考えられているような中華の皇帝ではなく、それをもその一つとする、さまざまな顔をもっていた。八旗を率いるマンジュ人のハン、明皇帝を継承して紫禁城《しきんじょう》の玉座に坐る儒教的天子、草原でモンゴル君長たちの臣礼を受ける大ハーン、チベット仏教の大檀家にして自らも文殊菩薩《もんじゅぼさつ》の化身、そして異教徒ながらイスラームの保護者――大清皇帝は、**図4**に示したように支配下のさまざまな人びとに対し、それぞれに対応した〝いくつもの顔〟をもつことによって君臨・統合していたのである。これはまた、見方を変えていえば、帝国はアイシン＝ギョロ氏のヌルハチの子孫を君主として戴くことによってのみ統合されていたということでもあった。

注意せねばならないのは、これらを統合する皇帝の複合的で多様な性格は、はっきりとは分けられないということである。これら〝いくつもの顔〟は、別々の顔を使い分けるというものではなく、皇帝個人の一つの人格のうちに体現されていた。したがって、儒教的な中華王朝の中心部と思われている紫禁城においてシャー

図5　「万樹園賜宴図」カスティリオーネ（郎世寧）ら、1755 年

万樹園は熱河・承徳の避暑山荘に設けられた広大な御苑で，皇帝は離宮滞在中ここに巨大な天幕群を展開して，モンゴル首長やチベット仏教の高僧を接遇した。図中，左下は出御する乾隆帝

マニズムやチベット仏教の祭礼を行ない、他方、熱河《ねっか》での狩猟に漢人官僚も同行し、草原に張った幕舎で朝貢国の使節を引見したりしたのである。そこでは、漢人官僚にとっては君主は常に天子であり、他方モンゴル王公にとってはどこで会おうが草原世界の盟主であって、ある扉をくぐれば天子からハーンに変わる、というものではなかった。このような特質は、皇帝はいくつもの顔をもちながら、見る側からは自分に向いた顔しか映らない、と表現することができよう。このように多元的でありながら一体であるという大清独自の皇帝権力のあり方こそ、多様な経緯・論理で支配を受け容れたさまざまな集団・地域を統合する秘訣であった。

皇帝への〝近さ〟の序列

それゆえ帝国の秩序は、皇帝をもその中に位置づけうる単一の論理――儒教理念など――によってではなく、権力そのもの、すなわち皇帝を中心として組み立てられていたといえよう。それは権力への〝近さ〟――王朝との関係の古さや深さ、また功績の大きさといった、もろもろの縁故の濃淡によって序列づけられていたということができる。それが密な者ほど、皇帝により近い存在・王朝において高い存在とされたのである。

それは具体的には血縁的・時間的・空間的〝近さ〟として把握できよう。血縁的とは「血縁の宗室旗王―姻戚のモンゴル王公―遠戚・姻戚の旗人―それ以外」といった、親疎の序列である。時

図6　軍機処

紫禁城内に設けられたヘッドクォーター。驚くほど小規模な施設である

間的とは、帰順時期のより早い者（＝より長く仕えた者）が優遇されるという序列である。空間的とは、皇帝により側近く近侍できる者が恩寵を蒙ることができるという序列である。先にみた「缺」の序列もまた、皇帝とゆかりが深く、王朝に従ったのが古いものが上位とされており、〝近さ〟の序列を体現するものであった。したがって、皇帝の一族である旗王と通婚相手であるモンゴル王公が身分秩序の頂点に位置づけられたこと、それに次いで建国以来の旗本勢《はたもと》である八旗の旗人が高官として政権幹部を構成したことは、自然なことであろう。またそう考えれば、入関後に服従した旧明朝治下の漢人の地位がそれより抑えられていたことは、べつに「民族」差別というわけではない。同じ漢人でも、入関以前から仕えていた者は旗人として特権階層の側に入っており、これは服属の早さと功労の大きさで区分したものにすぎないのである。ゆえに、関係は新しくとも功績が大きいとみなされれば、漢人士大夫でも内閣・六部のトップへ昇って譜代の旗人貴族たちと肩を並べることもできた。王朝に対する寄与を認められた者、あるいはそれを期待される者は、皇帝により〝近い〟ところへ——**図4**でいえば、下から上へ、左右から中央へ——引き上げられたということである。

その〝近さ〟の最たるものとして、皇帝は自らの身辺に人材を集め、側近集団を形成して統治集団の核とした。皇帝の周囲には、右筆《ゆうひつ》や儒学の師を務める満・漢の秘書官、親衛隊たる侍衛《じえい》、包衣を指揮して家政を掌る内務府官員などが随侍し、警護や雑用だけでなく、命令を伝え諮問に応じ使者に立つといった、さまざまな用務をこなした。侍衛や包衣はただの警備兵や召使ではなく、常時随侍する側近としてあらゆる任務に当るとともに、文・武、中央・地方の大官として転出・起用されて帝国全域の統治・軍令を担った。なかでも、侍衛のうちの御前《ごぜん》侍衛・乾清門《けんせいもん》侍衛は旗人名家の子弟から選抜されたエリート集団で、次代の政権幹部であった。またモンゴル王公の子弟やチベット仏教僧などもピックアップされて近侍しており、これら側近集団は、帝国を動かすための手足であるだけでなく、帝国を皇帝のもとに結びつけるものでもあった。

その意味では、大清帝国の政治は、一見整然とした政府組織・官僚機構のピラミッドによって動いているように見えつつ、その実は独裁的な権力をもつ皇帝が、さまざまな名目で身辺に集めた側近によって運営する側近政治であったということができよう。侍衛・包衣は側近政治の人材源の一種であり、十八世紀前半に成立し、以後国政の中枢を担うようになる軍機処もまた、側近政治という点で一連の流れの上にあるということもできる。

4　マンジュ王朝の〝柔らかい専制〟

このように、マンジュ的特質に即して大清帝国の統治構造・支配秩序を眺めてみると、一面において、大清帝国の支配とは、〝マンジュ人による支配〟という大原則のもと、一定の制約を条件として多様なものを多様なままに共存させるしくみであったということができよう。その大原則の徹底は、有名な辮髪《べんぱつ》の断行や文字の獄といわれる言論弾圧のように、ときに苛烈なものであったが、一方で、一定の条件さえ受け入れれば在地の社会・慣行は最大限維持されたのである。むろん、それは諸民族の平等や諸文化の尊重という理念に支えられたものではなく、支配領域の拡大の中で選択された現実主義的な判断――「そうするのが、治安の維持と税収の確保に一番効果的」との――にすぎないが、それが結果として帝国の拡大と長期にわたる安定に貢献したといえるであろう。そして、その拡大と秩序の担い手となったのが、すぐれてマンジュ的な八旗であった。そこにみられる特質は、〝固い〟原則と〝柔らかい〟運用であったと表現することができよう。

強靱な統治の組織とゆるやかな共存のシステムがあいまった、強固にしてしなやかな支配――オスマン帝国にみられるこのような支配のあり方を、鈴木董《ただし》は〝柔らかい専制〟と呼んだ。この語を借りて、岸本美緒は大清帝国の支配をも〝柔らかい専制〟と表現している。その文脈は、マンジュ的特質に十分に目配りしつつも、近世中国社会をどう捉えるかという関心の下にあるが、本稿で述べたように、専制的にして柔軟な支配という特質は、マンジュ人支配の面からみても、明瞭に看取されるのである。このように考えることで、もっぱら〝中国〟ということでまとめられてしまう大清帝国を、新しい観点から近世史、さらには世界史に位置づけていくことができるように思われる。

参考文献

岡洋樹「東北アジアにおける遊牧民の地域論的位相」、岡洋樹・高倉浩樹編『東北アジア地域論の可能性』東北大学東北アジア研究センター、二〇〇二年。

岸本美緒・浜口允子『東アジアの中の中国史』放送大学教育振興会、二〇〇三年。

楠木賢道「天聡五年大凌河攻城戦からみたアイシン国政権の構造」『東洋史研究』五九巻三号、二〇〇〇年。

杉山清彦「大清帝国のマンチュリア統治と帝国統合の構造」、左近幸村編『近代東北アジアの誕生』北海道大学出版会、二〇〇八年。

杉山清彦「大清帝国の支配構造と八旗制――マンジュ王朝としての国制試論」『中国史学』十八号、二〇〇八年。

鈴木董『オスマン帝国』講談社（講談社現代新書）、一九九二年。

平野聡『清帝国とチベット問題』名古屋大学出版会、二〇〇四年。

松里公孝「境界地域から世界帝国へ――ブリテン、ロシア、清」、同編『講座スラブ・ユーラシア学』第三巻、北海道大学出版会、二〇〇八年。

茂木敏夫『変容する近代東アジアの国際秩序』山川出版社（世界史リブレット）、一九九七年。

山下範久『現代帝国論』日本放送出版協会（NHKブックス）、二〇〇八年。

ベネディクト＝アンダーソン、白石隆・白石さや訳『想像の共同体』書籍工房早山、二〇〇七年（邦訳初版一九八七年）。

「多民族」混合の政権としての清朝の特徴とは？

「民族」の視点からみた大清帝国

【清朝の帝国統治と蒙古・漢軍の旗人】

村上信明

Murakami Nobuaki

むらかみ・のぶあき　一九七五年東京都生。筑波大学大学院博士課程修了。博士（文学）。創価大学文学部准教授。歴史学（清朝史）。著書に『清朝の蒙古旗人――その実像と帝国統治における役割』（風響社、二〇〇七）等。

1　はじめに

大清帝国（以下「清朝」）を論じる上でしばしば使用されるキーワードの一つに「多民族国家」という言葉がある。これは、現代中国の「多民族国家」としての直接の淵源が清朝に求められることによる。いまの中華人民共和国は、清朝の最大版図をほぼ継承し、そこに暮らしていた多種多様な人間集団を五六の「民族」に分類し、これを統治している。昨年（二〇〇八年）、北京オリンピックを契機に表面化したチベット族・ウイグル族の民族問題も、その淵源は清朝にさかのぼることができる。

では、清朝の「多民族国家」としての特徴はどのような点に求められるだろうか。この問いに対してはいろいろな答え方ができるだろうが、その一つとして行政・軍事面において満洲族・モンゴル族・漢族の三者が極めて重要な位置にあったことが挙げられよう。周知のように、清朝は満洲族《マンジュ》（女真族）の皇帝を戴く王朝であったが、その政権には満洲族だけでなく、モンゴル族・漢族も加わり、支配者層を構成した。仮にこの状況を現代に当てはめてみるならば、国家元首が満洲族皇帝であることは不変であるが、首相や閣僚には満洲族のほかモンゴル族・漢族が就くこともある、ということになろうか。また、その他の中央・地方の行政・軍事の重要ポストにも基本的にはこの三者が任用された。歴史上では、モンゴル帝国・オスマン帝国なども「多民族」混合の政権として知られているが、清朝の場合、国家の主要ポストの担い手が満洲族・モンゴル族・漢族にほぼ限定されていた点に大きな特徴がある。

さて、ここまで何のことわりもなく「満洲族・モンゴル族・漢族」と述べてきたが、清朝政権の構造を捉える際、この枠組みは次の二つの範疇において理解されてきた。

①満洲族＝清朝皇帝・満洲宗室王公が率いる八旗に属する人（旗人）
モンゴル族＝外藩モンゴル王公とその牧民
漢族＝民籍に属する人（民人）

②満洲族＝八旗満洲に属する旗人（満洲旗人）
モンゴル族＝八旗蒙古に属する旗人（蒙古旗人）
漢族＝八旗漢軍に属する旗人（漢軍旗人）

①の満洲族とは、清朝の根幹を支える軍事・社会組織の八旗に属する旗人のことである。旗人は必ず「ニル」（漢語では「佐領」）と呼ばれる組織のいずれかに所属し、そのニルを領有する旗王（清朝皇帝・満洲宗室王公）の支配を受けた。外藩モンゴル王公は、清朝皇帝から満洲宗室王公と同等の爵位を与えられたモンゴル族で、自ら牧民を有してこれを支配するとともに、八旗とは別の独自の旗（一般に「ジャサク旗」と呼ばれる）を編成して清朝の軍事力の一翼を担った。民人は中国内地の「省」以下の行政機構によって統轄された漢族で、八旗には属さず、民籍という戸籍を有していた。

これに対し、②は八旗に編入された満洲族・モンゴル族・漢族である。八旗満洲は満洲族を、八旗蒙古はモンゴル族を、八旗漢軍は漢族を主体として編成された組織で、これに属する旗人をそれぞれ満洲旗人・蒙古旗人・漢軍旗人といった。

実のところ、より厳密にいえば①のモンゴル族にはチャハル八旗などの「内属モンゴル」も含まれるかもしれないし、②の満洲族、すなわち満洲旗人の中にもモンゴル・漢（明朝）・朝鮮・ロシア・ベトナム等の出身者がいて、「〜族」としてひと括りに理解することは難しい。ただ、これらの人々について逐一論及することは筆者の能力を越え、また紙幅も十分ではない。そこで本稿では、基本的には①・②のような理解にたち、論を進めていくこととしたい。

さて、上述した清朝の「満洲族・モンゴル族・漢族」に関する二つの範疇を見てみると、②の満洲旗人・蒙古旗人・漢軍旗人が、①ではすべて「満洲族」に包含されてしまうことがわかる。このことにより、清朝に関する著作・論文の多くは、満洲旗人のほか、蒙古旗人・漢軍旗人についても「満洲族」として取り扱っている。しかし、その名称を見るだけでも、蒙古旗人・漢軍旗人がモンゴル族・漢族としての側面（以下、本稿ではこの側面を「民族性」と称す）を有していたことは明らかである。その彼らを「満洲族」とみなし、満洲旗人とほとんど変わらない存在として理解してしまってよいのだろうか。八旗はしばしば「民族別」の構成であったといわれるが、その内実についてはあまり知られていないように思われる。

そこで本稿では、「民族」という視点からみた場合、蒙古旗人・漢軍旗人という存在をどのように理解できるのか、またこの「民族別」の旗人の存在は清朝の帝国統治にとってどのような意味があったのか、という問題について若干の考察を加えてみたい。

2 蒙古旗人・漢軍旗人はなぜ「満洲人」とみなされるのか？

八旗は、清朝の太祖ヌルハチにより創建された軍事・社会組織である。一六〇一年、ヌルハチは四つの「グサ」と呼ばれる軍団を編成し、のちにこれを八つに増やし、八グサ体制を完成させた。各グサは黄色・白色・紅色・藍色および縁取りをつけた旗のいずれかを標識としていたので、漢語ではグサを「旗」、八グサを「八旗」と表記する。ヌルハチとその後継者である太宗ホンタイジは、支配下に収めたすべての満洲族を八旗に編入するとともに、清朝に帰順したモンゴル族・漢族についても、その一部を八旗に組み込んだ。その後、ホンタイジは一六三五年に八旗の各旗に分属していたハラチン部・トゥメト部出身のモンゴル族を主体として八旗蒙古を編成し、従来からの八旗を八旗満洲と名付けた。また一六四二年には、遼東の漢族を中心に組織された砲兵軍団のウジェン＝チョーハ（満洲語で「重い兵」・「重軍」の意。漢語では「烏真超哈」と表記）を八旗編制にすることで、八旗漢軍を完成させた（ただしウジェン＝チョーハが漢語で「漢軍」と称されるようになるのは一六六〇年のことである）。こうして満洲・蒙古・漢軍の各組織が存在するようになった八旗は、しばしば「民族別」の編制であったとされる。

しかし既に述べたように、清朝治下の「民族」が話題になる場合、旗人は満洲・蒙古・漢軍の別を問わず一様に「満洲族」とみなされることが一般的である。その直接的淵源は、清末以降に「民族」の概念が伝わり、清朝治下の人々が各自の「民族」を意識するようになった際、多くの人が旗人を一つの「民族」に相当する人間集団とみなしたことにある[1]。

清末には「漢族」意識の高まりが見られ、これが満洲族王朝の清朝を打倒する動きに結びついたが、当時の大多数の人は、「漢族」とは前述の①の漢族、すなわち民人であり、清朝支配層に属していた旗人は、漢軍旗人も含め、すべて「満洲」の人間であると考えた。また同時期には外藩のモンゴル族も民族意識を持つようになったが、蒙古旗人については「満洲人」とみなしたという[2]。清朝滅亡後には、漢軍旗人であった者の中にも排満運動の攻撃を避けるために「漢族」を称したものが多くいたが、民人の多くは彼らを「漢族」とは認めなかった。また蒙古旗人の中にも「モンゴル」としての自意識を持ち、外藩のモンゴル族に合流しようとした者がいたが、すでにモンゴル語を話せなくなっていた彼らは外藩のモンゴル族には歓迎されなかった[3]。この時期には、蒙古旗人・漢軍旗人は満洲旗人とほぼ同じ生活習慣・文化・思考をもつようになっており、客観的に見ても、外藩のモンゴル族や民人とは大きな隔たりがあったのである。

旗人を一つの「民族」とみなす見方は、旗人の間にも存在した。一九一四年発刊の『旗族（The banners）』という雑誌には、八旗は満洲族・モンゴル族・漢族から組織されているが、いまでは三族が融合して新しい民族の一種になった、という民国初期の旗人の考えが掲載されている[4]。また国民政府期に「満洲族」民族運動を進めた愛新覚羅恒煦《こうく》は、八旗の満洲、蒙古、漢軍らをすべて「満洲族」に含めるようにすることを提案し、彼の旧友から多くの賛同を得たという[5]。

このように旗人＝この「民族」または「満洲族」という認識は、清末以降において広くみられるようになった。そしてこの認識は現代にまで受け継がれ、いまの中国でも「満族」（満洲族）を名乗る条件は旗人の子孫であることとされている（なお一九五〇年代の民族識別工作では、蒙古旗人の子孫は「蒙古族」、漢軍旗人の子孫は「漢族」を選択することも許された[6]）。しかし、こうした清末以降の人々の認識を、はたして清朝全時期に適用してよいものであろうか。じつは近年、日本・中国・米国の学者から、旗人全体を「満洲族」と考えてよいのか、そもそも「満洲族」とは何か、といった問題提起が相次いでなされており、その議論の中で八旗が「多民族」から構成されていたという事実に改めて注目が集まっている[7]。そこで次章では、これまでの八旗研究の成果に依拠しながら、蒙古旗人・漢軍旗人がどのような特徴を持った人々であったのかを考えてみたい。

3　蒙古旗人・漢軍旗人をどう見るか？

ここではまず漢軍旗人から取り上げたい。漢軍旗人については、清朝における「満洲」と「漢」の関係にかんする議論の中で、彼らは「満洲族」と「漢族」のいずれに属すのかといった問題提起がこれまでも盛んになされてきた[8]。浦廉一氏は、清末の革命家が書いたとされる「敬告漢軍及包衣旗人文」という一文に、漢軍旗人は満人（満洲族）からは疎まれ、また旗人であるがゆえに漢民（民人）からも排除され、どちらの民族にも帰属しない人々である、と記してあることを紹介しており[9]、清末・民国初期にもこのような議論があったことがうかがえる。

漢軍旗人は、旗人としての特権的待遇を享受する一方、八旗の規律・法令等を遵守し、清朝の「国語」である満洲語を習得することを求められた。これらの点は満洲旗人・蒙古旗人と同様であり、その社会的立場や生活様式は民人とは根本的に異なっていた。しかし同時に、漢軍旗人は満洲旗人・蒙古旗人との間に多くの相違があったことでも知られる。まず、清朝中央の行政機関で採用された満漢併用制（長官・次官職に「満洲」ポストと「漢」ポストを併設する制度）において、満洲旗人と蒙古旗人は「満洲」ポストに任用されたのに対し、漢軍旗人は民籍の漢族官僚とともに「漢」ポストに任用された。またモンゴル・チベット・新疆（これらの地域は一般に「藩部」と呼ばれる）に駐留し、現地のモンゴル族・チベット族らの監視・統制や駐防八旗の統轄を担当した駐防官（将軍・都統・大臣）についても満洲旗人・蒙古旗人の任用が大部分を占め、漢軍旗人は基本的には民籍の漢族官僚と同様、これらの官職に任用されることはなかった。さらに十八世紀中葉には、官僚の中から漢軍旗人は「満洲」ではなく、元来は「漢人」（民人）であるという意見が出され、乾隆帝も同様の考え方をもって漢軍旗人の一部を旗籍から民籍に移すという政策（漢軍出旗）を推し進めている[10]。このように漢軍旗人については、民籍の漢族とほぼ同様の扱いを受けるケースが多くみられるのである。

蒙古旗人については、漢軍旗人に比べると満洲旗人との共通点が多い。彼らは、前述のように満漢併用制の下では満洲旗人と同じく「満洲」ポストに就き、藩部の駐防官にも満洲旗人とともに任用された。この他にも両者の間には制度上の共通点が多くみられ、八旗の序列では満洲が蒙古よりも上とされたが、実質的には両旗の旗人はほぼ同等に扱われており、彼らと漢軍旗人との隔たりは非常に大きい。また蒙古旗人は、八旗編入後、満洲語・漢語を話すようになる一方で本来の母語であるモンゴル語を忘れていき、十八世紀半ばには言語面では満洲旗人との差異がほとんどない状態になっていたと考えられる。こうした理解を背景に、これまで蒙古旗人は満洲旗人とほとんど変わらない存在として認識されることがつねであった。

しかし、蒙古旗人はつぎの二つの点で満洲旗人とは決定的に異なっていた。

第一に、内閣・理藩院（藩部に関する事務を処理する機関）等に置かれたモンゴル語・チベット語の翻訳・通訳官や、国子監でこれらの言語の教育に携わる教師には、蒙古旗人のみが任用されることになっていた。遅くとも十八世紀中葉には、モンゴル語・チベット語を必要とする業務（モンゴル事務・チベット事務）は原則として蒙古旗人に行わせることが制度化された。清朝は、蒙古旗人に対してのみモンゴル語学習を奨励し、北京に住む蒙古旗人の一部にモンゴル語やチベット語の教育を施し、人材の養成をはかった。

第二に、蒙古旗人は「モンゴル人」としての意識からチベット仏教を信奉していた。チベット仏教は十六世紀末以降モンゴル族の間に急激に広まり、清朝の建国時期にはモンゴル族＝チベット仏教徒といえる状態になっていた。当然、八旗に編入されたモンゴル族もチベット仏教を信奉していたが、彼らの多くはモンゴルの生活様式や言語は失っても、チベット仏教信仰を失うことはなく、この信仰を拠り所として「モンゴル」としての自覚を持ち続けた。また清朝側も、蒙古旗人がチベット仏教を信奉することには肯定的で、しばしば彼らを同じ信仰をもつ外藩モンゴル・チベットの人々との交渉役として用いた(11)。

蒙古旗人・漢軍旗人は、何よりもまず満洲族の皇帝・宗室諸王に臣従する「旗人」の一員であり、満洲の規律を遵守し、満洲語学習に励んだ。彼らの生活様式や文化・思考などは、時がたつにつれて満洲旗人と似かよっていき、外藩のモンゴル族や民人との隔たりは大きくなっていった。彼らは旗人社会への強い帰属意識を有しており、心理面では外藩のモンゴル族や民人よりも満洲旗人に対して親近感・一体感を抱いていたことは疑いないし、清朝皇帝や満洲旗人たちも同様の感覚をもっていただろう。しかしその上で、清朝は蒙古旗人・漢軍旗人を満洲旗人とは明確に区別した。清朝は、蒙古旗人には「モンゴル」らしさを保持し（とくにモンゴル語に習熟し）、対モンゴル・チベット政策に貢献することを期待していた。また漢軍旗人に関しては、あくまで彼らを「漢」の人とみなし、民人と同様に扱うこともしばしばであった。旗人社会の中では、蒙古旗人・漢軍旗人は決して「満洲」の人ではなかったといえる。

なお、八旗に編入されたモンゴル族・漢族の中には、蒙古旗・漢軍旗の成立後も八旗満洲の中に留められ、満洲旗人として生きた者たちがいたが、制度上ではごく初期を除いて八旗満洲所属のモンゴル族が内閣・理藩院等のモンゴル語翻訳官に就任することはなく、モンゴル語習得を奨励されることもなく、政府運営の学校（官学）でモンゴル語教育を受けることもなかった。また八旗満洲に編入された漢族も、制度上で民人と同様の扱いを受けることはなく、隷属的身分の者でない限り民籍に移されることもなかった。彼らは八旗満洲の中でそれぞれ蒙古姓・尼堪《ニカン》姓（ニカンは満洲語で「漢人」の意）の旗人として把握されていたため、祖先がモンゴル族・漢族であることは自他ともに認知するところであったが、清朝の諸制度や旗人社会の中で「モンゴル」・「漢」として扱われることはなかった。蒙古旗人・漢軍旗人と比較した場合、彼らは明らかに「満洲」の人であった。

4　清朝の帝国統治における蒙古旗人・漢軍旗人

清朝は、中国内地・モンゴル・チベット・新疆を包含する大帝国を築き上げ、これらの地域に暮らす様々な人間集団を支配したが、清朝がとりわけ重視したのは、八旗に次ぐ軍事力の供給源である外藩モンゴルと、圧倒的な人口と経済力を擁する中国内地の民人であった。満洲族政権の清朝がこの両者を治める上では、彼らの言語や習慣に通暁している人員を政権内に抱えている必要があった。そこで大いに活用したのが、八旗に編入したモンゴル族・漢族たちであった。

清朝は、八旗に編入したモンゴル族を、理藩院等においてモンゴル・チベット関連の業務を処理する官員として積極的に用いた[12]。入関（中国内地進出）の前後には八旗満洲内の満洲族・モンゴル族の中にもモンゴル語に通暁した人物が存在し、その中にはモンゴル語の通訳・翻訳官として活躍した者もいるが、康熙朝（一六六二〜一七二二）中葉にはこの手の職務に従事する官員の多くが蒙古旗人になった。また順治朝（一六四四〜一六六一）から康熙朝中葉にかけては、これらの官員を統轄する理藩院の長官・次官（尚書・侍郎）にも八旗満洲内のモンゴル族および蒙古旗人が多く任用された。康熙帝が「満洲大臣らは、モンゴル語を話すことができない」と述べているように[13]、一般の満洲族はモンゴル語に通暁していなかったので、モンゴル語が使用されるモンゴル王公やチベット仏教教団との交渉ではどうしても蒙古旗人や八旗満洲内のモンゴル族の力が必要であった。

清朝は、八旗に編入した漢族についても、新たに占領した中国内地の統治担当者として重く用いた。とくに順治朝から康熙朝前半にかけては、各省の長官にあたる総督・巡撫の大半が漢軍旗人であった[14]。この背景にも、満洲族の大半が漢語に通じておらず、各省の中級・下級官僚との意思疎通が困難であったことがある。入関後の清朝は、旧明朝下の漢族有力者・知識人についても官に登用したが、満洲族支配に反感をもっているであろう彼らを深く信頼することはできなかった。そこで清朝は、漢族の中で最も古くから臣従してきた漢軍旗人を中国内地の地方大官として用い、その下に仕える民籍の漢族官僚らを統轄させたのである。

しかし、こうした状況は時代が下るにつれてしだいに変化する。まず雍正朝に入ると、旗人の中にモンゴル語を解する者が減少していることが大きな問題となる。入関後しばらくは満洲族の中にもモンゴル語に通暁した者がいたし、八旗満洲内のモンゴル族や蒙古旗人は当然モンゴル語を話していた。しかし入関後、北京や各地の駐防拠点に移住した旗人は、日常では「国語」である満洲語と民人の官吏・商人とのコミュニケーションで使用する漢語を話すようになり、モンゴル語能力は必要なくなってしまった。そのため満洲族をはじめ、八旗満洲内のモンゴル族や蒙古旗人の間でもモンゴル語喪失が急激に進んだのである。旗人の言語問題としては満洲語の喪失が有名であるが、これが深刻化するのは雍正帝の後を継いだ乾隆帝の治世においてである。すなわちモンゴル語喪失問題は、旗人社会において最初に具体化した言語喪失問題であったといえる。

この問題に危機感を抱いた雍正帝は、蒙古旗人に対してモンゴル語習得の重要性を幾たびも訴え、蒙古旗人へのモンゴル語教育の強化をはかった。またこの時期には、理藩院でも蒙古旗人がモンゴル事務をすべて処理する体制が確立した。ここで留意すべきは、八旗満洲内のモンゴル族は、これらの施策の対象には入っていなかったことである。すなわち清朝は、モンゴル語を話す旗人の減少が問題となった雍正朝以降、「八旗蒙古」という組織の成員（すなわち蒙古旗人）だけを「モンゴル」の旗人と位置づけ、彼らに対してだけ「モンゴル」らしくあることを求め、モンゴル語習得を奨励し、モンゴル事務の処理を全面的に委ねるようになったのである。

漢軍旗人の場合は、これとは様相を異にする。漢軍旗人は、蒙古旗人のように自らの母語（漢語）を喪失することはなかったが、満洲旗人・蒙古旗人の中に漢語を習得する者が増加することにより、八旗の中における漢語熟練者としての漢軍旗人の地位は大きく低下した。前述のように、順治朝〜康熙朝前半には総督・巡撫への任官者の大多数が漢軍旗人であったが、康熙朝後半から満洲旗人の任用が増えていき、乾隆朝（一七三六〜一七九五）には満洲旗人の任用が漢軍旗人を上回るようになった。また乾隆朝には、民人の科挙官僚の総督・巡撫への任用も増加し、同職への任官者に占める漢軍旗人の割合はわずか一割程度になってしまった[15]。満洲旗人・蒙古旗人の漢語習得・漢文化吸収が進み、民人の科挙官僚にも清朝の権威が浸透すると、中国内地の統治における漢軍旗人の地位は明らかに低下した。これに加え、乾隆朝には旗人の人口増加にともなう八旗の生計困窮が大きな問題となり、その中で漢軍旗人の収入源確保と財政負担の軽減が大きな課題となった。そこで乾隆帝は、それまで民人の科挙官僚を任用していた地方の中級・下級官職に漢軍旗人を多く用いるようにするとともに、漢軍旗人を旗籍から外して民籍に移す「漢軍出旗」政策を推し進め、彼らの一部を民人とし、王朝が養うべき旗人の人数を減らしたのである。

このように清朝の帝国統治における蒙古旗人・漢軍旗人の役割・地位は時代が下るにつれて大きく変化していくが、両者に共通していえるのは、十八世紀になってから蒙古旗人の「モンゴル」としての側面、漢軍旗人の「漢」としての側面を強調するようになったことである。とくに乾隆帝は、満洲旗人に「満洲」らしさ（満洲語と騎射の能力、尚武の精神など）を強く求めたことで知られているが、同時に蒙古旗人にも「モンゴル」らしさ（モンゴル語能力など）を求め、漢軍旗人には自らが「漢」であることを自覚させ、漢軍出旗政策を推し進めた。このように蒙古旗人・漢軍旗人の「民族性」は、満洲旗人との一体化がかなりの程度すすんだ十八世紀においてむしろクローズアップされ、彼らと外藩のモンゴル族、民人とが同じ「民族性」をもつことが注視されたのである。

5 蒙古旗人松筠《スンユン》と「ジェブツンダンバ一世伝説」

——旗人の「民族性」理解へ向けての一事例として——

では、これまで述べてきたような蒙古旗人・漢軍旗人の「民族性」に注目することは、清朝史への理解を深めるうえでどのような意義があるだろうか。このことを考えるための一事例として、ここでは蒙古旗人の松筠《スンユン》という人物と清代モンゴル史上の有名な逸話である「ジェブツンダンバ一世伝説」の流伝との関係について取り上げてみたい。

松筠は正藍旗蒙古に所属する蒙古旗人で、姓を瑪拉特《マラト》氏、字を湘浦という。祖先は太宗ホンタイジのチャハル部征討に従軍したハラチン部のモンゴル族の一人で、入関後には禁旅八旗（北京駐留の八旗）の一員として北京で暮らすようになった。松筠の幼少期については詳細な記録がなく、十代の一時期には東北の吉林に住んでいたという逸話も残っているが、基本的には北京に生まれ、満洲文化・漢文化に慣れ親しんで育った蒙古旗人の一人であったとみてよい。松筠は十八世紀中頃に生まれ、一八三五年に死去するまで庫倫《フレー》辦事大臣、駐蔵大臣、軍機大臣、伊犂《イリ》将軍、両江総督、六部尚書等の要職を歴任し、とくに藩部の駐防官を長年にわたり歴任した人物として知られる。

松筠の人物像については拙著において詳述しているので、[16] ここではその要点だけを紹介したい。松筠の特徴は、次に述べる三つの側面をすべて兼ね備えていた点にある。

(1) 旗人

松筠は、退廃著しい旗人に対する啓発書として『百二老人語録』を満洲語で執筆している。この著作から、松筠が満洲語に通じていたこと、旗人としての強い自意識を有していたことが見て取れる。

(2) 中国の知識人

松筠は朱子学を愛好し、高い儒教的素養を身に付けていた。また旗人の中では特に多くの漢文著作（『古品節録』・『西招図略』・『綏服紀略』・『綏服紀略図詩』等）を残している。さらに漢族（民人）の知識人・学者とも親交が深かった。

(3) モンゴル族

松筠は、理藩院のモンゴル語翻訳官から頭角をあらわした蒙古旗人で、当時の旗人社会の中では最もモンゴル語に習熟していたであろう人物の一人である。また彼はチベット仏教を信奉し、この信仰を自らのモンゴル・アイデンティティの拠り所としていた。

満洲語を習得し、旗人としての強い自意識を有しつつ、漢族知識人に対抗しうるだけの儒教の教養をも身に付けた松筠は、旗人の模範となるような人物であったといえる。これに加え、松筠はモンゴル語にも通暁しており、蒙古旗人としても模範的な人物であった。

さて、このような特徴をもつ松筠の著述がもとになり、後世の漢族知識人によって広く伝えられたのが、ジェブツンダンバ＝ホトクト一世に関する逸話である。ジェブツンダンバ＝ホトクトはハルハ＝モンゴルで最も地位の高いチベット仏教の転生僧である。この逸話の内容は次のとおりである。すなわち、一六八八年にオイラトのジューンガル部長ガルダンの攻撃を受けたハルハは、王公による大会議を開き、ロシアと清朝のどちらを頼るべきかを議論した。その席上、ジェブツンダンバ一世は、ロシアは仏教を奉ぜず風俗も異なるのに反し、清朝は仏教を崇敬するのでこれに頼るべきと主張した。この主張を受け、ハルハ王公たちは清朝への帰属を決定し、康熙帝に助けを求めた。

松筠《スンユン》

（東洋文庫所蔵）

実際には、宮脇淳子氏が指摘するように、ガルダン侵攻時のハルハに王公会議を開く余裕などなく、この逸話はあくまで伝説に過ぎないと見るべきである。[17] しかしこの「ジェブツンダンバ一世伝説」は、宮脇氏の指摘以前には史実であると広く信じられ、清代モンゴル史の通説にもなっていた。この逸話が清朝史研究に与えた影響は相当に大きいといえる。そこで、この伝説の流伝の経緯について再度検討を行ってみたい。

宮脇氏によれば、「ジェブツンダンバ一世伝説」は、乾隆五十年（一七八五）からフレー（現在のモンゴル国ウラーンバートル市）に駐留していた松筠がハルハの王公ゲジャイドルジ（ジェブツンダンバ二世の兄にして後見人）から前述の逸話を聞き、その内容を自著『綏服紀略図詩』に記し、それが張穆『蒙古遊牧記』や魏源『聖武記』など十九世紀を代表する漢族の学者の著述に引用されたことにより、多くの人々の知るところとなった。[18]

ゲジャイドルジがこの逸話を松筠に語った理由について、宮脇氏は、松筠を通じてこの逸話を清朝側に伝え、ハルハの清朝に対する忠誠を証明することにあったと推測している。[19] しかし、ゲジャイドルジはハルハの王公にしてジェブツンダンバ二世の後見人になるほどの人物である。もし清朝への忠誠を証明したいなら、乾隆帝に直接謁見してこの逸話を語ることも可能な立場にあった。乾隆帝は熱心なチベット仏教徒であり、[20]もしこの逸話を聞いていたならばきっと大いに喜び、これを天下に広く伝えようとしてもおかしくない（一七七一年のトルグート部帰還を喜んで詩文を作ったときのように）。しかし管見の限り、乾隆帝がこの逸話について言及した記録はない。したがって、この逸話は乾隆帝には伝わっていなかったと考えるほうが妥当であると思われる。そうなると、ゲジャイドルジの側にも、この逸話を清朝側に伝えたいという積極的意図はなかったということになる。

では、ゲジャイドルジはなぜジェブツンダンバ一世の逸話を松筠に語ったのだろうか。残念ながら、このことを明示する史料はいまだ見出せていないが、これらとほぼ同時期を生きたチベットの貴族テンジンペンジョルの自叙伝の中にそのヒントを見出せる。テンジンペンジョルは、十九世紀初頭に北京からラサに派遣されてきた理藩院の翻訳官経験者の蒙古旗人策巴克《ツェバク》について、モンゴル族なのでチベット仏教を非常に崇敬していて、会話でも通訳がいらない（テンジンペンジョルはモンゴル語ができた）と評している。[21]つまり蒙古旗人がチベット仏教を信奉し、モンゴル語を話すこと（実際に話せるのは一部の者だけであるが）は、チベット側の人にもはっきりと認識されていたのである。このことから推察するに、外藩モンゴル王公であるゲジャイドルジも、松筠がチベット仏教を信奉し、モンゴル語を話すことができる蒙古旗人であることを理解していたに違いない。そこで同じチベット仏教徒としての立場で、おそらくはモンゴル語を用いて、ジェブツンダンバ一世の逸話を松筠に語ったのではなかろうか。

またこの逸話は、「旗人」と「モンゴル族」の側面をもつ松筠にとっても非常に好ましい内容であった。清朝への帰属を決めたジェブツンダンバ一世の英断とハルハ＝モンゴルを快く受け入れた清朝皇帝を讃えるその内容に、松筠は清朝皇帝に仕える旗人として、またチベット仏教徒として大いに感銘を受けたに違いない。おそらくは、この逸話はゲジャイドルジと松筠の個人的会話のなかで話題に上ったもので、これに感銘を受けた松筠がその内容を自らの著述に書き記したことで、漢文の記録として今日まで残ることになったのだろう。

さらに、松筠には「中国の知識人」としての側面もあった。彼が多くの漢文著作を残すほどの知識人であり、また漢族の学者との親交も深かったことが、「ジェブツンダンバ一世伝説」が張穆・魏源らによって漢文で後世まで伝えられた背景にあったと考えられる。

以上から、「ジェブツンダンバ一世伝説」の成立には前述した松筠の三つの側面のすべてが深く関わっていたことがうかがわれよう。とくに（3）「モンゴル族」としての側面は、松筠がこの伝説を伝え聞き、その内容を著作に盛り込んだ理由を考えるうえ

ウラーンバートル・ガンダン寺大仏殿

で最も重要な要素であるといえる。この事例は、清朝史への理解を深めるうえで旗人の「民族性」に着目することが重要であることを示唆している。

なお、松筠はフレーでの職務を終えた後、一度北京に戻り、その後チベットのラサに駐留する大臣に任命され、一七九四年から五年間、現地に駐留した。では、ラサにいた松筠は、信仰上では崇敬の対象であるダライ・ラマやパンチェン・ラマに対し、どのような態度で接したのだろうか。またダライ・ラマを筆頭とするチベットの人々は、チベット仏教を信奉するこの松筠をどのように見つめていただろうか。その答えは今後に委ねたいが、少なくとも松筠はチベット仏教を軽んずるようなことはなかったであろうし、チベットの人々も松筠をチベット仏教に無理解な人間とはみなかったに違いない。十八世紀後半は、ネパール王朝との戦争（グルカ戦争）があった一時期を除き、清朝とチベットが比較的良好な関係にあった時期として知られるが、松筠のような人物が清朝側の官僚として現地に赴いていたことも、その要因の一つだったのではないだろうか。

結びに代えて

本稿では、清朝政権の中核であった旗人が「多民族」構成であったことに焦点をあて、清朝が外藩のモンゴル族・チベット族や民人を統治するうえで、蒙古旗人・漢軍旗人のモンゴル族・漢族としての「民族性」が重要な要素であったことを論じてきた。このような構図はそれほど想像しにくいものではないと思われるが、これまで清末以降に生じた旗人＝「満洲族」という認識がそのまま過去に投影される傾向が強く、蒙古旗人・漢軍旗人の「民族性」が顧みられることはほとんどなかったのである。近代以降に誕生した「民族」という枠組みを清朝時代の人間集団に強引に当てはめようとすると、どうしても矛盾が生じてしまう。

清朝治下の人々を特定の人間集団に分類して把握しようとする場合には、まずはいかなる社会的枠組みに属するかという点を注視して考察を進めるべきではないか、と筆者は考えている。清朝における最も大きな社会的枠組みは八旗・外藩・民籍などの単位であろう。八旗に属する者はいかなる出自の者でも「旗人」であり、同様に民籍に属するものはどのような血統の者でも「民人」であった。同じ部族、同じ地域の出身者であっても、八旗に属する者と外藩・民籍に属する者とでは社会的立場が根本的に異なり、生活習慣や文化の違いも時代が下るほど拡大の一途を辿ったことは既述のとおりである。

また八旗の内部では、八旗満洲・八旗蒙古・八旗漢軍のいずれに属するかにより、その社会的立場や制度上での扱われ方にかなりの相違があり、習得すべき技能にも違いがあった。旗人社会の中では、「満洲」とはあくまで満洲旗人であり、蒙古旗人は「モンゴル」、漢軍旗人は「漢」の旗人であった。外藩に属する人に関しても、いかなる「部」に属するか、いかなる王公の属下であるかなど、外藩よりも小さな社会的枠組みによって細分化することができ、民籍に属する人についても本貫や所属の州県による分類が可能である。

さらに本稿では言及できなかったが、満洲旗人は所属のニルによって異なる扱いを受けることもあった。例えば、八旗満洲にはロシア人で構成された俄羅斯《オロス》ニルが存在し、ロシアとの交渉の通訳や北京のロシア語学校（俄羅斯文館）の教員には同ニル所属の満洲旗人が充てられた[22]。これも俄羅斯ニルという社会的枠組みに属する人に委ねられた職務であったとみることができる（ニルは特定の血縁・地縁集団から構成されることが多かったため、現在の視点からみれば「民族」集団のようにも見えるが、当時の制度ではあくまで軍事的・社会的な組織単位であった）。

そして、このような社会的枠組みの存在を踏まえた上で、これを越えての出自・文化（生活様式・言語・宗教など）の共通性にも注意を払わなくてはならない。本稿で述べたように、清朝史上で有名な「ジェブツンダンバ一世伝説」は、蒙古旗人の松筠と外藩モンゴルのゲジャイドルジが「モンゴル」としての共通の言語能力・信仰を有していたがゆえに広く流伝しえたと考えられる。また清朝も、「旗人」としての一体性を前提とした上で、蒙古旗人と外藩モンゴル、漢軍旗人と民人との出自・文化面における共通性をはっきりと意識し、これを政治的に活用した（同様のことは俄羅斯ニルの旗人とロシア人についてもいえる）。今後は、こうした共通性が清朝の帝国統治にどのような影響を及ぼしたのかをより具体的に明らかにすることが課題となるだろう。

注

（1）清末以降における「満洲族」の認識をめぐる議論と現在の状況については、劉正愛『民族生成の歴史人類学——満洲・旗人・満族』風響社、二〇〇六年、第四章に詳しい。

（2）中見立夫「宣統三年夏の庫倫——満洲アムバン、ロシア領事とモンゴル人」、細谷良夫編『清朝史研究の新たなる地平 フィールドと文書を追って』山川出版社、二〇〇八年、三一一、三一五頁。

（3）愛新覚羅烏拉熙春（吉本道雄訳）『最後の公爵 愛新覚羅恒煦——激動の中国百年を生きる』朝日新聞社、一九九六年、一六〇頁。

（4）承志「中国における『満族史』研究」『東洋文化研究』第十号、二〇〇八年、三四二〜三四三頁。

（5）愛新覚羅烏拉熙春『最後の公爵 愛新覚羅恒煦』一六〇頁。

（6）劉正愛『民族生成の歴史人類学』一〇二頁。

（7）Elliott, Mark C. "Ethnicity in the Qing Eight Banners", *Empire at the Margins: Culture, Ethnicity, and Frontier in Early Modern China*, University of California Press, 2006. 承志「中国における『満族史』研究」。柳澤明「コメント」『東洋文化研究』第十号、二〇〇八年。

（8）八旗漢軍の「民族」をめぐるこれまでの議論は、劉正愛『民族生成の歴史人類学』六〇〜七八頁にまとめられている。

（9）浦廉一「漢軍（烏真超哈）に就いて」『桑原博士還暦記念東洋史論叢』弘文堂書房、一九三一年、八三六頁。

（10）Elliott, Mark C. "Ethnicity in the Qing Eight Banners", p.50.

（11）蒙古旗人の特徴については、拙著『清朝の蒙古旗人——その実像と帝国統治における役割』風響社、二〇〇七年を参照されたい。

（12）本章の蒙古旗人に関する記載内容は、拙著『清朝の蒙古旗人』に基づいて執筆した。

（13）拙稿「清朝前期における理藩院の人員構成」『満族史研究』第四号、二〇〇五年、一四二頁。

（14）楢木野宣『清代重要職官の研究——満漢併用の全貌』風間書房、一九七五年、第三章・第四章・第八章。

（15）楢木野宣『清代重要職官の研究』第三章・第四章・第八章。

（16）拙著『清朝の蒙古旗人』三二〜三九頁。

（17）宮脇淳子「十七世紀清朝帰属時のハルハ・モンゴル」『東洋学報』第六一巻第一・二号、一九七九年。

（18）宮脇淳子「ジェブツンダンバ一世伝説の成立——十七世紀ハルハ・モンゴルの清朝帰属に関して」『東洋学報』第七四巻第三・四号、一九九三年、一五八頁。

（19）宮脇淳子『最後の遊牧帝国——ジューンガル部の興亡』講談社、一九九五年、一三四頁。

（20）石濱裕美子『チベット仏教世界の歴史的研究』東方書店、二〇〇一年、第十一章。

（21）テンジンペンジョル『ドリン＝パンディタ伝』（bstan 'dzin dpal 'byor, *rdo ring paNDi ta'i rnam thar*）四川民族出版社、一九八六年、一二二八〜一二二九、一二三七〜一二三八頁。丹津班珠爾（湯地安訳）『多仁班智達伝——噶錫世家紀実』中国蔵学出版社、一九九五年、五四五・五四八頁。同書及び著者のテンジンペンジョルについては、小松原ゆり「一八世紀後半期におけるダライラマの親族——その政治的役割を中心に」『文学研究論集 文学・史学・地理学』第十七号、二〇〇二年を参照。

（22）劉小萌「清代北京の俄羅斯旗人」、細谷良夫編『清朝史研究の新たなる地平 フィールドと文書を追って』山川出版社、二〇〇八年、八〇・八九頁。

清朝が滅ぼした、モンゴル系遊牧民最後の帝国ジューンガルとは?

大清帝国とジューンガル帝国

宮脇淳子
Miyawaki Junko
(執筆者経歴については四二頁参照)

1 「最後の遊牧帝国」ジューンガル

大清帝国の版図が最大に達したのは、一七五九年、ジューンガル帝国の支配下にあった天山山脈の南のイスラム教徒を征服し終わったときである。清では、天山北部のジューンガルの故地と合わせて、これを「新疆(新しい領土)」と呼んだ。この領土が、ほぼ今の中国新疆ウイグル自治区に相当する。モンゴル系遊牧民の最後の帝国ジューンガルは、十七世紀末以来、内陸部において清との紛争が絶えず、康熙帝、雍正帝、乾隆帝の三代にわたって、

清の辺境防衛に緊張を強いる大問題であり続けた。ジューンガル帝国を滅ぼしたあとの清朝は、安堵の余り気が緩んでしまったように思える。

それでは、ジューンガル帝国とはどのようなものだったのだろうか。ここでその興亡の歴史を語りたい。モンゴル語で「左翼」という意味のジューンガルは、もともと西モンゴル族と呼ばれるオイラト部族連合の一部族であった。ジューンガル部族長を君主とするジューンガル帝国が「最後の遊牧帝国」と呼ばれる理由は、彼らが一七五五年に清朝によって滅ぼされた後、中央ユーラシア草原は大清帝国とロシア帝国の勢力下に二分され、モンゴル帝国

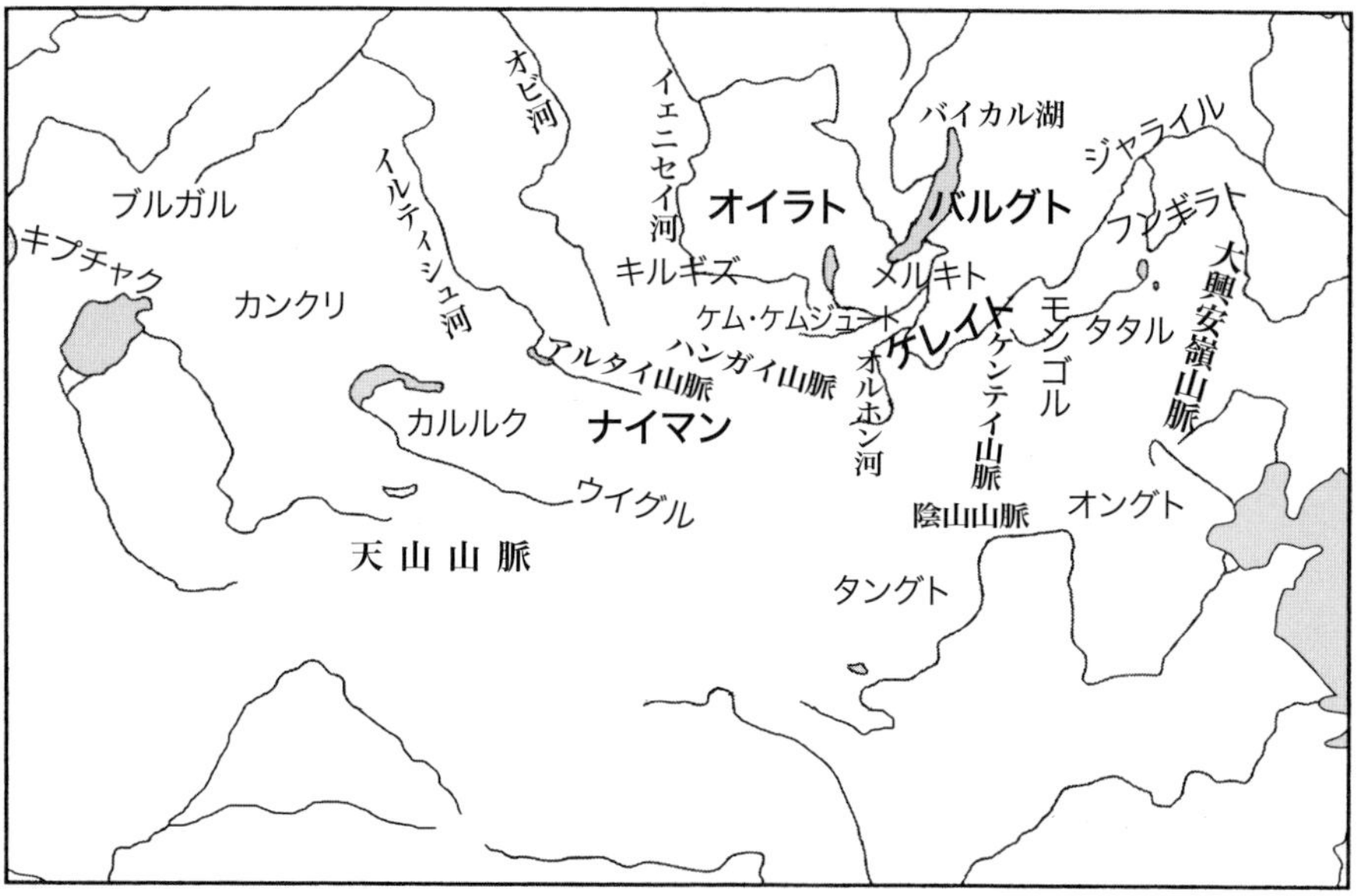

図1　13世紀初めモンゴル高原の遊牧部族の分布

（『集史』「部族篇」に記されたもの。住地を特定できるものに限る。太字がのちの四オイラト連合部族）

に代表される、かつてのような遊牧騎馬民が率いる遊牧帝国は二度とあらわれなかったからである。

　オイラトという部族名は、十三世紀のモンゴル帝国時代にまで遡る。当時モンゴル高原北西部、今ではロシア領のトゥワの地に拠ったオイラト部族は、一二〇八年クトカ・ベキ王がチンギス・ハーンに降った後、チンギス・ハーンの子孫のジョチ家、チャガタイ家、オゴデイ家、トルイ家すべてと婚姻を結ぶ名家として有名になった。しかし、一二六〇年に始まったフビライとアリク・ブガ兄弟によるモンゴル帝国の大ハーン位継承争いの際、オイラト軍はアリク・ブガ側に立ち、フビライ軍に大敗した。その結果、フビライが建てた元朝一代を通じて、オイラトのみならずアルタイ山脈以西の大部族は、元朝の直接の支配下には入らなかった。

　一三六八年、朱元璋《しゅげんしょう》が大明皇帝の位について元の大都を攻撃すると、元朝皇族はモンゴル高原に撤退し、カラコルムを根拠地として明軍と戦った。中国史では一三六八年に元朝は滅亡したことになるが、草原のモンゴル人たちは元朝の王統を継承していたつもりであるので、われわれモンゴル史研究者は、この時代を「北元」と呼ぶ。

　一三八八年、アリク・ブガの子孫のイェスデルがフビライ家のハーンを殺して、オイラトの支持のもとモンゴルのハーン位についた。このオイラトは、チンギス・ハーンの子孫をハーンに推戴しながらも、モンゴル高原の実権を握るようになる。明の正史によると、「瓦剌《わら》」すなわちオイラトには十五世紀初めに首領が三人いた。つまり、この時代にオイラトと呼ばれる遊牧集団は部族連合になっていたことが推測される。その中から、トゴン、エセン父子が台頭して、いわゆるオイラト帝国の君主になり、モンゴル高原の覇権を握るのである。

オイラト遊牧民は、西方のトルコ系遊牧民からはカルマク Kalmak「留まった者たち」と呼ばれた。中央ユーラシア草原の遊牧民たちは、全員十三世紀のモンゴル帝国の後裔であるが、ウズベク民族となったトルコ系遊牧民が、自分たちのようにイスラム教に改宗しなかったと、オイラトをこのように呼んだのだと思われる。十七世紀にシベリアに進出したロシア人は、トルコ系遊牧民を通じてオイラトと接触したので、ロシア語でも彼らをカルムィク Kalmyk と呼ぶ。

トルグート部族を中心とするオイラト遊牧民の一部は、一六三〇年にヴォルガ河畔に移住し、その大部分は、ジューンガル帝国が清朝に滅ぼされたあとの一七七一年に故郷のイリに帰った。その冬は暖かくヴォルガ河が凍らなかったので、渡河できずに右岸に取り残された人々が、現在のロシア連邦カルムィク共和国の祖先である。彼らはもっとも西方のチベット仏教徒で、ロシア革命の指導者レーニンには、四分の一、このカルムィクの血が流れていた。

さてオイラト帝国は、一四五四年エセンが部下の反乱で殺されると、たちまち瓦解した。このあと、元朝と関係が深かった東のモンゴル諸部が、フビライの唯一の男系子孫と言われるダヤン（大元）・ハーンのもとで連合し、「四十モンゴル」と呼ばれるようになる。北元の歴史は、四十モンゴルと四オイラトの抗争史である。日本の高校教科書に「タタールとオイラートの抗争」とあるのが、これである。どうしてこのように書かれたかというと、中国史の正統史観では、明は元から天命を受け継いだ王朝でなくてはならない。それで明の記録では、元が滅亡し、モンゴル人も消滅したことにして、モンゴル高原の遊牧民を「蒙古」と呼ばずに「韃靼《だったん》」と呼び替えて、彼らが元朝の後裔であることを言葉の上だけ否認したのである。この韃靼を日本の研究者がタタールとうつしたのだ。

2　ジューンガル部の台頭

モンゴル高原の遊牧民にとっての方位は、紀元前に最初の遊牧帝国を建てた匈奴《きょうど》以来、南（正確にはやや東南）が前で、北（やや西北）がうしろである。それで、左翼（左手）は東で、右翼（右手）は西になる。部族連合である遊牧帝国では、左翼の部族長たちが東方におり、中国との交易や戦争を担当し、右翼が中央アジアのオアシス都市を担当した。十七～十八世紀に中央アジアの覇権を握った最後の遊牧帝国ジューンガルは、モンゴル語で左翼という

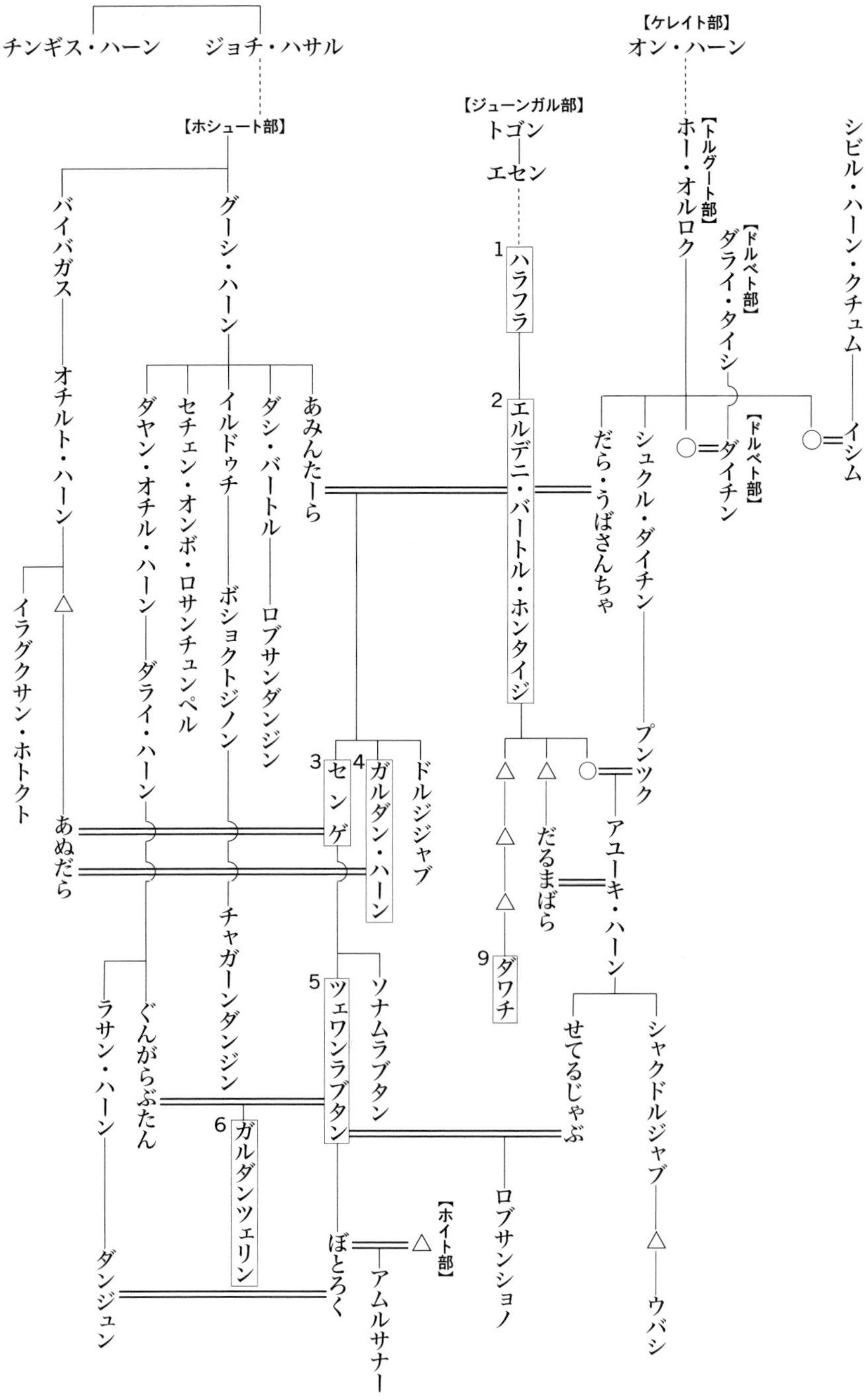

図2　ジューンガル部と青海ホシュート部と他のオイラト諸部

（△は男。○とひらがなは女を示す。左わきの数字はジューンガル部族長）

意味だから、彼らがモンゴルのなかでもっとも西方にいるのは謎だった。

十七、十八世紀に書き留められた各種のモンゴル年代記とオイラト年代記は、いずれもオイラトに四という数字をつけて呼ぶ。この四のいわれは、元朝崩壊後、モンゴル帝国時代の旧オイラト部族に、ナイマン、ケレイト、バルグトという、モンゴル高原西北部の四大有力部族が、反元朝つまり反フビライ家連合を結成したことにある。ジューンガル部は、同じチョロース姓を持つドルベト部とともに、ナイマン部族の後身と考えられる。ジューンガル部はその左翼として、十七世紀初めに誕生したのである。つまり、モンゴル遊牧民のどの部族にも存在する普通名詞であった「左翼」のなかで、この部族だけがとくに強大になったために、遊牧帝国の名称として歴史にその名が残ったのである。

ホイト部とバートト部は、オイラト王クトカ・ベキの息子たちが始祖であると言うから、旧オイラト部族の後身である。トルグート部の首長はケレイトのオン・ハーンの後裔であると、オイラト、モンゴル年代記がともに記す。ホシュート部だけが東モンゴル出身で、首長はチンギス・ハーンの弟ハサルの子孫であると自称した。本当にチンギス・ハーンの弟の子孫かどうか、真偽のほどは怪しいが、もともと大興安嶺方面にいたことは確かである。トゴン、エセンのオイラト帝国時代に東方から連れてこられて、オイラトに残留したのである。

このように、元朝崩壊後の四部族連合から、さらに部族が分かれて七〜八部族連合となっていたオイラトは、東方のモンゴルと抗争を続ける一方で、十七世紀はじめにシベリアに進出してきたロシアと深い関係を持つにいたった。

ロシアのシベリア支配は、ドン・コサックのイェルマクが、シビルのクチュム・ハーンの支配する町イスケル（シビル）を占領した一五八一年に始まるといわれる。イェルマク自身は、クチュム・ハーンの反撃を受けて一五八四年にイルティシュ河畔で戦死したが、この後もコサック集団によってロシアのシベリア開拓は急速に進んだ。ただし、コサックたちは、最初はモンゴル帝国の後裔の遊牧騎馬民と正面衝突しないように、彼らの本拠地の草原からはるか北方の河川沿いに東方へと進んだ。一六〇六年、オイラトのトルグート部長ホー・オルロクが、イルティシュ河畔に建設されたロシアの要塞タラに初めて使者を派遣したのが、ロシア史料にオイラト（カルムィク）が登場した始まりである。

ロシアがモンゴル系遊牧民と接触を始めたまさにこの時、モンゴルのオイラト討伐の最前線であったハルハ部（今のモンゴル国の祖先）と、歴史に登場したばかりのジューンガル部は戦争状態にあった。ロシアはこれら双方に使節団を派遣し、塩湖の利用や中国への貿易の可能性を探った。遊牧民の方でも、新たな隣人との同盟関係に興味があり、さらに長距離の中継貿易で豊かになる道が開けたので、互いに使節が往来するようになった。ちなみに、

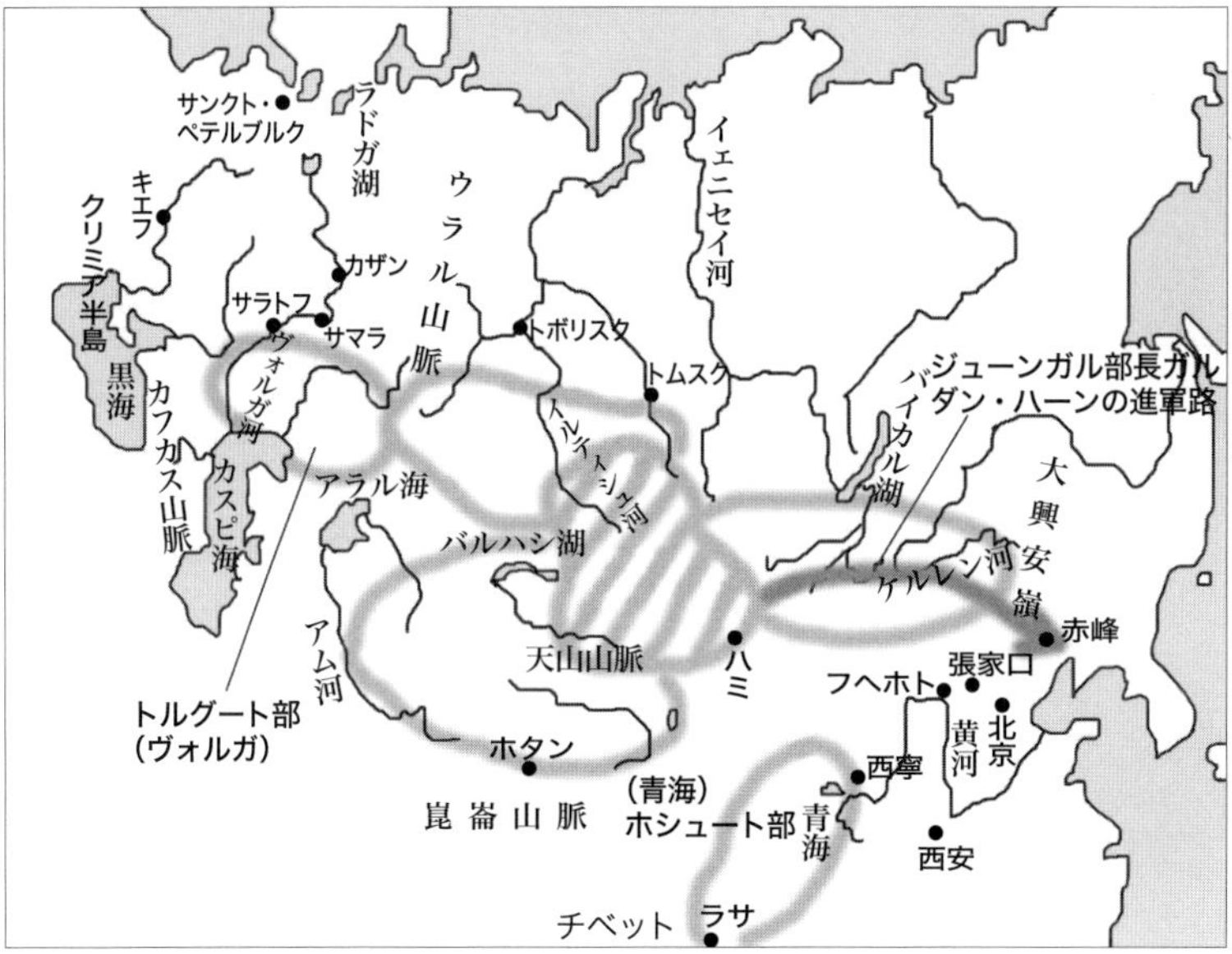

図3　ジューンガルの本拠地とオイラト諸部の勢力拡大図

カザフスタンの遊牧民がロシアの臣民になったのは、ジューンガルの圧迫を逃れるためだったので、ジューンガル帝国はロシアではひじょうに有名である。

ジューンガル部出身で最初にオイラト連合の盟主になったのは、一六四三〜四四年に大規模なカザフ遠征をおこなったエルデニ・バートル・ホンタイジであるが、ホンタイジという称号は漢字の皇太子が語源である。皇帝はモンゴル語ではハーンで、ホンタイジはハーンに次ぐ位であるとモンゴル人たちは理解していたため、北元では副王の称号として使われるようになっていた。このホンタイジ号こそが、一七五五年にジューンガル帝国が滅亡するまで、帝国の君主の称号であり続けた。ジューンガル帝国の君主の称号が、なぜハーンではなくホンタイジだったかというと、これらの称号を授与したのがチベットのダライ・ラマ政権であり、ハーン号はわざと、ジューンガル部のライバルであるホシュート部長やトルグート部長に授与するという、チベット側の政治的配慮が続いたからである。

3　モンゴルとチベットの関係

モンゴルとチベットの関係はモンゴル帝国時代に遡る。モンゴル帝国の版図に組み込まれたチベットは、かえって元朝の宮廷に仏教を広め、サキャ派のパクパはフビライの信用を得て国師の称号を授けられた。しかし元朝が漢地を失ってモンゴル高原に撤退すると、パクパの創った文字も使用されなくなり、チベット仏教も途絶えてしまった。やがてフビライ家のダヤン・ハーンのもとでモンゴルが再統一されると、その孫のアルタン・ハーンの先導で、モンゴル民族はすべてチベット仏教徒になっていったのである。

一五七八年、アルタン・ハーンはゲルク派の高僧でデプン寺の貫主ソェナムギャツォを招いて青海のチャブチャル（チャプチャャ）で会見し、彼にダライ・ラマの称号を贈った。ダライはモンゴル語で「大海」を意味し、知恵が海のように広い、ということである。この人は転生活仏で二代の前世があったので、ダライ・ラマ三世と呼ばれる。新たに有力な施主を得たゲルク派は、アルタン・ハーンとダライ・ラマ三世の関係を、フビライ・ハーンとパクパの関係の再現とみなした。そして「聖俗の二統（教権と政権）」は補い合う対等の関係であると主張して、これ以降、教権を代表するダライ・ラマが、施主であるモンゴルのハーンとその一族に称号を授与する慣例が生まれたのだった。

アルタン・ハーンの曾孫に転生した四世は若くして亡くなり、ニンマ派（古派）の家系に転生したダライ・ラマ五世は、今でもチベット人から「偉大なる五世」と尊称されるほど有能な政治家だった。オイラト遊牧民は一六一五年にチベット仏教徒になったばかりだったが、五世はこの新たな信者に、ライバルのカルマ派を排除するための軍の派遣を要請した。一六三四年にチベット遠征の途中病死した北元の宗主リンダン・ハーンは、カルマ派支持者だったのだ。こうして一六三七年、青海に遠征したホシュート部長グーシは、カルマ派支持のハルハ部のチョクト・ホンタイジの三万の軍を滅ぼし、中央チベットに入って、ゲルク派のダライ・ラマ五世から「持教法王（テンジン・チョーキ・ギェルポ）」の称号を授かった。これ以後、彼はモンゴル語で「グーシ（国師）・ノミーン・ハーン（法王）」と呼ばれる。グーシ・ハーンは、さらにチベット各地を平定してまわり、一六四二年にチベット全土を統一して、チベット王の位についた。ダライ・ラマ五世はこの時、グーシ・ハーンによって、チベット仏教界の教主に推戴された。これが今日に続くダライ・ラマ政権の始まりである。

グーシに率いられたホシュート部は青海に移住し、遠征に同行したジューンガル部のエルデニ・バートル・ホンタイジは、ダライ・ラマから副王としてのホンタイジ号を授かり、グーシ・ハーンの娘アミンタ―ラを妻として、後にジュンガリアと呼ばれる故地に帰った。一六五三年、バートル・ホンタイジが死ぬと、アミンターラが産んだセンゲが後継者となった。しかし、ヴォルガに移住していたトルグート部長の娘が産んだ彼の異母兄たちは、センゲが父の領民の半分を相続したことを恨み、一六七〇年、センゲを暗殺した。

センゲの同母弟ガルダンは、一六四四年に生まれた時、チベットの高僧ウェンサ・トゥルクの転生と認定され、一六五六年から十年間チベットに留学し、ダライ、パンチェン両ラマの弟子だった。兄の仇を討ったガルダンは、一六七一年、ダライ・ラマ五世からホンタイジ号を授かり、ジューンガル部長となった。ガルダンが、ホシュート部長の舅を捕虜としてオイラトの指導権を握って間もない一六七八年冬、ダライ・ラマ五世はガルダンに「持教受命王（テンジン・ボショクト・ハーン）」の称号を授けたのである。ガルダンこそが、ジューンガル帝国の君主のなかで唯一ハーン号を持つ人物であり、清の康熙帝の敵となって、康熙帝が三度もモンゴル親征をおこなう羽目になったライバルだった。

図４　グーシ・ハーン

オイラト部族連合のホシュート部族長。ダライ・ラマ5世の要請で青海に遠征し，1642年にチベット王となる

4　大清帝国の最大版図はジューンガル帝国を継承

ジューンガル帝国の有能な君主ガルダンは、一六七九年にハミとトルファンを征服し、一六八〇年にはカシュガル、ヤルカンド、ホタンなどを服属させた。また一六八一年以降毎年西方へ遠征し、カザフ人やキルギズ人を攻めた。一六八四年にはタシュケントとサイラムを占領し、一六八六年にはアンディジャンに遠征した。

ガルダンは、次にハルハ左右翼の紛争を利用して、オイラトの勢力を再びモンゴル高原に伸ばそうとして、一六八八年、三万の軍を率いて西から攻め込んだ。ハルハ左翼のトシェート・ハーンとその弟のジェブツンダンバ一世と数十万の大衆は、ゴビ砂漠を渡って同族のいる南に逃げ、清の康熙帝の保護を求めた。

一六九一年、清の領内に避難していたハルハ・モンゴル人たちから臣従を誓われた清の康熙帝は、一六九六年、軍を三路に分けてモンゴル高原に親征した。ガルダン軍は今のウラーンバートル東方で清の西路軍に大敗し、ガルダンの妻アヌダラも戦死した。ガルダン自身は少数の部下とともに脱出したが、本拠地のジュンガリアは、兄センゲの息子ツェワンラブタンに制圧されて戻ることができず、一六九七年アルタイ山中でガルダンは病死した。漢文史料に言う服毒自殺は史実ではない。こうして今のモンゴル国民の祖先は、康熙帝の親征のおかげで故地に戻ることができ、キャフタにいたる北方領土が清の版図に入ったのである。

しかしこの後も、ジューンガル帝国は今の新疆を中心として、カザフスタン、キルギズスタン、モンゴル国西部などで勢力をふるった。清とジューンガルの関係は、ガルダンの死後二十年近く平和だったが、一七一五年、ハミ、トルファンで衝突が起こり、続いて一七一七年、六千のジューンガル軍がチベットのラサを占領した。

事の起こりは、グーシ・ハーンの曾孫である青海ホシュート部長ラサン・ハーンが、ダライ・ラマ五世の摂政サンギェーギャツォを殺し、チベットの実権を取り戻そうとしたことにある。摂政は、一六八二年に五世が没したことを康熙帝に隠し続けて、ひそかに六世を選び、一六九七年にようやく公表したが、この六世が、酒を飲み、女を愛し、恋愛詩をつくる放蕩者だった。六世は具足戒《ぐそくかい》も受けず、すでに受けていた沙弥戒《しゅみかい》も返上してしまった。摂政が、清の仇敵ガルダンに肩入れして、ダライ・ラマ五世の死を隠し続けたことを不快に思っていた康熙帝は、ラサン・ハーンに味方した。

康熙帝の命によって、ラサン・ハーンはダライ・ラマ六世を逮捕し、北京に送ったが、六世はその途中、青海西南部で一七〇六年に没した。清朝とラサン・ハーンは、パンチェン・ラマ二世の同意を得て別のダライ・ラマ六世を立てたが、誰も信ずるものがなかった。やがて、一七〇八年東チベットに生まれた男児が六世の転生と信じられ、ラサン・ハーンに反感を持つ青海ホシュート部の領主たちが康熙帝に保護を求めたので、康熙帝は将来の必要を考慮して、幼児を西寧のクンブム大僧院に移し、清軍に護衛させた。この幼児がのちにダライ・ラマ七世と承認される。

ジューンガル部長ツェワンラブタンは、ラサン・ハーンに対するチベット人やモンゴル人の反感を利用して、チベットの支配権を奪おうという計画を立てた。無人のチャンタン高原を強行突破してラサの北方に突然あらわれたジューンガル軍に対し、ラサン・ハーンは青海から自分の軍を呼び寄せるひまもなく、切り結んで壮烈な戦死をとげたのだった。

救援を乞うラサン・ハーンの手紙を受け取った清では、西寧を出発した清軍に青海ホシュート兵を加えて七千の兵力でラサに向かったが、ジューンガル軍に敗れて全滅した。清軍は今度は二手にわかれて、四川軍が東チベットから山地を横断してラサに入った。ラサ北方に兵力を集中していたジューンガル軍は、掠奪しながら北方へ逃げ去った。一七二〇年、清朝の公認を受けたダライ・ラマ七世が、清の青海軍の護送を受けて、民衆の歓呼の中ラサに入城した。これが、清のチベット保護のはじまりである。

軍事力では清やロシアに引けを取らなかったジューンガル帝国が崩壊したのは、古来の大遊牧帝国と同様、君主亡き後の相続争いという内部分裂のせいだった。

一七四五年父ツェワンラブタンに劣らず有能な君主だったガル

ダンツェリンが死ぬと、息子たちの間で殺し合いが始まった。内紛の続くジューンガル帝国から、まず一七五三年にドルベト部族が逃げ出して清に投降し、一七五四年には、ツェワンラブタンの外孫であるホイト部長アムルサナーが清に投降した。乾隆帝は、この機を利用して一挙にジューンガル問題を解決しようと計画し、一七五五年、各二万五千のモンゴル軍と満洲軍を動員し、二路に分けて進軍させた。前年に清に投降したアムルサナーは、清の北路軍副将軍に任命された。清軍はほとんど抵抗を受けずにイリに達し、ジューンガル帝国の最後の君主ダワチは捕らえられて北京に送られた。わずか百日の作戦で、ジューンガル帝国は滅亡したのである。

図5　ジューンガル最後の君主ダワチ

しかしこの後、アムルサナーが清に叛いて独立を宣言し、呼応してハルハ部でも清に対する反乱が起こった。アムルサナーは清軍の追撃を受けてカザフに逃亡し、さらにロシアの保護を求めてシベリアに逃げ、一七五七年トボリスクで天然痘を発病して死んだ。この間、各地でジューンガル帝国の残党が清軍を襲撃したため、清軍は報復の手段として虐殺に訴え、さらに天然痘の大流行によって草原の遊牧民人口は激減し、イリ渓谷はほとんど無人の地となった。

そこで清の乾隆帝は、ここに東方から満洲人、シベ人、ソロン人、ダグール人を屯田兵として入植させた。こうして遠く離れた満洲の故郷から、家族とともに入植した人々のなかで、シベ人だけが今日なお、モンゴル人やイスラム教徒に囲まれたなかで満洲人としてのアイデンティティを守り続け、満洲語を日常語として維持しているのである。

一七五九年にはジューンガル帝国の支配下にあった天山の南のイスラム教徒も征服し終わり、冒頭でも述べたように、清朝ではこれら両方を合わせて新疆と呼ぶようになる。大清帝国の最大版図は、ジューンガル帝国の版図をそのまま継承したものだったのである。

参考文献
宮脇淳子『最後の遊牧帝国――ジューンガル部の興亡』講談社、一九九五年。

図6　「準回両部平定得勝図」（部分）

1755年，最後の遊牧帝国ジューンガルを滅ぼし，1759年，その支配下にあった天山南部を征服した戦績を記念して，清の乾隆帝は，カスティリオーネ（郎世寧）らヨーロッパ人宣教師たちに戦図を描かせ，これをパリに送って16枚の銅板にさせた

七世紀半ばに大国を築き、十八世紀に清朝の保護下に入ったチベットの歴史を辿る

清朝とチベット

【第五世ダライ・ラマと摂政サンギェーギャツォを中心に】

山口瑞鳳 Yamaguchi Zuihoh

やまぐち・ずいほう 一九二六年石川県生。東京大学文学部卒。東京大学名誉教授。博士(文学)。仏教学、チベット学。著書に『吐蕃王国成立史研究』(岩波書店、一九八三)『チベット 上下』(東京大学出版会、一九八七〜八八)等。

1 チベット史の輪郭と古派仏教

チベットは、北は東トルキスタン、東北はモンゴル、東は中国、南はインドに囲まれた地域である。現在の中国のチベット自治区は、青海省、四川省、雲南省に、削れるだけ削り取られて残った地域だから、ほんとうのチベットはもっとはるかに大きい。チベットに入るには、南のネパールから、東北の青海から、または東の四川から、けわしい山道をたどって行くしか方法がない。中に入ると、南のヒマーラヤ山脈の北麓にそって、東西に長く伸びる峡谷があり、ツァンポ河が東に流れて、バングラデシュのブラフマープトラ河になってベンガル湾に注いでいる。この峡谷沿いが、チベットで唯一人の住める地帯である。その北にひろがるチャンタン高原は、一年中凍り付いていて、ほとんど飲める水もなく、広漠たる無人地帯である。

チベットに歴史が始まったのは、七世紀の半ばである。これは中国では唐の太宗皇帝の世であるが、ソンツェンガンポ王が出て、六三〇年ごろまでにチベット高原を統一し、六三五年からあと、インド文字を改良してチベット語で毎年の記録を残し、六四〇年には、自分の息子の嫁に唐の文成公主を迎えて、唐と肩を並べる

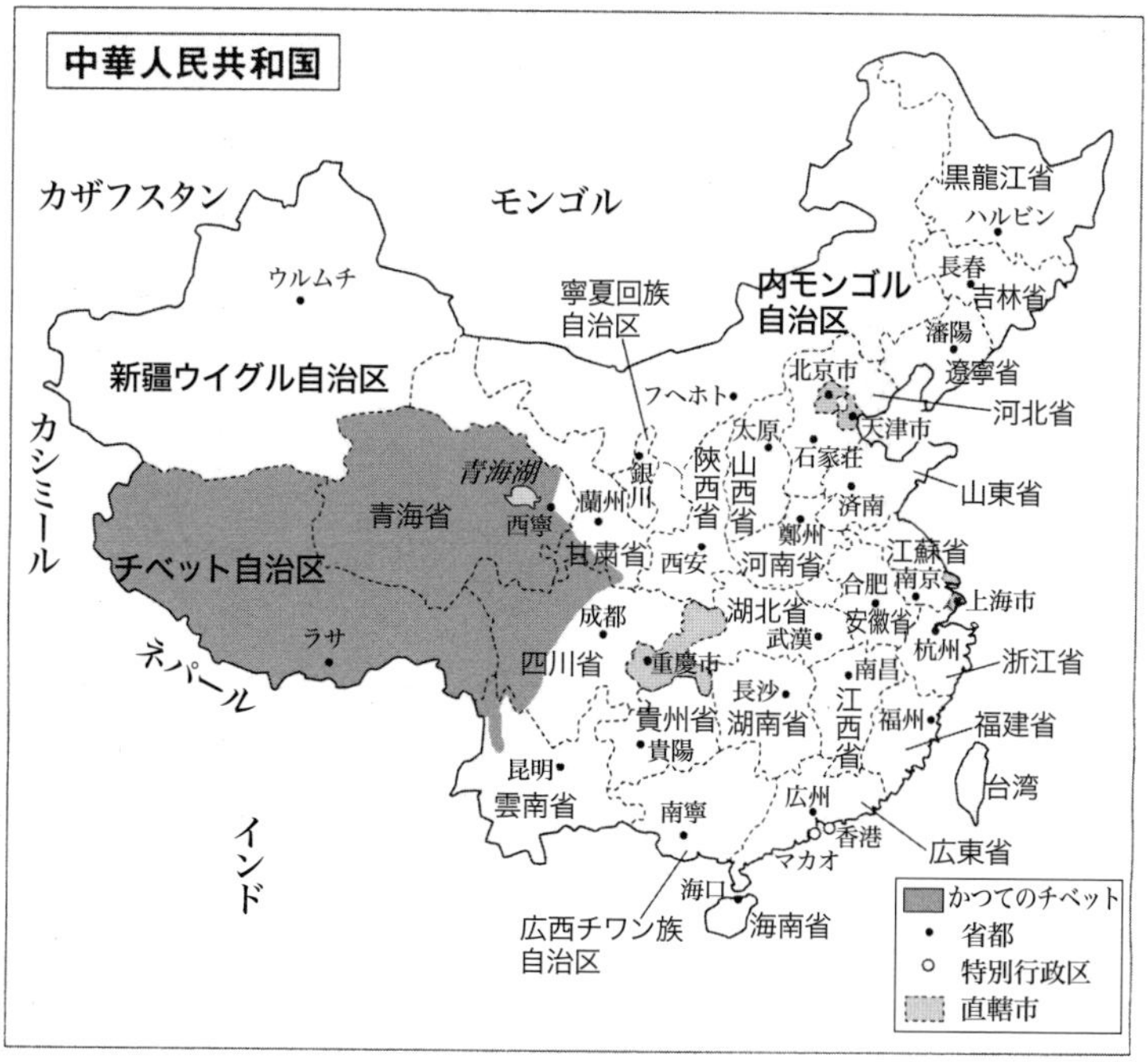

図１　現在の中華人民共和国とかつてのチベット

大国になった。

　八世紀になって、ティソンデツェン王が出て、仏教の国教化を宣言し、七七五年から十二年をかけてサムイェーの大伽藍群を建設した。しかし八四三年、ダルマ・ウイドゥムテン王が暗殺され、チベットは分裂して、統一された国としての独立は失われてしまう。

　チベットはその後、歴史の暗黒時代に入るが、十一世紀になって、インド仏教が再興し、名僧アティーシャ（九八二～一〇五四年）がチベットに来て教えた。その学派は後にカダム派と呼ばれ、それからカギュ派が生まれ、このカギュ派から黒帽派と紅帽派が生まれた。

　チベット仏教のサキャ派は、クンチョクギェルポが中央チベットのツァン地方のサキャに、一〇七三年にタントラ道場を建てたのがはじまりで、やがてサキャ・パンディタ・クンガギェンツェン（一一八二～一二五一年）が出て空前の大学者になり、チベットがモンゴルのゴデン皇子の攻撃を受けるや、チベット側の代表者としてゴデンの居る涼州（甘粛省武威県）に赴き、そこで死んだ。その甥のパクパ・ロドゥギェンツェン（一二三五～八〇年）は、元朝のフビライ・ハーンにもらい受けられて、国師から帝師に昇任している。その一門は元末に至るまで元廷で栄えた。

　カダム派、カギュ派、サキャ派のほかにニンマ派がある。これは「古派」の意味で、むかしのサムイェーの大僧院の地鎮祭をおこなったパドマサンバヴァを開祖と仰ぎ、タントラ仏教を信奉した人々の系統であった。事実、むかしの王国時代の仏典や文書が埋もれていたのを掘り出したとして、数えきれないほどの聖者が現れたが、真偽の定められない文書も古派に多い。

2　ゲルク派の登場とダライ・ラマの称号成立

十三世紀、元朝がゴビ沙漠の北に後退して、サキャ派の時代は終わった。このころ青海のツォンカ（青海省湟中県）の地に、後にツォンカパとして知られるロサンタクパ（一三五七〜一四一九年）が生まれ、諸派を渡り歩いて修行を積み、『菩提道次第論』・『秘密道次第論』を著して顕教・密教に対する態度を明らかにし、一四一〇年、新たに建設されたガンデン大僧院に入り、ゲルク派、もしくは黄帽派と呼ばれるものが発生した。

ゲルク派は、アティーシャによる小乗・大乗・金剛乗（タントラ仏教）の統合の理念を奉ずるものであったから、「新カダム派」と呼ばれ、旧来のカダム派の多くがゲルク派に転宗するようになった。カギュ派の黒帽派・紅帽派はこれを敵視し、ゲルク派の施主潰しに全力を挙げた。当時ゲルク派の最高の地位は、七年ごとに交替するガンデン大僧院の座主であったが、彼らは世事にうとく、これに対抗することはできなかった。そうこうするうちに、一五四二年、ゲルク派の指導者ゲンドゥンギャツォが死んだ。

ゲルク派の施主たちは、この危機に対処するため、黒帽派・紅帽派の例にならって、転生による活仏を選ぶことにした。転生というのは、菩薩は本願の力で、永遠に生まれ代わって来て人を助けるという思想で、これによって同じ人が何度も死んでは生き返り、永遠に弟子・財産を所有することができるようになる。その結果、ソナムギャツォ（一五四三〜一五八八年）が選ばれ、幼少にしてデープン、セラ両大僧院の貫主を兼ねた。ちょうどモンゴル・トゥメトのアルタン・ハーンがチベットに勢力を伸ばしていたときで、その招待で一五七八年、青海湖の南のチャプチャ（青海省共和県）の地でアルタン・ハーンに会い、第三世ダライ・ラマの称号を受けた。ソナムギャツォはその後モンゴルで死ぬが、その布教は全モンゴル人のチベット仏教化に発展して、その後のチベットの興亡にモンゴル人が深く関わるいとぐちをつくった。

3　実力者・第五世ダライ・ラマ

三世の死後は、アルタン・ハーンの孫のスメル・タイジの子を、ユンテンギャツォ（一五八九〜一六一六年）と名づけて第四世とし、デープン寺の貫主とした。その死後、第五世ダライ・ラマには、チョンギェー氏の一児、ガワンロサンギャツォ（一六一七〜一六八二年）が選ばれた。これが後世「偉大な五世」と呼ばれることになるダライ・ラマ五世である。

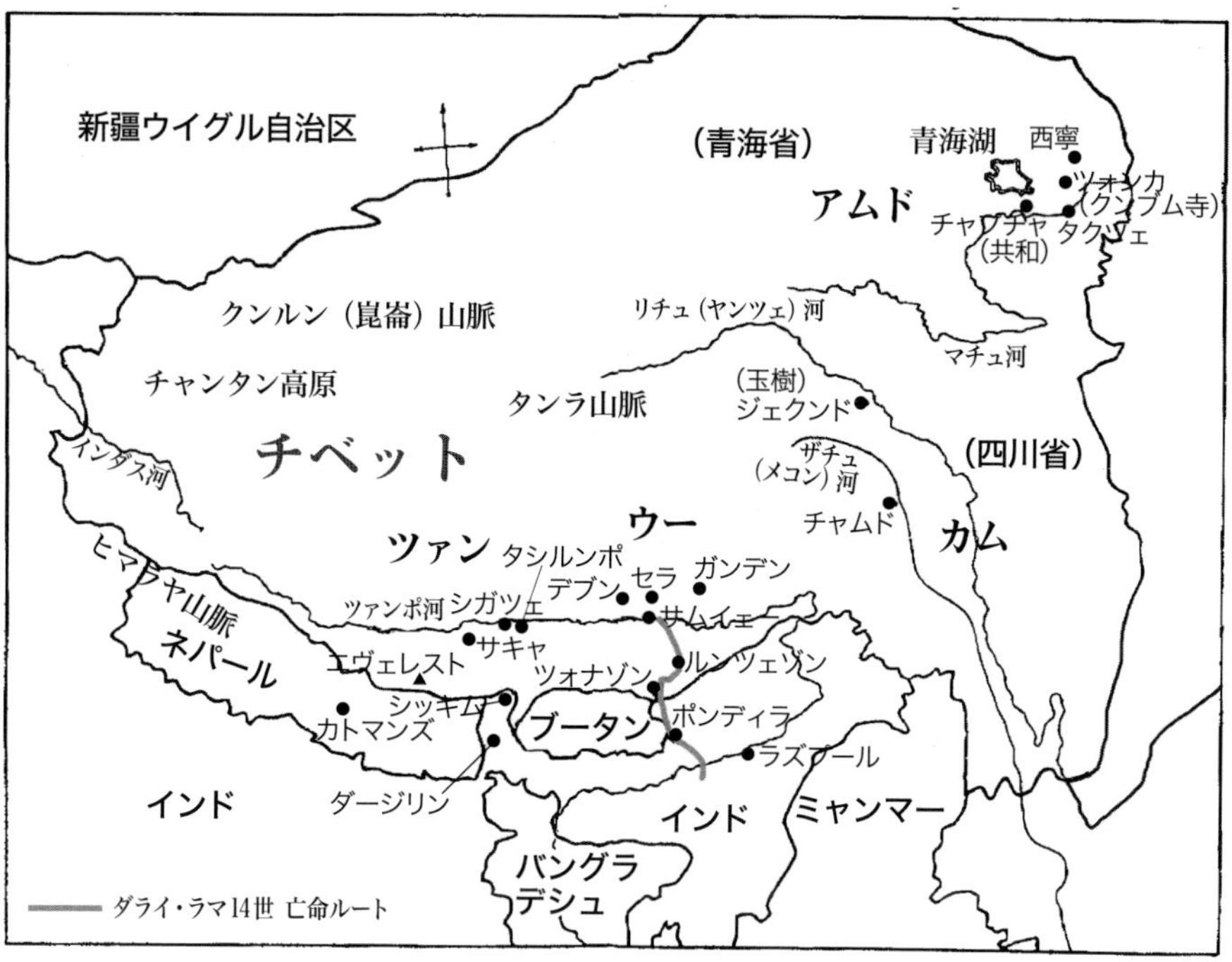

図２　大チベット地図

黄帽派のダライ・ラマ五世と、古派仏教の関わりを一口に言うと、黄帽派指導者の古派仏教に関する造詣とか関心といった中途半端なものではなく、古派仏教の中心的人物が黄帽派の主導権を取ったと表現する方が、より正確である。彼の著作を見ると、自身の手になるものが二十巻あるが、黄帽派の顕教に関するものが二巻、密教関係の儀軌類が四巻、願文を含めた古派仏教系の著作が四巻、他は記録、伝記などである。黄帽派の学習は、第一世パンチェン・ラマ（一五七〇／七一～一六六二年）や、摂政ソナムラプテンの強制の中で行なわれたにすぎなかった。

デープン大僧院に迎えられたダライ・ラマ五世は、摂政ソナムラプテンらの要請で具足戒《ぐそくかい》を受けるが、その前から黄帽派きっての古派仏教の信奉者パボンカワ・ペルジョルルントゥプ（一五六一～一六三七年）の教えを受けていた。一六四二年、青海ホシュートのグーシ・ハーンからチベット全土の法王に推戴されてからは、自ら称しているように、自身の「根本ラマ」として、パボンカワの弟子であった古派のスル・チューインランドゥル（一六〇四～一六五七年）に接していた。一六五〇年頃、見るに見かねた摂政から苦情が出たが、かえって彼を説得し、古派の教義を説くディグンのチューキタクパ（一五九五～一六五九年）とも接触し、やがてコンポのゾクチェンパ・クンザンナムギェルとの交流も始めた。五世は、清朝に招かれて北京を訪れる前に、ヤルルン、サムイェー方面を旅行した際、帰途にペルリ学堂やドルジェダクを訪れてい

図3　ダライ・ラマ5世

る。この頃から古派系のネーチュン護法神の神降ろしなどとの接触が目立つようになった。

一六七三年頃からは、古派一辺倒の五世の側近と共に、ドルジェダクの活仏とテルダクリンパ兄弟の名がその『伝記』で頻繁に言及され、五世の周辺に大きな影響力を持ったことが判る。翌年夏には、テルダクリンパの埋蔵書の予言によって、自分とサンギェーギャツォは、ティソンデツェン王とその王子のムネツェンポが転生を重ねて今に至っているものであり、二人は不離の関係にある師弟であるとしたことを認めて、五月二十日、俗人のサンギェーギャツォに自らの保有する聖俗の二権をことごとく託して摂政とする旨を述べ、ポタラの白宮入り口の南面の壁に書き付け、自らの両掌印と共に掲げた。この勅令を公布し、新摂政を登位させたチベット暦の六月六日の翌日、五世はまずテルダクリンパと親しく会談し、翌日ドルジェダクの活仏と会っていた。

4　第五世ダライ・ラマの死の秘匿と偽装

全権をサンギェーギャツォに委譲して間もない一六八二年二月二五日、五世の脈が乱れ、不調の兆しが強かったので、摂政は、テルダクリンパを祈祷に呼び寄せるかと尋ねたが、間に合うまいとの答えがあり、ネーチュン、ラモ、サムイェーの護法神に急使が送られた。やがて、摂政を残して他のものに昼食に行くようにと命じた後、五世は摂政の頭を手で撫でながら、聖俗の政務、清朝、モンゴルとの接し方について詳細な指示を与え、さらに「死をしばらく秘匿せよ、転生者もまもなく明らかになろう、我らは菩提を得るまで不離である」と遺言した、と言われる。摂政を食事に立たせたその後で、祭祀長ガワンシェラプと侍医ダルモネに、摂政の補佐を命じたと、摂政サンギェーギャツォは述べている。

また、「秘密を保つため自分がいるように見せかけよ、決めかねることは、自分の守護尊マクソルマ神の前でタクディル占いで決めよ」と命じたという。それによって、まず秘密の期間について、六世を連れてくるまでとされた、という。

臨終に立ち会えなかったジャムヤンタクパが加わり、秘密を誓い、祭祀長と共に遺体に近侍した。翌日、摂政サンギェーギャツォは、秘密を知る側近チャンキムパ・ガワンキェンツェを、ネーチュン神降ろしに遣わし、密かに異変を伝えた。三月に入ると、遺体はミイラとすることに決まり、西側の部屋に運び、木箱に収め、西南に向けた。ニンマ派の両活仏には、その頃、事情が伝えられたらしい。

図4 サンギェーギャツォ

三月八日、青海ホシュートのグーシ・ハーンの次男のセチェン・オンボ・ロザンチュンペルに五世の死を明かし、五世と姿の似た替え玉として、ロカの草庵にいたテラップパ・カチュ・クンガギャツォなるものを十六日までに至急呼び寄せ、四月一日に秘密を打ち明け、その周辺の関係者と共に秘密を守る誓いを立てさせ、九日に会う清朝の使者などに対応させた。下旬に青海ホシュート右翼のダライ・ハーンに秘密を打ち明け、五世との面会を装わせた。翌月活仏パンチェン・ラマ二世（一六六三～一七三七年）の使節が到ったが、秘密は明かさなかった。九月二五日、相談のためテルダクリンパがポタラ宮に呼ばれ、摂政と葬儀や転生活仏の発見に関する具体的方針が諮られた。

十月三日以後、テルダクリンパが何日か、何回にもわたって五世に埋蔵書を差し上げる振りをしたり、十一月には講義をする真似もしている。年末にはドルジェダクの活仏もこの芝居に参加していたが、彼はテルダクリンパと共に招かれて、翌一六八三年二月、内密に五世の一周忌法会をラモチェで行なっている。その三月、テルダクリンパは単独で五世に伺候した振りをした。

当時五世の下に、北京版チベット大蔵経のもとになる写本群が摂政の指示で完成され、その目録が五世の著であるかのように制作された。この年十一月には後のラサン・ハーンがポタラに登城したが、禅定中を理由に、五世との面会を断わられている。しかし、翌月はテルダクリンパと五世が会ったかのような偽装がなされている。一六八三年末、清朝の使者が到ったが、一六八四年の年明けに替え玉に会って帰っていった。

5 摂政サンギェーギャツォと第六世の選出

一六八五年、清朝からガンデン座主ロドゥギャツォ（一六三五～一六八八年）をガルダンとハルハの調停使に送るように求める使節が到った。その際、替え玉がガンデン座主に、親しくエルデニ・ダライ・シレート・ホトクトの称号を下賜したかのように振舞い、翌月、彼を現地に送り出した。

ネーチュン、ラモ護法神の神託で、六世が生まれていると伝えられたので、六月、調査団には、護法神の言うポタラの南東方角と、摂政とテルダクリンパの夢を参考にした探索が指示された。彼らの意図を知らないまま、一行にはシャル・ケンチェンの活仏捜索という名目が与えられた。この時、調査団に選ばれたのは、一六七〇年代から五世の側近の一人であったカレクパ・シルノンドルジェとドパ・ソナムギェンツェンであった。二人は一六八五年六月五日に出発した。彼らは翌一六八六年二月二五日に目的を果たさず帰任するが、ツォナゾンに移される前の六世に、生家オルギェンリンで会っていた。それでいながら、幼児が五世の数珠に関心を示さず、五世の側近であった我々になんの反応もしなかったと言って、未来の六世を候補にしなかったとされている。

この報告を聞くより前の一六八五年九月三十日、すでに摂政は、明け方の夢にツォナの名をはっきり聞いたと称し、翌朝十月初め、使いをネーチュンに伝えると、翌二日、ネーチュンの神降ろしから、先に東南方角と言ったのと合致する、との答があったと言う。この翌三日、タワン・ラマから、ブータン国境に近いツォナゾンに六世が発見された、との手紙が届いた。調査団出発の前年の一六八四年八月に、ネーチュンの神降ろしは六世の誕生を確言している。新任の知事から、タワン・ラマの報告を追認する知らせと、ブータンから新活仏がつけ狙われているとの報告を受け、一六八五年十一月半ばに、新活仏六世をオルギェンリンからツォナゾンに迎えて保護するように、サンギェーギャツォから命令が出されていた。調査団の戻る翌年二月末より三ヶ月以上前であった。

これらの裏工作を露知らず、一六八六年二月末に帰任したカレクパ・シルノンドルジェら二人は、叱責されて、四月十日に遺品識別試験の名目でツォナゾンの再訪問に送り出され、五月五日にツォナに着き、形どおりの公認式を行ない、六月には化身としての認定が成立したと連絡してきたのである。これで一つの大事が決着した。ただ、秘密保持のため、一六八五年の十一月以後、六世をツォナゾンに保護して養育するしかなかった。いずれにしても、摂政サンギェーギャツォが自らの思うがままに六世を選んでいたことは、このように歴史的な事実であった。

六世候補は、テルトゥン・パドマリンパの弟子、オルゲンサンポの末裔であり、ニューの家系に属していた。摂政の最大の協力者テルダクリンパもニューの出身であり、彼の父ティンレールンドゥプの師であり父でもあった、その祖父ドガクテンジンは、ナツォク・ランドルの化身とされていた。そのナツォクもパドマリンパの弟子であり、テルダクリンパの学んだダルギェチューディンの開祖であった。つまり、ダライ・ラマ六世は、五世以来の大摂政の協力者テルダクリンパの係累から選ばれていたのである。

　摂政サンギェーギャツォの次なる大事は、内は五世の霊塔を建立して、それを納める紅宮をポタラ宮の南西面に建設することと、外はガルダン・ボショクト・ハーンを操作して、青海も掌握したまま清朝を牽制することであった。そのためにも五世の死は秘匿され続けられねばならなかった。

6　ガルダン・ハーンとトゥシェート・ハーンの抗争

一六八五年六月、新たに会盟に送り出されたガンデン大僧院座主ロドゥギャツォは、青海に到ると、チャンキャ・ガワンロザンチューデン（一六四二〜一七一四年）を伴って一六八六年夏、漠北ハルハ・モンゴルのクレーン・ベルチルに向かった。

　一行の到着直前、ハルハのジャサクト・ハーンが没して、後を継いだその子シャラが清使アラニに従って出席することになったが、ハルハのトゥシェート・ハーンの方は会盟の席に現れず、代わりに弟のジェプツンダンパ・ロサンテンペギェンツェン（一六三五〜一七二三年）が出席した。ただ、会盟後、ジャサクト・ハーンの配下の半数しか帰されなかったので、両者の確執はむしろ決定的になった。

　その後北京に向かったガンデン座主とチャンキャ・ラマは、一六八七年、康熙帝に二度の謁見を受けた。二度目にチャンキャ・ラマは康熙帝に求められて、弘仁寺の栴檀《せんだん》仏像の前で、ネニン・シャブドゥン・ガワンクンガデレクと宗義論議を試みたところ、たいそう気に入られ、そのまま北京に留まるよう命じられた。幸いにガンデン座主の取り成しが成功して猶予され、翌年アムドに帰るとグンルン大僧院の座主になった。この出会いによって、チャンキャ・ラマは後年康熙帝に重用されることになる。他方、ガンデン座主はこの年帰国の途中で没した。

　ジューンガルのガルダン・ハーンは、ハルハのジャサクト・ハーン・シャラを唆《そそのか》すと同時に、クレーン・ベルチルの会盟にジェプツンダンパがガンデン座主に礼を失したと非難し、一六八七年秋、ハルハのトゥシェート・ハーンを攻撃した。その際、シャラとガルダンの弟ドルジジャブが戦死した。しかし、翌一六八八年、戦局は反転して、トゥシェート・ハーンはジェプツンダンパともども大敗して、清朝に内付を願い出た。清朝はハルハ側の落度を認め、ガルダンに謝罪する形で和平の会盟をさせようと図ったが、成功しなかった。トゥシェート・ハーンの清への帰属に続いて、ガルダンの難を怖れるハルハ諸部は、雪崩《なだ》れをうって清に内付を申し出て来たのである。

この後ガルダンは、清朝にトゥシェート・ハーンとジェプツンダンパの引渡しを執拗に求めて止まなかった。一六八九年暮れに着いたチベットからの使者チャンパリンケンポ・ロザントゥンドゥプが、摂政サンギェーギャツォから伝えられたとして、皇帝に同じく二人の引渡しを要求するダライ・ラマの奏上趣旨を述べた。

康熙帝は激怒しながら、これが果たして真にダライ・ラマの言葉かと、問責の使者を直ちに派遣した。チャンパリンらはそのため八月帰任したが、折り返し出発させられている。

この一六八九年の五月、ジェドゥン活仏ことタツァクジェドゥン・クンチュテンペニマ（一六五二〜一七〇三年）が青海からガルダンのもとに派遣されていた。同じ頃イラグクサン・ホトクトとして知られる、ホシュートのバイバガスの子オチルト・セチェン・ハーンの第三子チュージェ・ギェルウェティンレも、康熙帝の命を受けてチベットから帰国の途中にガルダンのもとに遣わされた。

一六九〇年、ガルダンはハルハに侵入した。六月尚書アラニの清軍が敗れると、ゴビ砂漠を南下して翌月ウジュムチンの地に入り、相変らずトゥシェート・ハーンとジェプツンダンパを引き渡すように求めて来た。

八月朔日《ついたち》、清軍は北京の北方三百キロのウラーン・ブトゥンにいたガルダンに攻撃を加えた。ガルダンは、清の使者であったイラグクサン・ホトクトを、逆に清に遣わして同じ要請を繰り返しながら、ジェドゥン活仏が和平のため両軍の間に来るかのように予告させた。後日現れたジェドゥン活仏は、ガルダンの言として、もはやトゥシェート・ハーンは追わないから、ジェプツンダンパをダライ・ラマのもとに送るようにと要請したが、もちろん拒絶された。ガルダンと組んだダライ・ラマ政権とハルハの間は、このようにして修復不可能な形になっていった。十月、最終的に清は、ジェドゥン活仏の求めるまま、ガルダンにハルハ不侵の誓約を寄せさせ、その帰国を許して戦いを終えた。

7 サンギェーギャツォの諸画策

清朝は建国当初、ハルハを掌握するためにダライ・ラマを利用する方針だったが、三藩の乱以後、ダライ・ラマの権威を減殺する方向に転じていた。今やハルハがほとんど内付するに至ったので、モンゴル政策に一大変革を迫られ、一六九一年、康熙帝自らドローン・ノールに赴き、四月、サイン・ノヤン諸部長を含めたハルハ三ハーンと、新たに任命された四十九旗のジャサクをともども集めて臣礼を取らせ、以後ガルダンが誓言に背いて四十九旗を襲えば清が対決すると宣言した。清は勅使テンパセルチェを遣わし、この旨を九月十二日ダライ・ラマに伝えた。そのころ摂政は夢見が悪かったと告白している。

一六九二年二月、チベットの摂政はガルダンの遣使を迎えた。秋には、清から、ガルダンの甥ツェワンラブタンのもとに派遣された使節マディ（馬迪）が、ガルダンの手の者に殺され、ガルダンによって誓約が破られたので、その応答次第で決戦になる旨が、チベット側に通告された。

前年十月に、摂政サンギェーギャツォは、ガルダンの妻アヌのもとに遣わされていた使者の帰任報告に接した。翌一六九三年初めにガルダンの使者を迎えた後、清に遣使し、言を左右にした申し開きを重ね、ガルダンに背いたツェワンラブタンの責めを述べ立てた。

翌一六九三年六月、清朝に遣わした使によって、ダライ・ラマの要請として、チベットの国事は摂政に任せ切りになっているから、摂政に辞令と金印を下賜して欲しいと述べ、摂政の口上も添えた形で願い出て、結局許された。この時、明朝からパクモドゥパに与えられていた闡化《せんか》王の玉印も返還された。サンギェーギャツォは、青海に睨みを利かせる必要上、清朝のお墨付きによって正式にチベット王となることを必要としていたが、この時まんまとチベット国王たることを清に認めさせたのである。

康熙帝は、使節マディ殺害以後も、ガルダンに使いを送って説得したのにもかかわらず、彼の改まることのないハルハ敵視の動きを見て、一六九五年初め最後通牒を伝えた。ところが、その夏サンギェーギャツォから、ガルダンを廃してツェワンラブタンにハーン号を与えることのないように、また、青海地方一帯に配置された清の守備隊を撤回するようにと、ガルダンの都合にのみ沿う要請が寄せられた。自らの意向を逆なでにされた康熙帝は、怒りをチベット側に伝えると同時に、言を左右するだけのガルダンの使節にも、遣使無用を宣言して、侵攻に備えさせた。

ツェワンラブタンは、ガルダンの兄センゲの長男であったが、早くにその婚約者をガルダンに奪われ、一六八八年、弟ソナムラブタンが殺害されるに及んで身の危険を感じ、翌年、センゲの旧臣七人を含む五千の部下とともにエレーン・ハビルガ（天山山脈）に逃れ、ついでボロタラに移った。その翌年、ガルダンがハルハ攻撃のためウジュムチンに入り、一六九〇年ウラーン・ブトゥンで清軍に大敗すると、ツェワンラブタンはその機会に、ガルダンが留守にしたホブドを襲い、ガルダンの妻アヌや牲畜《せいちく》を奪った。清軍に大敗したガルダンには、この時すでに昔日の勢威はなかった。

一六九六年春、康熙帝はツェワンラブタンからの遣使を受け、返礼使を遣わして接近を図り、「ガルダンが誓いを破り、パンチェン・ラマの入京を阻止して、今バヤン・ウラーンに侵入して来たので、共通の敵として撃つ」と伝えている。

その頃チベットから使者が至り、パンチェン・ラマはまだ疱瘡を病んでいないので、北京への招待を受けられないと伝えてきた。

それにはサンギェーギャツォのメモとして「ガルダンが阻止しているからだ」と加えられていた。他方、パンチェン・ラマ二世の『自伝』には、チベットからの使者が奏上したとおりで、ガルダンによる阻止のような事実がなかったように書かれている。

康熙帝はその直前まで、ガルダンに降伏を勧めて止まなかったが、親征して、五月フィヤングにガルダンを撃たせ、ジョーン・モドで大勝し、ガルダンの妻アヌを殺した。大敗したガルダンは、数騎と共に戦場から逃れた。その際、「自分はケルレン地方に来たくなかったが、ダライ・ラマに（「東行は吉」と）扇動されて来た。彼に陥れられたのだ」と周囲に洩らしたと言われている。とすれば、サンギェーギャツォの策に嵌《は》まっていたのを意識していたのである。

サンギェーギャツォは稀代の大学者ではあったが、自らの地位を確立するために予言書を書かせ、神降ろしも利用している。ダライ・ラマ五世の死を隠し、虚言に虚言を重ねて清朝を欺き続けた。ニンマ派の埋蔵書とその予言、護法神の神託、前世想起話を初めとする、各種の転生者選出理由の捏造などによって、愚民政策を取り続けたのである。これは、活仏選定に象徴されるチベットの歴史的な、国を挙げての厚顔無恥な虚言妄想の習俗に慣れていたため、仏教の不妄語戒を微塵もためらわずに蹂躙することが出来たのである。

摂政は一六九六年、「五世ダライ・ラマが一六八二年に没し、今六世が認定されているが、いずれも護法神の神託によって秘密にされているゆえ、内々にお含みのほどを」と康熙帝に伝えた。これに対して、一六九七年春、康熙帝の取った対応は意外なほど寛容なものであって、摂政の奏請はおおむね聞き届けられていた。

ラサンは、六世登位後の一六九八年末、青海工作を終えてラサに到り六世に伺候し、存在を示していたが、タシルンポも訪れ、摂政をめぐる事情も掌握していた。そうした中で、父のチベット王ダライ・ハーンが、後継問題に決着をつけないまま、一七〇〇年十二月に没した。

この年の八月、摂政が清朝から「チベット王」位を剥奪されたことが引き金になって、グーシ・ハーンが一六四二年に確立した「チベット王」の実権と、ダライ・ラマ五世がそれを済《な》し崩しにして、恣意に摂政に渡した「チベット王」の名義をめぐる争いが火蓋を切った。

当時青海では、中央チベットのニンマ派の跳梁と六世の選出は、サンギェーギャツォの恣意によるものではないかという評判が、抑え切れないものになっていた。そのため、サンギェーギャツォは、この年の七月、青海に使者をおくってダライ・ラマ六世の正統性を確認する会盟を催したが、思っていたほどの信頼が彼のために回復していたわけではなかった。清朝による国王位返還の命令と並んで、六世選出の疑義が表面化するなどの不手際が続いたため、翌一七〇一年二月、サンギェーギャツォは六世に辞表を提出したが、六世は受け取らなかった。

ダライ・ラマ六世は即位の翌年、大招寺の玉座に就いただけで、以来年頭のムンラム祭の主催者の席に一度もつかず、ただ俗人の摂政サンギェーギャツォを名代に立てていた。また、ニンマ派テルダクリンパ・ギュルメドルジェからの受講などのほか、ドルジェダク寺の活仏やネーチュンなどの神降ろしとの接触を、早くから重ねるだけであった。他方、サンギェーギャツォが思うがままにダライ・ラマ六世を決めていたことは、直接選定に関わった者たちの間では明らかな事実として取り沙汰されていた。

一七〇二年四月、摂政からパンチェン・ラマに連絡があり、六世が二十歳に達したから具足戒を取るように願ったが、承知されず、困惑しているが、タシルンポに向かう様子なのでよろしくというのであった。六世は、六月十五日にタシルンポに着き、二十日に正式に迎えられたものの、その場では何に対しても反応せず、臨席者の全ての懇請も空しく、出家の戒をパンチェン・ラマに返上して、シガツェに十七日間滞在して帰った。この時、後のラサン・ハーンも、六世に随行していた。

翌一七〇三年早々、サンギェーギャツォはこの事件の責任を取り、摂政を我が子ガワンリンチェンに譲った。しかしその翌一七〇四年六月、六世がシガツェに来て、やりたいほうだいの乱行を尽くして、手がつけられなかったというおまけがついた。

ラサン・ハーンは青海に帰ることが決まり、ハーンは北方に出発した。ところがハーンは反転して、トゥルンのペンユルまでもどった。そこで調停が成立して、双方が軍を引き揚げ、サンギェーギャツォは引退することになった。しかし協定はすぐ破られ、前摂政は捕縛され、トゥルンに拉致され、殺害された。この間の経緯は『ジャムヤンシェッパ伝』に詳しく述べられている。しかし、パンチェン・ラマの『自伝』では、七月十七日に摂政は死亡したとのみある。

8 チベット、清朝の保護下に入る

その後のチベットの歴史を簡単に述べる。ラサン・ハーンは清朝と連絡を取り、ダライ・ラマ六世を逮捕して北京に送ったが、六世はその途中、青海の西南で死んだ。ラサン・ハーンは別の第六世ダライ・ラマを立てたが、青海ホシュートの左翼はこれに反発し、後の第七世ダライ・ラマ（一七〇八〜五七年）を立てようとした。ジューンガルのツェワンラブタンは、一七一七年、七千騎をもってチベットを奇襲させ、ラサン・ハーンを殺し、その立てるところのダライ・ラマを廃した。清朝は、やっとダライ・ラマ七世を公認し、一七二〇年、清軍を送ってラサに入り、七世を登位させた。ジューンガル軍は逃げ去った。これがチベットが清朝の保護下に入った最初であるが、雍正帝になると清朝は新政策を掲げ、そのため一七二三年、ラサからも清軍を撤退させた。

このとき、さきに清朝が青海ホシュートの期待を裏切り、彼らの間からチベット王を選ばなかったので、青海ホシュート部は清朝に臣従したがらなかった。おりしもグーシ・ハーンの末子ダシ・バートルの子、右翼のロブサンダンジンが、同じ右翼のチャガーンダンジンと勢力争いを起こした。これを口実として清軍が制圧に乗り出し、ロブサンダンジンはジューンガルに逃げた。その結果、青海地区は完全に清朝の直轄地となって、モンゴル同様の旗制が施行された。

チベットではその後、ラサン・ハーンの旧臣、ツァンのポラネー・ソェナムトプギェー（一六八九～一七四七年）が首班となって、二人のアンバン（駐蔵大臣）の監視下に、一七二八年独裁体制を敷いた。しかしあとをついだポラネーの次子ギュルメーナムギェルは、清から派遣されたアンバンの監視を嫌って反清行動に出たので、一七五〇年、二人のアンバンに殺された。満洲大臣であるアンバン二人はたちまち激昂した民衆に殺され、驚いた七世は二人の係累をポタラ宮に保護し、清軍の到着を待った。翌一七五一年、清軍が到着して、事件におけるダライ・ラマの処置を高く評価し、彼を主権者として、そのもとにおいてアンバンとの協議を条件に、四カロン（大臣）による行政制度を作った。清朝の保護下における第二次ダライ・ラマ政権の出発であった。

まもなく七世は死に、その後長い間、新ダライ・ラマが成年に達するやいなや、これを嫌った名代によって暗殺されるという、陰湿な時代が続いたあと、一八七六年、第十三世ダライ・ラマ・トゥプテンギャツォ（～一九三三年）がタクポの地に生まれた。

9 清朝末期とその後のチベット情勢

ダライ・ラマ十三世が生まれた年に、チベットの知らぬ間に、英国と清朝の間に芝罘《チーフー》条約が結ばれ、これに基づいて英国は一八八八年、チベットへの入国権を主張し始めた。一八九五年、ダライ・ラマは成年に達して実権を握った。同年、清朝は日清戦争に敗れ、チベットは半独立の主張を強め始めた。当時、英国とロシアはチベットをめぐって争い、一八九八年にはロシアのバラノフの使節団がラサに至っている。英国は神経をいらだたせ、一九〇四年、英国とインドの連合軍をチベットに進めてラサを占領し、ラサ条約を結んだ。ダライ・ラマは一足先に、アグワン・ドルジエフらの親ロシア派とともに北モンゴルのウルガ（今のウラーンバートル）に亡命し、その後清朝と接触しながら各地を転々としていた。

その間に、三つの大きな変化があった。第一はパンチェン・ラマ六世ロサンチョェキニマ（一八八三～一九三七年）のインド訪問であった。これによってダライ・パンチェン両ラマの深く長い対立が始まった。第二は英国と清朝の間のチベット条約で、清朝の宗主権を英国のチベット特権と取引する話がまとまり、駐蔵大臣張蔭《ちょういん》棠《とう》はチベット政府の代表者に金を渡して英国のインド政庁に支払わせた。これでチベットの半独立の主張も潰えた。第三はカムの中国化である。一九〇六年、趙爾豊《ちょうじほう》がバタン地区の叛徒を平らげて、清朝の直轄地とするむねを布告し、漢人を入植させて、一九一〇年には東チベットをギャンダまで削って西康省を立てた。

ダライ・ラマは一九〇九年末、ようやくラサに帰ったが、一九一〇年二月、趙爾豊の四川軍がラサに入り、ダライ・ラマはこんどはインドに避難した。パンチェン・ラマはその留守に、一九一一年初め、ダライ・ラマのノルブリンカの夏の宮殿に入り、ラサ市民の少なからぬ反感を買った。

同年十月、辛亥革命が起こって、翌年清朝は崩壊し、ダライ・ラマの反対派は粛清された。そのためダライ・ラマは一九一三年一月、ラサに帰ることができた。同月、ダライ・ラマは北モンゴルとの間にモンゴル・チベット条約を結び、たがいに独立を確かめ合った。十月、英国はシムラ会議を開いてチベット、中国の代表と協議した。一九一四年二月に英国のインド総督マクマホンが示した条件では、チベットを内外に分け、内チベットには中国の宗主権を認めるかわり、外チベットには中国はその自治権を認め、ダライ・ラマの選定を含めて内政に干渉しないというものであった。中国は内外チベットの境を東に移すことに反対してこの条約に調印しなかったが、英国はチベットだけとの調印で、いわゆるマクマホン・ラインなる国境線をチベットに認めさせた。

チベット国内では、一連の軍事行動で経済的負担が高まり、ダライ・ラマは大寺院・富豪に新税を課した。パンチェン・ラマのタシルンポ大僧院にも新税が課せられた。これを彼の清軍に対する協力に報復したものであるとして、一九二三年、第六世パンチェン・ラマ・チョェキニマはタシルンポから青海に脱出し、一九二五年初め北京に到着した。

10 第十三世の死とその後

一九三三年の暮れにダライ・ラマ十三世が死んだ。西寧に駐していたパンチェン・ラマは、中華民国代表及び五百の中国兵の護衛のもとにチベットに入国しようとしたが、一九三七年、ジェクンド（青海省玉樹県）まで至り、そこで死んだ。第十三世ダライ・ラマが長く逗留したゆかりの地、青海のタクツェにダライ・ラマの転生者が生まれ、一九三九年、テンジンギャツォと命名され、一九四〇年の春、チョカン寺（大招寺）において位に登った。これが第十四世ダライ・ラマ（一九三五年〜）である。

一九四五年、第二次世界大戦が終わり、外では一九四七年、インドが独立して、英国に代わってチベットに関する権益を継承した。一九四九年、中国共産党が中国本土を掌握すると、北京放送はチベットを中国の一部であるとして、解放の宣言をした。一九五〇年、インドは新中国を承認して、大使を迎えた。その十月、中共軍の進撃がはじまった。十四歳のダライ・ラマは、それまでチベットを治めていた名代職から全権を返還され、インドとの国境ヤトゥンに逃れた。

パンチェン・ラマの転生者は西寧に生まれ、クンブム寺で出家し、国民党はこれを援助して、一九四九年夏、勝手に第七世パンチェン・ラマとして公認してしまった（一九三八〜八九年）。しかし、まもなく西寧は共産軍の手に落ち、パンチェン・ラマもその支配下に入った。

一九五一年八月、ダライ・ラマはラサに帰った。パンチェン・ラマもタシルンポ寺に帰った。一九五六年、西蔵自治区籌備《ちゅうび》委員会が発足し、ダライ、パンチェンの両ラマは正副委員長になったが、第二副委員長には張国華がなり、実質的には中国共産党チベット委員会の独裁であった。その間にもラサの共産軍は二万にふくれあがり、物資は缺乏し、物価は高騰した。

この年、ダライ・ラマはパンチェン・ラマとともに、インドで催された仏誕二千五百年祭に出席した。その間に、毛沢東はチベットの改革の遅れを指摘したため、一九五七年、ダライ・ラマが帰国したとき、中国側は軍を補強して、有無をいわさず改革を促進する姿勢に変わっていた。それとともにチベット国内の各地の抵抗は激化し、一九五八年末には反乱は東部カム地方から中央チベットにも及び、たやすく制しがたいものになっていた。そのようななかで一九五九年三月十七日、ダライ・ラマはインドに脱出し、インドのネルー首相がこれを受け入れた。

ダライ・ラマの去ったあとのチベットでは、いわゆる無産階級文化大革命によって伝統的な遺産が少なからぬ損害を受けた。他方、現在、ダライ・ラマは北インドのダラムサーラに住し、インド各地にはチベットから脱出した僧によって僧院が建てられ、中央チベットにあった大僧院の名が冠せられている。亡命した一般の人々は、チベットに近い北インドや、ネパール、シッキム、またはデカン高原のマイソール地区におおむね集団をなして居住し、生活も安定している。また、少数の選ばれたチベット人は、ヨーロッパ、アメリカや日本に留学生、もしくは研究者として渡来し、チベット学・チベット仏教の研究水準を一挙に高めるのに貢献している。

ダライ・ラマ十四世は、世界各地をめぐって積極的な布教活動に従事し、平和運動家としても少なからぬ成功を収めて、一九八九年にはノーベル平和賞を得た。

一方、中国共産党は二〇〇五年、西寧からラサに通ずる、全長一、九五六キロメートルの青蔵鉄路を建設し、もはやチベットを手放さない姿勢を顕示している。その後、二〇〇八年の北京オリンピックで、世界の眼が中国に集中した結果、中国共産党がこの国に漢人中心の変革を実現してきたことが少なからず明らかになった。これから中国指導部とそのチベット政策がいかに成り行くかは、なお明確ではない。

他の西洋諸国とは異なるロシアと清朝の関係史を辿る

清朝とロシア

【その関係の構造と変遷】

柳澤 明
Yanagisawa Akira

やなぎさわ・あきら 一九六一年東京都生。早稲田大学大学院博士後期課程退学。早稲田大学文学学術院教授。主要論文「一七六八年の「キャフタ条約追加条項」をめぐる清とロシアの交渉について」(『東洋史研究』六二巻三号、二〇〇三)等。

清朝とロシアの関係を、他の西洋諸国との関係と同列に論ずることはできない。なぜなら、第一に、西洋諸国との間では、本格的な外交といえるものは、ほぼ十九世紀における近代の幕開けと同時にスタートしたといってよいのに対し、ロシアとの間では、十七世紀前半の清朝建国期から実質的な外交が始まっていた。第二に、西洋諸国は海域世界を通じて清朝にアクセスしたため、礼《れい》部《ぶ》の管轄下に置かれたが、内陸からアクセスしてきたロシアは、理藩院《りはんいん》の管轄であった。礼部管下の世界と理藩院管下の世界は、清帝国の多元構造の中で相互に異質な部分を構成しており、従って、対ロシア関係は、必然的に他の西洋諸国との関係とは異なる性格を帯びるに至ったのである。二六〇年に及ぶ両国関係の推移は、当然ながら曲折に富んでおり、限られた紙幅で過不足なく叙述することは困難を極めるが、以下に一通りの展望を試みたい[1]。

1 初期の両国関係——最初の接触からキャフタ条約体制まで

ロシアの冒険者たちがアムール流域に姿を現し、住民から強引に毛皮税を徴集しはじめたのは、ちょうど清朝が全力を挙げて中国征服を進めていた一六四〇年代のことである。中国の征服・経営で手一杯であった清朝は、すぐには有効な手を打てなかったが、

写真１　アルバジン付近のアムール川

手前がロシア側，対岸が中国側

一六五〇年代に入ると兵力を充実させて討伐に乗り出し、アムールから一時的にロシア人を駆逐した。しかし、清朝の側にも、恒久的な拠点を築いて一帯を確保する力はなかったため、一六六〇年代になると、ロシアの勢力はふたたび浸透しはじめる。一方、一六五〇年代には、モンゴル経由での両国の接触も始まっていた。アムールとは異なり、この方面では、当初からロシアの中央政府が前面に立っていた。ロシア政府は、清朝との国交樹立、貿易の確立をもくろんで、一六五六年にバイコフ大使を、さらに一六七六年にはスパファリー大使を北京に送り込んだ[2]。しかし、両者はともにアムールでの紛争に関しては交渉の用意をもたなかったため、ほとんど成果を挙げることができなかった。アムールをめぐる交渉が進展しないことに業を煮やした康熙《こうき》帝は、一六八〇年代に入ると吉林《きつりん》・黒龍江一帯の軍備を一段と強化し、一六八五年、ついにアムールにおけるロシア側最大の拠点であったアルバジンの攻撃に踏み切る。戦いは翌年まで続き、最後は膠着状態となるが、この間にロシアは清朝との包括的交渉に応ずる方針を固め、ゴロヴィーンを全権大使として送った。双方の会談は当初モンゴル北境のセレンギンスクで行われる予定であったが、後述するガルダンのハルハ進攻のために延期され、結局、一六八九年八月（ユリウス暦）にネルチンスクで八ヶ条からなる条約が締結された。史上に名高いネルチンスク条約である。この条約によって、国境はレナ水系とアムール水系の分水嶺と定められ、ロシア勢力はアムールから完全に閉め出されることになった。

ネルチンスク条約が結ばれるに至った直接の契機は、前述のように、アムールをめぐる紛争である。しかし同時に、この条約は、モンゴル情勢とも密接に連関していた。条約締結直前の一六八八年、ジューンガルのガルダンがハルハ（外モンゴル）に進攻し、多くのハルハ諸侯が清朝統治下の内モンゴルに逃げ込んだため、康熙帝は、この事態をどうさばくか、難しい決断を迫られていた。こうした状況は、もちろんロシアとも無関係ではなかった。ガルダンがロシアと手を結ぶ可能性があったからである。[3] そこで、康熙帝は機敏に先手を打ち、ひとたび流れたロシアとの条約交渉をただちにネルチンスクで再開し、短時間のうちに締結に漕ぎつけた。条約には、双方の貿易を原則自由とする規定が盛り込まれたが、これによって対清貿易の足がかりを得たロシアは、もはやガルダン援助という選択肢を顧みることはなかった。この意味においても、ネルチンスク条約は、清朝にとって外交上の大きな成功であったといえよう。

清朝が一六九一年のドローン＝ノール会盟によってハルハ諸侯に忠誠を誓わせ、次いでジューンガル勢力を西方に駆逐した結果、両国の勢力圏はモンゴルでも接触することになった。

この結果、十八世紀に入ると、両国とも辺境の監視体制を逐次整備し、実質的な国境と呼べるものが形成されていったが、住民の越境や逃亡をめぐる紛争もしばしば起こった。一方、貿易に関していうと、ロシアはほぼ三年に一回のペースで官営隊商を北京に送り込んだ。[4] これに対して、清側は官員を派遣して護送し、交通費・食費を負担する一方、人数や北京滞在期間に順次規制をかけていった。[5] なお、北京貿易とは別に、モンゴルのイフ＝フレー（庫倫）とチチハルでも、小規模な交易が営まれていた。

ところが、一七一七年、清朝は一転してロシア隊商受け入れを停止する。その背景には、おそらく一七一五年以降のジューンガルとの抗争再燃があった。すなわち、戦争に伴うモンゴル情勢の流動化を懸念した清朝は、ロシアに圧力をかけて、国境をめぐる諸懸案を一気に解決しようとしたのであろう。しかし、こうした強硬策はリスクを伴っていた。貿易停止に驚いたロシアからは、一七二〇年に特命公使イズマイロフが北京に送られてきたが、交渉は進展せず、一方、対ジューンガル戦争も、チベットでは成功を収めたものの、天山・アルタイ方面では膠着状態となり、清朝の北方政策は手詰まりに陥ってしまった。一七二二年に即位した雍正帝は、閉塞状況を打開するため、ジューンガルに対して一時的に宥和政策をとる一方、ロシアにもサインを送った。これに対して、ロシア側もようやく国境を含む諸問題の包括的解決を決意し、ウラディスラヴィチを全権として送り込む。そして、複雑な交渉の末、一七二八年六月に十一ヶ条からなる条約が国境付近のキャフタ川において交換された。条約には、モンゴル方面の国境を定めたほか、北京貿易、キャフタ交易場の設立、越境・逃亡事

写真2　キャフタの商館（гостинный двор）址

1840年代に建てられたもの。ここで茶などの取り引き・検査が行われた

件の処理等に関しても詳細な規定が盛り込まれた。こうして対ロシア関係を安定させると、翌一七二九年、雍正帝は一転してジューンガル討伐令を発する。以上の経緯を見れば、キャフタ条約もネルチンスク条約と同様、清‐ジューンガル戦争の文脈と密接に連関していたことが浮かび上がってこよう。

キャフタ条約によって確立された枠組みは、その後約一三〇年にわたって、基本的には有効に機能した。もちろん、その間においても、国境や貿易をめぐるトラブルを契機として一時的に関係が緊張化することはあったが、清朝はそのたびにキャフタ貿易を停止して圧力をかけ、ロシア側の譲歩を引き出した。一七六八年のキャフタ条約追加条項、一七九二年のキャフタ市約は、いずれもこうした経緯の末に結ばれたものである。なお、時に中断を挟みつつも、キャフタでの貿易は総じていえば順調に発展し、十九世紀に入ると、キャフタ経由でロシアに運び込まれる茶は莫大な量に上った(6)。その繁栄は、十九世紀末の東清鉄道（中東鉄路）開通まで続くことになる。

2 「朝貢国」というフィクション

ここでは、十八世紀以前の清‐ロシア関係を、より理念的・構造的な面から眺めてみよう。一般に、アヘン戦争以前の清朝は、華夷思想に基づいて、西洋諸国を含むすべての外国を朝貢国として扱っていたとされる。いかなる外国も、清朝と公式に関係を結ぼうとすれば、臣下の礼をとらなければならず、その端的な表現が、外国使節が皇帝に謁見する際に強要された三跪九叩頭《さんききゅうこうとう》の礼であった。また、貿易は、恭順な外国に対する一種の恩恵として、朝貢に付随する形でのみ許されるものであった。しかし、近年指摘されているように、清朝は一方で、儀礼と結びついた外交から切り離す形で、一定の対外貿易（互市）が営まれることを容認していた。この種の貿易においては、外国＝朝貢国というフィクションに破綻をきたさないよう、官が表面に出ることは慎重に回避された(7)。広州での対西洋貿易、長崎での対日本貿易はその典型といえる。

ロシア使節に対しても、清朝は同様に叩頭の礼を要求し、『実録』をはじめとする公式記録には、ロシア使節の来訪は「朝貢」と記録されている。すなわち、外国＝朝貢国というフィクションにおいて、ロシアもまったくの例外だったわけではない。しかし、十七〜十八世紀の清朝にとって、西洋諸国や日本との関係と対ロシア関係との間には、明確な差異があった。前者においては、つまるところ貿易以外に大きな懸案はなかったので、あえて実質的な外交には踏み込まず、官が直接にコミットしない貿易を適当に機能させておけば、それで事が足りた。ところが、ロシアに関しては、真の外交交渉によらなければ解決できない課題が山積しており、とりわけ、ロシアをジューンガルに接近させないための工作がどうしても必要であった。このため、ロシアとの関係が成熟するにつれて、使節の皇帝への謁見というような避け得ない場面を除き、実質的な外交の場では、両国対等の慣行が形成されていった。ネルチンスク条約も、キャフタ条約も、少なくとも実際に交換された条約文においては、この原則が貫かれている。対等性という面において、清朝がもっとも柔軟だったのは、雍正朝期である。たとえば、一七二九年にロシアに使節団を派遣する際、理藩院はロシア元老院に対して、「わが中国の例では、諸国に使者を遣わす場合、みな『旨を下した』と書く。わが国と汝らロシア国は隣国（adaki gurun）であるので、旨の書を下すわけにはいかない。そこで、今回もただ使者だけを送った(8)」と述べている。この文面からは、外国＝朝貢国という原則と、現実の対ロシア関係とを何とか折り合わせようとする苦心が読み取れる。

また、対ロシア外交を全体として「非可視化」する装置が存在したことも忘れてはならない。理藩院所轄の藩部関係事務の通例にならって、対ロシア関係事務に参画する中央・地方の官僚も、ほとんど旗人または藩部の人間で占められていた。そこで用いられる行政用語は主として満洲語であり、漢語が表立って使われることは稀で、ロシア関係の記録も、『実録』等に簡略に採録される場合を除き、ほとんど漢訳されることはなかった。ネルチンスク条約から一八五八年の愛琿《アイグン》条約に至るまでの諸条約・協定に漢文テキストが存在しないことは、こうした原則を象徴するものといえよう。すなわち、対ロシア対等外交は、旗人官僚と満洲語の世界の中にがっちりと封じ込められ、華夷思想が盤踞《ばんきょ》する漢語世界からはほとんど見えないようになっていたのである。

次に、情報収集と相互認識という観点から、両国関係の変遷を概観してみたい。両国の最初の接触以来、ロシア側は一貫して清側の情報を精力的に収集した。外交使節や伝書使は、清朝の国情や軍事力を秘密裏に探るよう常に指示されていたし、キャフタ条約によって北京常駐が認められた正教伝道団も、重要な情報源であった。伝道団には満洲語・漢語等を学ぶ留学生が随行しており、やがて彼らの中から、外交の実務を担う人材が育ってくる。また、辺境のロシア官吏は、清朝の目を盗んで、ハルハの王公ともしばしば接触していた。翻って、清側も概ね雍正年間までは、ロシア情報をかなり積極的に収集していた。一七一二〜一五年にヴォルガ河畔のトルグートに使いしたトゥリシェンは有名な『異域録』を著しているし、一七三〇年代にモスクワとサンクト＝ペテルブルクに派遣された二度の使節団も、一定の情報を持ち帰ったと思われる。また、雍正帝は、ロシア人と接触する機会の多い黒龍江将軍等に、機会あるごとに情報収集を命じている。ロシア語リテラシーに関しても、一七〇八年には北京に「内閣俄羅斯《オロス》文館」が開設され、翻訳者の養成が図られた。ところが、乾隆朝以降になると、ロシア情報収集に対する清朝の意欲は、急速に低下したように見える。たとえば、一七六八年のキャフタ条約追加条項締結交渉の際、ロシア側代表団は情報提供者を通じて清側の内部文書のコピーを多数入手していたが、逆に清側がロシア側の内情を積極的に探ろうとした形跡はない。この交渉においては、前述のように、表面的には清側が貿易停止によって圧力をかけ、譲歩させたかに見えるが、情報の収集・分析という面では、実はロシア側が圧倒的に優位に立っていたのである。また、内閣俄羅斯文館も、看板だけは十九世紀まで存続するものの、次第に有名無実となり、ついに翻訳の実務家を生み出すことはなかった。こうした情報収集意欲・能力の懸隔も、十九世紀以降、ロシアの攻勢に対して清朝が受身に立つことになる要因の一つとして、見逃すことはできない。

3　十九世紀の転機

十九世紀の露清関係における最大の変化は、ロシア側が完全に主導権を握ったことであるが、同時に、それが清朝と西洋・日本との関係と密接に連動するようになったことも、あらたな特徴である。とはいえ、世紀が変わってもしばらくの間は、両国関係の基本構造は前世紀と同様であった。たとえば、一八〇五〜〇六年にロシアは清朝との通商拡大を企図してゴロフキン大使を派遣したが、清側は、彼がイフ＝フレーに着いたところで、嘉慶《かけい》帝からの賜宴に際して叩頭を拒否したことを理由に、北京への通行を拒

写真3　ハバロフスクにあるムラヴィヨフ像

絶した。また、一八五一年には、新疆《しんきょう》のイリとタルバガタイにおけるロシア領事駐在、無税貿易、領事裁判権を認めるイリ通商条約が結ばれる。ロシアが不平等条約を押し付けたように見えるが、実際には、これらの条項は清側から提案したものであった。アヘン戦争後の南京条約体制についても、清朝は華夷秩序の理念に当てはめて解釈しようとしていたことが指摘されているが[9]、イリ通商条約も、基本的には同様の文脈で捉えることができよう。

しかし、三年後の一八五四年には、大きな構造転換が始まる。同年、ムラヴィヨフの率いるロシア艦隊はアムールを河口まで航行し、流域への植民を開始した。アムール航行は十八世紀以来ロシアの念願だったが、この時期に強行された直接の理由は、クリミア戦争によってオホーツク海沿岸のロシア拠点が英仏の脅威にさらされたことにある。ここに、西洋諸国のアジア進出と露清関係の連動という、新しい構図が明確に現れてくる。次いで一八五七年にアロー戦争が起こると、ロシアはアムール方面で清朝に圧力をかける一方、英仏と清朝との交渉を仲介しつつ、より包括的な利権獲得を目指した。その結果が、一八五八年の天津条約と愛琿条約、一八六〇年の北京条約である。一連の条約によって、ロシアはアムール以北と沿海地方の広大な地域を獲得し、新疆方面でも国境を有利に画定し、上海以下七港での貿易権を得た。何よりも、北京条約がネルチンスク・キャフタ両条約の無効を謳ったことは、十七世紀以来の基本的枠組みが解体され、両国関係があ

写真4　一八八一年のサンクト＝ペテルブルク条約に基づいて画定された国境にあった界碑
新疆ウイグル自治区・ホルゴスにて

らたなステージに入ったことを象徴している。なお、この時期以降、従来清朝内部で管轄の分かれていた対西洋諸国関係と対ロシア関係は、新設された総理各国事務衙門の所轄する「洋務」に統合された。

一八七一年、ロシアは新疆のムスリム反乱に乗じてイリ・タルバガタイ一帯に軍を進駐させ、一八八一年のサンクト＝ペテルブルク条約によって、撤兵には応じたものの、あらたに若干の領土を獲得した。さらに一八九〇年代になると、シベリア鉄道の建設を進めるロシアは、東北（満洲）への直接進出を企図する。日清戦争後の三国干渉によって清朝に貸しを作ったロシアは、黒龍江・吉林を横断してウラディヴォストークに至る東清鉄道の敷設権を獲得し、一九〇〇〜〇一年の義和団事件に際しては、建設中の鉄道を守ることを口実に、東北全域に兵力を進駐させた。

このように見てくると、列国による侵略競争の中で、ロシアがもっとも露骨に清朝の領土を侵食し、大きな利権を獲得したことは、疑いようもない事実である。しかし、この時期の清朝が、ロシアに対して必ずしも受け身一方であったということもできない。たとえば、一八七〇〜九〇年代に清朝の外交・軍事の中枢を担った李鴻章《りこうしょう》は、列国（特に日本）を牽制するために、ロシア・カードをしばしば利用した。日清戦争の危機が迫ると、彼はいちはやくロシアに仲介を要請しているし、戦後の一八九六年には、日本を標的とする秘密攻守同盟（李－ロバノフ条約）を結んだ。日本に対抗するためにロシア（ソ連）と接近するという構図は、孫文や中国共産党の戦略とも相通ずるものがある。

さらに、ロシアの辺境侵食は、多様な統治システムが併存する前近代的帝国であった清朝が、一元化された領域国家を指向する契機ともなった。一八七〇年代に新疆回復の可否が議論された際、沿海防衛のためには新疆放棄もやむなしとする李鴻章らの海防論に対して、左宗棠《さそうとう》らは、もし新疆を失えば、モンゴル、ひいては首都北京もロシアの脅威にさらされることになるから、何としても奪回すべしという塞防論を展開した。そして、新疆回復に成功すると、清朝は一八八四年に省制を施行する。これは、中国内地と内陸アジアの藩部地域とを異なる行政システムの下におき、相互の交流を抑制するという従来の基本原則を覆すものであった。また、東北（満洲）について見ると、十七世紀以来、清朝は中国内地からの移民を原則禁止していたが、アムール以北がロシア領になると、ロシアのさらなる南下を恐れた東北の現地当局は、防衛費捻出のために、移民導入による経済開発の推進を求めるようになる。こうした方策は、一九〇一年以降の「新政」期において「徙民《しみん》実辺」のスローガンの下にさらに促進され、漢人移民が飛躍的に増大した結果、一九〇七年には内地に準ずる省制が施行される。

このように、ロシアの脅威は、いささか逆説的な意味においてではあるが、東北や藩部地域の中国内地との一体化を促進し、今日の中国という国家の枠組みが形成される素地を作ったのである。

注

（1）両国の最初の接触から清末に至るまでの詳細かつ要を得た概説として、吉田金一『近代露清関係史』（近藤出版社、一九七四年）がある。本稿に言及のない諸問題については、同書を参照されたい。

（2）バイコフは西モンゴル（オイラト）のホシュート部の仲介を経て北京に向かったが、スパファリーはネルチンスクからチチハルを経由するルートを通った。

（3）実際、ネルチンスク条約後のことではあるが、ガルダンはロシアとの連携を模索し、一六九一〜九二年にモスクワのロシア皇帝のもとに使節を送っている。

（4）一七〇六年以降、一般商人が清領に赴くことは厳禁された。官営隊商とは、国有財産の毛皮等を商人に委託し、彼らが北京で仕入れた中国商品をトボリスクやモスクワで転売して差益を得るという仕組みである。

（5）こうした扱いには、北京貿易を「朝貢」であるかのようにカムフラージュする意図が込められていたと思われる。北京貿易の枠組みについては、澁谷浩一「キャフタ条約以前のロシアの北京貿易——清側の受入れ体制を中心にして」（『東洋学報』七五巻三・四号、一九九四年）参照。

（6）一方、キャフタの繁栄とともに北京貿易は衰退し、一七五四年を最後に北京への隊商派遣はストップした。

（7）上田信『海と帝国』講談社、二〇〇五年。岩井茂樹「清代の互市と〝沈黙外交〟」、夫馬進編『中国東アジア外交交流史の研究』京都大学学術出版会、二〇〇七年。

（8）ロシア帝国外交文書館（АВПРИ）：**Фонд 62: Опись 1: 1731 г. дело 2: лл.23-25**〔原本〕

（9）浜下武志『朝貢システムと近代アジア』岩波書店、一九九七年。

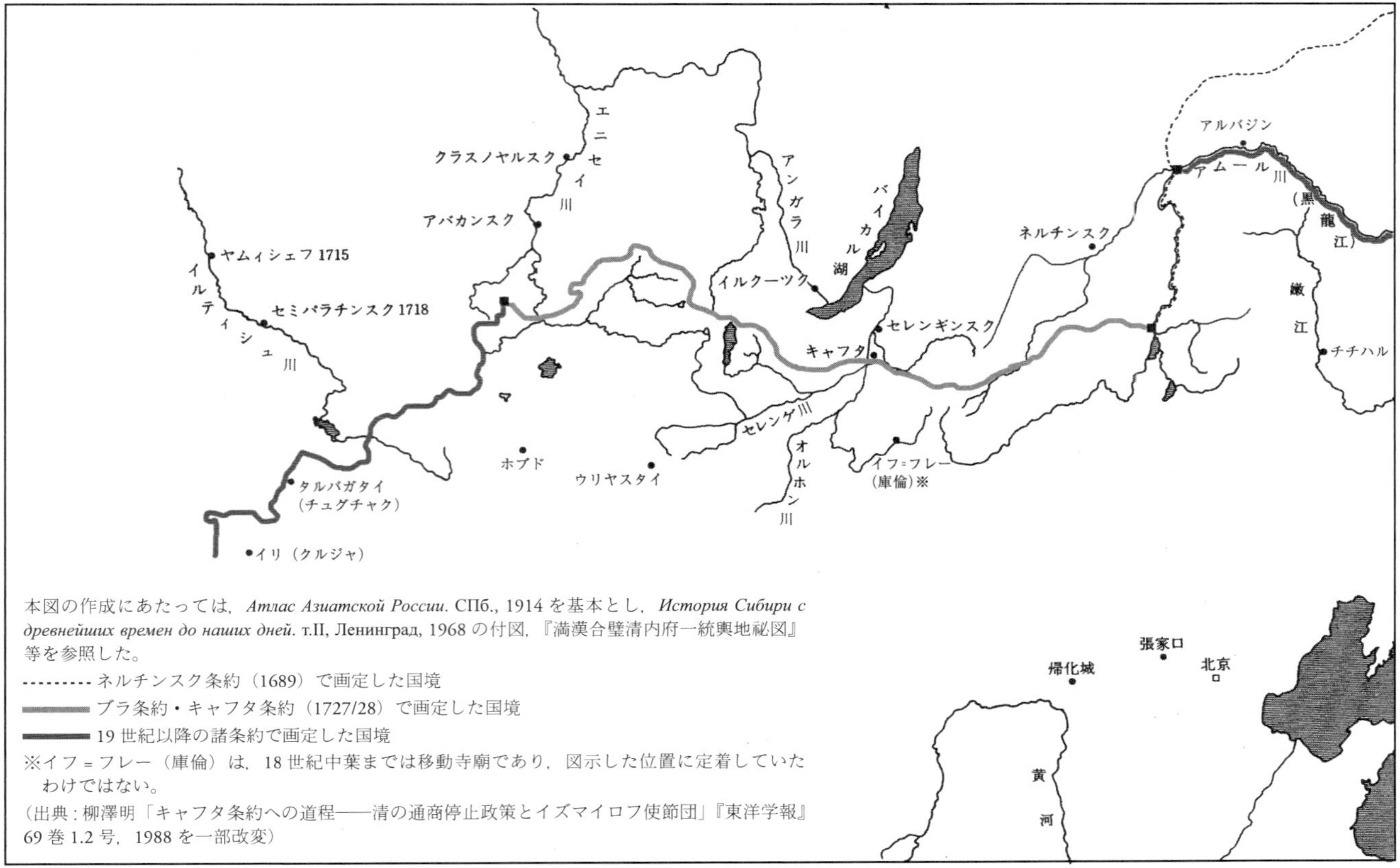

本図の作成にあたっては，*Атлас Азиатской России*. СПб., 1914 を基本とし，*История Сибири с древнейших времен до наших дней*. т.II, Ленинград, 1968 の付図，『満漢合璧清内府一統輿地秘図』等を参照した。

- - - - - ネルチンスク条約（1689）で画定した国境

▬▬ ブラ条約・キャフタ条約（1727/28）で画定した国境

▬▬ 19 世紀以降の諸条約で画定した国境

※イフ＝フレー（庫倫）は，18 世紀中葉までは移動寺廟であり，図示した位置に定着していたわけではない。

（出典：柳澤明「キャフタ条約への道程——清の通商停止政策とイズマイロフ使節団」『東洋学報』69 巻 1.2 号，1988 を一部改変）

露清国境地図概略図

熱意とリーダーシップに満ちた第五代皇帝・雍正帝が確立した行政システムとは？

雍正帝の政治

【「即位」問題と諸改革】

鈴木 真
Suzuki Makoto

すずき・まこと　一九七四年岐阜県生。筑波大学大学院博士課程歴史・人類学研究科修了。博士（文学）。ノートルダム清心女子大学准教授。清朝史専攻。主要論文「清朝入関後、旗王によるニル支配の構造」（『歴史学研究』八三〇、二〇〇七）等。

1 奏摺制度の駆使

清朝（一六三六～一九一二）の第五代皇帝・世宗雍正帝《せいそうようせい》（一六七八～一七三五、在位一七二二～三五）は、在位期間は約十三年と短いが、きわめて密度の濃い皇帝人生をすごした人物である。雍正帝に関するもっとも有名な評伝としては、宮崎市定《いちさだ》の名著『雍正帝――中国の独裁君主』が挙げられ、当該書の雍正帝は「皇帝独裁」を確立した皇帝として描かれる。また近年の概説書でも、雍正帝の政策や統治理念は必ず言及され、それらの書を一読すれば、奏摺《そうしょう》を存分に活用し、強烈なリーダーシップを発揮して政治を行った雍正帝像は確乎としたイメージで読者の脳裡に刻まれる。

まず雍正帝が駆使した奏摺について説明しておこう。明朝（一三六八～一六四四）以来、官僚から出される上奏文の主流を占めた題本は、複数の衙門《がもん》・関係官僚の手を経てから皇帝の手元に届けられていた。それに対し、雍正帝の父・聖祖康熙帝《せいそこうき》（在位一六六一～一七二二）の時代に用いられるようになった奏摺は、発信者である官僚から上奏文が密封されたまま皇帝の手元に届けられる。そして皇帝自身が開封し、その案件に対して朱筆で指示（硃批《しゅひ》）を書き込み、また密封して官僚の元に返還したものである（官僚

図1　雍正帝

は皇帝の硃批を確認後、それを再度宮中に送付した)。他人に奏摺を代筆させた上奏者に対して自筆で記すよう注意を促す康熙帝の硃批が残っているように、初期においては特に機密性を重視したものであった。もともと奏摺は私信的性格を帯びたものであり、当初は限られた側近などにのみ認められていたものが、漸次一般の官僚にも適用されていったようである。

雍正帝はこの奏摺による文書行政システム(奏摺制度)を継承し、拡大・定着させた。これによって上奏文の処理速度は向上し、全国各地から届けられる奏摺の案件を皇帝一人が決裁することが可能となった。もっとも、奏摺に記される案件について担当衙門に下し、その内容の是非を吟味・検討するよう命じることはあったので、すべての案件が極秘裡に決定されたわけではないが、いずれにせよ最終的な決定権は皇帝にあった。雍正十年(一七三二)三月、雍正帝は宮廷に返還・保管されていたこれらの厖大な奏摺群から、地方統治の参考になりそうなものを選り抜き、字句を訂正したり口語的表現を改めたりするなどして文章を整えさせた。これらは上奏した官僚ごとにまとめられ、次の乾隆朝に『世宗憲皇帝硃批諭旨』として公刊されている。この奏摺制度は、雍正朝以降の政策審議において重要な位置を占めることとなった「辦理《べんり》軍機処《ぐんきしょ》」(雍正七年ごろに対ジューン=ガル戦役に際して新設され、当初は軍需房と称された)の設置によって一層重要度を増すことになり、以後の歴代の清朝皇帝にも継承された。

2　諸種の皇帝像

こうした奏摺制度が、皇帝にとって多大な労力を要求するシステムであったことは確かである。紫禁城の執務室でひたすら大量の奏摺に目を通す雍正帝の勤勉さは疑うべくもない。このほかにも雍正帝の皇帝としての熱意とリーダーシップを際立たせる事績は多い。たとえば雍正帝は、雍正二年七月に『御製朋党論』を公布し、官僚が朋党(利害を同じくする政治グループ)を形成することを指弾した。また雍正六年に湖南省の諸生曾静《そうせい》が川陝《せんせん》総督岳鍾《がくしょう》琪《き》(漢人)に謀叛を勧めた廉で京師《けいし》に送還されて来ると、雍正帝は自らの考えを披露し、逆に曾静を啓蒙したという。この事案に関する上諭や曾静の供述などを著録した『大義覚迷録』では、夷狄による漢地支配の正当性が主張されており、雍正帝はこれを全国に宣布した。その中で雍正帝は満洲人の清朝が「夷」であることを認めているが、古代の聖王である舜や、周の文王の出自が「夷」であったことを引き、清朝による中国支配を正当化している。出自ではなく徳の有無を重視するこの論法自体は五胡十六国時代の胡族君主らも用いたものであるが、はるかに宏大な領域を支配する清朝皇帝として、雍正帝の強い自負が滲み出ているといえよう。

このように、およそ無能とか怠惰とかいう評価とは無縁の雍正帝であるが、その一方で冷徹な皇帝としてイメージされることが多いのも確かである。その治世の前半において多くの異母兄弟や旧臣らを断罪したことが、その印象を決定的なものとしているのであろう。そしてそのおおもとにあるのが、雍正帝の即位時の不透明な情況――いわゆる「雍正簒位」説である。すなわち、父・康熙帝の意中の後継者は第四皇子胤禛《いんしん》（雍正帝）ではなく別の皇子であったにもかかわらず、危篤の康熙帝の枕頭に侍った満洲大臣のロンコド（隆科多）が遺詔を改竄し、自身と親しい胤禛の名に書き換えて継位させた、という風説である。この風説の存在が、雍正朝の政治史研究において、やや偏った見方を生んでいるという側面は否定できない。つまり不透明な事情によって即位を果たした雍正帝が、皇位継承の有力候補であった異母弟ら、そして即位の裏事情を知る大臣・将軍を粛清した、という先入観によって雍正帝とその政策を分析するのである。そしてそれは、全官僚の頂点に立ち、強大な権力を握った独裁君主という雍正帝像と容易に結びつく。そのため雍正帝が行った異母弟らの幽閉・旧臣らの粛清に対する認識も、中華皇帝は「君臣関係」こそ重要であり、身内の情は超越せねばならない、といった論調で説明される。しかし当時の宮廷内における一連の権力闘争は、八旗社会の伝統的な構造と切り離して論じることはできない。宮崎市定『雍正帝』は、清朝皇帝が有する多面的な相貌のうち、主に中華皇帝としての横顔のみを描いており（その点はその点で否定するわけではないが）、満洲人のハンとしての雍正帝についてはほとんど言及するところがない。すなわち雍正帝の、「上三旗の旗王」としての横顔である。以下でこの点について述べてみたい。

3 「八旗改革」

八旗とは清朝の軍事・社会制度であり、清朝において支配者層と位置づけられる人々（満洲人、王朝極初期に帰順したモンゴル人・漢人ら）は、鑲黄・正黄・正白・正紅・鑲白・鑲紅・正藍・鑲藍旗の八つの集団（八旗）のいずれかに所属して旗人と呼ばれる。そして上三旗（鑲黄・正黄・正白）は皇帝自身が、下五旗（正紅・鑲白・鑲紅・正藍・鑲藍旗）は旗王たちが分有し支配していた。旗王とは、太祖ヌルハチによって各旗に分封された、ヌルハチの諸子・甥の後裔たち（すなわち有力な家系の皇族たち）である。彼ら旗王は北京城内城にそれぞれの王府を構え、父祖から高位の爵位とともに、旗人数百人で編成された「ニル」と呼ばれる集団を代々受け継ぎ、そのニルに属する旗人たちを自身の麾下《きか》（満洲語ハランガ）として支配していた。そして皇帝も、自身の麾下である上三旗以外の旗には、必要以上の介入を行わず、旗王とその麾下の旗人たちとの累代の主従関係を尊重していたという。

しかしその構造は、中華皇帝の横顔も持つ清朝皇帝にとって、不都合を生み出す。八旗社会の内部では、旗人たちはそれぞれの旗王に仕えていたが、一面では王朝の官僚となって俸給を食み（＝旗人官僚）、皇帝を支える存在でもあった。だが彼ら旗人官僚は、ともすれば官僚としての立場ではなく、旗人としての立場を優先した。つまり皇帝よりも、自らの旗王を重要な主君として奉じていたのである。そのため、地方に赴任した旗人官僚が本来は国庫に送るべき税金を着服し、自身の仕える王府に密かに送金するなどの私的流用も決して珍しいことではなかった。官僚は基本的に数年ごとに転勤を繰り返して中央・地方を異動するから、主君たる旗王は、麾下の旗人官僚を通して、北京の王府に居ながらにして中国全土の地方財政を侵蝕し得たのである。

そうした旧弊を排除し、八旗の内部においても権力を確立したのが雍正帝である、と理解されている。雍正帝の治世中、重要な政策のひとつとして数えられるものにいわゆる「八旗改革」がある。雍正帝は、ニルの領有を高位の爵位を有する旗王にのみ認めたり、また爵位の高下によって領有できるニルの種類・数を定めたり、あるいは個々のニルの把握を容易とするためニルに序数番号を附与するといった類の改革を行った。また八旗に関する初の政書である『八旗通志』はこの雍正帝の時代に本格的に編纂が開始されたが、これには雍正帝の「八旗改革」後の新たな状態が反映されている。もっとも雍正帝の「八旗改革」は、旗王らが有する伝統的な支配権にある程度の制限を加えたものの、全否定するものではなかった。しかもその制限は、康熙朝後半期〜雍正初年に新たに分封された旗王（多くは雍正帝の異母兄弟や子・甥）や弱小の旗王に加えられたに過ぎず、太祖ヌルハチや太宗ホンタイジの諸子を始祖に持ち、各旗において圧倒的多数のニルを領有する嫡系の旗王家に対しては基本的には行われなかったようである。つまり雍正帝は過去の清朝皇帝たちと同様、旗王によるニルの領有・旗人の支配という八旗の伝統的な構造を変えることはなかった。雍正帝が中華皇帝としてではなく、八旗に対してはあくまでハン——上三旗の旗王として臨もうとしていたためであろう。

しかし雍正帝がその上三旗に対して即位直後から権力を貫徹し得たとはいえない。康熙年間には鑲白旗の旗王のひとりであった雍正帝は、即位後新たに自らの麾下となった上三旗に対して、一から君主としての地位を固めていかねばならなかったのである。

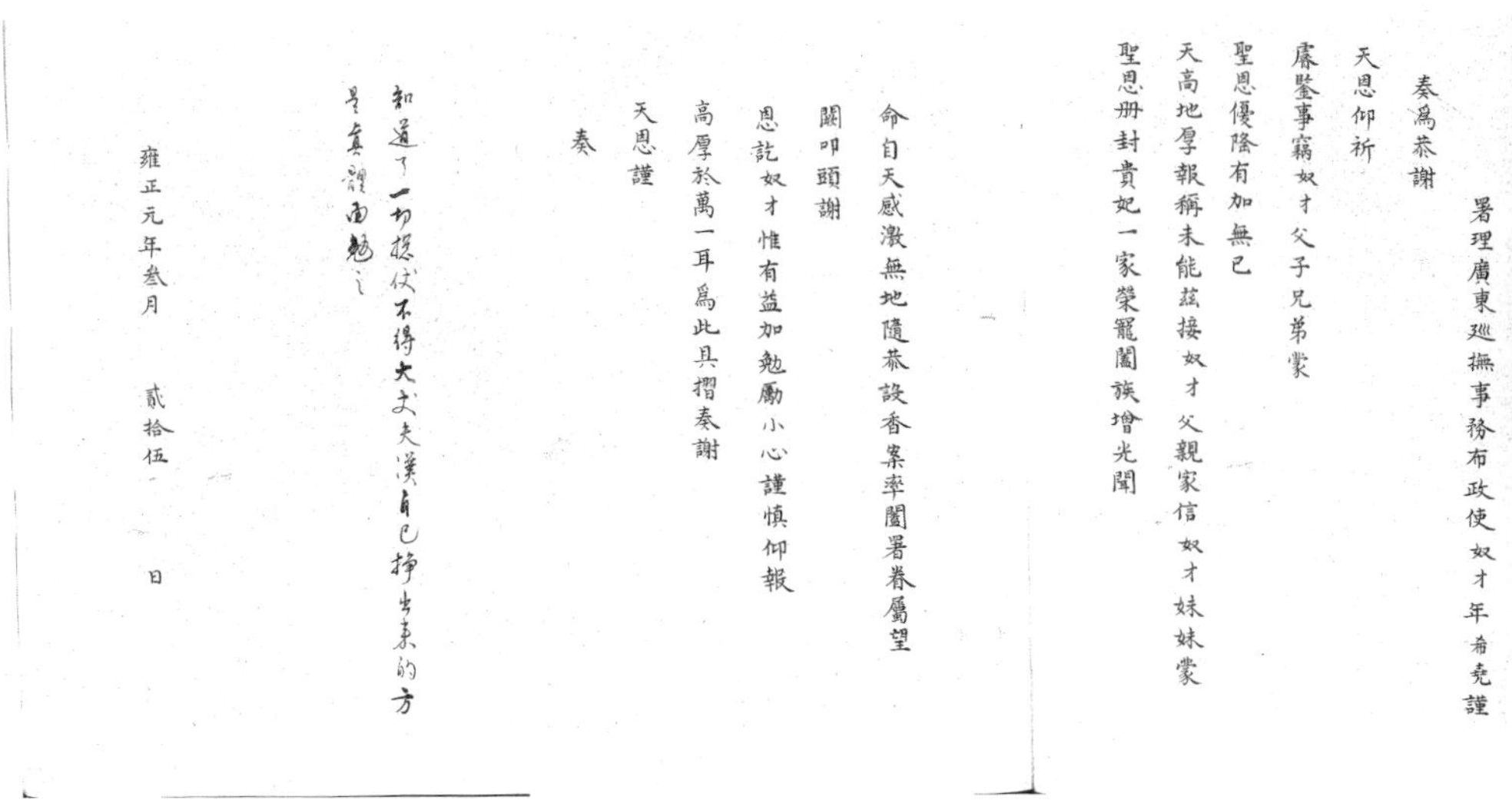
署理廣東巡撫事務布政使奴才年希堯謹
奏為恭謝
天恩仰祈
睿鑒事竊奴才父子兄弟蒙
聖恩優隆有加無已
天高地厚報稱未能茲接奴才父親家信奴才妹妹蒙
聖恩冊封貴妃一家榮寵闔族增光聞
命自天感激無地隨恭設香案率闔署眷屬望
闕叩頭謝
恩訖奴才惟有益加勉勵小心謹慎仰報
高厚於萬一耳為此具摺奏謝
天恩謹
奏
知道了一切提伏不得大丈夫漢自己掙出來的方
是真體面勉之
雍正元年叁月　貳拾伍　日

図2　妹の貴妃冊封に関する年希堯の奏摺

（『清代皇帝御批真跡選』西苑出版社，1995より）

4　皇子時代と即位事情

ここで、皇子時代（旗王時代）の雍正帝、すなわち雍親王《ようしんのう》胤禛について述べておこう。清朝皇帝の皇子は、成人すると下五旗のいずれかの旗に旗王として分封される。幼くして即位した祖父順治帝・父康熙帝と異なり、康熙帝の第四皇子胤禛は康熙三七年（一六九八）にまず多羅《ドロ＝》貝勒《ベイレ》（上から三番目の爵位）として鑲白旗に分封された。つまりその麾下に鑲白旗のニルを分与されて鑲白旗旗王のひとりとなったのである。そして同四八年には和碩《ホシヨ》雍親王《ようしんのう》（同一番目）にすすめられ、麾下のニルの数も加増された。ニルの数でいえば、満洲ニル六・蒙古ニル三・漢軍ニル三であり、ボーイ＝ニル（「家のニル」）と呼ばれる従属度の高いニルを含めると、旗王胤禛はその麾下に成人男子三千名ほどの鑲白旗人（および彼等の家族を含めた集団）を従えていた。この中に、有名な撫遠《ぶえん》大将軍年羹堯《ねんこうぎょう》や、その兄年希堯《ねんきぎょう》（「年窯」の名称は彼に因む）らがいた。ただこの当時、鑲白旗における筆頭格の旗王は順治帝の異母兄の後裔である和碩《ホシヨ》顕親王《けんしんのう》であり、康熙帝の皇子とはいえ胤禛の勢力はそれほどのものではなかったと考えられる。胤禛が構えていた雍親王府は京師内城の鑲黄旗大街にあり、胤禛の即位後には「雍和宮」と改称され、のちにチベット仏教の寺院となった。現在では北京市内の観光地としても著名である。

そして雍親王胤禛が四五歳のとき、すなわち康熙六一年（一七二二）十一月に康熙帝が北京の暢春苑《ちょうしゅんえん》で崩御し、その遺詔によって胤禛が即位することになった。雍正帝である。このとき雍正帝は清朝皇帝の座に就いたわけであるが、満洲人のハンすなわち八旗における上三旗の旗王としては、またいささか事情が異なる。雍正帝はつい先頃までは鑲白旗旗王だったわけで、上三旗の旗人たちが亡き康熙帝に対して捧げたのと同等の忠誠を、ただちに雍正帝に尽くしてくれるわけではない。ただでさえ上三旗には満洲・モンゴルの大貴族（権門）が轡《くつわ》を並べており、雍正帝がたやすく彼らを統禦し得たわけではなかった。とくに雍正帝の場合、母系氏族が名門だったわけでもなく、しかも彼自身しばしば述懐しているように、皇子時代に宮廷の上三旗の大臣らと親交をもたなかったから、この問題は切実であった。そのため即位後の雍正帝は、異母弟の正藍旗和碩廉親王允禩《ホショれんしんのういんし》（康熙帝の第八皇子）・同怡《い》親王允祥《しんのういんしょう》（同第十三皇子）、満洲大臣ロンコド・マチ（馬斉）の四人を総理事務王・大臣に任命し、あらゆる諸事務を委ねた。このうち怡親王允祥と大臣ロンコドは雍正帝と親しい間柄であった。雍正帝即位後、胤禛の諱《いみな》を憚って異母兄弟らは名の「胤 in」を「允 yǔn」に改めていたが、允祥は死後に「胤」字の使用をゆるされるほど重用されている。しかしもう一方の廉親王允禩は康熙末年当時、皇位継承候補者として上三旗の大臣らの人望を集めた人物であった。また大臣マチはその当時允禩の麾下にあり、主人允禩の皇位継承のために策動して康熙帝の不興を買い、一時的に失脚した過去をもつ。いわば雍正帝にとって、かつてのライバルとその与党の大臣なのである。この両名を政権の最重要機関に組み込まざるを得なかったように、雍正帝の即位当初の政権は微妙なバランスの中で出発したといえる。

5　藩邸旧人重用による足場固め

そこで雍正帝が当座の手駒として重用したのが、「藩邸旧人」である。雍正帝が皇帝（上三旗旗王）となったため、かつての麾下の鑲白旗人たちは雍正帝の皇子の麾下に継承され、藩邸旧人と呼ばれるようになっていた。彼らはなお雍正帝の息のかかった旗人たちであり、重要なポストに抜擢されていく。国家財政の要である戸部銀庫（全国から税金として送られてきた莫大な銀塊の保管庫）の監査の担当官僚、西北方面の軍糧管理、各地の関税監督、江南の織造《しょくぞう》等である。織造とは皇帝家の家政機関である内務府の出先機関のひとつで、江南において宮廷に納める織物の生産を担当していた。しかしその最重要任務は、漢人文化の先進地域であり反満洲の気風が根強い江南の動向を監視し、北京の皇帝に報告することであった。亡き康熙帝は、この織造に上三旗の中でも包衣（満洲語ボーイ＝ニヤルマ、原義は「家の人」）と呼ばれる側近の李煦《りく》や曹寅《そういん》を就けていた。しかし彼らは康熙帝個人の側近であって雍正帝の腹心ではない。そのため雍正帝は父帝の包衣を退け、本来は上三旗人の就くべき織造に、藩邸旧人の鑲白旗人を登用している。実は雍正帝の母系氏族であるウヤ（呉雅）氏は元来正黄旗の包衣で、雍正帝の側近とするには格好の存在だった。しかし彼らは康熙年間、雍正帝とは不仲である同母弟允禵《いんだい》（康熙帝の第十四皇子）の属下として仕えており、当初の雍正帝にとってはいまひとつ信頼が置けなかったようである。

このように八旗内の主従関係によって重用された藩邸旧人であるが、雍正帝が新たな人材を発掘・育成するにしたがい存在意義を失い、やがて一般の官僚の中に埋没してゆく。雍正三年十二月、代表的な藩邸旧人である杭州将軍年羹堯が九二ヶ条の罪状により自裁を命じられるが、この断罪事件は上三旗の旗王である雍正帝が、鑲白旗旗王時代の残滓を払拭しようとする決意表明であったとも理解できよう。

6 上三旗の旗王として立つ

また雍正帝はかつての旧臣らを頼るだけでなく、それに並行して自らの新しい「上三旗」の構築、すなわち旗人の育成に着手している。たとえば雍正帝は雍正元年（一七二三）、各省の行政長官である総督・巡撫ら最上級地方官のうち、下五旗の旗人であった者（およびその近親）をことごとく上三旗に異動させている。また見所があると目をつけた下五旗の旗人を適宜引き抜いて上三旗に移しており、その中からも人材を抜擢していった。ただし雍正帝は、何から何まで皇帝麾下の上三旗に集中させようとしたわけではない。さきに述べたように雍正帝は旗王による旗人支配を認めており、無理やり旗人たちを旗王の麾下から引き離すような真似はしなかった。宮崎市定のいう「総督三羽烏」のうち、鑲藍旗漢軍旗人の田文鏡《でんぶんきょう》はのちに正黄旗に上げられるが、鑲藍旗満洲旗人で内閣大学士にも登用されたオルタイ（鄂爾泰）はそのまま下五旗に留め置かれている（残るひとりは漢人の李衛《りえい》）。

雍正帝は、唯一の頂点として君臨する存在であろうとしたわけではない。『御製朋党論』で批判の対象としたのは主に官僚と官僚との横の繋がりであって、旗王とその麾下の旗人との、縦の主従関係についてではなかった。これは雍正帝が、旗王とその麾下の旗人との伝統的な主従関係を容認していたためであり、雍正帝の八旗に対するスタンスは全旗人の頂点に立つことではなく、あくまで皇帝麾下の上三旗を掌握することにあったためである。だからこそ、自身の異母弟たちが上三旗の大臣らと密接な関係をもち朋党を形成していたことに対しては容赦をしなかった。一方の上三旗の権門大臣たちからすれば、康熙年間に自分たちが推していた（上三旗の旗王として担ぎ上げようとした）皇子たちが、冷遇されている現状が心愉しいはずがない。これまでと変わらず、皇帝になれなかった廉親王允禩や固山貝子允禟（康熙帝の第九皇子）との関係を保ち続ける。こうした彼ら権門の行為は、上三旗の旗王であろうとする雍正帝にとって、挑戦以外の何ものでもなかった。雍正四年（一七二六）、允禩や允禟は相次いで改名（阿其那《アキナ》・塞思赫《セスヘ》）の上、皇籍を剥奪されるという厳罰を蒙り、幽閉死させられる。「雍正簒位」説にからみ、雍正帝の狙いはこの允禩・允禟であったと見なされがちであるが、雍正帝を上三旗の旗王として仕えようとしない、上三旗の権門大臣も重要な標的であった。この二ケ月後、朋党の領袖であるアルスンガ（阿爾松阿）とオロンダイ（鄂倫岱）が処刑される。この断罪こそ、雍正帝が上三旗の旗王すなわちハンとして「即位」した瞬間といえるのかもしれない。

図3　洋装の雍正帝

7　「儲位密建」の方策と崩御

これまでの雍正帝像は多くの場合、中華皇帝としての側面が強調されてきたといえる。むろんそれも雍正帝の一面ではある。しかし、紫禁城内における住居を「乾清宮」（天下の中心）から小規模な「養心殿」に移したことからもわかるように、雍正帝は必ずしも中華皇帝としての振る舞いに頓着しなかった。それは後継者の指名方法にもあらわれる。父・康熙帝は清朝皇帝として初めて自身の存命中に正式に皇太子を冊立《さくりつ》した。しかし早々と後継者を明示したことが裏目に出て、治世の後半期を皇太子問題で懊悩することとなった。それに対し雍正帝の創始した「儲位密建《ちょいみっけん》」は、皇帝が自らの意中の後継者である皇子の名を記して錦匣に密封し、それを乾清宮の「正大光明」の扁額の裏に安置して皇帝崩御まで秘すという方策であった。雍正元年八月十七日、雍正帝は乾清宮の西暖閣に総理事務王・大臣以下、満漢の大臣を召してこの方策について議論させたところ、総理事務大臣ロンコドが賛意の口上を述べ、諸王大臣も従った。そこで雍正帝は四人の総理事務王・大臣以外を退出させて扁額の裏に匣を安置した（総理事務王・大臣死去ののち、雍正帝はこの中身を密かに大学士の張廷玉・オルタイにのみ見せたという）。この方策は、皇帝の後継者を生前に明らかに定めないという清朝の伝統的方式に、皇帝の意思を反映させるものである。

図4　乾清宮「正大光明」匾額

雍正十三年（一七三五）八月二三日、雍正帝は五八歳で崩御する。この死に関しても暗殺説や薬物による中毒死などの風説が囁かれるが、雍正帝の治世を振り返るとき、長年の過労という死因がもっともしっくりくる。このとき後継者として公表されたのが、第四皇子の和碩《ホショ》宝親王《ほうしんのう》弘暦《こうれき》、すなわち乾隆帝（在位一七三五～一七九五）である。乾隆帝は雍正帝の政治路線を忠実に継承したわけではない。しかし乾隆朝における度重なる外征（およびその結果としての清朝の支配領域拡大）を可能とした下地は、日夜朱筆を揮って官界の綱紀を粛正し、国力を蓄えた雍正帝の時代に築かれたものであった。

主要参考文献

石橋崇雄『大清帝国』講談社（講談社新書メチエ）、二〇〇〇年。

岡田英弘『康熙帝の手紙』中央公論社（中公新書）、一九七九年。

岸本美緒・宮嶋博史『世界の歴史12　明清と李朝の時代』中央公論新社（中公文庫）、二〇〇八年（初版一九九八年）。

岸本美緒「一八世紀の中国と世界」『七隈史学』二号、二〇〇一年。

細谷良夫「清朝に於ける八旗制度の推移」『東洋学報』五一巻一号、一九六八年。

――「八旗通志初集「旗分志」編纂とその背景――雍正朝佐領改革の一端」『東方学』三六号、一九六八年。

――「八旗覚羅佐領考」『星斌夫博士退官記念中国史論集』同記念事業会、一九七八年。

――「雍正朝におけるニルの名号呼称について」、護雅夫編『内陸アジア・西アジアの社会と文化』山川出版社、一九八三年。

――「清朝中期の八旗漢軍の再編成」、石橋秀雄編『清代中国の諸問題』山川出版社、一九九五年。

宮崎市定『宮崎市定全集14　雍正帝』岩波書店、一九九一年（該当部分の初出一九五〇年）。

雍正帝の行楽を描いた図

清代中国における貨幣の歴史を通じて、清朝のさまざまな側面を見る

貨幣史から描く清朝国家像

【清朝の複合性をめぐる試論】

上田裕之
Ueda Hiroyuki

うえだ・ひろゆき　一九七八年北海道生。筑波大学大学院修了。博士（文学）。中国近世史。筑波大学大学院助教、駒澤大学非常勤講師。主要論文「清、康熙末年から乾隆初年の京師における制銭供給と八旗兵餉」（『史学研究』二〇〇五）等。

1　清朝の複合性への視座

清朝を語るにあたっては、いくつかの文脈がありイメージがある。ひとつは、満洲人を中心に構成された八旗《はっき》によって多様な政治的・文化的背景をもつ版図の統治を成し遂げた満洲王朝としての顔。ひとつは、中国漢人世界の伝統的な中央集権・皇帝独裁体制を最も高い水準にまで押し上げた専制王朝としての顔。ひとつは、十六世紀以降の世界的な銀増大による商業の活発化と内外情勢の流動化に柔軟に適応して東アジアの秩序形成に成功した「近世」国家としての顔。そのどれもが確かに清朝の一側面を的確にとらえたものであり、これまでの膨大な研究蓄積からそれぞれ導き出された国家論である。

ここで注意を向けるべきは、清代におけるいかなる歴史事象も、多かれ少なかれ、清朝のさまざまな特色が影響を及ぼし合い融け合った結果として産み落とされたものだということである。つまりは、その相互影響のありようこそが「清朝なるもの」であった。満洲人皇帝を戴き八旗を国家の中核とし、漢人世界の政治文化そのものというべき集権・独裁体制を発展的に継承し、広域的な秩序再編の動きに対処していった清朝を、ある程度まとまりをもっ

たイメージのもとに把握するためには、それらの特色が現実にいかに絡み合って歴史的に推移していたのかを見極めていかなければならない。

そこで本稿では、清代中国における貨幣の歴史を題材として、上述のごとき清朝国家の複合性に迫りたい。清代中葉には、清朝による銅銭の大量供給が主たる要因となって、銀と並ぶ主要貨幣とされるまでに銅銭の地位が上昇した。そのように清代貨幣史の鍵を握る銅銭供給政策は、まさに清朝の諸側面が相互に影響を与え合う舞台だったのである。

2　清朝の中国進出と銅銭

明代中葉から日本・新大陸の銀が大量流入したことにより、中国の多くの地域では秤量《しょうりょう》貨幣としての銀が主たる貨幣となった。秤量貨幣とは、純度や重量によって額面を決定する貨幣のことである。一方の銅銭はというと、明朝が良貨の鋳造に消極的で、末期には鋳造差益の獲得を目指して悪貨濫造に走ったため、低品位の官銭・私鋳銭が充溢し市場の信任を失っていった。順治《じゅんち》元年（一六四四）に中国内地に進出した清朝が目にしたのは、さまざまな規格の銀と雑多な銅銭が入り乱れた貨幣状況であった。これに対して清朝は、銀と銅銭の併用という大枠を受け継ぎ、北京に入城したその月のうちに銅銭「順治通宝」の鋳造に着手する。そこには、中国の伝統的国幣である銅銭を発行して新しい支配者たることを宣言する意味合いが込められていた。だがそれはどちらかといえば建て前で、順治帝の北京入りさえ待たずに軍隊の北京入城後ただちに鋳造を始めたのは、鋳造差益を得て軍費を捻出するためであった。一文あたり重量一銭（約三・七三グラム）という軽量ながら、支給にあたっては銀一両＝七百文という銀安銭高レートが採用された。

しかし、市場のレートは、悪貨の流通により銀一両＝二～三千文に低落していた。物価は銀で決められていたので、そのような状況では、兵士が給与として銀一両の代わりに銅銭七百文を受け取っても、実際には銀三銭（＝〇・三両）程度の価格の商品しか購入できないことになる。それでは財政的には鋳造差益を得られても、兵士の生活を守り社会秩序を安定させることにはマイナスである。そこで清朝は、市場のレートを引き上げるべく段階的に新鋳の銅銭の重量を加増して、支給レートも銀一両＝一千文に切り下げた。ところが、康熙《こうき》十二年（一六七三）に勃発した三藩《さんぱん》の乱によって王朝財政は窮乏し、平定後の康熙二三年（一六八四）に再び差益獲得のための軽微な銅銭の濫造に逆戻りして、私鋳の盛行と銅銭の対銀レート低迷を招いた。こうして、明末以来の貨幣状況はほとんど変わらないまま、清初の数十年は過ぎていった。

写真1　順治・康熙・雍正・乾隆の銅銭

3　私鋳銭排除の意図と「銭貴」の発生

康熙三〇年代中葉、西北での対ジューン＝ガル戦が終わるころには、中国内地の支配も盤石となっており、王朝財政も緊縮期を脱した。そこで康熙四一年（一七〇二）、朝廷は私鋳銭の氾濫と銅銭の対銀レート低迷への対処に乗り出し、銅銭の重量を一銭四分（約五・二二グラム）へと大幅に引き上げることを決定した。しかし、王朝財政を統括する中央官庁の戸部《こぶ》は、差益目的で鋳造した従前の銅銭が大量に残存していたため、新しい銅銭の鋳造が未だ軌道に乗らないことを口実に従前の軽微な銅銭を支出し続けた。それゆえ、わずかに供給された新しい良質な銅銭も、「悪貨は良貨を駆逐する」というグレシャムの法則の通りに、退蔵されたり旧来の規格に合わせた軽量の私鋳銭に改鋳されたりして一向に流通せず、対銀レートの低落は打開されなかった。これに業を煮やした康熙帝は康熙四五年（一七〇六）、戸部に対して旧来の銅銭の支出をやめさせるとともに市場から既存の雑多な銅銭を買い上げるよう命じ、また、私鋳の取り締まりを強化、さらには重量を増した新しい銅銭の鋳造を強力に推し進めた。ただし、地方ではなおも私鋳犯の取り締まりが不十分であるとして、新しい銅銭は北京において集中的に鋳造・供給されることになった。

それから数年が経つと、北京とその周辺一帯で対銀レートが急

写真2　乾隆通宝の銭背

銅銭の裏側には満洲文字で造幣局の名称が鋳込まれている。例えば左下の銅銭には「boo jy」とあり，直隷保定の「宝直（bao zhi）局」にて鋳造された銅銭であることがわかる

激に上昇し、公定レートをも上回って、銀一両＝八百文前後にまで騰貴した。そのような現象を「銭貴《せんき》」といった。清朝はその原因をつかめず、とにもかくにも現状において銅銭が足りないのであるとして、北京での銅銭鋳造をますます活発化させた。ほどなくして康熙帝が没し、雍正帝が即位した。雍正《ようせい》帝は、北京での銭貴と、地方で従来から続く私鋳銭の氾濫を、いずれも国家による銅銭供給の不足が招いた結果だと考えた。しかし、この当時、中国への銅の主要な供給地は日本であったが、徳川幕府が発した正徳新例による輸出制限のため流入量が減少し、北京の銅銭鋳造をかろうじて支える程度しか確保できなかった。そこで雍正帝は、民間に対して鍋・火鉢・洗面器・キセルなどの銅製品の使用を厳しく禁じ、それらを強制的に買い上げて地方の銅銭鋳造に用いさせた。それは確かに実態をともなっていたようで、町から一切の銅が消えたという民間の記録もある。結果として、経済的先進地域でもあり日本銅の流入地でもあった江南で最も多くの銅器が買い集められ、ある程度まとまった額の銅銭が鋳造・供給された。するとやはり、流通量が増加しているはずの銅銭の対銀レートが高騰するという北京と同様の事態に至った。

　実は、北京や江南で起こった銭貴は、銅銭が増えたからこそ発生した現象であった。より正確にいえば、良質な銅銭の増加が引き起こしたものであった。そもそも重量や純度を量って使用する銀の使用は少なからずリスクをともなうものであったが、他に基軸とできるような貨幣がなかったために広まっていたに過ぎない。そこに突如として、私鋳銭排除に意欲を燃やす皇帝によって良質な銅銭が大量に供給されたのである。日常的な売買を中心に銀使用から銅銭使用への劇的な転換が起こるのは、当然のなりゆきであった。そのために、銅銭の対銀レートが騰貴したのである。加えて、当時の人口増大・経済発展は、銅銭供給によって顕在化させられるべき見えざる銅銭需要を膨張させていたと考えられる。

4 銅銭供給の行方を決定づけたもの
――北京の八旗と地方の財政――

こうして清朝は、期せずして「銅の時代」の扉を開いた。ただし、銭貴が社会問題化したとはいえ、清朝は民間の需要に即応して銅銭を供給していったわけではない。それは、銭貴で苦しんでいたのは誰だったのかという問題と関わっている。

銅銭使用が広まると、物価も銅銭によって建てられるようになる。そこで銅銭の対銀レート高騰から害を受けるのは、収入の額が銀によって建てられており、しかも生計が零細で日々細かな支払いを繰り返しており銅銭使用が避けられない人々である。かれらの実質収入は、銅銭の対銀レート高騰によって目減りすることになる。北京の八旗兵は、まさにそのような立場に置かれていた。

八旗は、中国進出以前に清朝に帰順したすべての満洲人・モンゴル人・漢軍将兵らを八つの「旗」に組織したものであり、その中核が北京に居住する禁旅《きんりょ》八旗であった。八旗には、世襲の爵位や文・武の官職を獲得して俸禄を受給していた有力な家系がある一方で、そのような地位・収入とは縁がない多くの「庶民」が存在していたが、旗人が商工業を営むことは禁止されていた。八旗兵とは、俸禄を得ることのできない旗人たちに兵餉《へいしょう》という名の「年金」を支給し養ったものなのである。つまり一種の社会福祉政策であり、その点では漢人部隊の緑営《りょくえい》、さらには宋朝の禁軍などとも相通じるところがある。しかし、緑営や宋の禁軍が社会全体のなかから体制に刃を向けかねない無頼や貧民を収容したものであるのに対し、清朝の八旗が決定的に異なるのは、それが辺外からの征服・移入者集団であり、しかも皇帝ないし特定の皇族が「旗王」として配下の旗人と直接的な主従関係を取り結び、在来の圧倒的多数の漢人と対峙していたことである。そのような組織論理に基づいて庇護されていた、八旗のなかの庶民が、八旗兵に他ならない。かれらの生活を保障し八旗の基層部分を下支えすることは、清朝にとって必須の政策課題であった。

しかし、物価は年々上昇し、かたや旗人の人口は増大して兵の定数＝「年金受給者枠」は八旗の庶民たちにとって十分なものでなくなっていた。そこにきての銭貴である。清朝財政は基本的に銀によって構成されていたから、八旗兵が受け取る兵餉は原則として銀であった。そのため、物価が銅銭で建てられている状況において銅銭の対銀レートが上昇すれば、その分だけ、受け取った銀の購買力は低下する。しかも、兵餉の支給業務はどうしても事務的にならざるを得ないので、決められた期日に巨額の銀が官庫から放出されることになり、そこで北京の漢人両替商たちは八旗兵たちが銀を受給して銅銭に兌換《だかん》しにやってくるのに合わせて一斉にレートを吊り上げた。八旗兵たちは兵餉を受け取るなり商人に取り囲まれて米・塩・薪などの代金を次々に請求されるありさまだったので、不利なレートでなけなしの兵餉銀を銅銭に兌換せざるを得なかった。この頃かれらの上官が皇帝に差し出した上奏文をみると、八旗のなかで両替商への憎悪が渦巻いていることを記すとともに、兵餉の銅銭支給割合を可能な限り引き上げるよう嘆願している。兵餉をはじめから銅銭で受け取れば民間で兌換する必要はなく、しかも兵餉への銅銭支給は銀一両＝一千文という公定レートに基づいていたので、八旗兵には二重に有利であった。当然、清朝は北京において銅銭鋳造を拡大し禁旅八旗の兵餉の銅銭支給割合を拡充することを最重要視し、その結果、銭貴の時期に北京において鋳造された銅銭は、国家全体の鋳造額の半分近くを占めるに至ったのである（**図1**参照）。

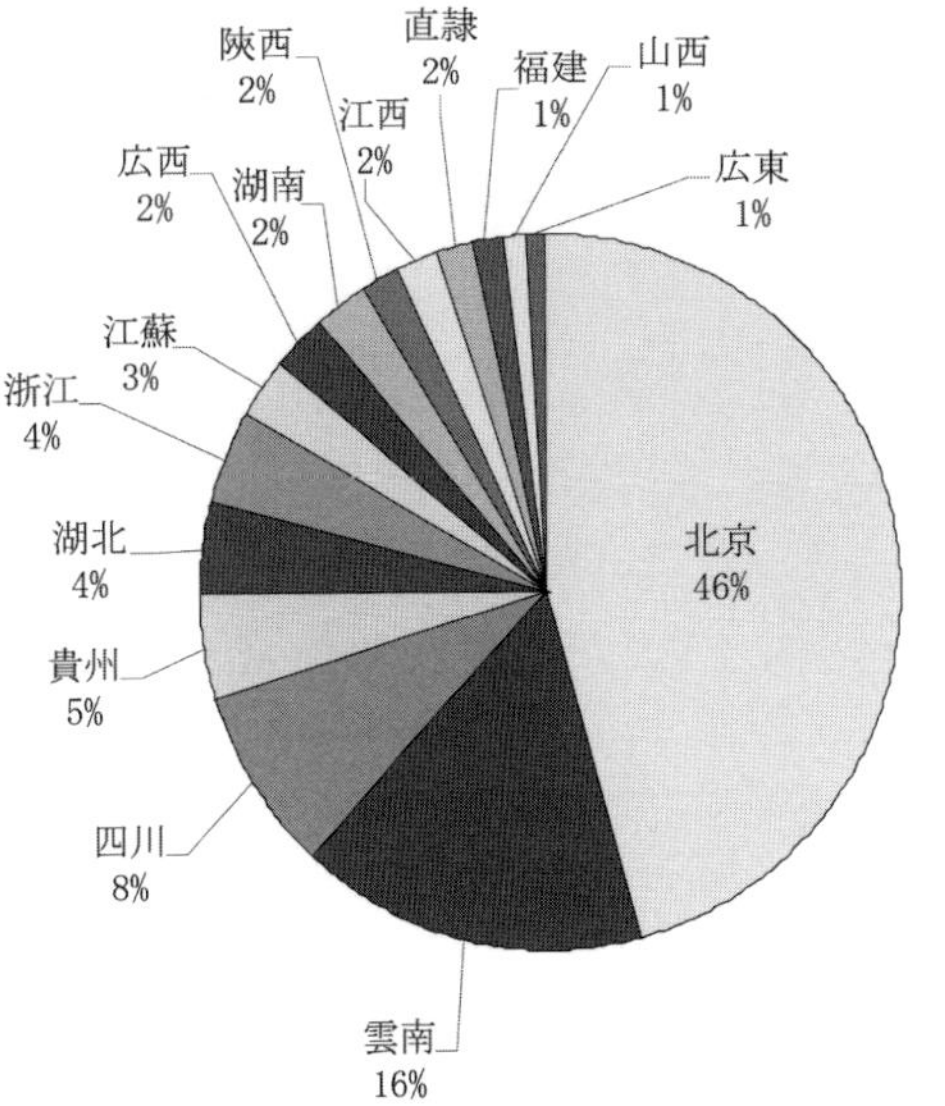

図1　乾隆元年〜同40年の銅銭鋳造総額に占める京師・各省の比率

典拠：『皇朝文献通考』巻16〜18；『欽定戸部鼓鋳則例』巻7〜10；「内閣漢文題本戸科貨幣類」所収題本。

　一方、地方におかれた駐防八旗や緑営の兵士たちも、同じく銭貴の弊害にさらされていたはずである。また、北京と並んで銭貴が深刻化した江南では、手工業や輸送業などに従事する多数の日雇い労働者たちが少額の銀建て賃金によって生計を立てていた。かれらは流動化した貧民であって、江南経済には欠かせない存在であったが、清朝は社会秩序維持の観点から常に警戒していた。しかし、清朝は銭貴の全国的なひろがりにも関わらず、地方に対しては「銅銭を鋳造する場合は、北京の銅調達を妨げない範囲において行え」という消極的な姿勢しか示さなかった。日本銅に取って代わるように、この頃から雲南を筆頭に中国内地で銅産が増大するが、清朝中央は銅を各地に適宜振り分けようとはしなかった。そのため、安価で銅を調達し鋳造差益を得られるところのみが鋳造の実施・拡大を追求することとなった。戸部の統括する王朝財政は、基本的に最低限の人件費しかまかなわないものであり、それ以外に必要な地方行政経費の財源確保は、地方官の自助努力に任されていた。そのような財政構造のもと、銅産地の雲南省では、自省の銅銭鋳造や北京・各省への銅売却の際に計上する銅の価格よりも安い費用で銅山から銅を買い上げ、その売却益を地方行政経費の最大の財源としていた。また、その他の諸省では、銅銭鋳造により差損が生じた場合、差損自体は王朝財政から補填できたものの、そこで計上されているのは銅・亜鉛の代価や技術者の給与などの固定的な支出のみであり、その他に要した種々の経費は手持ちの財源からの持ち出しとなった。反対に、銅銭鋳造により差益が生じ、上述の経費に充当してもなお差益が残れば、それを地方行政経費の財源に繰り込むことができた。そこで地方官がいかなる政策を志向するかは、火を見るよりも明らかというものである。結局、北京が買い取る以外の余剰の銅の多くは銅産省およびそこからの輸送費がほとんどかからない周辺諸省にとどまり、そこで差益獲得のための銅銭鋳造に供されることとなった。

5　最盛期の銅銭鋳造とその後

北京での大量供給は、さしたる混乱をもたらさなかった。北京においては財政支出として毎年多額の銀が支出された。銀から銅銭への兌換を必要としたのは八旗兵だけではないから、放出された銀は巨大な銅銭需要を生み出す。また、北京はもともと政府高官と八旗兵が居住する消費都市であり、種々の商品が流れ込み貨幣が流出する構造にあった。そのため、北京で銅銭が過剰になって対銀レートが暴落するようなことにはならなかった。

問題だったのは、雲南を中心とする西南方面での銅銭の大量供給である。雲南・貴州・四川などは、辺境地帯であって人口は小さく、人口一人あたりの制銭鋳造額は他地域と比べて群を抜いていた（図2参照）。一方で経済的最先進地域である江南は、銅銭供給が乏しいために対銀レートがなかなか下がらなかった。このふたつの地域は長江水運で結ばれており、いきおい、レート差を利用した銅銭転売が誘発される。そこでさらに、西南諸省で安く仕入れた銅銭を低品位の私鋳銭に改鋳して売りさばけば、利潤ははるかに大きくなる。乾隆後半には、銅銭私鋳は西南諸省の事実上の主要産業と目されるまでに至った。

そうして、乾隆《けんりゅう》（一七三六〜九五）の末には私鋳銭が市場にあふれるようになり、スペイン銀貨や事実上の紙幣である銭票の普及とあいまって、銅銭の対銀レートは急落した。乾隆帝は私鋳銭の買い上げを実施するとともに、私鋳犯を厳しく取り締まった。そこで「失業」した多数の私鋳犯たちは、史上有名な嘉慶《かけい》白蓮教徒の乱（一七九六〜一八〇五）に参加することとなる。その後、十九世紀前半には海外への銀流出もあり銀高銭安傾向は加速していった。税は銀建てであったが、民間は銅銭使用が定着していたから、銀高はそのまま納税負担の増大に直結した。それは社会不安を醸成し、これもまた著名な太平天国の乱（一八五一～六四）の一因になったといわれる。嘉慶白蓮教徒の乱によって大幅に減少した清朝の庫銀は、太平天国の乱の勃発による税収の喪失と軍費の増大のために払底した。その頃、八旗軍は軍事力としてもはや何の役にも立たず、八旗兵は純粋な「年金生活者」と化していた。さすがの清朝も、財政危機に直面してかれらへの「年金」を犠牲にせざるを得なくなる。清朝は、十文・五十文などの高額面銅銭「咸豊重宝《かんぽうじゅうほう》」の鋳造に踏み切り、八旗兵餉に支出した。しかしそれは、市場では額面通りには通用せず、十文の咸豊重宝は二～三文程度の価値しかもたなかった。皮肉にも、かつて八旗兵の生計を保護するために鋳造された銅銭は、一転してかれらを中国経済の荒波のなかに突き落とす貨幣へと変貌したのである。

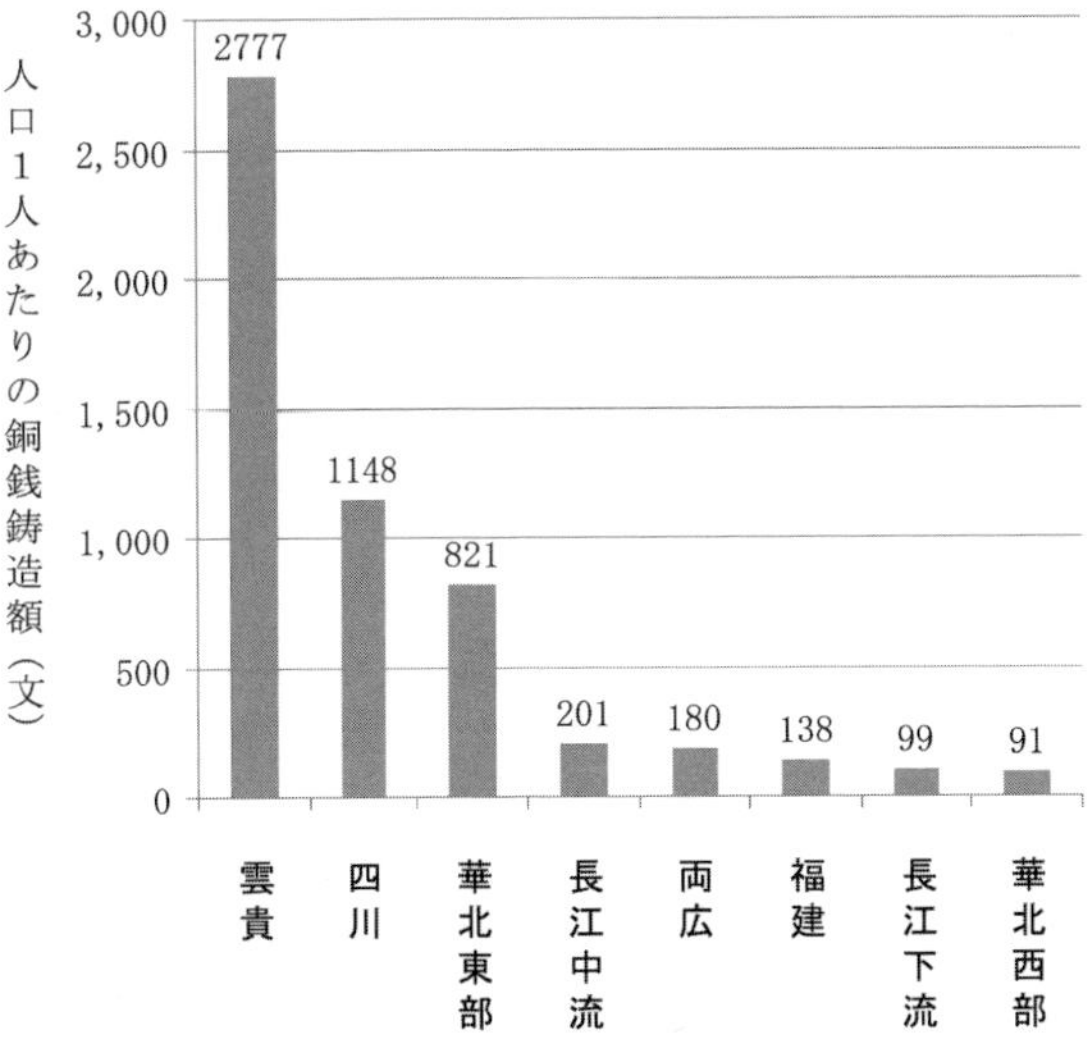

図2　乾隆元年～同40年の各地域の銅銭鋳造総額対人口比

人口の典拠：『皇朝文献通考』巻19，乾隆41年条；韓光輝「建都以来北京歴代城市人口規模蠡測」（『人口与経済』1988(1)）。

6　清代貨幣史と清朝国家像

以上のような清代貨幣史の展開からは、冒頭で指摘した清朝の三つの特色――満洲的側面・専制的側面・「近世」的側面――が混然一体となって推移していたことを見て取れる。

清朝が中国内地に進出した時、貨幣流通は混乱を極めていたが、銀と銅銭との併用という大枠に改変を加えようとはせず、以後も維持した。本稿では触れられなかったが、清朝自身が十六世紀からの銀増大と商業の活発化という趨勢のなかで台頭した勢力だったのであり、流動化した社会経済を人為的に編成しようという発想がそもそも稀薄であったと思われる。ただ、その一方で、財政が窮乏している間は差益目的の悪貨濫造に走らざるを得ず、貨幣の混乱に拍車をかける役回りさえ担った。

やがて清朝に財政的余裕が生まれた時、康熙帝・雍正帝が俎上に上げたのは私鋳銭問題であった。それは、銅銭を国幣とする中国の皇帝政治の伝統に則ったものであり、また、私鋳銭排除を目的とする良質な銅銭の供給拡大は皇帝の主導によって推進された。皇帝の理念・意思をストレートに反映した政策という意味で、まさに中央集権・皇帝独裁体制の賜物といえる。そうして実施に移された良質な銅銭の供給が、期せずして、私鋳銭ではなく銀を駆逐し、銅銭の対銀レート高騰を招いたのであった。

銭貴に際して清朝が最も重視したのは、少額の銀建て給与に依存する禁旅八旗の兵士の生計保護であった。八旗兵の保護は、征服・移入者集団たる八旗の基層部分を下支えすることに他ならず、圧倒的多数の漢人と対峙しなければならなかった清朝にとって必須の政策課題であった。その裏返しとしてほとんど放任状態に置かれた地方では、差益を得て地方行政経費の財源に繰り込むことのできるところばかりが鋳造を拡大していった。なお、そのような銅銭供給政策のばらつきは、あくまでも正規の手続きにより皇帝の裁可を受けて各々施行されたものであって、集権・独裁体制からは一歩たりとて逸脱していない。

そのように清朝の諸側面が相互に影響を与え合いながら行き着いたのは、十九世紀半ばにおける極度の貨幣混乱と八旗兵の実質的な切り捨てであった。「成功の秘訣」の如く語られていたはずの清朝の諸側面が絡み合いもつれ合った末に、清朝は、そのような危機的状況へと転がり込んでいったのである。

以上に述べたように、清朝は、その出自（満洲）・通時性（専制）・共時性（「近世」）を一身に背負いながら、それらの諸要素に起因する個々の政策課題に取り組むなかで、知らず知らずのうちに貨幣史を展開させ、そして自らもそこに巻き込まれていった。清朝を特徴づける複数の要素は、それぞれが固有の領域で一定して発現していたのではなく、ひとつの領域のなかでもその時々の状況によって様々な形で現れ、それが図らずも次なる展開をもたらしていた。清朝国家を論じる上で必要とされるのは、清朝国家の複合性をトータルに踏まえつつ個々の史実を丹念に跡付ける作業であり、それは決して貨幣史に限ったことではない。

参考文献

岩井茂樹『中国近世財政史の研究』京都大学学術出版会、二〇〇四年。

上田裕之「清、康熙末年から乾隆初年の京師における制銭供給と八旗兵餉」『史学研究』二四九号、二〇〇五年。

上田裕之「清代乾隆初年の江南における銭貴の発生と清朝政府の対応」『東洋学報』八七巻四号、二〇〇六年。

上田裕之「清代雍正年間から乾隆前半の雲南における制銭鋳造の展開」『社会文化史学』四八号、二〇〇六年。

上田裕之「清初各省の制銭供給政策」『史学』七五巻一号、二〇〇六年。

上田裕之「清代康熙後半の京師における貨幣政策と銭貴の発生」『一橋経済学』二巻二号、二〇〇八年。

上田裕之「清代雍正年間の各省における貨幣政策と江南の銭貴」『史境』五八号、二〇〇八年。

岡田英弘・神田信夫・松村潤『紫禁城の栄光』講談社（講談社学術文庫）、二〇〇六年。

岸本美緒『清代中国の物価と経済変動』研文出版、一九九七年。

岸本美緒『東アジアの「近世」』山川出版社、一九九八年。

岸本美緒・宮嶋博史『世界の歴史12　明清と李朝の時代』中央公論社（中公文庫）、二〇〇八年（初版一九九八年）。

黒田明伸『中華帝国の構造と世界経済』名古屋大学出版会、一九九四年。

黒田明伸『貨幣システムの世界史』岩波書店、一九九九年。

増田経夫『中国の銀と商人』研文出版、一九八六年。

山本進『清代の市場構造と経済政策』名古屋大学出版会、二〇〇二年。

北京で流行した満漢兼の子弟書《していしょ》

岡田英弘

北京は満洲人の街である。北京の内城は、一六四四年の清の中国征服とともに入居した満洲人の官舎街だった。胡同《フートン》（グドゥムというモンゴル語から来ている）と呼ばれるのがそれである。国初には武勇を誇り、向かうところ敵のなかった八旗の満洲人たちも、十八世紀の乾隆時代ともなると、打ち続いた平和の日々の無《ぶ》聊《りょう》に苦しんで、学問や趣味の芸能に憂き身をやつすようになった。そのため北京の内城の社交界には、旗人の貴公子たちの自作自演の芸事が生まれ、洗練されて磨きがかかり、それが後には漢人の社会にも浸透して、中国の伝統芸能の根底を作ってゆくことになったが、そのひとつが「子弟書」である。

十八世紀の中葉に発生した子弟書は、三弦の伴奏にのせた語りもので、八旗の子弟が創造して自演した。商売ではなく、旗人の間の宴会の余興などに招待されてやってきて、食事に加わり、また夜になると、城内の道路は通行禁止になるので、泊まって行ったものである。のちに漢人の専門家が現れて、金を取って演奏するようになった。現存する子弟書のテキストは、ほとんどが漢文で綴られたものである。しかしごく少し残っている古い子弟書は「満漢兼」という形式で書かれている。これは満洲文を主として、これに漢語をまぜたもので、写本の形式も、満洲文の書物のように、各頁の左端から縦書きにしてあって、漢文の書物とは反対である。

この満漢兼の例に『katuri jetere（カニを食べる）子弟書』を挙げよう。内容は、ある満洲人が漢人の女を妻にしたが、利口者ですぐ満洲語がうまくなる。ある日のこと、夫がカニを買って来たが、はじめてのことで食べ方がわからない。そのうちにカニに指を挟まれて大騒動。やっとのことで取り押さえてゆでたが、殻を開けることを知らないので、固くて食べられない。何でこんな物を買って来た、と夫婦喧嘩。その仲裁に隣の美人が乗り出して、食べ方を教え、その美味に喜んで夫婦仲直りをする、という筋である。

有一個 **age** 不知是 **hala ai**
　一人のお方がありまして、姓は何やら存じませぬ。
也不知 **colo** 作 **ai niyalma**
　お名前も何びとと呼ぶやら存じませぬ。
又不知 **manju monggo** 是 **ujen cooha**
　満洲か蒙古か、また漢軍かも存じませぬ。

更不知那 nirui ya gūsa
　それにまたどの佐領のどの旗かも存じませぬ。
tokso de 住了二年半
　いなかに住むこと二年半、
gaiha sargan uthai tubai 蛮子家
　娶った妻はすなわちそこの漢人で、
也不問 dancan ergi gebu hala 誰家女
　里方の名も姓も誰の家の娘か聞きませぬ。
hülhi lampa-i 娶到了家
　めくらめっぽう娶って連れて来ました。

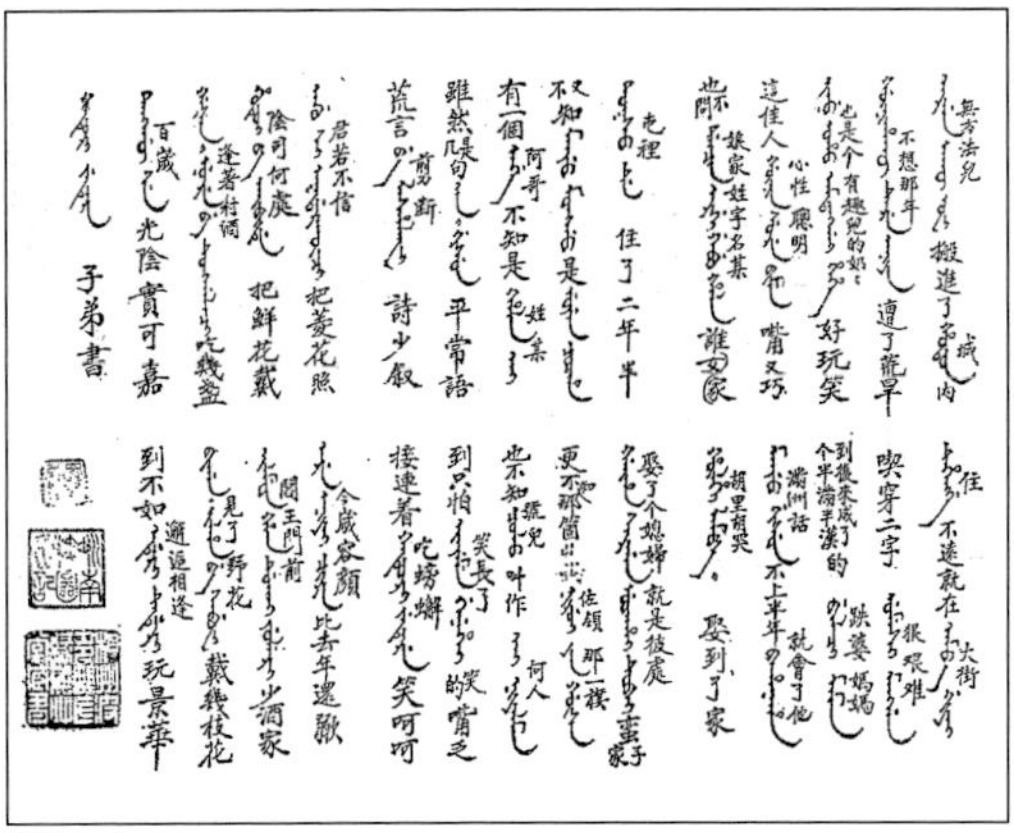

　まず全篇、こうした調子で、どの一句も満洲語と漢語のちゃんぽんでき上がっている。これが乾隆時代の北京の日常語のスタイルだったのであろう。いわば本当の、本物の北京語である。

　ところで、後世の漢字だけで書いた子弟書のテキストにも、よく見ると満洲語がふんだんに入っている。『査《さ》関《かん》子弟書』と題するものがその例である。

　漢の皇太子劉唐建《りゅうとうけん》が沙漠に亡命して、ただ一騎、月夜に、とある岩の上にごろ寝して野宿する。そこへ提灯をさげて来かかるのが道化役の番兵ソロヤンで、岩の上に紅い光を見てびっくりし、あわてて女主人のお嬢さまに知らせに行く。お嬢さまがやってくると、紅い光は消え失せて、一人の若い漢人が岩の上で眠っている。そこでいろいろあって、ソロヤンが満洲語に漢語をまぜて太子を訊問するが、太子は何の事やらわからない。お嬢さまが割って入り、振り返った太子はその美しさにふらふらとなる。二人の恋模様がいろいろあって、太子が「夜も更けました。お嬢さまもお疲れじゃ。安寝して夢境に入られませぬか」というのを合図に大団円となる。

　この子弟書の面白さは、主としてソロヤンの朴訥《ぼくとつ》、率直さであって、それに太子とお嬢さまの恋愛模様のエロティシズムが加わっている。十九世紀の北京の内城の旗人たちは、ソロヤンの満洲語を聞きながら、抱腹絶倒したにちがいないのである。

　これまでよく、中国文化の同化力の強さ、などと言われてきたが、歴史的には事実ではない。むしろ征服王朝の下では、中国文化は征服者の文化に同化されてきた。言葉でも、北京の内城の旗人たちの満漢まぜこぜの発音が、「北京官話」として、もっとも典雅な中国語とされ、それが基礎となって大陸の「普通話《プートンホワ》」、台湾の「国語《グオユー》」が作られた。実に中国語は満洲人の言葉なのである。

江戸時代知識人が理解したネルチンスク条約

楠木賢道

『二国会盟録』という江戸時代の写本がある。「二国」とは清朝とロシア、「会盟」とは一六八九年のネルチンスク条約締結交渉のことである。作者の志筑《しづき》忠《ただ》雄《お》（一七六〇～一八〇六）は、ケンペル（Engelbert Kaempfer 一六五一～一七一六）著『日本誌』の一部を、オランダ語から『鎖国論』（一八〇一）として翻訳した長崎の阿蘭陀《オランダ》通詞として有名である。

この志筑が、ロシアのレザノフの長崎来航、交易要求（一八〇四～〇五）に際して、晩年の最後の力を振り絞って口述し、弟子である福岡藩の蘭学者、安部《あべ》龍平《りゅうへい》（一七八四～一八五〇）が志筑の作業を助け、これを筆録し、一八〇六年に完成させたのが『二国会盟録』全四巻である。康熙帝に仕えたフランス人イエズス会宣教師ジェルビオン（Jean-François Gerbillon 一六五四～一七〇七）の八回に及ぶタルタリア紀行の第二紀行、すなわち一六八九年のネルチンスク条約の締結交渉に清朝側のラテン語通訳として赴いた際の旅行記を抄訳し、補足説明・註を施したものである。『二国会盟録』は刊行されることはなく、写本として伝わったが、現存する伝本も決して多くはない。

現在の我々は、一般にデュ＝アルド（Jean-Baptiste Du Halde 一六七四～一七四三）の『シナ帝国全誌』（仏語版は一七三五、英語版は一七三六）第四巻に収められているジェルビオンの旅行記を用いるのであるが、志筑は、アベ＝プレボー（Abbé Prévost 一六九七～一七六三）編の『旅行記集成』（仏語版）のオランダ語訳第十一巻に収録されたものから翻訳した。用いたテキストは、ケンペルの『日本誌』同様、『甲子夜話』の著者として有名な平戸藩主松浦静山《まつらせいざん》（一七六〇～一八四一）所蔵本である。

志筑と安部は、テキストを翻訳することにより、往路・帰路の様子、及び中華世界観にとらわれない外交交渉の様子を記すだけではなく、補足説明や註を施すことにより、読者に様々な情報を提供している。その中でも紙幅を割いているのが、ロシアと清朝がどのような歴史的脈絡のなかにある国なのか、ということである。

第一巻は、総録としてロシアの起源を補足説明している。ロシアと中国の間にタルタリアが横たわっており、このタルタリアを統一したのが、チンギス＝ハーンであることを指摘した後、同じく『旅行記集成』第十一巻に収録されるプラノ

清朝の支配体制

=カルピニ、ウィリアム=ルブルック、マルコ=ポーロの旅行記などを用いながらモンゴル帝国史を論じ、ロシアがモンゴル帝国及びその継承国家に服属し、その後自立を果たしたことを論じている。

　第二巻は、ネルチンスクへの往路の記述であるが、ジェルビオン一行がチベット仏教の廃寺にさしかかったところで、チベット仏教とは何かについて、志筑と安部が盛んに補足説明・註を記している。「往路之記」という第二巻の趣旨からすると、過多な内容である。中でも注目すべきは、安部が、清朝宮廷の秘本であり、密かに写本が輸入された『清三朝《しんさんちょう》実録《じつろく》』から、天聡八年（一六三四）元朝直系のチャハル部に勝利したホンタイジが、護法尊マハカーラ（大黒天）の像を手に入れたこと、その像がフビライの命によりチベット仏教サキャ派の教主パクパが鋳造させたもので、五台山・チャハル部に伝えられ、ホンタイジの手に入ったことを、ピンポイントで引用していることである。これにより、翌々年に国号を大清、年号を崇徳と改めて、清朝皇帝に即位するホンタイジの王権が、チベット仏教とチャハル部を介して元朝皇帝フビライを淵源とすること、また王権の正統性がチベット仏教の保護者という側面によって支えられていることを示したのである。

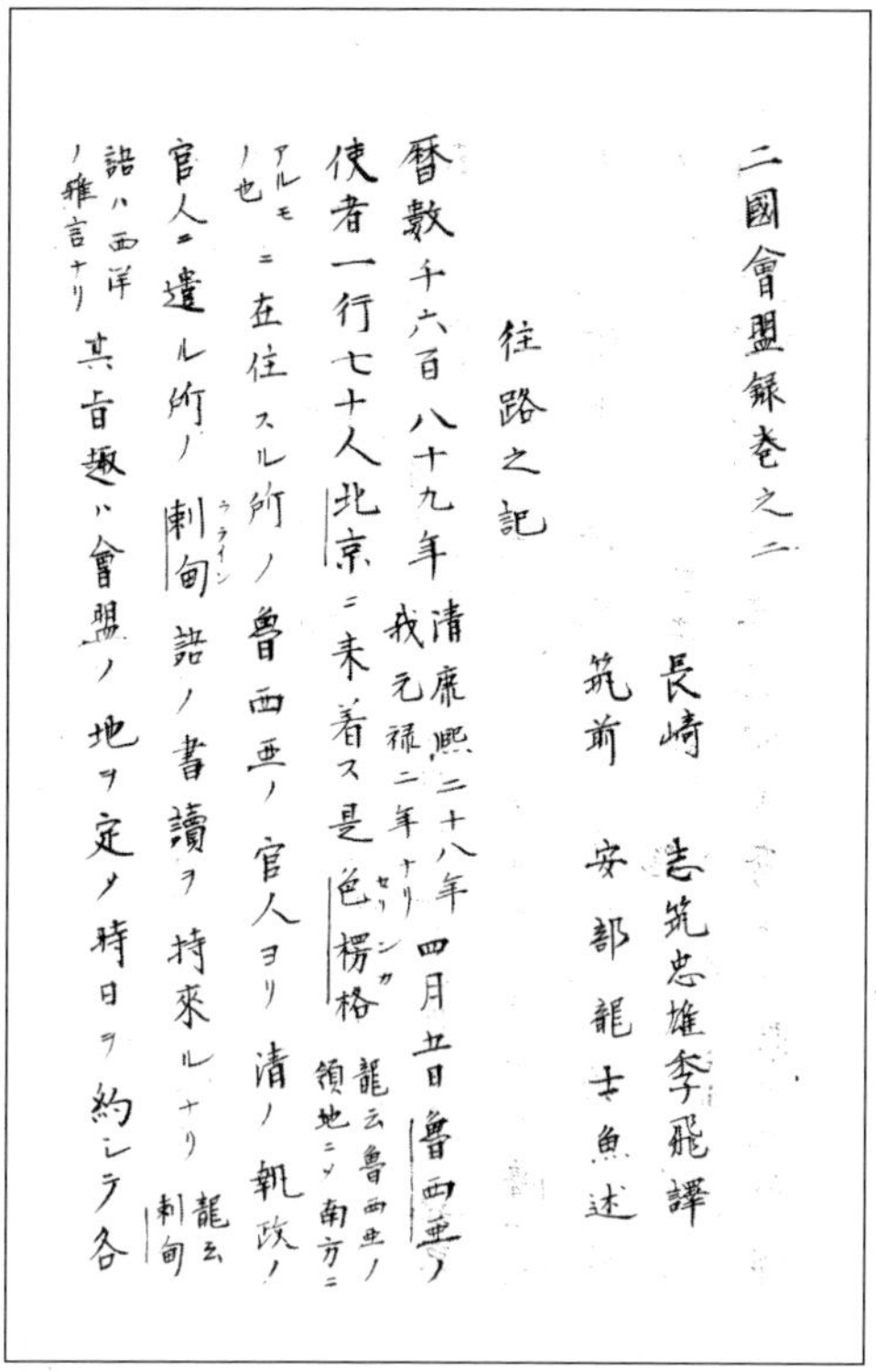
二國會盟録巻之二
長崎 志筑忠雄季飛譯
筑前 安部龍士魚述
往路之記
曆數千六百八十九年 清康熙二十八年 我元禄二年ナリ 四月廿日魯西亜ノ使者一行七十人北京ニ来着ス是色楞格《セリンガ》 龍云魯西亜ノ領地ニシテ南方ニアルモノ也 ニ在住スル所ノ魯西亜ノ官人ヨリ清ノ執政ノ官人ニ遣ル所ノ刺旬《ラテイン》語ノ書讀ヲ持來ルナリ 龍云刺旬語ハ西洋ノ雅言ナリ 其旨趣ハ會盟ノ地ヲ定メ時日ヲ約シテ各

『二国会盟録』巻二の冒頭
（筑波大学附属図書館所蔵）

　『二国会盟録』のどこにも明記はないが、ロシアについては志筑、清朝については安部が中心となり、両国が何れもモンゴル帝国の継承国家であることを論述することにより、ネルチンスク条約がモンゴル帝国の継承国家間の条約であったことを暗示することに成功している。清朝が中華世界観に絡め取られることなく、なんとかプラグマティックに交渉を進め、条約を締結できた理由を、志筑と安部はここに求めているようである。

満洲文字はモンゴルから、チャイナドレスは満洲服だった

宮脇淳子

清朝の支配層である満洲人は、中国語とはまったく違う言葉と文字を持っていた。満洲語は、いわゆるアルタイ系言語に属する。アルタイ系言語とは、トルコ語、モンゴル語、トゥングース語の総称で、学者によってはこれに朝鮮語を加える者もいる。中央ユーラシア草原のほぼ中央に位置するアルタイ山脈の東西に広がる遊牧民もしくは狩猟民の言葉だから、アルタイ系と名づけられた。満洲語はこの中のトゥングース語の一種である。

アルタイ系言語は形態論でいうと、単語に接頭辞や接尾辞が結合する膠着語《こうちゃくご》と呼ばれる種類で、日本語の接尾辞である「てにをは」もこれに当たる。それで、日本語もアルタイ系言語だと主張する学者もいる。フィンランド語やハンガリー語も膠着語なので、ウラル・アルタイ語族という呼び方もある。このような言語の系統論は、十九世紀のヨーロッパで盛んになったもので、インド・ヨーロッパ語族が同じ祖語から分かれたのに対して、ユーラシア大陸の北部にはウラル・アルタイ語族がいる、ということになったのだ。

一つの祖語からすべての言語が分かれたのか、隣同士で暮らしていた間に借用し合って似てきたのか、私は言語学者ではないから議論には加わらないが、トルコ語とモンゴル語と満洲語が近縁であることは間違いない。言葉の並び方つまり語順は日本語とも似ている。

文字の上からいえば、トルコ系諸語は、彼らがイスラム教徒になった時点でアラビア文字を借りて書くようになった。二十世紀になってからはラテン文字もしくはキリル文字を借用している。モンゴル文字は、チンギス・ハーンの時代に当時のウイグル文字を借りて書くようになったのだが、ウイグル文字は、イラン系のソグド人から借用したものであり、ソグド文字は、イエス・キリスト自身も話していたアラム語を書きあらわす文字で、アラム語は、サーサーン朝ペルシア帝国の公用語の一つだった。つまり、中央アジアに伝わって、モンゴル文字のもとになったソグド文字は、シリア文字の一種で、アラビア文字と同様、もともと右から左に横書きしていた。ウイグル人がこのアルファベットを借用したあと、漢字混じりで書くために縦書きにしたのである。それで、古いウイグル語もモンゴル語も、これを借りた満洲語も、左が一行目で、右へと順番に書いていくのである。

さて、初代の後金国ハン・ヌルハチは、一五九九年、はじめてモンゴル文字を利用して、満洲語を綴る方式を採用した。これが満洲文字のはじまりである。十二～十三世紀の金代に使っていた、漢字に範を取った女直文字の伝統は、すっかり絶えて久しかった。

ヌルハチが採用した最初の満洲文字を「無圏点字」と呼ぶ。もともとシリア文字は子音だけでできていたため、ウイグル文字が母音を書きあらわすようになったときに字の種類が足らず、モンゴル文字は「ア」と「エ」、「オ」と「ウ」はまったく同じ字で書いた。これでは満洲語を書きわけるのに不便なので、第二代後金国ハン・ホンタイジは、一六三二年、ダハイ・バクシに命じて文字に点や丸を加えさせ、これによって母音の「ア」「エ」、「オ」「ウ」の区別、子音の清濁がはっきりすることになった。これがふつうの満洲文字で、これ以前の「無圏点字」に対して「有圏点字」と呼ばれる。

このような次第で、満洲文字は、圏点を除けばモンゴル文字そっくりである。ただし、発音すれば、語彙は、少しの借用語を除けば、満洲語独自のものが多い。

満洲人の衣服も、遊牧民であるモンゴル人の服装の影響を強く受けた。さらに、その影響を受けているのが、いわゆるチャイナドレスである。これを中国語で「旗袍《チーパオ》」というのは、すなわち「旗人の着物」という意味だ。清朝が続いている間は、一般の漢人には禁止されていた服装であったのが、清朝が倒れて禁が解かれると、一気にはやったのである。満洲人が着ていたときは男も女も同じ形で、袖も裾もゆったりしていたのであるが、天津租界の英国風の仕立屋が、女の姿形を際だたせるような立体裁断を取り入れて、今のような形になったのである。チャイナドレスの特徴である立襟は、もともと寒い草原で遊牧生活をしていたモンゴル人の服が、風が入り込まないようにつまった襟をしていたからであるし、裾のスリットは、乗馬に便利なように出来ていたのである。モンゴル人も満洲人も、もちろんその下にはズボンをはいていた。

また、清朝時代には被支配階級であった漢人の男は、生きている間は着る勇気のなかった官吏の服装を、死んでからはいいだろうというので、死者に上から下まで満洲服を着せた。これが香港映画に登場する「僵尸《キョンシー》」で、要するに、死者がゾンビとなって、ぴょんぴょんと跳ぶ「キョンシー」の格好こそが、満洲旗人の服装なのである。

科挙官僚・祁韻士《きいんし》が作った『王公表伝』

宮脇淳子

中国には各王朝に正史があるが、『清史』はまだない。稿本という意味の『清史稿』があるだけである。『清史稿』には『明史』までの正史にはない部分が少なくない。その一例が、二一六巻～一八巻の「藩部世表《はんぶせいひょう》」と、五二五巻～三二巻の「藩部列伝」である。このもとになったのが『欽定外藩蒙古回部王公表伝』一二〇巻で、この略称『王公表伝』には、漢文の他に満洲語版とモンゴル語版がある。

清朝における藩部は「外藩」(外の垣根)とも呼ばれ、王朝の発祥の地である満洲と直接統治下の中国以外の地域の住民を指した。『王公表伝』は、清の藩部であるモンゴル諸部、チベット、回部(イスラム教徒)の王公の封爵の承襲と各部の総伝と王公の列伝からなる。とくにモンゴル諸部の内情に詳しく、十六～十八世紀の北アジア史研究の一等史料である。そのため世界中のモンゴル学者に、本書はもっぱらモンゴル語版の最後の言葉『イレトケル・シャスティル(表伝)』として知られ、モンゴル人がモンゴル人のためにモンゴルの地において編纂したものだと信じられてきた。しかし、本書の編纂者は、満洲語に堪能な漢人科挙官僚の祁韻士(一七五一～一八一五)だった。

祁韻士の自伝『鶴皐年譜《かっこう》』によると、祁氏は山西省の寿陽《じゅよう》県の平舒《へいじょ》村に十五世の祖から住んでいた。祁韻士は一七六七年、寿陽県の学校の入学試験に応募して生員《せいいん》になり、一七七七年、山西省の郷《きょう》試《し》を受けて合格し、挙人《きょじん》に選ばれた。ついで一七七八年(乾隆四十三年)、はじめて北京に出て礼部《れいぶ》(文部省)の会試《かいし》を受けて及第し、皇帝が親しく行なう殿試《でんし》を受けて進士《しんし》出身《しゅっしん》を賜った。

祁韻士は翰林院庶吉士《かんりんいんしょきっし》となり、満洲語の習得を命じられた。満洲語は大清帝国の第一公用語で、中央の皇帝と、地方のモンゴルやチベットや回部《かいぶ》の間の通信は満洲語で行なわれた。彼の満洲語の先生は、礼部尚書のデボーや軍機大臣のアグイなど、錚々《そうそう》たるメンバーであった。一七八二年、祁韻士は三十二歳で国史館纂修官に任命される。

これより先、乾隆帝の命を受けて『蒙《もう》古王公表伝《こおうこうひょうでん》』を作ることになっていたが、祁韻士が満洲語に精通していたので、この書の纂修に当たることになったのである。ところがこれが前例がないし文献もない。そこで祁韻士は、内閣《ないかく》の大庫《たいこ》に保存してある満洲語の紅本《こうほん》(皇帝に上奏した後、皇帝自身が朱筆で裁可した原本)

をことごとく取り出して閲覧・捜査し、重要な事項を選んで翻訳して底本を作った。そして部落ごとに筋道を立て、人ごとに伝を立てた。このようにして八年、一七八九年（乾隆五十四年）に『外藩蒙古回部王公表伝』の書が完成し、乾隆帝はこれを受けて『欽定』の二字を賜ったのである。この間を通じて本書の纂修にあたった者は、祁韻士と翰林院検討の郭《かく》在逵《ざいき》の二人だけだった。

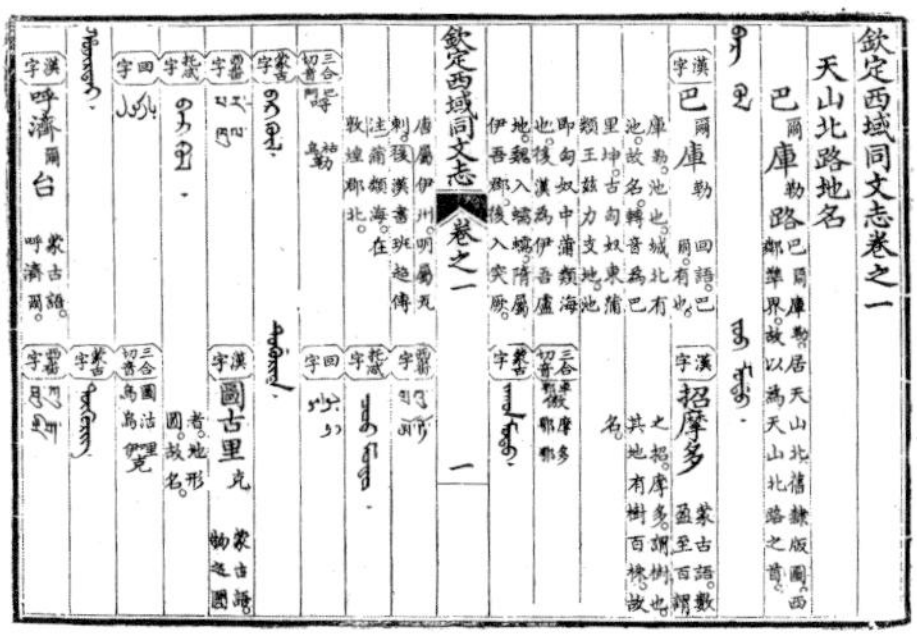

『欽定西域同文志』

1763年に編纂の勅命，71年に第一次本完成，82年に第二次本刊行。収録されている固有名詞は3,111あり，いずれも満洲文字音訳についで漢字訳，語義その他の注記，さらに四体（蒙・蔵・オイラト・アラビア文字）で発音を示す。

『王公表伝』は、初め満文本と漢文本が完成した。モンゴル語版は理藩院において満洲語から翻訳されたことは、『鶴《かっ》皐《こう》年譜』によって初めて明らかになった。

祁韻士はその後まずまず順調に出世し、一七九一年には国史館総纂となり、各地の『四庫全書』の覆校にあたり、科挙の同考官も勤めた。ところが一八〇四年（嘉慶九年）、一大事が勃発した。祁韻士も前監督であった宝泉局《ほうせんきょく》の庫にあるはずの銅の地金が足りなかったのである。歴代の監督は逮捕され、訊問され、罰せられた。これまで監督の交替に際しては、帳簿を引き継ぐだけで、現物の検査を行なわないのが例になっていたのである。

祁韻士は伊犁《イリ》に流されることになり、一八〇五年二月北京を出発し、一七〇余日の路程を経て伊犁に至った。時の伊犁将軍松筠《スンユン》は彼を印房章京《いんぼうジャンギン》に任じ、祁韻士は三年の滞在の間に『伊犁総統事略』などを著した。一八〇九年三月に故郷に帰った後は、いっさい官途に就かず、ただ各地の私立書院で教えるだけで、マラリアを病んで六十五歳で死んだ。

祁韻士はこれまで、『皇朝藩部要略《こうちょうはんぶようりゃく》』十八巻・表四巻の著者として知られていたが、実はこの書は、祁家に残されていた『王公表伝』の底冊を使って、李《り》兆洛《ちょうらく》（一七六九〜一八四一）らが編輯したものである。この『皇朝藩部要略』の草稿を、さらに覆校したのが張穆《ちょうぼく》（一八〇五〜四五）であり、張穆は別に『蒙古《もうこ》游牧記《ゆうぼくき》』の著作に手をつけた。しかし張穆はその編纂の途中で死に、その遺言によって、友人の何秋濤《かしゅうとう》（一八二三〜六二）が増補して、一八五九年に『蒙古游牧記』十六巻が完成した。こうして、満洲語文書を発掘した祁韻士の労苦は、清末の学者によるモンゴル学の業績となって実を結んだのである。

参考文献

宮脇淳子「祁韻士纂修『欽定外藩蒙古回部王公表伝』考」『東方学』八一輯、一九九一年。
岡田英弘『だれが中国をつくったか』PHP新書、二〇〇五年。

イリ川下流域・セミレチエの草原地帯(現カザフスタン)

III 支配体制の外側から見た清朝

十六～十七世紀の世界諸地域での「近世化」において清朝はどのように位置づけられるか

「近世化」論と清朝

岸本美緒

Kishimoto Mio

きしもと・みお　一九五二年東京都生。東京大学大学院博士課程中退。お茶の水女子大学教授。東洋史学。主著に『清代中国の物価と経済変動』（研文出版、一九九七）、『明清交替と江南社会』（東京大学出版会、一九九九）等。

I 「近世化」とは何か

「近代化」という語は我々にとって耳慣れた、ないしはほとんど陳腐な感覚を与える言葉であろうが、「近世化」という言葉を聞いたことのある読者はほとんどおられないと思うので、まず「近世化」という言葉について説明しておきたい。この言葉は、日本近世史（一般に日本史学では、十六世紀後期の安土桃山時代から十九世紀半ばの幕末ないし明治維新までを「近世」と称する）の研究者の間で数年前から使われ始めたようであるが、そこでいう「近世化」とは、日本の徳川時代を特色づける国家・社会体制の形成過程を指して用いられる語であり、必ずしも世界的な広がりをもつ概念として使用されたものではなかった。本稿では、「近世化」という言葉をあえて世界史的な視野のもとで用い、そのなかでの清朝の位置づけを考えてみたいと思う(1)。

「近世化」という言葉を世界的な視野のもとで用いようとする場合、その具体的な内容はどのようなものとされるのだろうか。「近代化」という語も、よく使われる割にその意味内容は一定しているとはいえないが、それでも、常識的なイメージとしていくつかの指標を思い浮かべることはできるだろう。即ち、資本主義的生産様式による大規模産業の発展、主権国家と官僚制、政治体制の民主化、世俗的・合理主義的な思考様式とそれに基づく科学技術の発展、等である。それに対し、「近世化」という語の内容は、より漠然としている。そもそも「近世」とは何なのだろうか。

日本史学における「近世」概念使用の嚆矢として、内田銀蔵の『日本近世史』[2]（一九〇三）がしばしば挙げられる。そこで内田は、本書でいう「近世」とは江戸時代の初期から明治維新までをさすものであるとした上で、「足利氏の季世より徳川時代の初めに至るまで過渡の時代の著しき現象」即ち「近世」化の指標として「第一、文学の興隆」「第二、商工業の発展、都府の発達及び金銀貨幣流通のようやく盛んなるに至りしこと」「第三、政治上につきていえば解体その極に達したる後統一の気運来たりしこと」を挙げている。ここでは、時代的にほぼ重なり合うヨーロッパの諸現象――ルネサンス、商業・都市・貨幣流通の発展、集権化と絶対王政――が念頭に置かれた上で、それと近似する日本の諸現象が「近世」の開始を告げるものとして取り上げられているのだといえよう。

それでは内田は、そのような日本の「近世」化はどのようにして起こったと考えているのだろうか。日本社会の内在的発展を通じて、たまたまヨーロッパと同時期に、このような現象が出現したのか。それともアジアに進出したヨーロッパ勢力によって「近世」的現象が外部から伝播したのか。内田の見方はそのいずれとも異なる。内田は、「国の外部の関係は、この時期の性質を決する上において、最も有力なる要因」である、と述べているが、それは必ずしもヨーロッパ文明の伝播・浸透過程に日本「近世」の成立を見ようとするものではなかった。内田によれば「天主教及びこれと関聯して入り来たりたる事物そのものは永く栄えずして、たちまち勦絶《そうぜつ》せられたりき。しかりといえども天主教の弘通《ぐずう》は、別にわが国民文化の上に……他の極めて重大なる影響を生じたるを見るなり。……第一は国民自主の精神を鼓舞したること、第二は文学復活の気運を助長したることすなわちこれなり」という。即ち、ヨーロッパ文明との接触の衝撃に対する主体的な対応として日本の「近世」が形成された、という点が内田の「近世」論の一つの核心であったと考えられるのである。

このような内田の主張を心に留めつつ眼を世界に転じてみれば、十六世紀から十七世紀にかけて、世界の諸地域、特にユーラシア大陸の東側（北東アジア、東アジア、東南アジア）と西側（ヨーロッパ）の様々な地域において、大陸間の人的・物的交流の活発化が旧い体制に衝撃を与えるとともに、その衝撃への主体的な対応として新しい国家・社会体制が形成されてくることに気づくであろう。日本の徳川体制も、清朝も、またヨーロッパの絶対王政諸国家もその例である。そこで形成されたそれぞれの国家・社会体制は独自の個性をもち、必ずしも「近世国家・社会体制の普遍的特徴」として総括できるような共通性があるわけではない。しかし、同じ時期に、共通の衝撃のなかから生まれてきたという点に着目すれば、それら諸地域における新しい秩序形成の動きを「近世化」という言葉で総称することもできるだろう。各地域の「近世化」の具体的特徴は多様であるが、その多様な特徴を比較するところにこそ、グローバルな「近世化」論の面白さがあるといえよう。

近年、永井和が「東アジアの『近世』問題」という語を用いて問題提起しているように、東アジア史における「近世」の位置づけの難しさは、「近代資本主義世界システム」論[3]（ウォーラーステイン）との関わりのなかでも感じられてきた。一九七〇年代から歴史学界に大きな影響力を及ぼしたこの議論によれば、西欧を中核とする「近代資本主義世界システム」は十五世紀末以来、東欧やアメリカ大陸をその周縁として巻き込みながら拡大してきたとされる。東アジア諸地域も、人や物、貨幣の流れを通じて、このシステムのダイナミズムと深く関わってきたが、それにもかかわらず東アジアでは「いまだそれに『包摂』されない状態が三〇〇年ほど続いた」とすれば、「この特別な時期を、歴史的にどのように位置づけ、何と呼べばいいのか」、と永井は問う[4]。大西洋世界に視点を据えて十六〜十八世紀の世界を眺望する「近代資本主義世界システム」論からみれば、同時期の東アジアは、「いまだ近代資本主義世界システムに組み込まれていない地域」といった消極的な位置づけにならざるを得ないであろうが、「近世化」論はむしろ、グローバルな視点を「近代資本主義世界システム」論と共有しつつも、東アジアにおける同時期の秩序形成の動きを、ヨーロッパのそれとパラレルな主体的動きと見ようとする点で、永井のいう「東アジアの『近世』問題」に対する一つの回答となり得るのではないかと思う。

2 「近世化」論における清朝の位置づけ

「近世化」論における清朝の位置づけを論ずる際、論点は大きくみて二つある。一つは、十六世紀から十七世紀前半にかけての清朝政権の成立過程に関するものであり、もう一つは、十七世紀半ば以降、広大な版図を擁する帝国として秩序形成を行っていった清朝の政治・経済体制の性格に関するものである[5]。「近世化」論の本来の趣旨からすれば、ヨーロッパをも含めて全世界的視野から考察すべきところであるが、その準備も、また紙幅もないので、以下は、東アジア・東南アジアに焦点をあてて論ずることとする。

（一） 清朝政権の成立

「近世化」の視点からみた清朝政権成立論の主要な特色は、世界的な交易ブームを背景に東アジア・東南アジアの沿海部に叢生してきた商業＝軍事集団の一つとして清朝政権をとらえる、という点にある。この世界的な交易ブームが、ヨーロッパ人の大航海によって始まったのか、それともアジアにおける活発な交易がヨーロッパ人を引き寄せたのか、という問いについては、二者択一的な答えを出すことはできないが、少なくとも、十六世紀半ば以降の日本銀・アメリカ銀の大量流通と、同時期の中国内部における深刻な銀不足とが、東アジア・東南アジアにおける交易ブームの過熱を促進したことは疑いないだろう。

十六世紀半ば以降、ユーラシア大陸の東側一帯、即ち、中国の東部・南部沿岸及び日本列島、インドシナ半島、東南アジア島嶼部を含む海域には、ヨーロッパ人を含む様々な出自の人々が入り乱れて活動する交易地帯が形成された。こうした交易活動のなかで、海禁（民間の海外貿易禁止）政策を伴う明朝の広域的な朝貢秩序は掘り崩され、軍事力をもつ新興勢力が利益を求めて争いあう状況が生まれてくる。こうした状況を背景に前後しつつ強大化してきた政権の例として、東南アジアでは、タイのアユタヤ朝、ビルマのタウングー朝、北スマトラのアチェ、西ジャワのバンテン、南スラウェシのマカッサルなど、日本では諸大名を制圧して統一へと向かった織豊政権、そして遼東ではヌルハチの満洲政権を挙げることができよう。そのほか、中国の東南沿岸でも、倭寇の首領王直《おうちょく》や福建の鄭芝龍《ていしりゅう》の軍団などが広域的海上支配を実現し、萌芽的な国家ともいうべき秩序形成を試みていた。

これらの新興政権には、以下のような共通の特色がある。

第一に、対外交易への積極性である。王直や鄭芝龍など、元来貿易活動に関わっていた海上勢力はもとより、東南アジアの諸国家も「港市国家」といわれるように、海に通ずる港に都をおき、対外貿易を主な財源とする政権であった。これらの政権に比較すると、日本の織豊政権は土地に依存する傾向が強かったといえるかもしれないが、徳川政権の初期に至るまで、対外交易とその重要資源としての鉱業は、政権にとって緊要な位置を占めていた。

第二に、異文化接触が国家統合のいわば触媒として重要な意味を持っていることである。これには、様々なエスニシティの人々の登用や外来の新式武器の導入によって政権の強化を図るといった融合の面と、逆に外来宗教の弾圧や文化的自意識の高揚によって国家的統合を図るといった対抗・反発の面との双方があるが、例えば東南アジア諸国家の場合は、外国の傭兵を雇用したり、国王直属の専門職官僚としてヨーロッパ人や中国人を含む多様な出自の人々を任用するなど、融合の面が強く見られる。それに対し、日本の場合は、新式武器の導入やキリスト教の禁止など、双方の側面が絡み合いつつ現れているといえよう。

第三に、指導者のもつ強力で現実主義的なリーダーシップである。東南アジア史研究者のアンソニー・リードは、この時期の東南アジアの諸国家を「絶対主義的国家 absolutist states」と呼び、軍事力と経済力を集中した強力な王権の出現を指摘しているが[6]、その「絶対主義的」特質は、官僚制度や軍制といった「制度」に基礎を置くものというよりはむしろ、アユタヤ朝のナレースエン王（在位一五九〇～一六〇五）やアチェのスルタン・イスカンダル・ムダ（在位一六〇七～三六）のような、果断なリーダーのパーソナルな指導力に支えられたものとして捉えられているといえよう。それは、この時期の「国家」のもつ戦闘集団的性格、別言すれば拡大する運動体としての特質を反映するものでもある。そのようなリーダーシップのあり方は、日本の織豊政権にも共通するものであるが、このようなパーソナルなリーダーシップをいかに安定的な制度へと接続させていくかがその後の課題となるのである。

以上のような特質を、清朝政権の形成期と比較してみると、そこには単なる偶然ではない共通性が見て取れるだろう。まず対外交易に対する積極性という点からいうならば、ヌルハチの台頭した時代の遼東は、薬用人参や毛皮の交易の利益をめぐって女真諸集団が争う荒々しい市場であり、そのリーダーたちは軍の先頭に立って戦う武将であると同時に、三田村泰助がいうように「商業資本家」としての才覚も兼ね備える人々であった[7]。第二に国家統合における異文化接触という契機に関しては、ヌルハチからホンタイジへと至る清朝政権の確立過程が、明を仮想敵とする満洲アイデンティティの強調と、その一方でモンゴル人や漢人など様々な出自の人々を取り込むことによって政権を強化していくという、二つの方向性の絡み合いによって特色づけられることは、明らかに見て取れるだろう。第三に、強力で現実主義的なリーダーシップという点からいうならば、ヌルハチやホンタイジには、まさにそうした特質が見られ、それは宮殿の奥に鎮座する当時の明朝の皇帝などと鋭い対照をなすのである。

このような点から見るならば、成立期の清朝政権には、世界的交易ブームの衝撃のもとで成長した同時期の日本や東南アジアの新興政権と共通する特質が多く見いだせる。むろんそこには北方民族の伝統に根ざす部分もあるだろうが、そのような伝統も、単に即自的に受け継がれたというよりは意識的に選び取られたという側面も無視できないだろう。清朝政権の成立を、歴史上繰り返された北方民族と農耕民族の抗争史という枠組で捉えるのでなく、より大きな世界史的視野のもとで捉えることの有用性はここにある。

「世界システム」との関連という点でいえば、清朝よりも以前、モンゴル帝国の時代にすでにユーラシアの大部分をカバーする一種の世界システムが成立していたという観点から、世界史的な画期としては十六世紀よりもむしろモンゴル時代のほうが重要だ、とする考え方もあるだろう。むろんそうした考え方を否定することはできないが、本稿で関心をもつのは必ずしもシステムの大きさではなくて、むしろ、政権の成立する世界史的なコンテクストの問題である。モンゴルの場合は、まず軍事的な統合があり、その統合のもとで経済的・文化的交流が活発化した、と考えられるのに対し、清朝の場合は、政権の形成過程自体が、諸大陸をつなぐグローバルな状況と切り離せないものであった。政権そのものの広がりよりもむしろその形成の「場」に着目するとき、やはりモンゴル時代の単なる継承ではない、十六世紀的特質をそこに見出すことができるだろう。

(二) 清朝体制の特質

十七世紀の三〇年代ころを境に交易ブームは沈静に向かい、それまで拡大を続けていた広域商業が縮小へと転換するなかで、新興諸勢力は危機に直面した。一六三〇年代から四〇年代は世界的な異常気象の時期でもあり、日本における寛永の大飢饉と平行して中国でも広域的な自然災害が発生し、拡大する農民反乱によって、一六四四年に明朝は滅亡した。北京を占領した農民反乱軍を排除するために、明の将軍呉三桂は清朝と講和を結んで清朝軍を中国内地に引き入れ、清朝は一六四五年にはほぼ中国全土を占領した。

十七世紀半ばの局面転換が新興諸勢力に与えた影響は、必ずしも同一ではない。内陸部に経済基盤をあまり持たずもっぱら海外交易に依存していた東南アジア島嶼部の港市国家は、この危機を乗り切ることができずに衰退し、一部はオランダの支配下に入った。鄭芝龍の軍団を引きついで清朝に対抗した鄭成功及びその一族の政権が清朝との対決に結局敗北したのも、海上交易を主要財源とする鄭氏政権の弱点がこの時期に露呈したものといえよう。一方で、清朝、日本、ベトナム、タイ、ビルマなど、広大な農業地帯をもつ諸国家は、この時期に貿易への依存度を減少させ、内陸へと重心を移してゆく。それと同時に、それぞれの政権は、いわば拡大する運動体としての戦闘集団的な性格を脱して、安定した国家・社会・経済体制を構築してゆくことを迫られた。

「近世化」の観点からみた清朝体制論の主要な特徴は、十七世紀以後の新たな秩序形成の課題に直面した諸政権が、それぞれどのような個性ある体制を作り上げていったのか、という比較の視点のもとで清朝体制の特質を論じようとする点にある。清朝の選択を、単に「中国史」の軌道の延長上に位置づけるのでなく、また「北方民族」的要素の強調に止まるのでもなく、より広い視野から比較史的に考察し、当時の諸政権が持っていた様々な可能性の広がりのなかでの独自の選択として位置づけようとするのである。

では、十七世紀以後の新たな秩序形成の課題とは、より具体的にはどのようなものだろうか。当時の新興政権が共通に直面した課題を巨視的に概括してみるならば、以下のような諸課題が挙げられよう。

第一に、民族・宗教と国家統合の問題。十六～十七世紀の新興諸政権は、世界的交易ブームの刺激を受け、様々な出自・宗教・文化をもつ人々の入り混じる周縁・海域世界を舞台として成長してきた。とすれば、新たな国家統合を行ってゆくに際して、国家形成過程から引き継がれた国内の民族的・宗教的多様性をどのように処理していったらよいのか。

第二に、市場経済と財政の問題。新興政権の成長を支えた対外交易は、同時に、中央の支配から地方を離反させる遠心力としても働き、また交易の縮小期には経済混乱の要因ともなる。このような市場の動きをどのようにコントロールしてその利益を内部化し、またそこから国家の建設・維持に必要な財源を吸い上げてゆくのか。

第三に、身分・社会団体と政治秩序の問題。戦闘集団的な形成期の国家を改編して安定した政治秩序をどのように作ってゆくのか。中間団体を排除して君主を頂点とする一元的な国家秩序を構築するのか、それとも多少とも自立性をもった団体の連合という形で政治秩序を構築していくのか。

これらは、清朝のみならず東アジア・東南アジアの諸政権、さらにはヨーロッパの諸国家にも共通する課題だったといえるだろう。これらの諸課題に対する清朝の解答については、本特集所載の諸論文でも触れられるであろうし、紙幅も尽きたのでここで詳しく述べることはしないが、日本との比較でごく大雑把に概括するならば、十六世紀末から十七世紀の日本が、それまでの多民族雑居的・対外開放的・階層流動的状態を大きく改変して、外来の人間や宗教の排除、対外交流の制限、及び階層の固定化を図ろうとしたのに対し、清朝は概して、出自・宗教の多様性、開放的な市場経済、流動的な社会構造といった特質を維持・発展させつつ大帝国を築き上げたといえよう。

徳川日本と清朝とのこのような異なる対応は、それぞれの状況に応じた主体的な選択として見るべきものであり、どちらが「正しい」解答であったかを問うことはあまり意味がないであろう。世界の諸地域が新たなグローバリゼーションの波に直面している現在、右に述べたポスト十六世紀の諸課題と、それに対するそれぞれの地域の個性ある解答は、歴史的視座から将来を展望しようとする我々にとって、なお何がしかの示唆を含むものであるように思われる。

注

(1)「近世化」の概念について詳しくは、『歴史学研究』八二一号、二〇〇六年、の「『近世化』を考える」特集、特に同号所収の岸本美緒「中国史における『近世』の概念」を参照。

(2) 内田銀蔵『日本近世史』第一巻上冊一、冨山房(内田銀蔵著、宮崎道生校注『近世の日本・日本近世史』平凡社東洋文庫、一九七五年、所収)

(3) Immanuel Wallerstein, *The Modern World-system: Capitalist Agriculture and the Origins of the European World-economy in the Sixteenth Century*, New York: Academic Press, 1976. 邦訳I・ウォーラーステイン著、川北稔訳『近代世界システム――農業資本主義と「ヨーロッパ世界経済」の成立』I・II、岩波書店(岩波現代選書)、一九八一年。

(4) 永井和「東アジア史の『近世』問題」、夫馬進編『中国東アジア外交交流史の研究』京都大学学術出版会、二〇〇七年、五一八頁。

(5) 以下に述べた事実過程に関わる概論として、岸本美緒「東アジア・東南アジア伝統社会の形成」、『岩波講座 世界歴史13』岩波書店、一九九八年、を挙げておく。

(6) Anthony Reid, *Southeast Asia in the Age of Commerce 1450-1680, Volume Two: Expansion and Crisis*, New Haven/London: Yale University Press, 1993, Chap.4.

(7) 三田村泰助『清朝前史の研究』同朋舎、一九六五年。

地方大官赴任の様子

満洲婦人と侍女

満洲武官

（デュ・アルド「シナ帝国全誌」より）

輸入漢籍を通して江戸時代の日本人が考えた清朝とは?

江戸時代知識人が理解した清朝

楠木賢道
Kusunoki Yoshimichi

くすのき・よしみち　一九六一年大分県生。筑波大学大学院博士課程単位取得満期退学。博士（文学）。筑波大学大学院教授。東洋史。主要論文に「清朝檔案史料からみたサンゲ・ギャムツォ殺害」『清朝史の新たなる地平』（山川出版社、二〇〇八）等。

はじめに

中国史研究において、各時代の日本人が同時代の中国の何を知ろうとしていたのか、そのためにどのような努力をしていたのか、そしてどのように中国を理解していたのかは、極めて興味深いテーマである。日本人としての自らの研究の源泉を探ることでもあり、また同時代人のまなざしを通して自らの視角を相対化することでもあるからである。

江戸幕府は海禁政策をとり、いわゆる鎖国状態にあったため、日本人の渡航は禁じられていたが、長崎貿易を通じて積極的に漢籍が輸入されていたこともあって、当時の日本における清朝史研究の様相を知る手がかりが多く残されている。

そこでこの小論では、清という王朝が満洲族の皇帝を戴き、八旗という世襲の支配者層を有し、内陸アジアまでを版図とした事実を、江戸時代の知識人がどのように受け止め、理解していたかを、享保年間における荻生北渓《おぎゅうほっけい》らの営みと輸入漢籍を通して具体的に論じたいと思う。

1　荻生北渓・深見有隣による『大清会典』考究・和訳

八代将軍徳川吉宗（一六七三〜一七五一、位一七一六〜一七四五）は享保の改革を推進するため、改革の参考資料として、長崎貿易を通じて清朝から『大清会典』など大量の法制史関係漢籍を輸入し、これを寄合儒者《よりあいじゅしゃ》らに研究させている。

『大清会典』とは、明朝の『大明会典』に倣い作成した清朝の現行制度の総合解説書であり、清朝の制度の拡充と参照すべき先例の累積にともない増補されてゆき、康熙《こうき》本（一六九〇）・雍正《ようせい》本（一七三二）・乾隆《けんりゅう》本（一七六三）・嘉慶《かけい》本（一八一八）・光緒《こうしょ》本（一八九九）と、五度編纂されている。乾隆本以降はあまりに大部となったため、総論部分と先例部分が分離して編纂され、先例部分は会典則例或いは会典事例と称された。享保年間に輸入されたのは康熙本であったが、それでも一六二巻という大部の漢籍であった。享保五年にまず木版本の『大清会典』が一部納入され、その史料的価値が高いことに気付いた幕府はさらに購入を希望し、享保七年に写本が一部納入されている。

将軍吉宗は、『大清会典』が納入されると、早速、寄合儒者であった荻生北渓と深見有隣に命じて、明朝との違いという視点から、清朝がいかなる王朝であったのかを研究させている。

荻生北渓（一六六九〜一七五四）は、古文辞学《こぶんじがく》の確立者として高名な荻生徂徠《そらい》（一六六六〜一七二八）の実弟である。徂徠が一時、五代将軍徳川綱吉の側用人柳沢吉保《よしやす》の陪臣になったこともあって、荻生家の家督を継いだのはこの北渓であった。北渓が寄合儒者に任じられたのは、享保三年（一七一八）のことである。

深見有隣《ふかみありちか》（一六九一〜一七七三）の曾祖父は明から渡来した人で、有隣が家督を継いで寄合儒者となるのは、やはり享保三年のことである。有隣はその学識を認められて、享保十九年に将軍家の図書館である江戸城内紅葉山《もみじやま》文庫の責任者、書物奉行に任じられている。

荻生北渓は、享保七年納入の『大清会典《だいしんかいてん》』写本に基づき、享保七年十月から九年五月まで、江戸において考究・和訳作業に従事している。その成果は、将軍吉宗の命で中国の制度を研究した儒者らの報告書である《名家叢書《めいかそうしょ》》に載録される『荻生考』の中に、「清会典吏部」「六部尚書考」「大清会典 巻之四十八」「清朝官職目録」などとして収められている。なお《名家叢書》は紅葉山文庫に収蔵され、現在は紅葉山文庫の蔵書を引き継ぐ国立公文書館所蔵となっている。

深見有隣は、享保五年納入の木版本『大清会典』に基づき、長崎に出向いて研究している。深見有隣の長崎滞在は享保六年十二月から十二年二月までであり、この前半が『大清会典』考究・和訳作業に充てられたと考えられる。成果は同じく《名家叢書》所収『深見考』の中に、「大清会典目録　宗人府 内閣 吏部 礼部 戸部」

「大清会典 兵部」「明清会典ノ内」などとして収められている。
荻生北渓・深見有隣の作業は、かなり困難をともなったようである。その原因の一つは康熙本『大清会典』では、明朝にはなかった清朝独自の内務府（皇帝の家政機関）・八旗《はっき》、及び明朝とは異なり清朝で特に重要であった王府（皇帝の一族と帰順したモンゴル族の首長である諸王の家政機関）の官職名が、漢語に訳されずに、満洲語がそのまま漢字で音写されていたためである。たとえば《名家叢書》五四冊『深見考』「深見雑考」には、

王府包衣大　阿敦大　布大衣大
此三名は満洲之官名にて相知れ申さず候。但此の文字の韻声は満洲の韻にて候由。尤も帝王の内証にて取り斗らう役を相勤め候由に御座候。

とあり、《名家叢書》七二冊『荻生考』「清朝職官目録」内務府の条には、

これより下の三は韃詞なるゆえ、職掌未詳。
掌儀司の布打衣大《フタイタ》六人　掌儀司の茶衣大《サイタ》四人　掌儀司の阿木《アモ》孫章京《スンチャンキン》四人。

とあり、同王府の条には、

○郡王府文官　包衣大三人正六品　阿敦大一人正六品　布大衣大一人正六品　烏林大二人正七品　法克師大四人正八品　衣杭大二人正八品　何れも満官なり。韃詞なるゆえ、職掌不詳。

とあるように、これらの官職名について両人には全く刃が立たなかった。

2 『清朝探事』の成立

ただしこの満洲語官職名の問題を、荻生北渓・深見有隣、及び報告書を受け取った徳川吉宗はあきらめたわけではなかった。
江戸時代に流布した問答書に『清朝探事』という写本があり、その跋文には、

此の問答は、享保の初め深見久大夫後、新兵衛と云う。高玄岱の子命を奉じて肥の崎陽に赴き薬草の事を監せらるるの序で、来舶の唐人に問目の旨ありて、清人朱佩章《しゅはいしょう》答え奉る所の書なり。時に金城の儒官荻生氏和解奉る。或る人是を蔵す。予切に懇望し謄写秘蔵すと云う。深見氏は書物奉行なり。宝暦甲申（十四年、一七六四）中秋、双松堂主人誌す。

とある。また別の写本には

享保中、荻生総七郎へ仰せ付けられ、清人朱佩章へお尋ね事共、深見久太夫取り次ぎ、朱佩章之に答える趣、書き付け差し上げ候写し。

とある。すなわち、『清朝探事』は、徳川吉宗の命を受けて、江戸の荻生総七郎（北渓）が深見久大夫（有隣）を介して長崎に来航中の清国商人、朱佩章に質問し、その回答を荻生北渓が和訳し、吉宗に奉呈したものなのである。
朱佩章が長崎に寄港したのは享保十年二月から十一年二月まで

と、十一年十一月から十二年六月までの二度であり、深見有隣の長崎滞在時期と重なっている。徳川吉宗に奉呈された後、紅葉山文庫に架蔵されていたものが、その後何者かによって書写され、さらに徐々に増補され、様々な写本が作られ、以後流布するようになったようである。増補された部分には、時期から考えて、明らかに朱佩章・荻生北渓・深見有隣が関わっていないものも含まれているので注意を要する。

さてこの『清朝探事』巻上の「器物の問」には、二二項目の満洲語語彙に関する問答が収められている。これらは「器物」に関することではなく、ほぼ全てが官職名であり、他の問目との間で違和感があるので、後の増補部分である可能性が高い。ただこれらの問目中には、包衣大・布大衣大・茶衣大・阿木孫章京・阿敦大・衣杭大・法克師大・烏林大といった上述の『大清会典』考究・和訳作業で刃が立たなかった満洲語語彙が全て含まれているので、これは増補部分であるにしても、荻生北渓・深見有隣が『大清会典』考究・和訳作業中にわからなかった単語の意味を問うた問答であることは間違いなく、別冊で編まれていた問答集が『清朝探事』にまとめられたということになろう。また問答の内容は、たとえば、

包衣大　「包衣」、此は家裡を言う。「大」、此は頭目を言う。「包衣大」は即ち是れ、一家の管事的総管官なり。

布打衣大　或いは「布大衣大」と作る。「布打」、此は飯を言う。「衣」、此は「の」を言う。即ち是れ、飯食を管するの頭目なり。乃ち是れ厨房官なり。

とあるように、助詞の解説まで踏み込んで、『大清会典』考究・和訳作業では刃の立たなかった満洲語語彙に適切な訳語を得ている。

3　荻生北渓の清朝理解の到達点

では、満洲語の官職名の意味まで踏み込んで、明朝との違いから清朝の特徴を明らかにしようとした荻生北渓の到達点は、いかなるものだったのであろうか。

享保七年八月十九日に『本朝則例類編』『本朝六部則例全書』、同年九月二五日に『集成備考』が紅葉山文庫から将軍吉宗を介して外部に貸し出され、十二月十日に返却されている。『集成備考』『本朝則例類編』『本朝六部則例全書』は、いずれも行政運営上の規則や参照すべき先例をまとめた法的編纂物である。荻生北渓はこの貸し出し期間中に三書を利用して、《名家叢書》第六五冊『荻生考』「集政備考」と第六六冊『荻生考』「明朝清朝異同」を作成している。第六五冊「集政備考」は『集成備考』『本朝則例類編』『本朝六部則例全書』の目録の体裁をとっているが、実際には三書を読むための文書用語の語彙集となっている。第六六冊「明朝清朝異同」は、三書を利用して、明朝と清朝の制度を比較して、

清朝の特徴を示そうとしている。また『大清会典』が十月六日に貸し出されており、「明朝清朝異同」では『大清会典』も参照されているが、「大清会典には之有るか、未だ考せず」という記述があるように、北渓は精査をする前であった。

「明朝清朝異同」は、明朝と清朝の本質的な違いも指摘されているのであるが、全体として些末な違いの羅列が多く、どうしても散漫という感を免れない。それは参照した三書がいずれも明朝から受け継いだ吏・戸・礼・兵・刑・工の六部という中央官庁の枠組みにしたがって、規則や先例を分類しており、清朝独自の組織・制度も、この六部の枠組みの中に押し込められて記されているか、或いは無視されているからである。荻生北渓自身も、このような制約の中で記した「明朝清朝異同」に満足していなかったようである。六部の枠を取り払って、改めて明朝と清朝の違いの本質は何かという問題を考究して、「明朝清朝異同」の末尾に「明清異同に付て料簡書」を記し、Ⅰ明朝の弊害を正した良い制度、Ⅱ最も重視した制度、Ⅲやむを得ずして弊害が生じたこと、Ⅳ一時的な処置、に分類して、清朝の特徴を論述している。以下、四つに分類して示された清朝の特徴について、要約して示す。なお（ ）内は、筆者による補足である。

Ⅰ 明朝の弊害を正した良い制度

①明朝では、宗室に爵位と俸禄を与える規定だけあって、官職を全く授けなかった。また士農工商の生業にも従事させず、各地に設けた王府に押し込めて自由に外出することを禁止した。宗室に罪過なきようにと設けた法である。明末に至って宗室を維持する費用も夥《おびただ》しくなったが、宗室は何の役にも立たなかったので、無駄な支出であった。清朝では能力・人徳ある宗室の者を八旗の大将とし、才智ある者を議政王として政事に参与させている（明朝では帝位の簒奪者にならないように、ロイヤルファミリーを各地の王府に軟禁状態にしたが、清朝では統治のための人的資源として利用していることをいっている）。

②明朝は宋・元両朝に倣い鈔《しょう》（紙幣）を用いることにしたが、実際にはあまり用いられなかった。ただし太祖朱元璋《しゅげんしょう》が定めた制度なので、あからさまに撤廃できなかった（祖法重視という硬直した明朝の法思想を説明）。これに対して清朝は民心が受け入れないことなので鈔を廃止している。

③明朝では同郷の官僚や同年に科挙に及第した官僚が兄弟と称し諸事懇ろにすることが盛んであったが、清朝では政務に支障を来すのでこれを禁止している（朋党の禁止。清代において朋党が厳禁されたのは雍正帝の治世（一七二三〜三五）であるので、これは、リアルタイムの清朝の政策に関する情報である）。

④明朝では戸口・年貢等の帳簿類が、関係する上級官府から下級官府までの全てで同様のものが作成され繁多であったが、清王朝ではこれを県毎に一冊、省毎に一冊、北京の戸部に一冊と、

簡略化している。

II　最も重視した制度

①夷狄《いてき》（北方の異民族）で中華を奪取したのは北魏・遼・金・元・清であるが、北魏・遼・金は中華を奪取した後、文物・制度全てを中華風に改めたために、王朝が滅亡した時に、故郷に帰ることができず、民族（原文では「種類」「人の種類」と表現）はみな絶えてしまった。これに対して元朝は、モンゴル民族を漢人とは別に取り扱い、モンゴルの風俗を改めず、モンゴル文字を用いたので、明の朱元璋が中華を奪い返した後も、元朝皇帝も官員も滅びることはなく、モンゴルの地へ帰ることができた。清朝もこれに倣って、満洲人の官員と漢人の官員を分けて取り扱い、言葉も満洲語・モンゴル語・漢語を通用させ、民族も満洲・モンゴル・漢に分けて、官爵の品級から適用法まで別にして、満洲人やモンゴル人が漢人の風俗に倣うことを禁止している（満洲人（旗人）に対する専用法である『八旗処分則例』『中枢政考』、モンゴル人に対する専用法である『蒙古例』『理藩院則例』の存在を認識）。これは清朝がもし滅亡しても、故郷に帰ることができるようにするためである。

②清朝は、北京周辺の土地を民から奪い取って、親王以下八旗の人丁に割り当てている（旗地の設定）。これは中華の地を切り取って満洲の地を設定したということである。

③明朝では全ての人を民戸と軍戸に分けて、民戸が科挙に及第して一代限りの官僚となった。軍戸が官僚（衛所官）になれば世襲であった。清朝では全ての人を満洲人と漢人に分けて、漢人は明朝の制度の通りとする。満洲人はみな世襲の武官であり、さらに科挙に及第すれば文官となることもできる。これは満洲人を武官として兵卒を支配する国の要に用い、文官として政務を与える官に用い、さらに文官・武官にかかわらず満洲人を任用して、各役所の首席である掌印官に必ず満洲人を就けるためである。これにより朝廷の大臣の多くは満洲人を用いることになった（満洲人が前提として、みな世襲の武官・兵士であることを理解。またその中から科挙に合格したものは文官になることも理解。ただ、満洲人は科挙に合格しなくとも、皇帝が直接抜擢（簡選）して、官僚とすることができたことは記述がない）。京都守護（北京の警護を担当する歩軍営）は満洲兵を用いて、北京で漢兵を用いるのは巡捕三営だけである。地方では緑旗兵として漢兵を用いて、要所の押さえにはやはり駐防兵丁として満洲兵若干を用いた（八旗を拠点防衛に用いたことを理解）。京都守護の将兵の大将（歩軍統領）には、専ら満洲人を用い、各地の緑旗兵の大将（提督・総兵官）にも多くは満洲人を用いて、漢人の場合は志を見届けてから任じる。人身売買は古来禁制となっていたが、清朝では八旗下に人を買い取ることを禁止していない（これは満洲族社会独自の奴《ぬ》僕《ぼく》身分（包衣）の存在を理解した記述である）。これらは満洲人の

威光を示すためである。

④明朝においてモンゴルの王の扱いは、朝鮮・安南・琉球等の外国の王と同じであった。清朝では、モンゴルの王を特に区別して、親王《しんのう》・郡王《ぐんのう》・貝勒《ベイレ》・貝子《ベイセ》等の爵位を設けて、宗室の王公と同格として、皇帝或いは宗室と婚姻を取り結び、彼らを外藩蒙古と称して、格別に崇敬する。朝鮮その他の外国を鴻臚寺《こうろじ》（諸外国の使節の接待を担当）が管轄するが、モンゴルに関しては理藩院という官府を設けて、中央官庁である六部と同格とする。これもまたモンゴルを崇敬する証拠である。明朝は、歴代帝王廟を建てて、三皇五帝、及び中華の人・夷狄の人に関係なく中華を統一した歴代王朝から各一人の帝王を祀った。清朝は是に加えて、中華を統一していないが満洲人の故郷ということで崇敬して遼朝の太祖（耶律阿保機《やりつあぼき》）、金朝の太祖（完顔阿骨打《ワンヤンアグダ》）・太宗（完顔呉乞買《ワンヤンウキマイ》）を祀っている。さらに元朝の太祖（チンギス＝ハーン）に加えて、世祖（フビライ）を祀っている。これは一王朝一皇帝の規則にはずれるが、モンゴルを崇敬するあまりのことである。モンゴルは各別の国（財政的に独立した藩）なので、俸禄を与える必要はないのであるが、モンゴルの親王・郡王・貝勒・貝子に俸禄を与えている。これは、モンゴルの地では銀・緞匹が産出しないので、彼らを喜ばせるために俸禄と称して、実は財貨を与えて味方にする計略である。八旗には何れも満洲・蒙古・漢軍の三旗があり、あわせて二四旗となり、これに加えて外藩蒙古の四九旗を加えて七三旗となる。この七三旗の将兵によって漢人を威服させるための計略である（八旗を率いる宗室の王公とともに、モンゴル諸部を率いる外藩の王公が清朝の支配者層を形成していることを正しく理解。これは清朝の持つ内陸アジア的な政権の特徴の中核部分である）。

Ⅲ　やむを得ずして弊害が生じたこと

①全ての官に、満官と漢官とを配置したので官員の数が明朝に比べて甚だ多くなる上、満洲人・モンゴル人・漢人の合議では、言語・文字が通じないので、筆帖式という翻訳官を付置したため、在京官員の数は明朝に比べて八倍となる。さらに外藩蒙古へも俸禄を与えるので、国の支出は夥しいことになった。その一方で明の万暦六年（一五七八）と清の康熙二四年（一六八五）の耕地面積を比べると、約三分の一が減少し、人口を比べると、約三分の二が減少した。このため運上（税）額は明朝に比べると、数倍になっているが、これも尤《もっと》もである（康熙二四年は、三藩の乱（一六七三〜八一）が終了してまもなくであり、清朝が財政的に非常に逼迫していた時期。状況は以後急速に改善される）。また捐納《えんのう》という制度があり、金銀・米貨を納めて官職を買うことができたが、結局国家財政の不足のためできた制度である。

②満洲人を北京の四方千里以内の地に配置したが、満洲人だけでは召使い（包衣）に事欠くので、八旗下へ人を買うことを許し

ている（八旗下への人身売買がここでも繰り返し書かれている。Ⅱ③では、満洲人の威光を示すために重視した政策としているが、ここでは仕方のない措置として記されており、評価が揺らいでいる）。

③満洲人の科挙では五経の出題が取りやめられ、四書と性理大全からの出題となったが、これは満洲人を科挙に及第させるためである。

Ⅳ　一時的な処置

①髪を剃って坊主にする（辮髪にする）ことは、順治帝が中華を帰順させるとき、帰順する者と帰順しない者とを区別するための軍略である。民人の馬を禁じて、その他の武器の禁制が厳しいのも、世の中が平定されて、未だに間がないからであろう。『大清会典』には満文の地図を掲載しなかったようである。『大清会典』にも漢文本と満文本があり、漢人の見るために漢字の会典を作成し、満洲人の見る為には満洲字の会典をつくって、その満洲字の会典に掲載したことを漢字の会典には掲載しなかったようである。これらの点も、結局漢人に心を置くからであると思われる（『大清会典』に満文本が存在することを認識。また漢人に知られたくない内容を、満洲語で記しているという推測を立てている。『大清会典』に関しては、この推測は当たらないが、清朝の文書行政制度から考えると本質を突いた指摘である。本書所収の柳澤論文では、このことを「非可視化」と称している）。

以上のように、明朝との違いから清朝の特徴を明らかにしようとする荻生北渓は、満洲族の皇帝を戴き、満洲族が八旗という世襲身分を構成し、さらに八旗を率いる宗室の王公と帰順したモンゴル族を率いる外藩蒙古の王公が支配者層を構成していたという理解に到達していたのである。古文辞学を修め儒教の経典研究を行いながらも、それを絶対的な価値観として拘泥することはなく、「中華」という言葉を使いながらも相対的な存在としてとらえ、現実を見据えようとしており、そこからは、将軍吉宗の諮問に答えることを職務とする清朝と同時代のチャイナ＝ウォッチャーとしての姿が見えてくる。

また、明朝から受け継いだ六部の枠組みにしたがって、先例を分類した『集成備考』『本朝則例類編』『本朝六部則例全書』のみにしたがう限り、このような理解に到達することは不可能であり、「明清異同に付て料簡書」執筆までに内務府・理藩院・八旗に関する記載を多く持つ『大清会典』をかなり読み込んでいたものと考えられる。或いは享保七年十二月十日に三書を紅葉山文庫に返却した後も、なお『大清会典』を返却するまで検討を加え、「料簡書」を執筆したのかもしれない。

ただし『大清会典』から、上記に記したような清朝の特徴を明らかにすることは、容易なことではなかったと考えられる。というのは、『大清会典』も『大明会典』の体例に倣って編纂されている、すなわち清朝独自の組織・制度も、六部をはじめとする明朝の制度の枠組みに規制されて記されているからである。たとえば『大清会典』において、清朝皇帝の家政機関である内務府は、六部等の明朝から継承した官衙について記した後、全一六二巻の末尾に近い巻一四九～一五四に記されており、宗室諸王の王府については、巻一の宗人府に若干の記述があるとともに、巻八一～八二の兵部の八旗関係の記述に散在するだけであり、単独の項目が立てられているわけではない。兵部全体では二八巻を占めているが、記述の多くは明朝の衛所制に起源を持つ緑営にさかれており、八旗の記述は僅かである。さらに外藩蒙古の王公と彼らの王府については、事務処理を担当する理藩院の説明が巻一四二～一四五にあり、これに含まれるだけである。また清朝皇帝・宗室諸王・外藩蒙古の諸王は、清朝の支配者層を構成しているのであり、彼ら支配者層は『大清会典』に記されている制度を越えた存在であるので、記述は断片的ということになっている。したがって、八旗を率いる宗室の王公とともに、モンゴル諸部を率いる外藩の王公が清朝の支配者層を形成しているという清朝の持つ内陸アジア的な政権の特徴に到達するには、『大清会典』全体を通覧して、各所に断片的に存在する記述を紡ぎ上げていかなければならない。荻生北渓の洞察力と分析力には、舌を巻くばかりである。

このようにして到達した荻生北渓の清朝理解の多くは、本誌の杉山清彦氏ほか各氏の論考においても言及されている内容であり、本質を見抜くという点では現在の研究水準から考えても、見劣りするものではない。兄荻生徂徠とともに、明律研究に打ち込んできた荻生北渓の、制度史資料の分析を通して政権・社会の本質を探ろうとする研究スタイルが遺憾なく発揮されている。

4　荻生北渓著・荻生徂徠増補訂正『建州始末記』

『大清会典』の分析を通して、清朝の制度研究を行った荻生北渓と、報告書を受け取った将軍吉宗の関心は、つぎに清朝の起源と満洲人の源流に向かうことになる。

『建州始末記』あるいは『建州女直始末』と題する書物が存在する。刊本とはならなかったが、『国書総目録』などを見ても、かなりの部数が写本として現在も伝わっていることがわかる。建州とはいうまでもなく、清朝の太祖ヌルハチの出身部族、建州女直のことである。この『建州始末記』には、大塚長幹《おおつかながもと》という人物が記した序が漢文で記されており（**図1**）、書き下すと、

徳廟（徳川吉宗）曾て博士物観（荻生北渓）に命じて建州の始末を記せしむ。稿は日ならずして成る。諸れを徂徠先生に質す。先生一見して曰く「未だ事情を尽くさざるあるなり」と。塗抹改竄して以て之を授く。観喜びて以為らく「始めて真の面目を得たり」と。乃ち浄書して以て之を進む。

となる。将軍吉宗が荻生北渓に建州女直の歴史を執筆するよう命

じ、稿本はさほど日数を要さずしてできあがったが、北渓は自信がなかったのであろう、兄荻生徂徠に添削を依頼して、その添削を反映したものを清書して、吉宗に献上したというのである。献上本は吉宗の閲覧に供された後、紅葉山文庫に所蔵されたのであろうが、現在は所在不明である。北渓が記し、徂徠が添削した草稿本のほうは、北渓の手元に残り、現在伝わるものは、この草稿本からの写本である。筑波大学附属図書館にも一本所蔵されており、北渓の草稿部分は墨書され、徂徠の添削部分が朱書きされており、添削された草稿本をそのままに写したものであると考えられる（**図2**）。

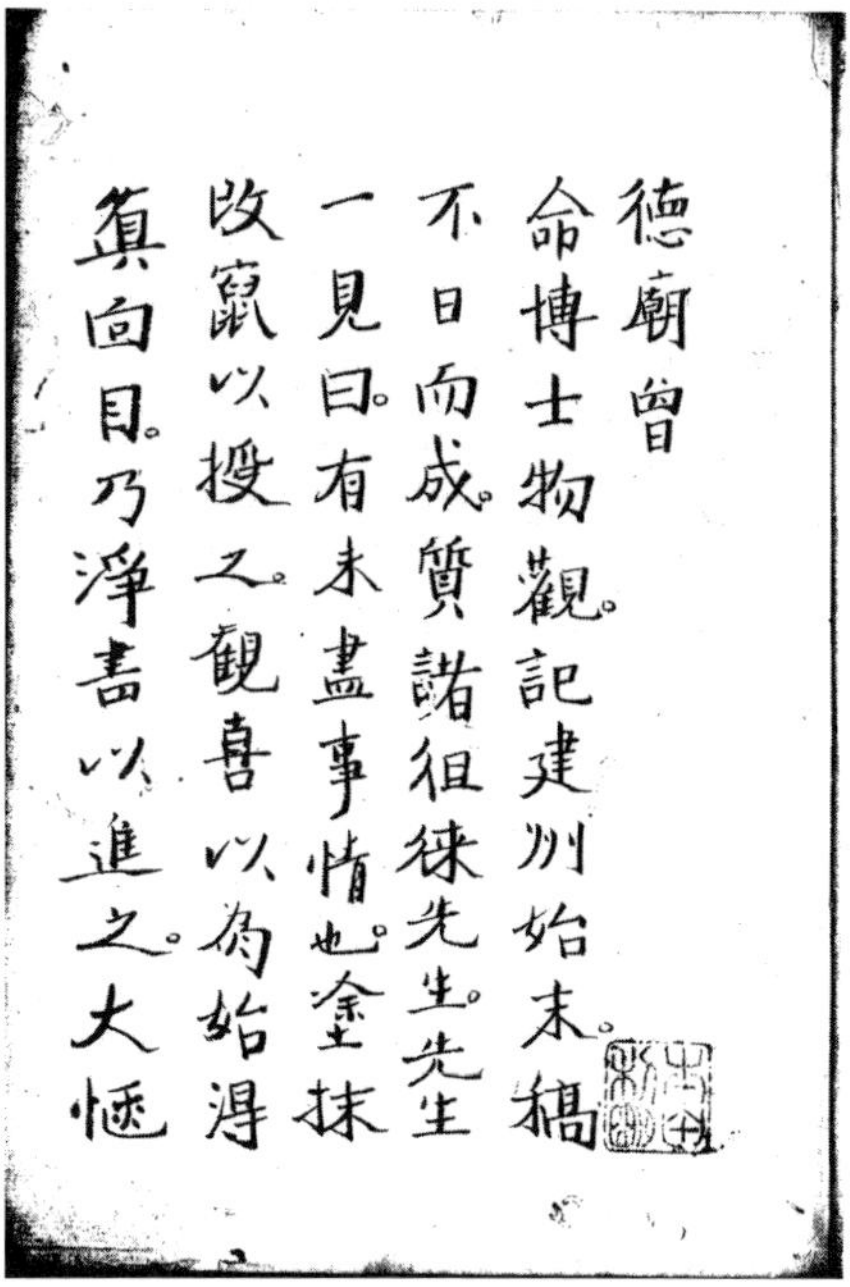
德廟曽命博士物觀記建州始末。稿不日而成。質諸徂徠先生。先生一見曰。有未盡事情也。塗抹改竄以授之。觀者以為始得眞向目。乃淨書以進之。大愜

図1　『建州始末記』序文冒頭

（筑波大学附属図書館所蔵）

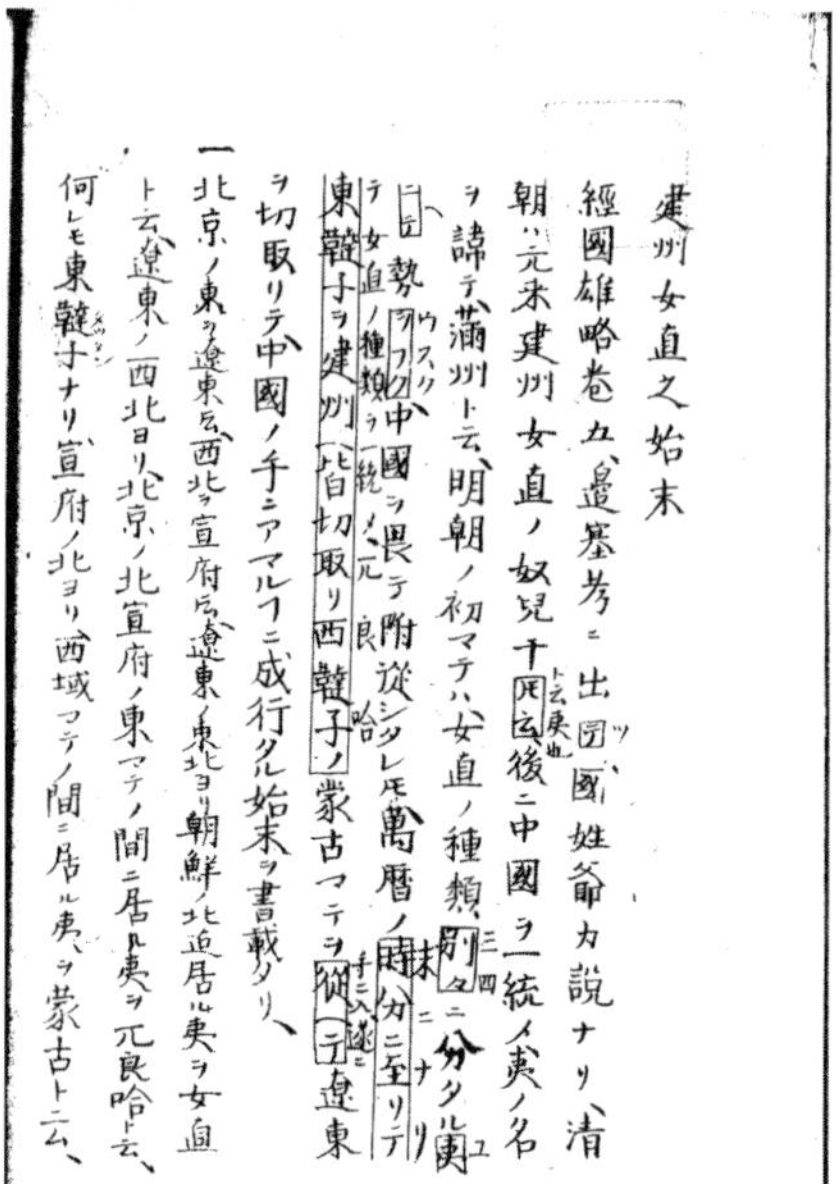
建州女直之始末
經國雄略巻五、邉塞考ニ出ヅ、國姓爺力説ナリ、清
朝ハ元来建州女直ノ奴兒干ト云後ニ中國ヲ一統シ夷ノ名
ヲ諱テ滿州ト云、明朝ノ初マテハ女直ノ種類別々ニ分タル
勢ニテ中國ヲ畏テ附従シタレモ萬暦ノ時分ニ至リテ
女直ノ種類ヲ一統シ元良哈ニナリ
東韃子ヲ建州ヘ皆切取リ西韃子ノ蒙古マテヲ併テ遼東
ヲ切取リテ中國ノ手ニアマルヿニ成行タル始末ヲ書載タリ、
一北京ノ東ヲ遼東ト云、西北ヲ宣府ト云、遼東ノ東北ヨリ朝鮮ノ北迄居ル夷ヲ女直
ト云、遼東ノ西北ヨリ北京ノ北宣府ノ東マテノ間ニ居ル夷ヲ兀良哈ト云、
何レモ東韃子ナリ、宣府ノ北ヨリ西域マテノ間ニ居ル夷ヲ蒙古ト云、

図2　『建州始末記』本文冒頭

（筑波大学附属図書館所蔵）

この『建州始末記』の草稿がいつ作成され、徳川吉宗に献上されたのかを具体的に示す資料はない。ただ荻生北渓が吉宗の寄合儒者となるのが享保三年であり、荻生徂徠が没するのが享保十三年であるので、その間ということになる。また当時の吉宗の最大の関心事は、享保の改革に資する中国の制度に関する情報であり、荻生北渓の最重要任務も吉宗の意向に基づき『大清会典』の研究だったはずである。そしてその過程で、荻生北渓と北渓の報告を受けた吉宗が清朝に関する理解を深め、つぎに二人の興味が清朝の支配民族たる満洲族の起源に向いたと考えるのが自然であろう。とすると、『大清会典』が荻生北渓の手を離れる享保九年五月以

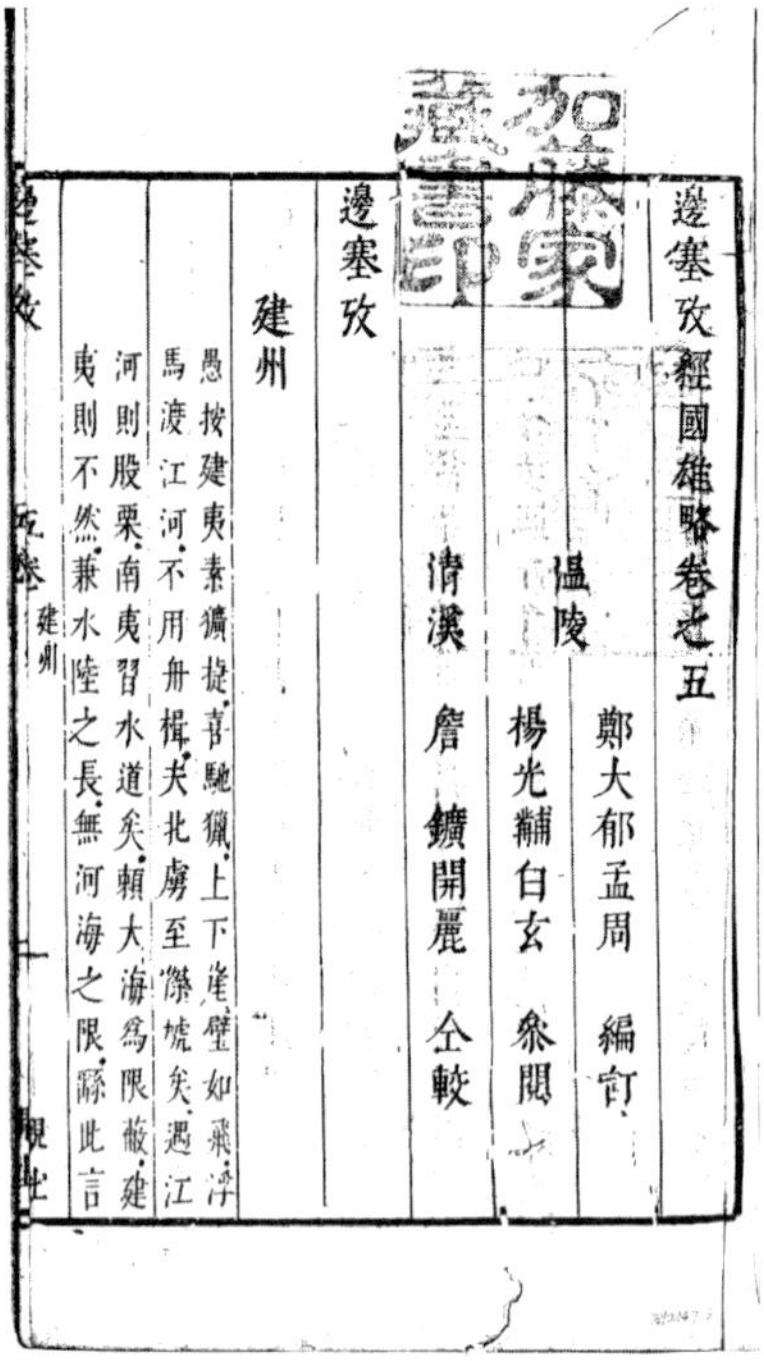
加藤家蔵書印
邊塞攷經國雄略卷之五
鄭大郁孟周 編訂
溫陵 楊光黼白玄 參閱
清溪 詹 鑽開麗 仝較
邊塞攷
建州
愚按建夷素獷捷善馳獵上下嵓壁如飛浮
馬渡江河不用舟楫夫北虜至𢡟虓矣遇江
河則股栗南夷習水道矣賴大海爲限蔽建
夷則不然兼水陸之長無河海之限縣此言

図３　『経国雄略』「辺塞考」巻五の冒頭
（筑波大学附属図書館所蔵）

降ということになる。

草稿部分の冒頭に「経国雄略巻五、辺塞考に出づ」とあるように（**図2**）、『経国雄略』「辺塞考」巻五、女直の条にほぼ全面的に依拠して、荻生北渓は草稿を記している。

『経国雄略』とは、清朝の中国支配に抵抗していた南明政権の鄭芝龍《ていしりゅう》（一六〇四～六一、鄭成功の父）のもとで、福王の弘光元年（清の順治二年、一六四五）に出版された書籍である。軍事に関する記載が多く、明朝復興を目指し、間近の敵、清朝と戦うための兵書という色彩が強い。また編纂にあたった鄭大郁《ていだいいく》は序文で、明朝の復興のためには、軍事に限らず広範な総合的知識が必要であると記しているように、百科全書的な側面も持っている。この明清交代の激動のなかで作成された『経国雄略』に関しては、江戸幕府の儒臣も出版当初から注目していたようで、出版のその年、正保二年のうちに、長崎にもたらされ、将軍家の図書館、紅葉山文庫に架蔵された。この年には、鄭芝龍の乞師（援軍要請）の使者が長崎に来航しているので、この使者の礼品としてもたらされ、長崎奉行を通じて将軍家に献上されたものかもしれない。明清交代期の部分を記す江戸幕府の史料である『華夷変態《かいへんたい》』（『唐船風説書《とうせんふうせつがき》』の明清交代期の部分）巻一冒頭には、「経国雄略は芝龍が兵書也」と内容を適切に説明している。その後も、『経国雄略』は長崎貿易を通じて複数部輸入されており、大名家等に納本された。現在筑波大学附属図書館が所蔵する『経国雄略』は、近江国水口藩の藩校翼輪堂の旧蔵書であり、翼輪堂と藩主である加藤家の蔵書印が捺されている（**図3**）。

荻生徂徠は、多くの書籍を参照して、添削しているが、典拠が示されているのは『武備志《ぶびし》』のみであり、実際に『武備志』巻二二八、女直考が多用されている。『武備志』は、明末の茅元儀《ぼうげんぎ》によって天啓元年（一六二一）に作成され、明朝の遼東に押し寄せる建州女直の民族的起源と、明代におけるその発展を俯瞰し、それをもとに明朝の軍事的対応を総合的に検討した大著である。この『武備志』は、鵜飼信之《うかいのぶゆき》による訓点を施した和刻本が、寛文四年（一六六四）に刊行され、江戸時代の知識人に広く知られていた。

一方、清朝では遅くとも乾隆年間（一七三六～九五）までに、『経国雄略』『武備志』の二書は禁書となり、中国にはほとんど現存していない。「女直」という表現と、侮蔑的、敵対的な記述が理由である。

5　江戸時代における『建州始末記』の流布

大塚長幹の序によれば、草稿本は荻生北渓の長男、荻生清（一七二九～五五）に伝えられ、清がこれを御三卿の一つ田安家の家臣、大塚孝綽《たかやす》に（一七一九～九二）に譲った。当主の田安宗武《たやすむねたけ》（一七一五～七一）が学問を好んだこともあり、孝綽はやがて儒臣として宗武に仕えることになり、孝綽は宗武から諸公子に経学を講義するよう命じられた。孝綽が荻生清から『建州始末記』の草稿本を贈られたのはこのころである。なお孝綽から薫陶を受けた田安家の諸公子の一人に宗武の第七子松平定信（一七五七～一八二九）がおり、定信は後に孝綽を相談相手として重んじた。また定信が天明七年（一七八七）老中となり、幕政を掌握するに及んで、孝綽は一時幕臣にもなっている。

大塚孝綽が『建州始末記』の草稿本を大塚長幹に贈ったのは安永八年（一七七九）のことである。長幹の父、大塚周富は、遅くとも宝暦九年（一七五九）以前に尾張徳川家の家臣となっている。この周富の長子が長幹であり、周富の死後家督を継いで尾張徳川家に仕えた。孝綽に嗣子がなく、長幹の次弟長祐を養子とし、長祐の死後、第四弟の長植を養子としたため、『建州始末記』の序では、孝綽を「叔父」と称している。

筑波大学附属図書館所蔵『建州始末記』の序の第一葉裏右下には、「本田利明」という正方形の蔵書印が捺されている（**図1**）。「本田利明」とは、自らは「本田」と記すことが多かった本多利明《ほんだとしあき》（一七四三～一八二〇）のことであり、筑波大学本は、本多利明の旧蔵書だったのである。生没年からすると本多は大塚孝綽よりも少し下の世代であり、大塚長幹とは同世代ということになろう。本多は関孝和《せきたかかず》流の数学を修め、後に経世の学を研究し、国家富強の為には、北方、特に蝦夷・樺太の開発が必要であると説いた思想家・教育者であり、北方関係の専著も多い。重商主義的な政策と北辺を伺うロシアに対する防備として、北方の開発を説いた本多が、蝦夷・樺太の東方に広がるマンチュリアの歴史、それも同時代の中国である清朝を築いた人々の源流に興味を持ったことは、極めて自然なことであろう。

間宮士信《まみやことのぶ》（一七七七～一八四一）が文政三年（一八二〇）に編纂した『編脩地誌備用典籍解題』第二八巻、韃而靼の条にも『建州女直始末』という書名で解題が掲載されている。『編脩地誌備用典籍解題』とは、幕府が文化七年（一八一〇）昌平坂学問所に開設した史局の蔵書目録であり、現在は草稿本・浄書本がともに国立公文書館に所蔵されている。当時、ロシアの北方進出に危機感を募らせていた幕府が、国土の把握という観点から全国的な地誌の編纂を行おうとして史局を開設し、その史局で各地の地誌・紀行・地図類を編集していたのである。この『編脩地誌備用典籍解題』において注目すべきは、『建州女直始末』の直前に『東夷考略』の解題を掲載していることである。『東夷考略』とは、明末の茅《ぼう》瑞徴《ずいちょう》が天啓元年（一六二一）に著した書籍で、女直族の歴史と辺境図が記されている。実は、『建州始末記』の典拠である『経国雄略』「辺塞考」巻五、女直の条は、この『東夷考略』の一部を完全に引き写しているのである。このことと、『編脩地誌備用典籍解題』における『東夷考略』『建州女直始末』の分類配列とは、『東夷考略』と『建州女直始末』とが同一内容を持っているということを、間宮らが正しく認識していたことを示している。

以上のように、一七七九年に『建州始末記』の草稿原本が大塚長幹の所蔵となって以後、比較的短期間に複数の写本が作成され流布したのである。文化八年（一八一一）の序文を持つ『近代著述目録』には、早くも『建州始末記』の書名が掲載されている。この当時『建州始末記』が写本とはいえ、世に知られていた書籍であったということができる。

『建州始末記』の写本が世に知られるようになった十八世紀末から十九世紀初めは、世界史的観点からみると、ロシアのシベリア進出に日本の蝦夷地開発が接触した時期である。日本では、このような状況下、近藤重蔵《こんどうじゅうぞう》（一七七一～一八二九）・最上徳内《もがみとくない》（一七五四～一八三六）・間宮林蔵《まみやりんぞう》（一七七五～一八四四）らが蝦夷地・樺太・黒龍江下流域を探検し、邨山芝塢《むらやましう》（一七五八～一八二〇）・永根伍石《ながねごせき》（一七六五～一八三八）らが『清三朝実録』（清初三代の皇帝の事績録）のダイジェスト『大清三朝事略』（一七九九）、『清三朝実録採要』（一八〇七）を刊行している。すなわち、ロシアが蝦夷地を侵し始めたのに呼応して、この時期に日本の知識人たちは東北アジアに興味を持ち、さらに東北アジアから起こった清朝の起源に対して、再び興味を持つようになったのである。

おわりに――日本近代における『建州始末記』に関する逸話

近代日本における東洋学の開拓者であり、清朝史研究に多くの足跡を残した内藤湖南（一八六六～一九三四）は、一九〇九年、大槻如電《じょでん》（一八四五～一九三一）から『建州始末記』を寄贈される。内藤湖南は非常に喜び、「数年前余が如電翁に会つた時に、段々満洲研究の話が始まつて、さうして其の建州始末の談に及んで、余はそれを見もせず聞及びもしなかつたと云ふことを話した所が、喜んで余にこの本を割愛して呉れたのである」と語っている。同写本は現在、関西大学図書館に所蔵されている。

大槻如電の祖父、大槻玄沢《げんたく》（一七五七～一八二七）は、仙台藩の支藩一関藩の蘭学者で、仙台藩の依頼により、アリューシャン列島に漂着し、ロシアのレザノフらによって長崎まで護送された津太夫らの口述をまとめた『環海異聞』《かんかいいぶん》（一八〇七）の編者である。

同書は津太夫のシベリアでの体験・見聞が中心となっている。玄沢は前述の大塚長幹・本多利明らと同時代人である。如電の父、大槻盤渓《ばんけい》（一八〇一〜七八）は、蘭学・西洋砲術・漢学を修め、仙台藩の藩校の学頭となり、奥羽列藩同盟の起草者として、戊申戦争後江戸に幽閉されている。如電（一八四五〜一九三一）は、祖父・父と続く学問の家柄に育ち、和洋漢の学問を修める。明治政府に父盤渓助命の嘆願を行い、実現すると、新政府との関係を絶ち、近代アカデミズムに交わることもなく、江戸時代の博学者・ディレッタントとして、明治・大正・昭和を生き抜いた。如電は『建州始末記』を内藤湖南に寄贈するにあたって、同書に「湖南君の満洲研究も久し。されど二百年前この書ありしは、知らず云はる。仍《よ》て割愛す」と書き付けている。これは江戸時代の清朝史研究が、近代東洋学に受け継がれた瞬間である。

近代日本の東洋学、特に東北アジア史・中国史研究が、当時の侵略政策と関係深かったことは、日本人の研究者として忘れてはならない事実である。しかし、本稿で記したように、清朝史研究に関しては、江戸時代から近代への連続性を確認できるのである。そして受け継がれた江戸時代の清朝史研究は、清朝の持つ内陸アジア的な政権の特徴を非常に意識したものだったのである。

参考文献

大庭脩『江戸時代の日中秘話』東方書店、一九八〇年。

大庭脩『江戸時代における中国文化受容の研究』同朋舎、一九八四年。

大庭脩『漢籍輸入の文化史——聖徳太子から吉宗へ』研文出版、一九九七年。

大庭脩『徳川吉宗と康熙帝』大修館書店、一九九九年。

川勝守『日本近世と東アジア世界』吉川弘文館、二〇〇〇年。

楠木賢道「『清朝探事』の満洲語語彙と『大清会典』考究和訳作業」『日本史学集録』七号、一九八八年。

楠木賢道「江戸時代から近代にかける清初史研究の潮流——荻生北渓著・荻生徂徠増補訂正『建州始末記』をめぐって」『神田信夫先生古稀記念論集』山川出版社、一九九二年。

杉山清彦「大清帝国と江戸幕府——東アジアの二つの新興軍事政権」『世界史を書き直す 日本史を書き直す』和泉書院、二〇〇八年。

谷井陽子「清代則例省例考」『東方学報』京都六七冊、一九九五年。

内藤湖南「昔の満洲研究」『東洋文化史』中央公論新社、二〇〇四年（初版一九三六年）。

明から清への交替期、琉球王国はどのように対応したか?

琉球から見た清朝

【明清交替、三藩の乱、そして太平天国の乱】

渡辺美季
Watanabe Miki

わたなべ・みき　一九七五年東京生。東京大学大学院博士課程単位取得退学。博士（文学）。神奈川大学外国語学部助教。東洋史。主論文「琉球人か倭人か」（『史学雑誌』一一六巻一〇号）等。

1　はじめに

琉球は十二世紀頃から国家形成を開始し、その後「沖縄県」として日本に組み込まれる一八七九年まで、周辺の諸国・諸地域と密接な関係を持ちつつ、自律的な一王国として存続してきた（**図1**）。その対外関係の主軸となったのは十四世紀後半に開始された中国（明《みん》朝・清朝）との君臣関係である。それは琉球国王が中国皇帝に定期的に使節を派遣して貢物《みつぎもの》を進上する「朝貢《ちょうこう》（進貢）」と、皇帝から国王に王号を授ける「冊封《さくほう》」を主な要素として成り立っており、朝貢の恩典として琉球には中国における貿易活動が認められていた。

一方で一六〇九年、琉球は薩摩藩の島津氏による侵攻に敗れ、これを契機に日本（徳川幕府および薩摩藩）の統制を受けるようになった。ただし幕府・薩摩は中国との君臣関係を有する琉球王権の存在を前提とした支配方針を取っており、このため以後も「王国の形態」および「中国との関係」は維持された。すなわち一六〇九年（薩摩の侵攻）から一八七九年（王国の消滅）までの二七〇年間、琉球は「中国・日本に二重に従う王国」であったのである。この期間を琉球史研究では一般に「近世」と呼び、それ以前の

「古琉球《こりゅうきゅう》」と区別している。

さてこの「近世」に突入してまもない一六四四年、薩摩侵攻のショックからようやく立ち直りかけた琉球は、またしても大きな外的衝撃に襲われることになった。中国における明朝から清朝への王朝交替の動乱である。これまで一貫して明朝に従ってきた琉球は、この一大事にどのように対応したのであろうか。

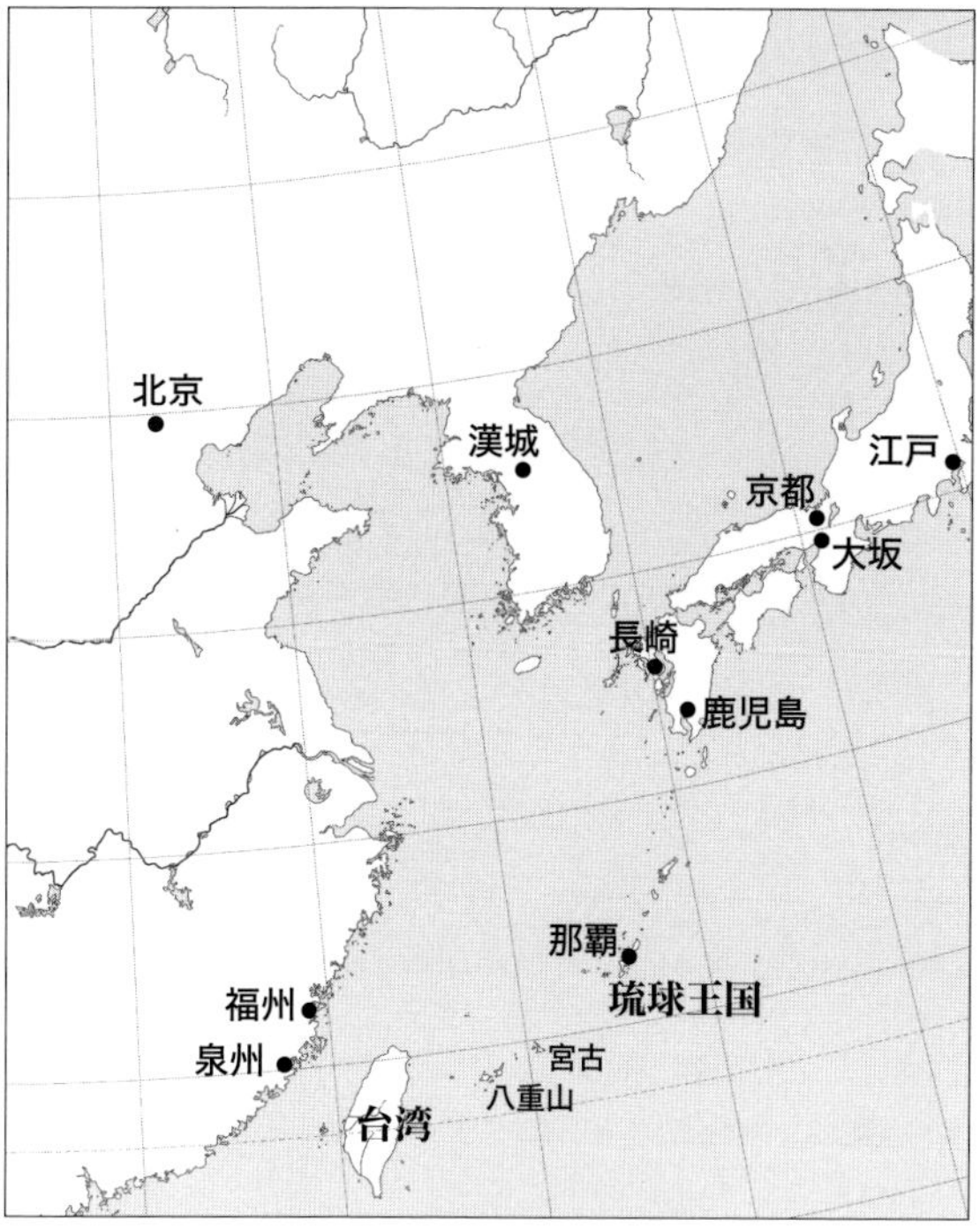

図1　近世の琉球王国

2　近世琉球と明清交替

①明清交替と琉球

一六四四年、李自成《りじせい》らの率いる農民反乱によって自滅した漢民族の王朝・明朝に代わって、東北アジアから台頭した満洲（女真）人の清朝が中国の支配者となった。このことを知った琉球は、明朝の残存勢力が中国各地に樹立した亡命政権（福王《ふくおう》・唐王《とうおう》・魯王《ろおう》の各政権）に次々と帰順したが、どの政権もまもなく清軍によって滅ぼされてしまった。

一方、清朝は一六四九・五二年の二度にわたって琉球へ使者を派遣し、その帰順を求めてきた。琉球は、明朝復活の可能性を考慮して対応に悩んだが、結局、明・清それぞれに宛てた書簡を用意して中国に使者を派遣し情勢を見て臨機応変に対応させるなど、明・清どちらにも対処し得るような二方面外交を展開して、しばらく様子を見ることにした。もともと琉球には不測の事態に備えて、中国へ派遣する使節に国王印を押しただけの白紙の「国書」（空道《こうどう》）を携帯させる慣行があり、これを応用した対策を取ったのである。

やがて清朝は国内をほぼ征服し、一六六三年に初めての冊封使を琉球へと派遣した（**図2**参照）。琉球はこれまで明朝の皇帝から拝領した明服（皮弁冠服《ひべんかんぷく》）を儀礼服として活用してきたため、こ

図２　辮髪・清服姿の冊封使一行

本図は後の 1756 年に来琉した冊封使の様子を描いたものである。

（沖縄県立博物館所蔵「冊封使行列図」部分）

の時、冊封使から辮髪《べんぱつ》や清服を強制されることを非常に恐れたが、渡来した冊封使は意外にも琉球人に明服の着用を許した。琉球は安堵し、以後は自分たちの手で明服を仕立て儀式などの際に着用するようになった（**図３**）。こうして琉球と清朝との外交関係は、いよいよ本格的に開始されたのである。

②三藩の乱と琉球

ところが明清交替の動乱はまだ終息したわけではなかった。一六七三年、それまで清朝に従っていた漢人の将軍らが「反清復明（清朝に抵抗し明朝を復活する）」をスローガンに蜂起し、三藩の乱が勃発したのである。そして一六七六年には三藩勢力の靖南王《せいなんおう》（耿精忠《こうせいちゅう》）が、琉球へ使者を派遣し、火薬の材料となる硫黄の供出を求めた。琉球政府は議論の末に、明朝復活の可能性を考え、薩摩・幕府の認可を得た上で、この要請に応じた。さらに靖南王への使者として蔡国器《さいこくき》（高良親方《たからウェーカタ》）を派遣することにした。ただし万一の事態を懸念する蔡国器自身の提案により、この時「靖南王宛の書簡」だけではなく「清朝宛の書簡」も持って行くことになった。このアイデアを聞いた国王の尚貞《しょうてい》は「万全の計」だと喜んだという。

一六七七年三月、蔡国器が中国に到着すると、すでに靖南王は清軍に敗北していた。そこで蔡国器はさっそく靖南王宛の書簡を焼き捨て、清朝宛の書簡を提出した。清朝はそれでも琉球を疑い「我々にそむいて三藩を援助したのではないか」と問い詰めてきたが、蔡国器は「琉球は清朝の大恩を受けているので靖南王の要請には決して応じず、国王が私を派遣して清朝の安否を尋ねさせたのです」と主張し、かろうじて切り抜けることに成功した。蔡国器の家譜には「国器のこの策略があったために、今に至るまで清朝との関係が続き、累々と皇帝の御恩を受け、琉球から皇帝に上申することはすべて認可されるのである」と誇らしげに記されている。

③清朝に対する琉日関係の隠蔽《いんぺい》政策

一六八〇年代になると清朝は抵抗勢力をことごとく駆逐し、その支配を確固たるものとした。王朝交替の動乱をしたたかな外交戦略で乗り切った琉球は、以後、強大な隣国である清朝との関係を安定的に維持することに心を砕くようになった。とりわけ琉球は、一六〇九年の島津侵攻を契機に開始されていた日本との主従関係が、「二国に仕《つか》えている」として清朝の不興を買うことを恐れ、この頃から清朝に対しては日本との一切の関係を隠すという特別な政策を取り始めた。この新たな政策は「もし中国に漂着したら日本との関係を口外してはならない」などといった様々な示達によって、国中に周知されていった。

図３　明風の衣服（唐衣装）を着た琉球の尚敬王（在位 1713–1752 年）

［徐葆光『中山伝信録』］筑波大学図書館所蔵

　しかしこうした琉球側の努力にも関わらず、実のところ清朝は琉日関係の存在に殆ど気がついていたのである。例えば一六八三年に琉球にやってきた冊封使の汪楫《おうしゅう》らは、その前年に康熙帝に謁見し「琉球が日本などの諸国と往来しており、今それらの国は天朝の徳化を求めておりますが、この国々が琉球において清朝への朝貢を求めてきた場合にはどのように対応すべきでしょうか」と尋ねている（『起居注』）。これに対して康熙帝は「そのような要請があれば礼部《れいぶ》（官庁名）に報告して議論させるように」と応じた。琉球はすでに隠蔽政策を開始していたが、少なくともこの段階において、清朝皇帝は琉日関係の存在を事実として認識していたといえよう。

　ただし清朝の基本的なスタンスは「琉球は清朝に朝貢し冊封を受けている」という体面が保たれてさえいればよいというものであり、このためそもそも日本との関係について琉球を追及するつもりはなかった。琉球が清朝と日本の間で王国として存続することができたのは、琉球の外交努力に加えて、このような清朝側の「放任」の姿勢――あるいは「見て見ぬふり」――があったことも忘れてはならない。

3 琉球の対清外交と三藩の乱――忠誠物語の成立と利用

①「架空の物語」の意義

ところで清朝が支配を確立させた一六八〇年代を中心に、琉球と清朝の間で、三藩の乱の際の琉球の「行動」が重要な意味を持ったことがあった。「行動」というのは、もちろん「背反の事実」(＝清朝からの冊封を受けていたにも関わらず三藩側に硫黄を提供した)ではなく、その代わりに清朝に信じ込ませることに成功した「架空の物語」(＝三藩に従わず清朝への忠誠を貫いた)のことである。

琉球政府(首里王府《しゅりおうふ》)が編纂した正史『球陽《きゅうよう》』(巻七)によれば、一六八一年、清朝は琉球への冊封使派遣を取りやめ、中国において琉球使節に冊封の勅諭を託す方式への変更を決定していたが、琉球側の請願によりこの決定は見直され、最終的に康熙帝が「琉球国王は代々忠貞を守り臣下として勤め、靖南王の謀叛の際にも朝貢を怠らなかったので褒め讃えるべきである」と述べて、変更の撤回と褒美の下賜を命じたという。また実際この時、皇帝から琉球国王へ発された勅と詔にも、それぞれ「三藩の乱の際に琉球が臣下としての節義を守り忠誠を尽くしたことは深く褒め称えるべきである」と記されている(『歴代宝案』一三―一五、一六)。

また『球陽』(巻八)によれば、一六八八年、琉球が中国に派遣する貢船の定員増加と接貢船《せっこうせん》(貢船の一種)に対する免税措置を清朝に求めたところ、康熙帝が「三藩の乱の際に、安南(ベトナム)は〔三藩勢力の〕呉三桂《ごさんけい》に従ったが、琉球は靖南王の帰順の求めに応じず、良く清朝への忠節を守った。その恭順の誠意は深く褒め称えるべきである」と述べ、琉球の要請はすべて認められたという。

つまりこの頃、清朝に対して出された琉球の幾つかの要望が、三藩の乱の際の琉球の行動――実は「架空の物語」――を理由に康熙帝から特別に認可されているのである。支配確立期の清朝は、朝貢国の忠誠をアピールする絶好の素材として、これを積極的に利用したのであろうか。なお一六八〇年代以降、この「物語」を理由に清朝が琉球へ特別な恩典を施したことはなかったようである。

②「架空の物語」の学習

「物語」を利用したのは清朝だけではなかった。一七五三年に琉球政府が官人を対象に作成した『旅行心得之条々《りょこうこころえのじょうじょう》』(一七五九年に改訂)を見てみよう。この条々は清朝官人と琉球人の想定問答集の形式で編纂された「清朝への対応マニュアル」であるが、その中に次のような問答が含まれている。

〈清朝官人の仮想質問〉　琉球使節が、貿易が終わるまで指定入港地の福州（福建省）を出発せず、貿易の後にようやく朝貢のために北京へと向かうのは、朝貢ではなく、それに付随する貿易の方をより重視しているからではないのか。

〈琉球人の模範回答〉　琉球は進貢忠義の誠を題目に勤めてきました。このため小国で諸物に不自由していることを順治皇帝《じゅんちこうてい》様が気づかれて福州での商売を許されたので、琉球は諸物を思う様に入手できるようになり、天朝のご高恩に誠に感謝しております。貿易の様子は福州の人々が平時に目にし得るものですが、忠義の誠は平時に見えるものではありません。というのも、康熙年間の初めに呉三桂が広東で謀叛を企んだ時、安南国（ベトナム）は呉三桂に荷担しましたが、琉球は靖南王が福建で謀叛を企み、遊撃の陳応昌という官人を派遣して琉球の帰順を促した際に、国王は「琉球は順治皇帝様以来、数多くのご高恩を受け、朝貢を滞りなく勤めているので、天道に背いて靖南王へ従うことは絶対に出来ない」と断言されました。この時、遊撃は何度も勧誘しましたが国王が少しも請け合う気配を見せなかったので立腹して帰られました。このため康熙皇帝様からご褒美の勅書を下されたのです。これは進貢忠義の誠ですが平時には見られないものです。（後略）

このように琉球政府は、朝貢国としての忠誠心を清朝から疑われた場合を想定して、三藩の乱の際の「物語」――それもベトナムを引き合いに出して琉球の忠誠を強調した「物語」――を内容とした模範解答を用意し、官人層に学習させていたのである。つまり琉球では、対清外交を円滑に継続するための手だての一つとして、この「物語」が利用されていたといえるだろう。

③琉球の正史における「架空の物語」

さらに琉球政府は、正史（国家編纂の史書）においてもこの「架空の物語」を事実として記録していた。琉球の正史は二種類あるが、その内の一種である『中山世譜』（一七二四～二五年改訂本）には、三藩の乱の際に安南国は三藩側に従ったことが記された上で、「一六七六年、（三藩の）靖南王が遊撃の陳応昌を派遣して琉球の帰順を促したが国王は受け入れなかった」、「一六七七年、蔡国器を派遣して清朝の安否と先に派遣した琉球使節の消息を尋ねさせた。聖祖（康熙帝）は大いに悦び、深く琉球の忠順の誠を褒めた」と述べられている。もう一方の正史『球陽』（巻七）にもほぼ同様の記事が収録されている。

④琉球の家譜における「背反の事実」

しかしその一方で、琉球では「背反の事実」を明記した公文書も作成されている。それは「架空の物語」成立の立役者であった使者・蔡国器の家譜（系図）である。琉球の家譜は、政府が内容を管理・統制し、政府の認可を得た記事のみが記載されるという、れっきとした公文書であったが、蔡国器の家譜には、靖南王への硫黄給与、その清朝に対する隠蔽と「忠誠物語」へのすり替え

――国器の策略――に関するくわしい記事が、国器の功績として記載され、このことが後に清朝による冊封方式の変更撤回や免税措置などを含む多大な国益をもたらしたとして評価されている。

さらに蔡国器の五代後の子孫・徳蘊《とくうん》が、一七六四年に祖父・父の後を継いで地頭職を拝領した際の政府の任命書――家譜に抄録されている――には、その任命の根拠となる祖先の功績の一つとして三藩の乱の際の国器の策略が特記されている。つまり蔡国器の策略は彼個人の功績として高く評価されただけではなく、約一世紀後ですらも子孫への任職の根拠として政府内で効力を放っていたといえよう。

このように三藩の乱の際の「背反の事実」と「架空の物語」がどちらも公文書に記されていることから、琉球政府内には「清朝に対する忠誠行為」そのものと、「清朝へ『忠誠』の対面を保つこと」をともに重視する重層的な判断基準が存在していたことがうかがえる。

4　太平天国の乱と明清交替

三藩の乱から約二百年後の一八五一～六四年、中国において「滅満興漢《めつまんこうかん》（満洲人の清朝を滅ぼし漢人の王朝を興す）」を掲げる大規模な民衆反乱・太平天国の乱が勃発した。これを知った琉球政府は、反乱を「王朝交替の危機」と受け止め、『中山世譜』や蔡国器の家譜における三藩の乱の際の対応を詳細に参照しながら、朝貢国としての対応策――「皇帝へのご機嫌うかがい」の如何や「兵乱平定の祈願」の実施の可否など――を協議した。議論においては、一部の論者が「ご機嫌うかがい」の特使の派遣もしくは書状の送付により清朝への忠誠を示す策を支持したものの、大半の論者は王国の保身を最も重視して事態を静観する策を推した。この回答のバリエーションには、先に触れた「清朝への忠誠行為」と『忠誠』の体面維持」をともに重視する政府のスタンスがくっきりと反映されている。

しかし「忠誠」重視の論者でさえも、「もし派遣した特使が中国に到着した時に『大平王《ママ》』が勝利し皇帝となっていたら、天下一統の慣《ならい》であるのでやむを得ず反乱軍に臣服せざるを得ない」などと述べており、結局のところ政府内には「最終的には王朝に拘泥せず『中国』との関係継続を優先する」という揺るがない共通認識が存在していたことがうかがえる。

一方で「兵乱平定の祈願」については大多数の官人が賛同しており、一八五三年に首里・那覇に点在する「弁財天堂・弁嶽《べんがだけ》・観音堂・関帝堂・天尊廟・竜王殿・天后宮」にて政府の担当官人が祈願を行っている。

5　おわりに

十七世紀末から十八世紀の中葉にかけて、琉球政府は儒教思想を積極的に導入し、これを統治理念として国内へ浸透させていった。この政策を強力に推進した政府高官の蔡温《さいおん》（一六八二〜一七六一年）（**図4**）は、儒教における「権《けん》」の概念――やむを得ざる臨時の処置――を用いて、その時々の状況によって現実に合うように原則を修正することを容認する姿勢を示している。「恭順な朝貢国」として中国王朝との君臣関係をこの上なく重視しながらも、王朝交替の際には旧王朝を捨て新王朝に従うことを容易に是認する琉球政府の弾力性は、こうした思潮の中でつちかわれていったのであろう。この姿勢をもって琉球は、清朝との二世紀以上にわたる「円滑な」関係を維持していたのである。

図4　蔡温（琉球切手）

参考文献

伊波普猷『琉球古今記』刀江書院、一九二六年。

糸数兼治「蔡温の思想とその時代」、琉球新報社編『新琉球史・近世編（下）』同社、一九九〇年。

糸数兼治「蔡温の権思想――その特質と限界」、琉球方言論叢刊行委員会編『琉球方言論叢』琉球方言論叢刊行委員会、一九八七年。

島尻勝太郎『近世沖縄の社会と宗教』三一書房、一九八〇年。

紙屋敦之『幕藩制国家の琉球支配』校倉書房、一九九〇年。

喜舎場一隆『近世薩琉関係史の研究』国書刊行会、一九九三年。

高瀬恭子「明清交替時の琉球国の対中国姿勢」『お茶の水史学』二二号、一九七八年。

豊見山和行『琉球王国の外交王権』吉川弘文館、二〇〇四年。

西里喜行「明清交替期の中琉日関係に関する一考察――尚賢・尚質・尚貞の冊封問題とその周辺」『第八回　琉球・中国交渉史に関するシンポジウム論文集』沖縄県教育委員会、二〇〇七年。

比嘉潮春「中国の三藩動乱と沖縄」『沖縄の歴史』沖縄タイムス社、一九五九年。

夫馬進編『使琉球録解題及び研究』榕樹書林、一九九九年。

真栄平房昭「近世琉球の対中国外交――明清動乱期を中心に」『地方史研究』一九七号、一九八五年。

真栄平房昭「東アジアの海外情報と琉球ルート――アヘン戦争後の中国情勢をめぐって」、中村質編『開国と近代化』吉川弘文館、一九九七年。

渡辺美季「清に対する琉日関係の隠蔽と漂着問題」、『史学雑誌』一一四巻一一号、二〇〇五年。

Smits, Gregory. *Visions of Ryukyu: Identity and Ideology in Early-Modern Thought and Politics.* Honolulu: University of Hawai'i Press, 1998.

「蝦夷錦」とは、清朝から北方先住民に与えられた制服だった

蝦夷錦、北方での清朝と日本の交流

中村和之
Nakamura Kazuyuki

なかむら・かずゆき　一九五六年北海道生。北海道大学卒。函館工業高等専門学校教授。アイヌ史・北東アジア史専攻。主著に、菊池俊彦・中村和之編『中世の北東アジアとアイヌ』（高志書院、二〇〇八）等。

1　北から来た蝦夷錦

　一六六九年に起きたシャクシャインの戦いは、島原の乱と並ぶ江戸時代初期の動乱であった。江戸幕府は、津軽・南部《なんぶ》・秋田藩に対して、戦況によっては兵を送るようにという命令を出している。シャクシャインの戦いはその年の内に終息したが、東北諸藩は警戒を怠らなかった。特に津軽藩は、翌一六七〇年に漂流船を装った探索船を北海道に派遣し、その時の記録は『津軽一統志』に収められている。その記録によれば、余市《よいち》で津軽藩の船に乗ってきたアイヌの首長九人は皆、「名も知らぬ北高麗織《きたこうらいおり》の色々と唐草の織り付」いた衣装を着ていたという。これらの衣装は、蝦夷《えぞ》錦《にしき》のことを指すのではないかと思われる。

　蝦夷錦とは、もともとは中国の江南地方で作られた絹織物であり、北京からアムール河（黒龍江）を下り、間宮海峡を渡ってサハリン島（樺太《からふと》）を経由し、北海道に入るという道のりを経て、わが国にもたらされたものである。五千キロにも及ぶ長い道のりを、はるばる運ばれた絹織物ということになる。

　満洲族のたてた清朝は、アムール河の下流域からサハリン島に住む先住民族を辺民《へんみん》という組織に編成し、かれらにハラ・イ・ダ

図１　『東韃地方紀行』より「進貢」

（国立公文書館内閣文庫蔵）

（一族の長）やガシャン・ダ（村の長）という位を与えた。辺民は、黒テンの毛皮の貢納が義務づけられる代わりに、位に応じた制服などが与えられた。この制服が、蝦夷錦と呼ばれたのである。今から二百年前に、アムール河下流域・サハリン島を踏査した間宮林蔵は、口述した内容を村上貞助に記述させて『東韃《とうだつ》地方紀行』という報告書を残している。この本には、デレンで間宮が目にした朝貢の儀礼が描かれている。

　辺民の多くは、アムール河下流域やサハリン島に住むウリチ民族やニヴフ民族などの先住民族であった。彼らはサンタン人と呼ばれたが、それはアイヌ民族が彼らをジャンタと呼んだのが訛《なま》ったものとされている。蝦夷錦を山丹《さんたん》錦とも呼ぶのは、以上のような理由からである。

2　明・清朝のアムール河下流域への進出

　中国製の錦がもたらされたのは清代だけかといえば、実はそうではない。金・元・明朝の時代にも、中国の王朝がアムール河の下流域に勢力を伸ばしたことがあったからである。清代よりも前に北からもたらされた中国製の錦は、蝦夷錦と呼ばれていたわけではない。実は何と呼ばれていたか、明確にはわかっていないのである。小論では、明代以前に北からもたらされた中国製の絹織物も蝦夷錦に含めて話を進めていきたい。

日本列島の北方地域では、旧石器時代から遠距離の交易が行われていた。ただし、近世の山丹交易につながる中国王朝との朝貢交易が始まったのは、十三世紀にモンゴル帝国（元朝）がアムール河下流域・サハリン島に進出してからのことである。元代の中国史料には、アイヌが元朝に毛皮の朝貢を申し入れたことや、ツングース系の野人がアイヌと沈黙交易をしていたことが記されている。野人がサハリン島に小屋を設けて中国の物資を置いていくと、アイヌがオコジョの毛皮を持ってきて交換するというものであるが、両者が接触しないで交易が行われる。野人が交易した中国の物資とは、元朝への朝貢の見返りとして下賜されたものであり、そのなかには絹織物もあったと思われる。

元朝に代わって中国を支配した明朝は、アムール河下流域のティル村にヌルガン都司という役所を置き、この地域の支配体制の中心とした。明代の史料には、北方先住民族からの朝貢の見返りとして絹織物などを与えたことが記されている。したがって、中国製の絹織物は、十三世紀以降、断続的ながらも北方の交易ルートを経て持ち込まれていたのであろう。明朝の支配は、十五世紀の半ば以降、形骸化していくことになる。しかし、朝貢交易が全く断絶したのではないという証拠もある。松前藩の正史である『新羅之記録《しんらのきろく》』によれば、一五九三年、松前藩の初代藩主・蠣崎《かきざき》（松前）慶広は、肥前の名護屋城で徳川家康に拝謁したが、身につけていた「唐衣」を家康から褒められると、すぐさまこれを脱いで献上したと伝えられている。この唐衣には、「サンタン・チミプ」という読みがながつけられているが、これはアイヌ語で「山丹の服」という意味である。

十七世紀になると、満洲族の王朝である清朝が中国の支配者となる。松浦茂氏の研究によれば、清朝は、当時世界の地理学界で論争となっていた幻の土地、エゾに強い関心を持っていた。清朝はエゾを自国の領土の一部と考えており、一七〇九年にイエズス会士のレジスらを、一七一一年には満洲人のサルチャンらを派遣して調査をさせた。一七二六年から二七年にかけて、清朝はロシアと国境確定に関する交渉を北京で行い、その際ロシアから得た地図を見て衝撃をうけた。そこには、発見されたばかりのカムチャツカがエゾとされていたからである。清朝は、一六九〇年以降サハリン島の北部に勢力を伸ばしていたが、このことをきっかけとして、ロシアと対抗するためにサハリン島南部に積極的に進出した。清朝は、アイヌを辺民という組織に編入し、毛皮の朝貢を義務づけるとともに、一定の地位とそれに伴う待遇を与えた。この時、朝貢の見返りとして彼らに与えられたもののなかに、龍袍《りゅうほう》・蟒袍《もうほう》と呼ばれる清朝の役人の服があった。これが日本で蝦夷錦と呼ばれたのである。

図2，3　蝦夷錦（山丹服）

（市立函館博物館蔵）

3　蝦夷錦の現存資料と年代測定

現在までのところ、北海道では三十点ほど、青森県では四十点ほどの蝦夷錦といわれる資料が確認されている。それらは、服に仕立てあげられたものから、反物のままのもの、打敷《うちしき》・袱紗《ふくさ》などに作りかえられたものまでさまざまであるが、その多くは来歴がはっきりせず、明治以降に北方交易以外のルートで持ち込まれた可能性もある。したがって、何を蝦夷錦というのかについても、研究者の間ではっきりした定義が確立している訳ではない。

今のところ、信頼できる資料としては、市立函館博物館蔵の二着の「山丹服《さんたんふく》」をあげることができる。これは、函館の豪商・杉浦《すぎうら》嘉七《かしち》が一八七九（明治十二）年に、開拓使函館支庁仮博物場（現在の市立函館博物館）の開館祝いとして寄贈したものである。このほかには、青森で発見された蝦夷錦の打敷をあげることができる。この布地の端には「蘇《そ》州《しゅう》織《しょく》造《ぞう》臣《しん》舒文《じょぶん》」という文字が織りだされているが、蘇州織造とは、清代の官立の織物工場のことであり、「舒文」は一七七〇（乾隆三五）年から一七七八（乾隆四三）年までここの長官の職にあった。この時期、日本は鎖国をしていたので、この資料は北方から日本にもたらされた可能性が高い。

現存する蝦夷錦の多くは、ほとんどが北海道と青森県・秋田県で確認されている。それらは、文様や色の特徴から清代の資料と

図４　龍文蝦夷錦打敷

（青森県大間町武内昭夫氏蔵）
下端の部分に文字が織り出されている。
（『蝦夷錦と北方交易』青森県立郷土館，2003 年より）

図５　龍文蝦夷錦打敷

（「蘇州織造臣舒文」の部分）

推定されている。では、元代や明代の資料はないのだろうか。この疑問を解明するために、名古屋大学年代測定総合研究センターの小田寛貴氏との共同研究で、同大学のタンデトロン質量分析計を用いて^{14}C年代測定を行った。分析の対象としたのは、北海道・青森県・秋田県それにロシア連邦サハリン州の資料である。結論からいえば、今回分析した資料は、すべて清代のものであった。

一例として、北海道南部の江差町に残されていた龍文《りゅうもん》蝦夷錦の袱紗《ふくさ》の分析結果を以下にあげる。この資料は、江差町姥神《うばがみ》町の西川豊氏が寄贈したものであり、西川家は、幕末から明治初期に江差で私塾を開いていた家である。測定結果は、①一六六〇年から一六八一年の間で一六七〇年の可能性が高い、②一七三五年から

図６　龍文蝦夷錦袱紗

（江差町教育委員会蔵）

一八〇六年の間で、一七八〇年と一七九七年の可能性が高い、③一九三三年から一九四七年の間、という三つの可能性を示すものであった。近世以降の時代の遺物を測定すると、可能性のある年代の幅が広くなってしまうという欠点がある。③の可能性は、西川氏からの聞き取りによって無視できるので、①か②ということになる。それでも、十七世紀後半から十九世紀初頭という広い年代の幅となるが、この蝦夷錦が清代のものであり、明代まで遡る可能性がないことは明らかである。

4　北方の先住民族社会の推移

サハリン島西海岸にナヨロ（現在はベンゼンスコエ）という集落がある。ここの首長・ヨーチテアイノは、幼い時に人質として清朝の役人に預けられた経歴を持つが、許されて故郷に戻る際、「楊忠貞」という名を与えられた。彼は、北海道の宗谷《そうや》で松前藩士に会った際、蝦夷錦を身にまとい、楊忠貞の名を記した書きつけを持っていたという。

ヨーチテアイノが生きた時代は、山丹交易が盛んに行われた時代であった。清朝では黒テンの毛皮、日本では蝦夷錦の需要が高かったから、実勢価格をはるかに上回る価格で取り引きされた。そのため、清朝と日本との間で交易に従事していた山丹人などのなかには、大きな富を蓄える者が現れるようになった。

これに対して、松前藩から蝦夷錦などの献上を強制されたアイヌのなかには、負債のために身よりのない者を山丹人に引き渡す者さえ現れた。このような山丹人の優位は、彼らの背後に清朝の権力が存在していたことにもよっていた。蝦夷地探検家として有名な最上徳内は、『蝦夷草紙後篇』で「初《はじめ》て此事を聞て、皆落涙したり。蝦夷錦は美しきものなりとて、紙入れに拵《こしら》ひ、青玉を風鎮にいたし、愛玩すれども、顧《かえりみ》れば蝦夷の身を異国へ売りたる代金なり。実に体の塊《かたまり》なり」と、怒りをこめて書いている。間宮林蔵の上司であった松田伝十郎が、アイヌの山丹人に対する借財を整理し返済させたのは、幕府がこの問題を放置できなくなってきたためである。

一方、佐々木史郎氏がロシアの民族学者レオポルト・フォン・シュレンクの記録を用いて分析しているように、十九世紀後期半のニヴフ民族はヤ（ya）という貨幣単位を用いていた。貨幣を使うのではなく、個々の品物に何ヤという価格がつけられて交易されるというのである。ヤは満洲語で両を意味するヤン（yan）からできたことばである。シュレンクは、ニヴフの人たちが一ヤと評価する品物は、ロシア人の感覚ではおおむね二ルーブルであると記している。佐々木氏が明らかにしているように、この時期、清の一両（yan）はロシアの二ルーブルと等価値であった。つまり、一ヤ＝一両（ヤン）＝二ルーブルという等式が成立し、この貨幣価値が、サハリン島の先住民族に定着していたことを示すものである。

　山丹交易の絶頂期である十八世紀後半から十九世紀初頭は、ある意味でバブルの時代であった。しかし、十九世紀後半になってロシアがアムール河下流域・サハリン島に進出し、一八六八年に函館奉行所が山丹交易の廃止を決定すると、北方の先住民族社会は大きな変動を経験する。彼らの交易活動は、国家間の仲介交易から住民間の物資のやりとりに縮小する。その後、アムール河下流域・サハリン島の先住民族は狩猟・漁労を生業の中心とするようになり、その姿が学者たちによって民族誌に記録されることになった。私たちが彼らに対して抱く「自然と共生する人びと」というイメージは、実はこれ以降の時代に形づくられたものなのである。

5　山丹交易の記憶

　山丹交易が過去となった二十世紀になっても、いくつかの記録が残されている。一九〇四年に東京の隆文堂から出版された『世界の金穴　樺太案内』という本がある。著者の吉田秀造の経歴は明らかではないが、本の表紙には樺太在住と記されている。吉田は、サハリン島の村に「チャンケ」という役人がおかれていることを、つぎのように紹介している。

　夫《そ》れから各村落には、チャンケと称する村吏と警吏を兼ねたものがある、――露人はチャンケとは役人のことであるといふ、然らば其他の官吏もチャンケと称すべきに、此《この》村警吏のみをチャンケと称するは、露語に通ぜぬ著者には解説に苦しむのである、之《こ》れより以下には此村警吏《そんけいり》は仮《か》りにチャンケと記することにする、――此チャンケには助役も、収入役もなく、一人で万事を司《つかさ》どって居るのであるが、其《その》事務は頗《すこぶ》る閑散であるらしい。

　このチャンケとは、間宮林蔵がいう「ジャンケイ」のことであろう。間宮は、満洲人の官吏のことをジャンケイというと言っているが、これは満洲語で武官を意味するjanggin（章京）のことである。サハリン島にjangginがおかれたことはないが、役人の名称として先住民族の間で使われていたのであろう。

　また、日本の民俗学を確立した柳田國男（一八七五―一九六二年）にも、山丹人について書いた文章がある。柳田は『遠野物語』や『海上の道』で知られているが、彼が一九五八年に発表した「樺太紀行」という文章がある。柳田が樺太（サハリン島）を旅行したのは、日露戦争直後の一九〇六年であったから、旅行から実に五二年後に文章にまとめたことになる。柳田がサハリン島西海岸のスタラドゥプスコエ（旧栄浜《さかえはま》）を訪れた時の記述につぎのようなものがある。

　九月十六日（日）……サカイはまにて山本己之助の漁場を訪ひ、管理者小林にあふ。これに案内させてアイヌの家を二三戸訪ひたり。男は皆不在なり。物も言はで烟草のみのみてあり。若き娘はさすがにやさし。我々を見てかくれたり。子供に菓子をやる。漁場では露人アイヌを使役す。酒、煙草を与へて利を見、尤亡状なるを常とす。山丹《さんたん》人といふはギリヤックか、又は其雑種なるか。年々マキリ共辺の器物を携へ来りて、アザラシの皮などを買ひてかへるといふ。（『定本柳田國男集』第二巻、筑摩書房、一九六八年、四五二頁）

柳田がいうギリヤックとは、かつてはギリヤークと呼ばれていたニヴフ民族のことである。「樺太紀行」には、これ以外に山丹人について触れたところはない。山丹人の活動は二十世紀には終息していたので、柳田が山丹人の活動の痕跡を発見したとは思われないが、山丹人の名が記憶として残っていたことを示すものであろう。

図7　タマサイ
（市立函館博物館蔵）

6　おわりに

蝦夷錦は、これまでの「一国史」的な日本史の見方を乗りこえ、アイヌ史を北東アジア世界との関係で考え直す際の題材として、近年注目を集めている。しかし、その一方で忘れてはならないのは、アイヌの人びとが蝦夷錦をどのような眼差しで見ていたのかということである。

和人との交易によって、蝦夷錦の多くは、比較的早い時期にアイヌ社会から流出していったらしい。そのため、アイヌの首長が蝦夷錦を晴れ着として身にまとうようなことは、次第に少なくなっていったようである。またアイヌ民族は、イオマンテ（クマ送り）に代表される信仰の体系を有するが、このような儀礼の場において、蝦夷錦は何らの地位も獲得していない。このことは、ニヴフ民族の場合と比較すると顕著な差異であり、蝦夷錦がアイヌ社会に根づかなかったことをうかがわせる。アイヌの人びとにとって、蝦夷錦は、コタン（村）の外からやってきて、やがて出ていくだけのものだったのかもしれない。むしろ、アイヌの女性の正装としての首飾りであるタマサイに用いる青玉

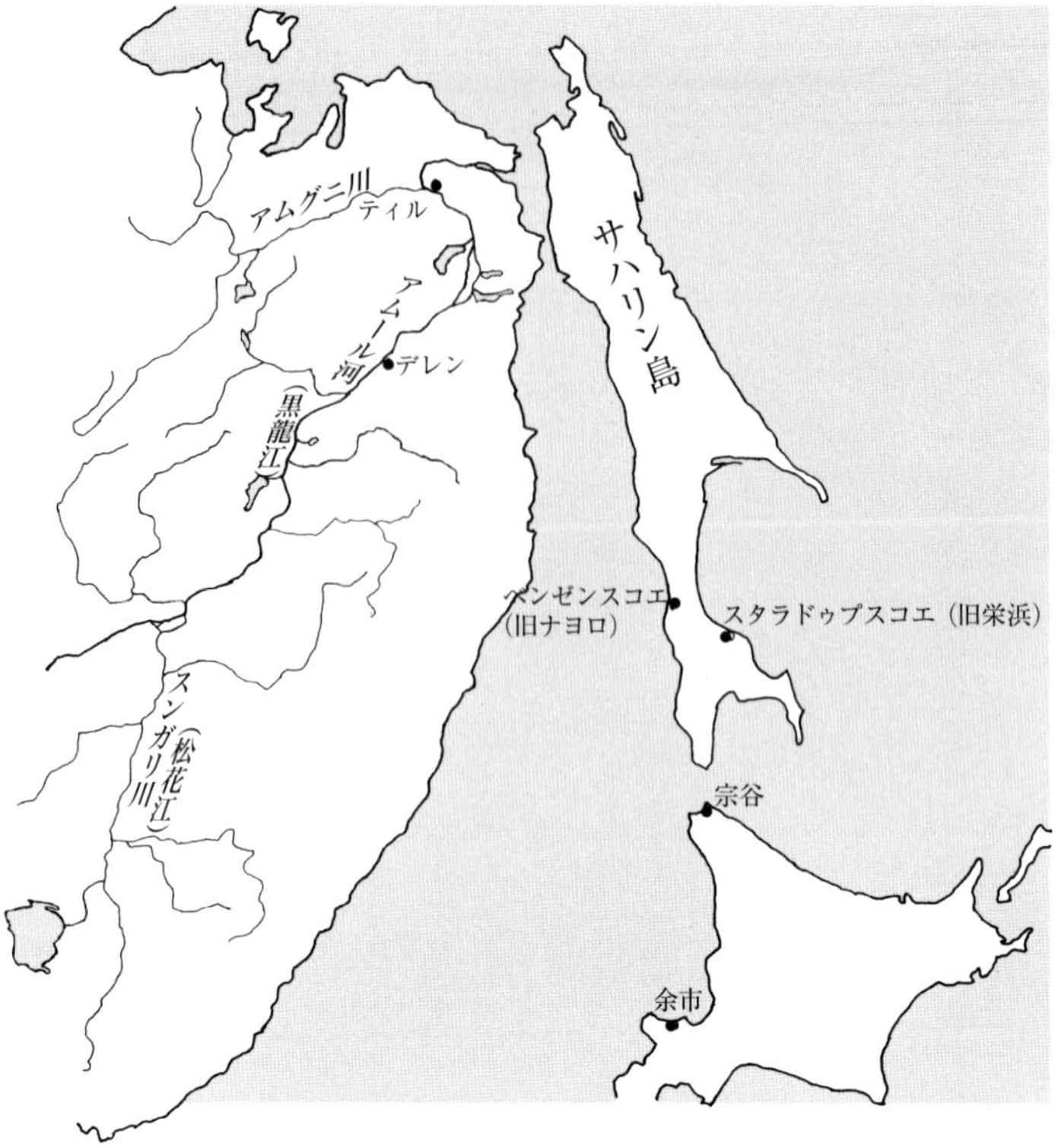

地図　15〜19世紀の北海道、サハリン島、ロシア沿海州

（虫巣《むしのす》玉《だま》ともいう）のほうが、アイヌの人びとにとってはより重要だったのではないだろうか。その意味では、アイヌ民族にとって、北方の交易ルートは「蝦夷錦の来た道」というよりは「青玉の来た道」だったというべきであろう。

参考文献

佐々木史郎『北方から来た交易民——絹と毛皮とサンタン人』日本放送出版協会、一九九六年。

松浦茂『清朝のアムール政策と少数民族』京都大学学術出版会、二〇〇六年。

東アジア近現代の数理科学の基盤は、清朝宮廷がかたちづくった

清代の西洋科学受容

渡辺純成

Watanabe Junsei

わたなべ・じゅんせい　一九六四年宮城県生。東京大学大学院博士課程卒業。博士（数理科学）。東京学芸大学助教。東アジア科学史。主要論文に "A Manchu Manuscript on Arithmetic Owned by Toyo Bunko" *SCIAMVS* vol.6（2005）等。

1　はじめに

清代（一六三六～一九一二）と、清代前半の西洋科学受容の不可欠な前段階となっている明・万暦年間以降（一五七二～一六四四）とは、科学史の観点から見れば、十七世紀近代科学革命の前夜から現代科学の形成期に及ぶ、著しく長い期間である。この期間の要点を叙述するだけでも長大な紙幅を要するので、本稿では視点を二つに絞り、自然科学の二つの分野に焦点を当てる。なお、「西洋科学」は、ギリシア・アラビアの科学を源流として含み、北米など狭義の西欧以外でも進展した自然科学の意味で用いる。「西欧科学」は、十三～十九世紀に狭義の西欧で発展した自然科学の意味で用いたい。

第一の視点は、旗人《きじん》との関わりに置く。人民共和国における清代科学史は、「中華民族の科学的達成」として一括されることが多く、また、科学史においては満洲文資料があまり利用されなかったので、既存の概説書では言及されなかった視点と情報を提供することができる。

第二の視点は、日本への影響、日本との相違に置く。これらの論点は、自然科学の個別分野に関しては実証的な専門研究も啓蒙

的な概説も既に多く存在しているが、複数分野の比較は、そう多くはない。清朝と江戸期日本との比較は、何れの分野を検討対象とするかに応じて結論が大きく異なるので、複数の分野を同時に扱うことには意義がある。

焦点を当てる分野としては、数学・天文学などを一括した数学的自然科学と医学とを、選択する。科学における「近代」の成立を、現象を精確に予測する、または効果的に介入する能力が成立した時点に求めるならば、数学的自然科学については十七世紀末が近代の確立期である。世界の各地域の在来天文学に対するニュートン力学の優位は、明確である。いっぽう医学については、その重要な部分を占める臨床医療において効果的な介入能力が成立したのは遅く、細菌学の進展に伴って感染症を制圧する希望が現れた十九世紀後半のことである。そして、世界の各地域の在来医学に対する近代西洋医学の優位があらゆる面で確立されたとは、未だに言えない。数学的自然科学と医学における近代のこの相違は、それぞれが東アジアへ最初の衝撃を与えた時期の大幅なずれとなって現れた。清代「中国」への近代科学流入の時期と様態も、これら二つの分野が両極端を与えている。

明末から清代前半にかけての西洋科学受容の過程が、現代日本に対して有する意義を一つ、指摘しておこう。それは、キリスト教的西欧で形成された西欧科学と東アジアの伝統的世界観の衝突・調整が、日本列島でも朝鮮半島でもなく、明清期の中国本土においてなされたことである。西欧科学のキリスト教からの分離、朱子学との結合は、清朝宮廷を拠点の一つとして行なわれ、東アジアに伝播した。科学技術を個々の社会に適切に組み込むことが現代の課題であることを思えば、これらの思想的作業の過程が示唆するものは大きい。清朝史が持つ意義は、中華人民共和国の民族問題を理解するだけには留まらないのである。

2 明末

清代の西洋科学受容は、乾隆年間前半までの前期と、アヘン戦争・南京条約以降の後期とに分かれる。中間は空白期である。ところで清代前期における受容は、明末におけるそれと密接に結び付いており、旗人集団以外の因子は、既に明末の段階で現れている。清代前期との比較の意味も込めて、この節では明末の状況について概観する。

中国本土への西洋科学の流入は、イエズス会士マテオ・リッチが一五八二年にマカオに上陸したときに開始された。以後、明末・清代前期を一貫して、東アジア大陸部への西洋科学流入の西欧側の担い手は、イエズス会であり続けた。ここでイエズス会の中国布教のキーワードを挙げれば、信仰と科学技術の両立、「適応戦略」の採用、の二つになる。

第一の点に関して言えば、両立を可能にしたものはイエズス会士の数学的自然科学の素養である。十六〜十七世紀におけるイタリア・フランスなどのカトリック圏の科学水準は高く、イエズス会の教育課程も数学的自然科学を重視した。また、在華イエズス会の布教の主な対象が、理論科学を理解し得る知識人層に置かれていたことも、見落としてはならない。なお、イエズス会の日本布教は、信仰が中心であった。日本での布教者には、信仰を重視するイベリア半島の出身者が多かったことも、その理由の一つであろうが、当時の日本語が学術を伝える媒体としては未成熟であり、当時の日本文化も、西洋科学の概念体系を受容できる水準には至っていなかったことが、大きい。

第二の点に関して言えば、適応戦略とは、カトリック教義を、ヘブライ系宗教に共通な唯一神による万物の創造と、キリスト教に特有な三位一体や受肉や受難などとに、まず二分して、ついで前者を、中国在来の有神論の伝統と同一視しながら信奉させることで、漢人をカトリックへ徐々に導こうとする戦略である。そこには、在来の社会制度や家族制度への妥協がある。孔子や祖先の祭祀は「宗教」ではなく「習俗」であるとして、許容した。ただし、男系子孫の永続性に関連する娶妾の風習には断乎として反対した。適応戦略の是非については、当初からイエズス会内部でも議論があったが、やがて他の布教団体からの異論が噴出し、清・康熙年間後半にはいわゆる典礼問題として、ローマと北京との間で爆発する。なお、在華イエズス会には適応戦略の過激派とも呼ぶべき一派があり、経書《けいしょ》とキリスト教の両立可能性を積極的に信じた。『康熙帝伝』の著者ブーヴェは、そのような傾向の持ち主であったふしがある。

イエズス会の活動の地理的重心は、江南と北京にあった。江南で印刷されたカトリック漢籍が長崎に流入して、徳川幕府による書物改めの強化を招くことになる。幕府は宗教書の流入を阻止することに成功したが、それと同時に、漢訳西洋科学書の流入も阻止された。その結果、十七世紀後半における和算の成立に際して、西洋科学の影響はなかった。和算は、モンゴル帝国の崩壊後に朝鮮半島で維持されていた宋元期中国本土の数学理論と、明末の珠算マニュアルとが、十六世紀末〜十七世紀初頭に日本に相次いで流入した結果、成立したものである。

これらの活動に関する一次資料であるイエズス会関連文書は、未整理のものが欧州各地に大量に現存する。ルーヴァン（ベルギー）の研究者たちが精力的に研究を進めているが、成果の邦訳はまだない。布教の対象となった明末の漢人知識人の動向に関しては、黄一農『両頭蛇——明末清初的第一代天主教徒』（国立清華大学出版社（台湾）、二〇〇五年）が好著である。

つぎに、明末における西洋科学の受容の状況についてまとめる。この時期における担い手は、イエズス会士と漢人知識人である。前者については、リッチなどイタリア出身者の存在が目立つ。後者は徐光啓《じょこうけい》・李之藻《りしそう》らを代表とする。使用言語に関しては、ラテン語などの西欧諸語から漢語文言文へ、という流れで翻訳された。伝達内容は、天文学、数学、地理学、軍事技術、水利技術などが中心である。

このときに成立した書籍のうち、数学書としては、クラヴィウス注のユークリッド『原論』の始めの六巻の翻訳であるリッチ・徐光啓『幾何原本』（一六〇七年刊。以後、万暦『幾何原本』と呼ぶ）が代表的である。これらは、他のいくつかの西欧数学・天文学・地理学書とともに、李之藻（編）『天学初函』に収録されている。ユークリッドの体系的論理は、漢人知識人に大きな衝撃を与えた。西洋的論理によって体系化された西洋数学を消化して、中国在来数学と融合させることが課題となった。詳細については安大玉『明末西洋科学東伝史――『天学初函』器編の研究』（知泉書館、二〇〇七年）を参照されたい。また、この時期に成立した幾何学術語、例えば「点」「線」「面」「三角形」などが、今日に至るまで日中両国で使用されていることも注意しておく。東アジアの近代数学の源流はこの時期にある。

数理天文学書としては、崇禎《すうてい》初年に礼部《れいぶ》尚書《しょうしょ》となった徐光啓が主導し、イエズス会士ロンゴバルディらの協力を得て翻訳・編纂した浩瀚な叢書、『崇禎暦書』がある。この叢書は、ティコ・ブラーエの折衷的天動説と、西洋天文学に特徴的な球面三角法などの数学的テクニックとをまとめて、東アジアに初めて紹介した。コペルニクス地動説を採用しなかったことが非難されるが、観測科学としての天文学において、円軌道に固執したコペルニクス地動説はそれほど優れた理論ではない。地動説の天動説に対する優位は、理論面では、前者がニュートン力学を導くことにある。観測面では、地球の公転による恒星の視位置の変化が一七二七年に検出されて確定する。しかしいずれも、この時点においては未知であった。ケプラー地動説（一六〇九年）が採用されなかった理由としては、当時の世界の情報流通の緩慢さを考えるべきであろう。

医学に関しては、脳と精神活動の関連や感覚の分類が、記憶術やアリストテレス哲学・カトリック神学の文脈において紹介された。また、四体液説などのガレノス医学も散発的に紹介された。これらの断片的な要素が、清代前期のいくつかの書籍に採用されることがあったが、金元期に形成された中国の伝統医学の理論的枠組みに変革を齎《もたら》すものではなかった。

なお、江戸期日本においては、万暦『幾何原本』が無視された。和算関係者は教養に乏しく、技術的細部のみを評価の対象としていたために、ユークリッドの体系性に潜む意義と可能性を理解できなかった。その結果は、明治期における和算の消滅となって現れた。思想性を失い技巧に走った学術は、永続しないものである。

3 清代前期Ⅰ——順治年間

この時期は、清朝の中国本土統治が開始された順治元年（一六四四）から、楊光先《ようこうせん》ら排外派漢人集団が満洲人輔政大臣らと結合して、いわゆる康熙初年の暦獄を発動した康熙三年（一六六四）に至るまでの期間である。この暦獄と前後の諸事件については、矢沢利彦の多数の著訳書をまず参照されたい。この期間における西洋科学受容・流入の担い手は、アダム・シャールらイエズス会士と、国立天文台である欽天監《きんてんかん》の受容派漢人官僚、それに、明清交代で在野に留まることとなった漢人知識人である。欽天監の受容派は、暦獄によっていったん壊滅する。旗人は、ドルゴンや順治帝など上層部が、政治的決定権者としてのみ登場する。使用言語に変化はない。

この期間において特筆すべきことは、明末に編纂されながら実施されなかった『崇禎暦書』が『西洋新法暦書』と名を改めて、ドルゴン政権によって清朝の暦法として採用され、清の時憲暦《じけんれき》となったことである。順治帝の親政期間もこの方針は変わらない。われわれは、ここに当時の満洲人の積極性・開放性と漢人の伝統への距離感とを、見ることができる。

時憲暦が置き換わった明の大統暦《だいとうれき》は、元の授時暦《じゅじれき》にほぼ等しい。授時暦は、隋唐以降の中国天文学の伝統を継承して、天体運動の局所的な現象論を指向し、位置の観測データを多項式関数で補間するものであった。いっぽう西洋天文学は、ヘレニズムの昔から、天体運動の大域的な幾何学モデルを構築したうえでモデルの定量的分析を、三角関数を駆使しながら行なうものであった。つまり両者は、数学的処理の基本的方針においても具体的側面においても対極にある。したがって、明清交代期は中国数理天文学史の最大の転換点であった。近年、画期性が喧伝されることの多いモンゴル帝国期は、数学的自然科学に関しては、むしろ中国的伝統の結実期に相当する。

この時期において重要なことは、在野の漢人知識人における西洋科学受容が、次代の清朝考証学に対する西洋科学の思想的影響の源流を形成していったことである。西洋科学に関心を持つ知識人は、明清交代の動乱にも関わらず減少せず、そして受容派は、徐光啓のような入教士人《にゅうきょうしじん》（カトリック改宗者）の範囲を超えて拡大していった。顧炎武《こえんぶ》と並んで清初の大儒として名高い黄宗羲《こうそうぎ》には、西洋暦法に関する著述がある。その師、劉宗周《りゅうそうしゅう》が西洋科学技術に対して敵対的であったことから想像されるように、西洋科学への態度は、学案の師弟関係によって規定されるとは限らなかった。

西洋科学への態度は、満漢の分界線によっても規定されていなかった。満漢の何れの側にも、西洋科学に対する肯定的反応と否定的反応があり、それら両極の各々が満漢の分界線を超えて結び付いたと見るべきであろう。

4　清代前期Ⅱ——康熙年間

　この時期は、暦獄が終結し、西洋科学受容派が政府を掌握し始めた康熙八年（一六六九）から、康熙帝の死去後、雍正帝によってキリスト教の布教が禁止される雍正元年（一七二三）に至るまでの期間である。この期間における西洋科学受容・流入の担い手は、フェルビースト、ついでジェルビヨン、ブーヴェなどのイエズス会士と、康熙帝が中核である宮廷・政府の旗人、そして、梅《ばい》文鼎《ぶんてい》（一六三三～一七二一年）ら、在野の漢人知識人である。李光《りこう》地《ち》など一部の高級官僚が、在野知識人の後援者となる動きがあったが、康熙帝の活動によって引き起こされた二次的なものであった。漢人官僚の比重は低下した。イエズス会側においても、フランス系会士の比率が増大するなどの変化があった。使用言語に関しては、フランス語などの西欧諸語から漢語文言文へ、あるいは西欧諸語から満洲語を経由して漢語文言文へ、という流れが存在した。後者はこの時期に特徴的である。伝達内容は、数理天文学、数学、軍事技術、測量技術などが中心であった。影響が限定的ではあったとは言え、医学、解剖学もあった。

　この時期に関しては述べるべきことが多いので、五項目に分けて解説する。

a　数学的自然科学

　この時期には、西欧の数学的自然科学が宮廷経由で引き続いて流入し、明末に流入したものと併せて、吸収・変容・再配列が行なわれた。この時期の数学者としては、在野の漢人学者、梅文鼎が第一に挙げられるが、その業績と生涯については、既に多くの解説が存在するので省略する。銭宝琮（編）・川原秀城（訳）『中国数学史』（みすず書房、一九九〇年）が信頼できる。ここでは、ジェルビヨンらによって編訳された満漢文の数学書が、康熙末年に漢語文言文の数学書『数理精蘊《すうりせいうん》』となって結実するまでの経過を、簡単に紹介しよう。

　楊光先ら排外派漢人グループの没落後に欽天監を掌握し、在華イエズス会の中心となったのは、南ネーデルラント出身のフェルビースト（一六二三～八八年）である。排外派漢人と結合した輔政大臣オボイが共通の敵であったことと、三藩の乱の鎮圧過程において、火砲を製作するなど軍事技術面において大きく貢献したことによって、フェルビーストは康熙帝の強固な信頼を獲得し、康熙宮廷におけるイエズス会の高い地位を築くことに成功した。康熙十二年（一六七三）には天体観測機器を製作し、北京の観象台に設置している。翌年には『新製霊台儀象志』を刊行し、それら機器の解説と、屈折率など観測に必要な物理学や設置に必要な工学技術の紹介を行なった。康熙十七年（一六七八）には『康熙永年暦法』を著した。満洲語で数学・天文学を康熙帝に進講したことも知られているが、講義録は発見されていない。

満洲語と漢語文言文で著された数学書を大量に残したのは、フェルビーストの役割を引き継いだ、ジェルビヨン、ブーヴェらフランス系イエズス会士たちである。ルイ十四世によって送り出され、一六八七年に寧波に到達した彼ら六人は、ポルトガルの布教独占権を回避するために「数学者・天文学者」の資格で旅行したが、必ずしも実質を伴ったわけではない。ブーヴェには、科学者としての実績がそれまでなかったのである。康熙二九年（一六九〇）から彼ら、特に、ジェルビヨン、トマなどが、康熙帝に数学を進講しつつ、講義録として『幾何原本』（以後、康熙『幾何原本』と呼ぶ）、『算法原本』などを満洲語、ついで漢語文言文に、『借根方算法節要』、『阿爾熱巴拉《アルジェブラ》新法』などを漢語文言文に翻訳・編纂した。以上は写本として現存し、康熙帝自身による多数の添削を含むものもある。康熙『幾何原本』は万暦『幾何原本』とは無関係であり、十七世紀後半のイエズス会士数学者イニャス・パルディの著書の翻訳である。ブーヴェ『康熙帝伝』が記す、翻訳の底本に関する情報は、正確さに欠ける。同書の「満洲語数学書が出版された」との記述にも、今日では疑いが持たれている。

これら満漢文の書籍群は、康熙五二年（一七一三）に康熙帝の命を受けて暢春園《ちょうしゅんえん》に開設され、皇三子《こうさんし》胤祉《いんし》によって管理された機関、蒙養斎《もうようさい》に、梅文鼎の孫、梅瑴成《ばいこくせい》を始めとする漢人知識人などを集めて、さらに編集の手が加えられた。同六十年（一七二一）には、欽定の数学書『数理精蘊』が成立した。『数理精蘊』は、素材面では康熙年間に流入した西欧数学を中心とするが、配列は西欧的標準から遠ざかり、論理的体系性が稀薄になっている。また、実用性を重視し、一般性への配慮が減少している。なお、西欧的素材の再配列は、後述する解剖学書『格体全録』にも見られる傾向である。『数理精蘊』によって、解析幾何学・微積分学以前の西欧数学は、東アジア全域への伝播力を獲得した。

万暦『幾何原本』から『数理精蘊』に到るまでの経過は、漢人や満洲人の間に、西欧の体系的論理に対する根強い違和感があったことを示唆する。近年、満洲人に対するチベット仏教の影響が盛んに論じられているが、体系的論理への嗜好という点において、チベットは西欧に近い。満文大蔵経において論部が省略されていることも考慮すれば、満洲人は、基本的な思考スタイルに関して漢文化の系列に属し、チベットの影響は受けなかったのではあるまいか。

b　宗室以外の旗人の関与

康熙帝の西洋科学振興策は、旗人の中に、西洋科学技術の担い手を造り出した。その最も優れた結果、モンゴル人数学者ミンガントゥ（明安図）については、雍正・乾隆年間の項で述べる。ここでは、その他の旗人について簡単に触れる。

数学書『数理精蘊』、数理天文学書『暦象考成上編・下編』、音

楽理論書『律呂正義《りつりょせいぎ》』を合わせて雍正二年（一七二四）に成立した『律暦淵源』の冒頭には、経緯度データを測量した「考測者」、計算を確認した「校算者」のリストがある。考測者のほぼ全員、校算者の過半数以上は、旗人と推定される。考測者には、ミンガントゥの他に、康熙四八年（一七〇九）に、イエズス会士レジスらのアムール川流域の測量に同行したと推測されるチェンデ（成徳）、侍衛として同五二年（一七一三）の朝鮮測量に参加し、その際に、朝鮮人洪正夏《こうせいか》と随行した漢人の間の数学論争を煽り立てた（洪正夏『九一集』）との逸話を残しているアチトゥ（阿斉図）、雍正・乾隆年間に漕運総督など、治水・水利関係の要職を歴任することになるグズン（顧琮）などの名が見える。観測面では、『律暦淵源』は旗人集団の成果でもあった。イエズス会士と旗人による測量作業は、同五七年（一七一八）に『皇輿全覧図』としても結実した。この地図に関する地理学上の研究は多いが、旗人、特に侍衛に対する測量技術の教育の実態に関して、今後の研究が俟たれる。

グズン以外の高位の官僚では、雍正年間前半の河道総督として著名なチスレ（斉蘇勒）も、天文生や欽天監博士などの数理天文学の専門家から、経歴を始めている。康熙年間には、旗人に対する数学・数理天文学の教育が、科学技術系の旗人官僚の養成課程として機能していたらしい。なお、雍正十三年に雍正帝が、八旗官学に選択科目として数学を置くことを図るが、実現しないうちに帝が死去した。乾隆三年には、「数学・天文学は高度に専門的であるので、専門家の養成機関においてのみ、科目を設置すれば充分である」という議論が出され、この養成課程は消滅していく（『欽定八旗通志』学校志五）。

なお、漢軍旗人の年希堯《ねんきぎょう》（一六七一／二〜一七三八／九年）は、晩年の梅文鼎の後援者であり、自身も数学書と透視遠近法の解説書を残しているが、欽天監などにおける制度的科学とは無縁であった。

c 学説史の政治的操作

清代中期には「西学中源説」、すなわち、明末清初に流入した西洋の天文学・数学が、実は中国起源であると主張する説が流布した。この説は、康熙帝が『御製三角形推算法論』において表明した。この論説の成立年代には諸説あるが、ここでは康熙年間の半ばと考えたい。西学中源説は、在野の数学者梅文鼎によって受け継がれ（梅文鼎『暦学疑問補』）、変種を生みながら広まった（王鳴盛『蛾術編』、阮元『疇人伝』）。近現代中国においてこの説は、西洋科学の受容を阻害した蒙昧な自大思想の現れであるとして断罪され、康熙帝も責任を問われてきた。しかし、内陸ユーラシア世界の大ハーンが中華思想を煽るはずもなく、果たして近年、康熙帝の西学中源説は、梅文鼎以降の漢人によるものとは異なる文脈で提唱されたものであったことが、内外で見直されている。

康熙帝の西学中源説は、西洋天文学を漢人に受容させるための便法であった。西洋天文学は中国起源なので、漢人が西洋天文学に反対する根拠はない、との論理である。康熙初年の暦獄では、「中華の伝統である大統暦を守れ」が排外派漢人の合い言葉であったが、康熙帝は、「唐の大衍暦《だいえんれき》や元の授時暦は、イスラーム暦の借用である」とも断言した。これは、授時暦にほぼ等しい大統暦が中華の伝統であることを、強く否定したものである。善暦と称される授時暦に対する漢人の寄与を、全面的に否定したことは、むしろ、反中華思想と呼ばねばならない。授時暦に関する康熙帝の主張を削除して、西学中源説を中華思想の表明にすり替えたのは、梅文鼎以降の漢人たちであった。ここに、満漢の隠微な対立が窺われる。

天文学の学説史の観点からは正当化できない主張を、敢えて公布した点に、康熙帝の強い政治的意志を窺うことができる。それと同時に、科学史における言説が、論者の政治的立場によって歪曲される実例をも、見ることができる。

d 思想的作業

この時期には、西洋科学を東アジアの思想的伝統と共存させる作業も行われた。実際に行なわれたのは、西洋の数学的自然科学をキリスト教から分離し、朱子学の伝統に組み込むことと、朱子学を西洋科学と共存可能な形に変更することとの二点である。いずれも宮廷の主導の下で行なわれた。第一の作業の背景は、現代東アジアの科学者の意識とも深いところで通底している。宋明理学の世界観を生み出し、かつ、キリスト教的な世界観とは対立している、物質にも自立的な活動能力を認める物質観は、現代東アジアの科学者にとっても、極めて自然なものなのである。

第一の作業を可能にしたものは、朱子学に既に備わっていた、自然哲学への強い指向であった。『大学』の標語「格物致知」を通じて秩序原理（「理」）を求める作業は、経書の研究に限られない。『朱子語類』や宋人の筆記を検討すれば、宋人の自然学への関心は高く、格物致知が自然科学に分類され得る作業を実際には含んでいたことが、わかる。清朝宮廷はこの伝統に基づいて、西洋科学を朱子学的体系に組み込んだ。それを象徴するのが、満洲語『算法原本』の序文における、「格物致知の出発点は数学にある」との宣言である。このような文書へのイエズス会士の関与は、適応戦略によって初めて可能になった。書名『数理精蘊』も、西洋科学が朱子学的体系に組み込まれたことの一つの現れである。「数」、「理」の組み合わせは宋元期の易学のキーワードである。なお、西洋科学を組み込まれたことによって、朱子学的概念も反作用を受けて変容した。例えば、「数学」概念の変化として、名詞「数学」の近代的意味に繋がっていくのであるが、それは稿を改めて論じたい。また、西欧科学の優位性をキリスト教の優位性に結び付ける言説は、イエズス会士の著作に多く見られ、十九世紀のプロテスタント布教に際しても再生産されるのであるが、そのような言説は欽定書から完全に削除された。

　第二の作業の結果は、李光地らが勅命により編纂した朱子学書『性理精義』（一七一七年）に現れている。『性理精義』は、張載《ちょうさい》や朱熹《しゅき》の宇宙論に言及する際に、時憲暦が採用した西洋天文学の宇宙モデルはそれらに合致するものであると、力説する。学説史としては疑わしいが、それだけに、西洋科学の受容を正当化しようという編纂者の意図が、ありありと見てとれる。

　これらの作業を通じて、西洋科学が東アジア在来の思想的伝統と著しくは矛盾しなくなった。特に第一の作業を通じてキリスト教から分離されたことは、キリスト教を厳重に禁圧した江戸期日本が、清朝を経由して西洋科学を摂取することを可能にした。徳川吉宗が一七二〇年に禁書令を緩和してから約一世紀の間、梅文鼎の全集『暦算全書』など、数学的自然科学を主題とする漢訳西洋科学書が日本の各地に大量に流入し、十九世紀に近代科学を欧

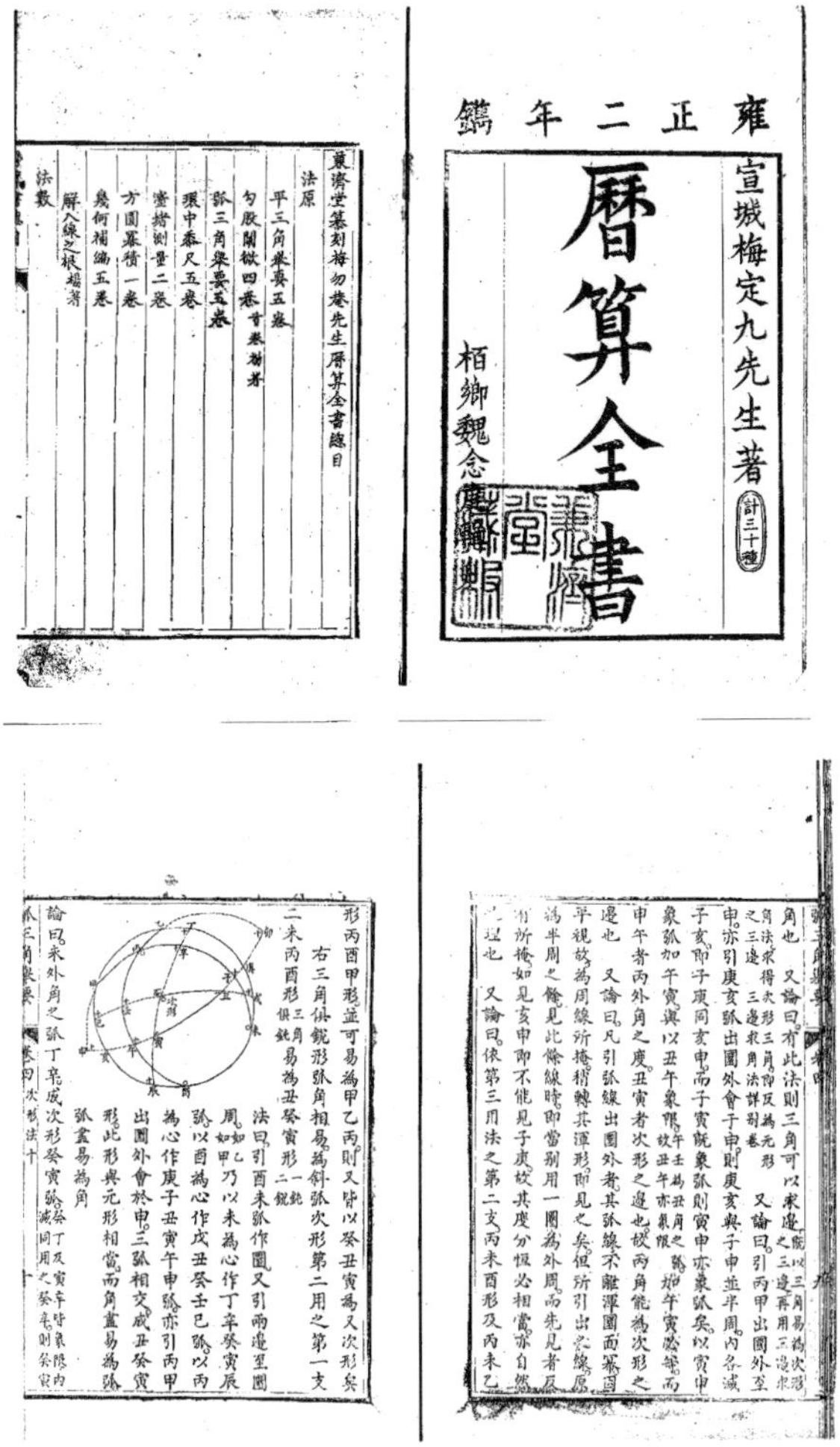

図1　梅文鼎『暦算全書』雍正二年刊本（国立公文書館所蔵）

清代中国随一の数学者、梅文鼎の著作集。刊行者の魏荔彤（江蘇江常鎮崇道）は汚職で悪名高く、雍正帝の即位直後、この書の刊行中に解任され逮捕された。その事件の影響もあって、『暦算全書』の書誌は混乱していたが、幕府が収集し紅葉山文庫に保管していたこの刊本が、実は唯一現存する初版本である

米から直接受容する際の前提条件を形作っていった。十九世紀前半に蘭学者が、物理学に対して、朱子学用語から合成された名称「窮理学」を充てたことも、第一の作業によって築かれた路線の延長線上にあった。

e 医学

既に明末の項で触れたが、中世的な西欧医学が部分的に、明末には紹介されており、この時期の王宏翰『医学原始』や漢人ムスリム劉智の諸著作に、断片的ではあるものの影響を及ぼした。

この時期の注目すべき事件は、同時代の西欧の医学・解剖学が満洲語で紹介されたことである。本文テキストに基づく内容の紹介があまりないので、以下にやや詳しく述べる。

満洲語で書かれた西欧医学文献には、フェルビーストなどによる西欧薬品の使用マニュアルもあるが、一七一〇年代に康熙帝の命を受けたイエズス会士パルナンによって編纂され、近代解剖学と臨床医療とを扱った『格体全録』が最も有名である。この書籍について、本文の構成と内容を紹介する。なお、漢字表記「格体全録」には疑問が残るが、暫定的に採用する。

構成について。『格体全録』は上下二編に分かれる。上編では、ヴェサリウスに始まり十七世紀末にはほぼ完成した、肉眼による近代解剖学、そして十七世紀の生理学を詳しく解説する。下編では、上編の結果に基づきつつ、当時の西欧の臨床医療を解説する。解剖学教科書には、機能が共通する器官ごとにまとめた系統解剖学と、身体部位ごとに器官をまとめた局所解剖学との二種類があるが、『格体全録』は後者に属する。ただ、西欧の教科書では、解剖実習での使用を考慮して、腐敗し易い腹部を冒頭に置くが、『格体全録』では、康熙帝の介入によって頭部が冒頭に置かれている。また、体幹の臓器の配列順序が、やはり康熙帝の介入によって、肺と大腸、心臓と小腸をまとめるなど、基本的には『黄帝内経』に由来する順序となっている。

内容について。ハーヴェイの血液循環説、リンパ系、膵臓と膵液、不感蒸泄など、十七世紀における解剖学・生理学上の発見を、動物実験の詳細も含めて包括的に解説する。ただ、血液循環説や不感蒸泄に関して、定量的な考察を省略する。デカルトとは細部がやや異なるものの、松果体と精神作用との関連について述べる。また、冒頭の近くで、穏健な人体機械論に立脚することを宣言する。つまり、『格体全録』は、十七世紀の西欧における知見をそのまま紹介したものと考えてよい。選択した主題を詳しく解説するが網羅性にやや問題があることと、康熙帝の個人的関心に配慮し、帝の既往症であるマラリアや不整脈について特に詳しく解説することなどの点から見て、医学の専門書ではなく、教養のある知識人のための啓蒙書であったと考えられる。だが、約半世紀後に作成される杉田玄白らの『解体新書』に比べて、遥かに興味深い読み物に仕上がっていることは否めない。

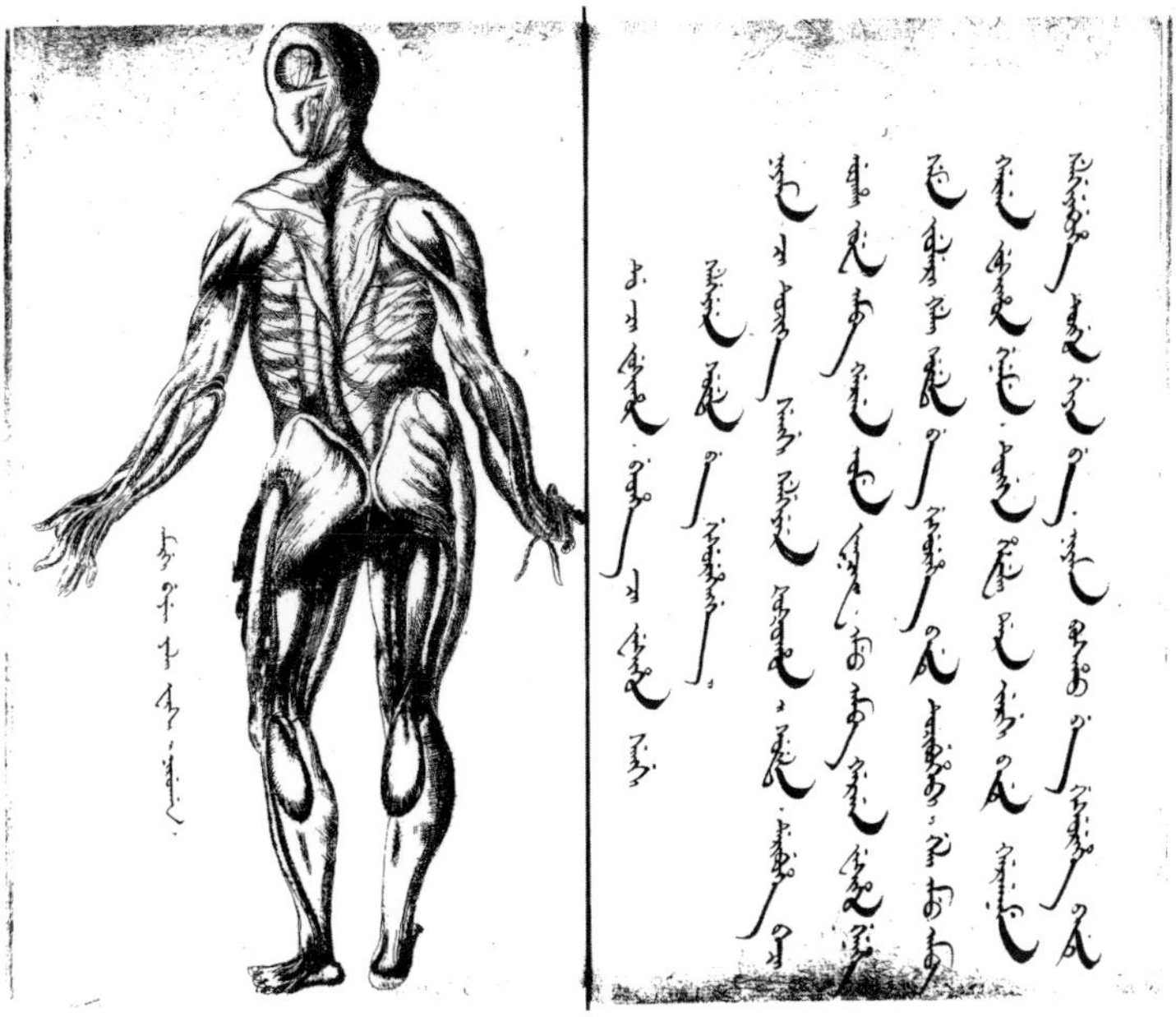

図２ 『欽定格体全録』

左頁の図は、後方から見た全身の筋肉を表す。右頁のテキストでは、下肢の動脈を解説している。

『格体全録』とパルナンに関して、以下の三点が注目される。

第一には、『格体全録』について回想するパルナンの書簡（矢沢利彦（編訳）『中国の医学と技術――イエズス会士書簡集』第四書簡）の正確さである。満洲語数学書について述べるブーヴェ『康熙帝伝』よりも、記述の細部の信頼度は遥かに高い。

第二には、民国期以降のナショナリズムが高揚した時期に主張された、「イエズス会は、中国への悪意から西洋科学を歪曲し隠蔽した」との説が、『格体全録』の内容によって、即座に否定されることである。

第三に、『格体全録』では「腺」「膵臓」について造語をせずに対応できたことがある。この点も、江戸期日本の『解体新書』とは異なる。『解体新書』を検討して得られる結論が、東アジア全域には一般化できないことを意味している。

『格体全録』は漢訳されず、漢人社会に影響を及ぼすこともなかった。近代解剖学が漢人社会に紹介されるのは、一八五一年にホブソン・陳修堂が『全体新論』を出版したのが最初である。『格体全録』が漢訳されなかった理由として、解剖学に関しては以下の三点が推測される。

第一には、古くから指摘されていた、人体解剖に対する漢人社会の根強い反感である。康熙帝は、西洋数理天文学を漢人社会に受容させるためだけでさえ、西学中源説の公布などを行なわねばならなかった。その上さらに近代解剖学を受容させる政治力は、持たなかったのであろう。

第二には、典礼問題の激化、そして適応戦略の破綻の影響がある。激化以前に編纂された満洲語『算法原本』では、数学を儒教的伝統に組み込むことが、イエズス会士にも可能であった。しかし、激化以後に書かれた『格体全録』の冒頭では、イエズス会士パルナンは、「物質的な天」と「創造主」を峻別する教皇庁の見解を繰り返さざるを得なかった。このような『格体全録』を、無修正で欽定書として刊行することは不可能であった。

第三には、当時の東アジアにおいては、人体解剖が行なわれていなかったため、清朝側は、『格体全録』の記述を確認/変更する能力を持たなかった。数学書では修正・削除すべき誤りがあった。康熙帝はその経験を想起して、『格体全録』の公布に不安を覚えたのではあるまいか。

臨床医療に関しては、十七〜十八世紀の段階では、西欧医学が中国医学に比べて特に優れた予防・治療の実績を残していたわけではないことが、最大の理由である。

なお、江戸期日本の医学は、初期には明・万暦年間の医学の強い影響を受けていたが、やがて自立して、現在の「漢方」医学を生み出していった。清代の医学が日本の医学に与えた影響は、痘科など特定の分野に限定されていたとされる。山脇東洋による人体解剖や、前野良沢・杉田玄白らによる西欧解剖学書の翻訳は、清代中国本土の医学とは独立した文脈で始まった。十九世紀中葉まで中国本土に連動し続けた数学的自然科学とは、状況が大きく異なっている。

5 清代前期III――雍正年間・乾隆年間前半

この時期は、雍正帝の禁教令が出された雍正元年(一七二三)から、乾隆三十年(一七六五)頃までの期間である。清代前半に政府が出版した西洋科学書としては最後のものである『儀象考成』の刊行後、西洋科学の流入と受容は途絶えた。イエズス会自体が、一七七三年には解散している。流入の中断は嘉慶年間にも続いた。この空白期が、十八世紀後半から十九世紀前半の、数学的自然科学が現代的な形態を採り始め、第一次産業革命が進行した期間と重なったことが、十九世紀中葉以降の東アジア大陸部に数々の困難を齎すことになる。

この期間における西洋科学受容・流入の担い手は、イエズス会士と一部の旗人・漢人官僚、そして、在野の漢人知識人である。皇帝が主導することはもはやない。使用言語に関しては、西欧諸語から漢語文言文へ、という流れのみが存在した。満洲語が用いられることも、もはやない。伝達内容は、数理天文学にほぼ限られる。

雍正初年には、康熙末年に編纂された『律暦淵源』が刊行されている。部分的にケプラーの楕円軌道を採用した『暦象考成後編』

が、ケーグラーらイエズス会士によって編纂され、乾隆七年（一七四二）に政府によって刊行された。乾隆二一年（一七五六）には、北京の観象台に新たに設置された天体観測機器を解説した『儀象考成』が、政府によって刊行された。西洋科学受容に際して宮廷・中央政府・旗人が主導権を握る時代は、これで終わる。

　優れた旗人数学者がこの時期に活動している。既に触れた、チャハル正白旗人ミンガントゥである。生没年は不明であるが、康熙五一年（一七一二）に官学生となって『律暦淵源』の編纂に参加、雍正元年（一七二三）には欽天監五官正に就任、乾隆二一年（一七五六）には天山以南の東トルキスタンで測量に従事、同二四年（一七五九）には欽天監監正に就任したことが、知られている。主著は『割圜密率《かつえんみつりつ》捷法《しょうほう》』四巻（一八三九年刊）であり、三角関数と逆三角関数の無限級数展開を扱っている。ミンガントゥのこの業績は、これらの関数についての、十七世紀後半に西欧で得られ、十八世紀初頭にイエズス会士ジャルトーが中国本土に伝えた三つの無限級数を、幾何学的に導くことから始まった。微積分学が中国本土にまだ紹介されていなかったため、導き方は限られていた。この業績は、当時の東アジアでは極めて優れたものである。なお、清朝側で『暦象考成後編』を理解し得たのは、ミンガントゥだけであったとも言われている。優れた数学者が満洲人からではなくモンゴル人から生まれたことには、チベット仏教を通じた知的訓練の伝統の影響も考えられる。

　ミンガントゥの死去、つまり、康熙末年に西洋科学と接触した世代の消滅とともに、旗人による数学的自然科学も終結した。その最大の責任は、祖父とは異なって科学に理解を持たなかった乾隆帝にある。中央政府と密着した集団である旗人の動向は、中央政府によって決定された。乾隆帝のこの無理解は、帝が青年期を送った雍正年間の雰囲気が生み出したものであろう。雍正帝が、政治的文脈を離れた西洋科学それ自体に対して敵対的であったとは思われない。しかし、雍正年間に、科学を維持するための社会的基盤が再生産されなかったことは、直接的な弾圧にも増して、科学にとって破壊的であったのである。

　いっぽう漢人の間では、乾隆年間後半・嘉慶年間において、西欧の数学的自然科学の新たな流入こそ起こらなかったものの、これまでに吸収され公表された成果が、知識人の間に深く浸透していった。南京条約以降に、漢人が旗人に代わって、西洋科学受容の主役となり得たことの理由の一つが、ここにあることも、注意しておこう。清朝考証学の大家として有名な江永《こうえい》、戴震《たいしん》、銭大昕《せんだいきん》、焦循《しょうじゅん》などの著作集には、西欧の数学的自然科学に関するテクニカルな議論がある。清朝考証学の担い手の意識の中において、西欧の数学的自然科学が占めた重みは大きかったと見なければならない。清朝考証学への西洋科学の影響としては、実証性と数理天文学との間の関連や、（特に戴震に顕著な）体系性と数学との間の関連が、指摘されている。観測科学である天文学と、感覚から離

図３　北京・古観象台

北京の内城、現在の建国門側に残る古観象台は、明清期の天文台である。康熙初年の暦法をめぐる事件は、ここを中心に展開された。観測機器（青銅製）は、『儀象考成』（乾隆22年刊）に記述されたものである。

れた抽象的対象を扱う数学とでは、思考スタイルが必ずしも一致しないので、影響の実態については、個々の場合に即して綿密に追跡する必要がある。何れにせよ、西洋科学と清朝考証学の共存は、考証学者の著作集に現れた事実であるので、清朝考証学を中国内部の思想・哲学の問題としてのみ考察することは、不適切であると言わざるを得ない。

なお、乾隆年間後半・嘉慶年間における自然科学の停滞と入れ替わりに、同時代の日本では、西欧の数理天文学の受容が活発化する。漢訳西洋科学書が大量に輸入された結果、十八世紀後半の大坂には麻田剛立らの集団が成立して、『暦象考成後編』の研究を通じて寛政の改暦（一七九七年）を成功させ、幕府天文方の主力となった。改暦後、この集団の中の高橋至時が『ラランデ暦書管見』を著して（一八〇三年）、西欧から直接に天文学を導入することが始まった。西欧天文学の受容に関しては、この麻田剛立らの系列の他に、志筑忠雄などのオランダ通詞の系列も存在した。地動説を紹介した後者に比べて、前者は低い評価を受けることがある。しかし、観測科学としての天文学においては、理論計算を地表から観測した結果と照合する必要があり、そのためには、麻田剛立らが行なった作業が必要である。したがって、清代前期における『暦象考成』の諸編の編纂は、日本の天文学の発展にとっても不可欠な一段階であったのである。

6 清代後期の概観

既に紙数も尽きたので、アヘン戦争以後の状況についてはスケッチに留めよう。

アヘン戦争以後の近代西洋科学の流入・受容は、プロテスタント諸国民と、漢人の地方官・知識人が担い手となった。西欧諸語に通じた漢人知識人が単独で担い手となるのは、厳復《げんふく》による進化論の紹介（一八九五年）を俟たねばならない。使用言語に関しては、十九世紀中は英語から漢語文言文へ、と考えてよい。伝達内容は自然科学の全分野にわたるが、十九世紀中は啓蒙書の翻訳に留まっている。

西洋医学の本格的な流入は、香港、上海などを拠点として、この時期に始まった。それは、他の分野にも増して、中国本土における欧米列強の活動と分ち難く結び付いていた。十九世紀末に至るまで、中国本土の西洋医学受容と日本のそれとは独立であったと見てよいが、やがて、清国留学生周樹人（魯迅）に象徴されるように、日本経由の流れが生じていった。

最後に、伝統のある数学に関して述べる。南京条約後の一八五〇年代にワイリーと李善蘭《りぜんらん》が、近代数学の組織的な翻訳・紹介活動を展開した。現在も用いられている「代数」、「微分」、「積分」などの術語はこのときに作成されて、ただちに幕末の日本に流入した。一八七〇年代以降の洋務運動期には、フライヤーと華蘅芳が、江南製造局を拠点として、確率論を含む近代数学を紹介している。しかし、このときの日本では、菊池大麓のイギリス留学からの帰国（一八七七年）に象徴されるように、欧米へ留学生を派遣し、欧米から直接、知識を導入する時代を迎えていた。日本が中国本土を経由して西洋科学を受容する時代は、完全に終わったのであった。

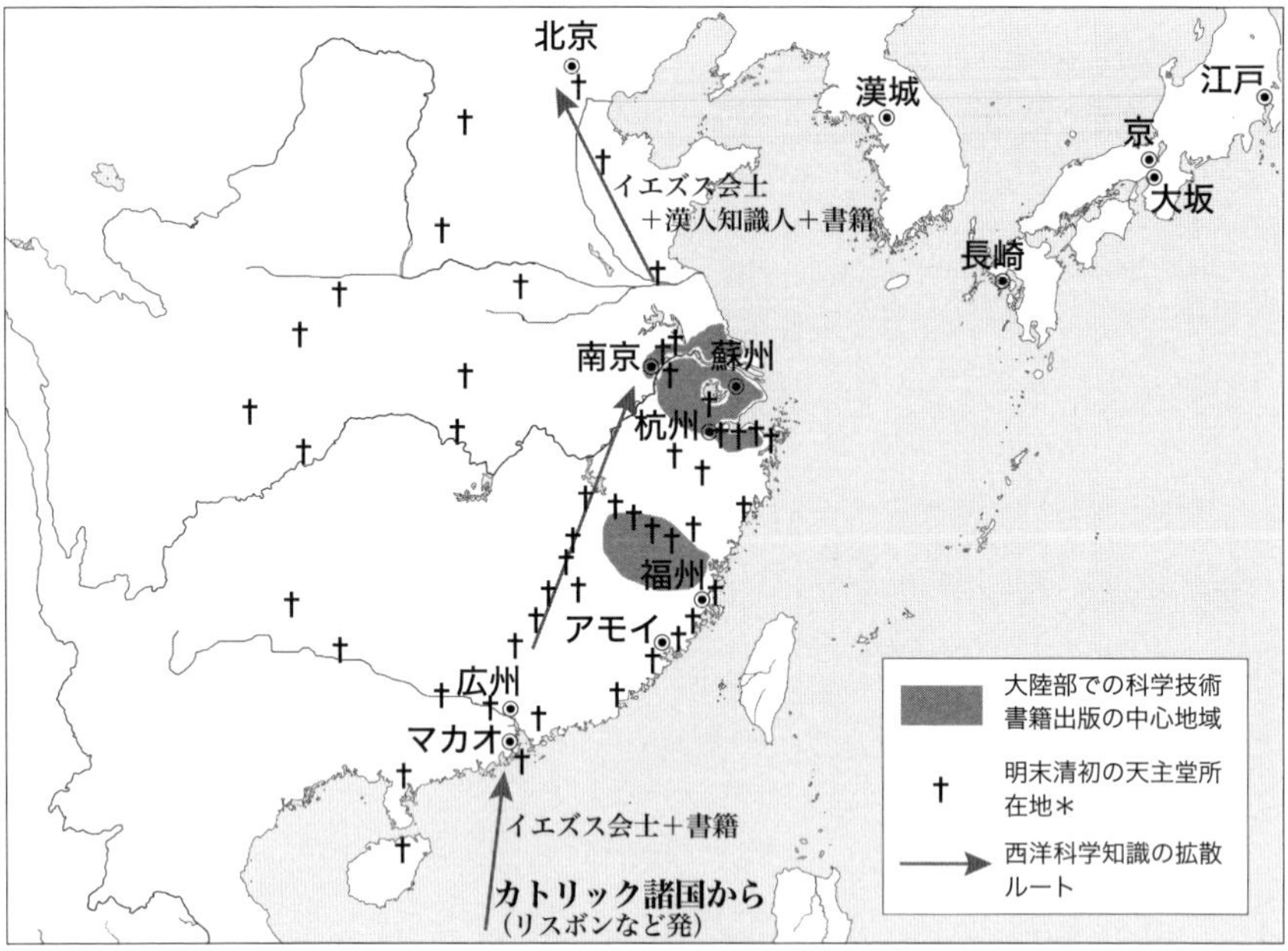

地図１　17 世紀前半

＊岡本さえ『近世中国の比較思想』218 頁

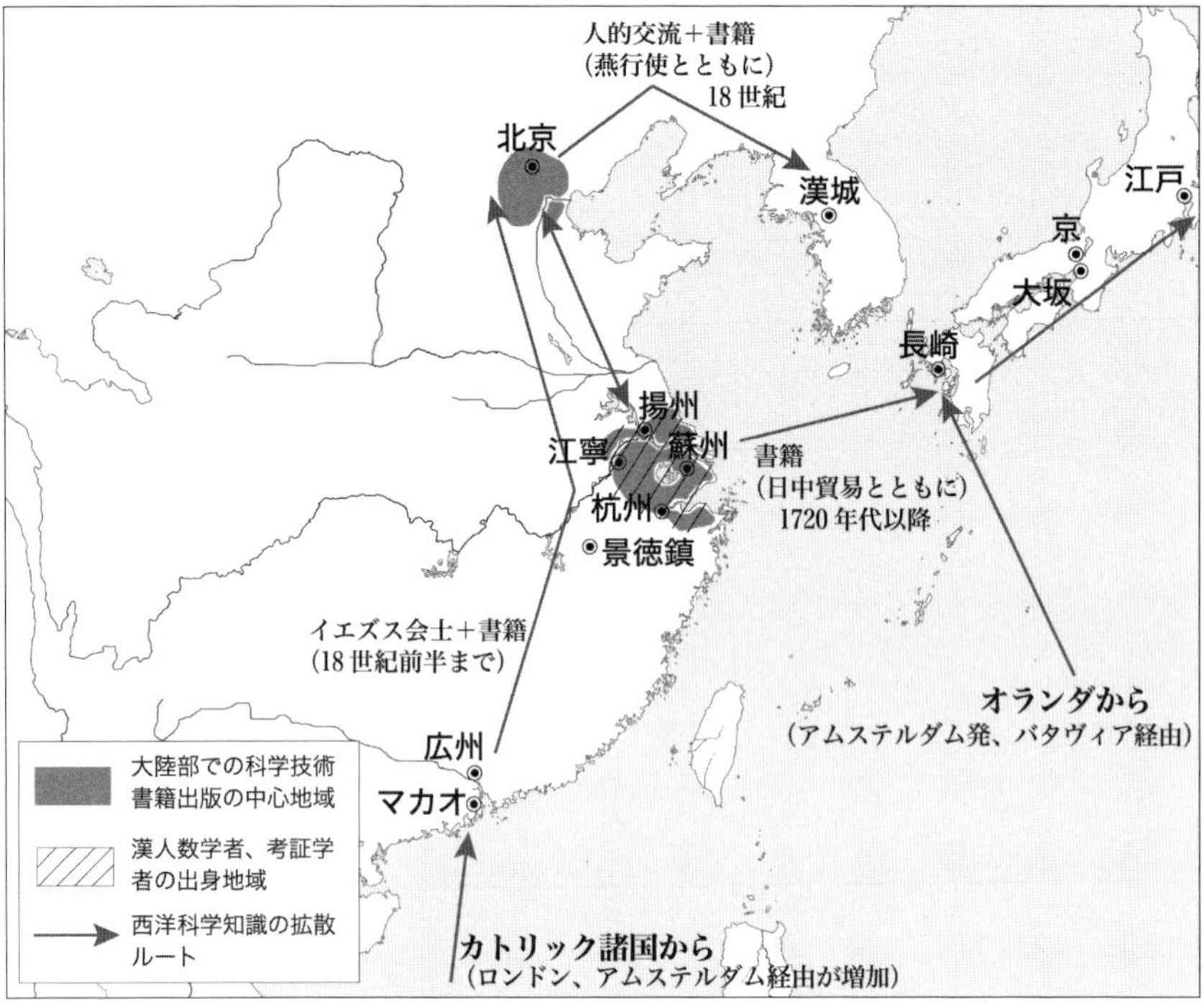

地図２　17 世紀末～ 18 世紀

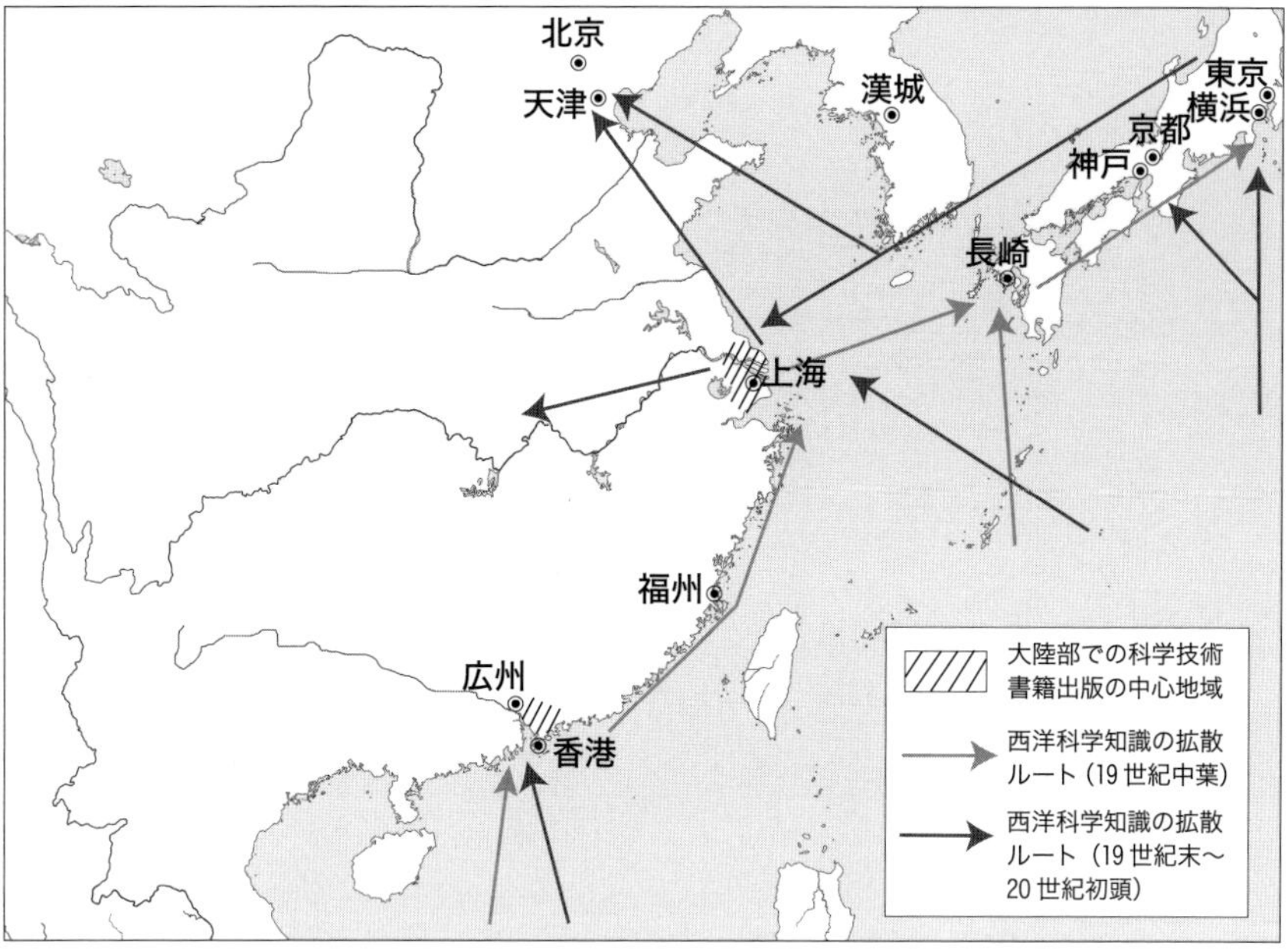

地図３　19 世紀中葉～ 20 世紀初頭

「東アジア」と「イスラーム」の枠を超えて、近世の帝国群に新たな光を当てる

近世ユーラシアのなかの大清帝国

【オスマン、サファヴィー、ムガル、そして〝アイシン＝ギョロ朝〟】

杉山清彦
Sugiyama Kiyohiko
（執筆者経歴は七四頁参照）

1　ユーラシアの「帝国の時代」

広くユーラシアを見わたすと、十七～十八世紀は各地に巨大帝国が並立する時代であったということができる。アジア・アフリカ・ヨーロッパの三大陸に覇を唱えたオスマン帝国をはじめとして、イラン高原のサファヴィー帝国、インド亜大陸のムガル帝国、ユーラシア中央部のジューンガル遊牧帝国、またユーラシア西北部から北辺一帯に広がったロシア帝国、そしてパミール高原以東を覆わんとする大清《だいしん》帝国である。なかんづく、これらの帝国期が重なりあった十七世紀後半は、まさに帝国の時代であったということができよう。

しかし、これらは「トルコのオスマン朝」「イランのサファヴィー朝」「インドのムガル朝」「中国の清朝」などとして、その後に成立する国民国家に接続するような時系列的王朝史の上にそれぞれ位置づけられ、たんに並存したものとみなされることが一般的だった。その場合ロシア帝国は、実体はユーラシア国家であるにもかかわらず、ふつう「ヨーロッパ」の側に数えられてむしろ「アジア」に対置されるものとして扱われ、他方、十八世紀半ばに崩壊・脱落して国民国家につながらなかったジューンガル帝国は、

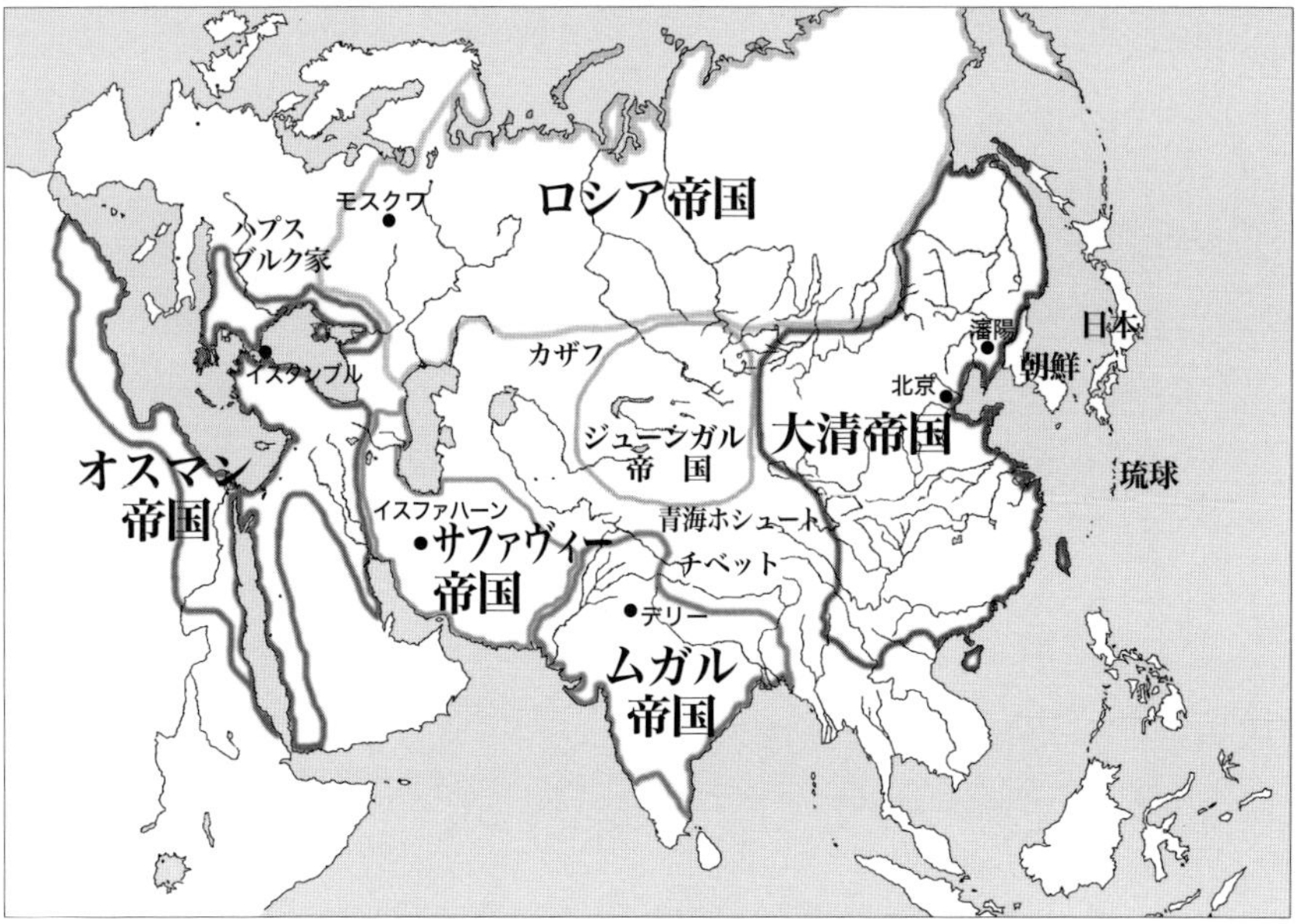

図１　近世ユーラシアの帝国群（1700年頃）

忘れられた存在となってしまっている。かくて、残る「アジア」の四帝国は、共通性といえば「同時代に存在したアジアの専制帝国」という外観の印象にとどまり、往々にして各地域における「落日の大帝国」としてくくられてきたように思われる。近年では、オスマン・サファヴィー・ムガル三帝国については、ムスリム（イスラーム教徒）が君主として秩序を主宰する「イスラーム国家」としてまず把握し、その上で個々の帝国それ自体に即して位置づけられるようになったが、いずれにせよ大清帝国のみは「中国の清朝」としてそれらとは区別され、意識的に切り分けて扱われてきた。四帝国の間に共通性を見出したり対比して特徴を探るのではなく、かたやイスラーム、かたや儒教的世界観に立脚する世界帝国として、むしろ異質・対照的なものとみなされてきたのである。

しかし、本書の諸論考で論じられているように、ユーラシア東北部でマンジュ（満洲）人が「大清」を号して建てたこの帝国は、いわゆる〝中華王朝〟として単純にくくれるものではなかった。では、新しい〝大清帝国〟像に立って改めてユーラシアの諸帝国を眺めわたすならば、どのような発見があるだろうか。小稿では、牽強附会の誹りを承知で、一つの試みとして素描を提示したい。

2 近世ユーラシアのイスラーム帝国群

大清帝国については本書各論文で語られてきたので、それとの対比を念頭におきながら、ふつうはイスラーム国家としてまとめられるオスマン・サファヴィー・ムガル三帝国の帝国形成の過程と支配体制の特質を、先行研究に拠ってまとめてみたい（存続期間は、教科書的年代を示した）。

十七世紀初めにヌルハチ（位一六一六～二六年）が建て、一六四四年の入関《にゅうかん》（中国本土《チャイナ=プロパー》進入）以降本格的に帝国化した後金《こうきん》＝大清帝国（一六一六～一九一二年）は、これら諸帝国と比べれば最後発組である。これに対し最も早く形成され、最も長命であったのがオスマン帝国（一二九九～一九二二年）である。オスマン帝国の原型は、一三〇〇年前後にアナトリア西北部に現れたオスマン家を指導者とするムスリム＝トルコ系の軍事集団であり、これが近隣の類似したムスリム君侯国やビザンツ系・スラブ系のキリスト教徒勢力と合従連衡を繰り返しながら次第に成長し、やがて大帝国に発展したのである。その帝国化の画期とされるのが一四五三年のコンスタンティノープル征服であり、さらに一五一七年にはエジプト・シリアのマムルーク朝を滅ぼして聖地メッカ・メディナを庇護下におき、名実ともにイスラーム的世界帝国となった。

その人的基盤を提供したのは、領内のキリスト教徒子弟を強制徴用して改宗・訓練する「デヴシルメ」と呼ばれる特異な登用制度であり、これによって徴集・養成された若者たちは、「スルタンの奴隷」として君主に直属するエリート軍人集団を構成した。名高い歩兵軍団のイェニチェリはその主力であり、なかでも特に優秀な者は小姓としてスルタンの宮廷に入り、その薫陶を受けながら教育・訓練を施されて将来の政権幹部となっていった。近年の研究では、大清帝国の形成期に相当する十七世紀は、かつて考えられていたような衰退期の始まりではなく、十六世紀までに完成されたそのような支配のメカニズムが、スルタンの指導力に依存することなく自律的に機能するに至った時代とみなされている。

一方、最も短命であったのが、シーア派イスラームを標榜するサファヴィー帝国（一五〇一～一七三六年）である。とはいえ、他と比べて短命とはいうもののその存在期間は二百年以上にわたり、イラン高原に興亡した国家としてはきわめて長命であった。イラン高原を中心とした地域は、西北方のアゼルバイジャン地方と東方のホラーサーン地方とに核がある楕円構造をしているが、サファヴィー帝国はこのうちのアゼルバイジャンで興起し、カリスマ的指導者イスマーイール一世（位一五〇一～二四年）のもと、アナトリア東部から中央アジアのアム川に至る広大な領域を支配下においた。君主たるサフィー家はイスラーム神秘主義教団の教主の家系であり、その教えを信奉するキジルバシ（赤い頭の意）と呼ばれるトルコ系遊牧部族の軍事力が建国の原動力となった。サファヴィー帝国は、かつては王家の出身や主たる支配領域からシーア派やイラン王朝として特色づけられていたが、そのような点からみるならば、その核心は、先行するティムール帝国（一三七〇～一五〇七年）などと同様のイスラーム化したトルコ＝モンゴル的遊牧国家体制にあったということができる。

そのもとでは、これまたティムール帝国などと同様、トルコ系遊牧民が軍事を担い「タージーク」と呼ばれるイラン系定住民が行政を担うという一種の分業が行なわれた。しかし、軍事力によって王権を支える遊牧部族は、その内部に上位権力の容喙《ようかい》をも許さない自立性をもっており、また君主位の継承や支配の果実の分配に対して関与する権利を有していたため、遊牧国家体制は王権にとって両刃の剣であった。このため、ヌルハチのマンジュ統一（一五八八年）とほぼ同時期に即位したアッバース一世（位一五八七～

図2　イスファハーン・「王のモスク」の大門

美しいタイルに覆われた壮麗な門で、サファヴィー帝国の全盛期を現出したアッバース1世が建てさせた（撮影・羽田正）

一六二九年）は、君主直属の近衛兵コルチを拡充するとともに、グルジア・アルメニアなど主にカフカース地方出身者からなるゴラームと呼ばれる親衛隊を新設し、キジルバシを抑えてこれらを軍事・政治の中心に据えた。アッバース一世の改革によって新たな寿命を得たサファヴィー帝国は、その後一世紀を経て雍正帝《ようせい》（位一七二二～三五年）即位の年である一七二二年に実質上崩壊するが、十八世紀末の乾隆《けんりゅう》時代の終り（一七九九年没）をこれになぞらえるならば、大清帝国にほぼ八〇年程度先行しながらパラレルな二百年間を過した王朝ということができよう。

さて、ある意味で最も異質に感じられるのがムガル帝国（一五二六～一八五八年）であろう。「中国」の清と同様、「インド」の印象の強いムガル帝国は、大清帝国との比較どころか、オスマン・サファヴィー両帝国と比べることさえ未だ途上である。しかし、その起源はティムール帝国の一王子バーブル（位一五二六～三〇年）が北インドに転進して建設したムスリム政権であり、支配下の圧倒的多数こそインド亜大陸のヒンドゥー教徒ではあったが、紛れもなくイスラーム国家であった。その支配層の中核は、トゥーラーン系と呼ばれる中央アジア出身のトルコ＝モンゴル系貴族と、建国期にサファヴィー帝国の支援を受けて以来の密接な関係を背景とするイラン系貴族、それに土着のヒンドゥー教徒であるラージプート諸侯であった。非ムスリムであるラージプート諸侯を支配層の柱の一つとして抱え込んでいるところに、圧倒的な非ムスリム人口を統治せねばならないムガル独自の特徴を見出すことができる。

これらムガル帝国の支配層は、マンサブという数値化された位階を授けられて序列化され、数値に応じた軍役と俸給を賦課・授与された。軍隊の大半は皇帝直属ではなく個々の武将（マンサブダール）の手勢であったが、この独特のマンサブダール制度によって統一的に把握され、恒常的な征服の拡大と新規参入者の編入が可能となったのである。このような体制が機能したのは、康熙帝《こうき》（位一六六一〜一七二二年）と重なりあって在位したアウラングゼーブ帝（位一六五八〜一七〇七年）の時代までで、十八世紀初めにこの老帝が没すると、帝国は急速に解体してゆく。滅亡こそよく知られているように十九世紀半ばのインド「大反乱」時であったが、ムガル権力は十八世紀前半のうちにデリー周辺のみの地方政権に転落して帝国としての実体を喪失しており、その点ではサファヴィー帝国とほぼ並行した二百年であったといえる。また大清帝国とは、創業者バーブルとヌルハチ、最大版図を現出したアウラングゼーブと乾隆帝（位一七三五〜九六年）とがそれぞれほぼ百年の違いであり、一世紀ずれのこれまたパラレルな巨大帝国であったともいえよう。

十六世紀から十八世紀にかけて鼎立したこれら三帝国は、改めて比べるまでもなく三者三様であって、ムスリム君主が支配する政権という以上の共通性はないようにみえるかもしれない。しかし、あえて極端に一般化してみるならば、これら諸帝国は、いずれも外来もしくは外来起源の少数の軍事集団が、宗教・宗派なり言語文化なりを異にする人口稠密《ちゅうみつ》地域を支配下に収めた帝国であるということができよう。そしてそのように表現するならば、万里の長城以北でマンジュ人が建設し、厖大な人口を擁する長城以南の漢人社会と内陸に広がるモンゴル遊牧社会を治下に収めた大清帝国もまた、同様の性格をもつものとして捉えることが可能ではあるまいか。これら三帝国と大清帝国の間には、トルコ系とツングース系、イスラームとチベット仏教・儒教といった違いを超えて、遊牧地域と定住地域にまたがり遊牧民・都市民・農民など多様な人びとを統治する複合的な巨大帝国という点で――けっして、「東アジアの中華王朝」と「西アジアのイスラーム国家」の鮮烈な対比としてではなく――、共通性を見出しうるように思われるのである。

3 帝国形成の特質と支配組織の性格

そのようにみるならば、これらの帝国には、具体的なレベルでの相違を超えて、いくつかの共通の特徴を指摘することができる。

第一は、それ以前の政治的・文化的枠組みからみて境界ないし辺境に当る地域から勃興し、古い文化伝統を誇る地域を征服・再編成したことである。大清帝国の揺籃の地たるマンチュリアは、独自の伝統をもつマンジュ人の社会が存在しつつも、より広域的影響力をもつモンゴル遊牧社会と漢人農耕社会の周縁部でもあり、言語文化の面でも組織技術の面でも、それらの混淆と選取の中から権力形成が行なわれたということができる。本書別稿「マンジュ国から大清帝国へ」で述べたように、そのような国家生成の土壌によって培われた強靭さと柔軟さのゆえに、モンゴル諸勢力と旧明《みん》朝双方の征服・支配が可能となったのである。

これと比べみたときただちに思い当るのが、中央アジア起源にしてアフガニスタンを根拠地として帝国形成を果したムガル帝国である。ムガル帝国が、王家・軍事力・文化伝統などあらゆる面でインド外部に出自する集団が異言語・異宗教の亜大陸を征服・支配したものであることは言を俟《ま》たない。中央アジアからもちこんだ遊牧国家的制度や慣習をむき出しにふりかざすのではなく、さりとて厚い伝統を誇るインドの文化や社会に同化するのでもない複合性・多面性のゆえに、ムガル支配層は、一億人を超える人口を擁するインド社会に埋没することなく数世代にわたって強力な支配をなしえたのである。

一方サファヴィー帝国の場合は、建国地のアゼルバイジャンは辺境というよりも中心地の一つというべきであるが、中核集団がトルコ系遊牧部族であり結集核となったのが独特のシーア派信仰であったということからすると、そこに伝統的イラン社会に対しての周縁性・他者性を見出すことも許されるように思われる。著しく時期が溯るため同列には論じられないとはいえ、オスマン帝国もまた、トルコ＝イスラーム世界とビザンツ＝キリスト教世界との境界地帯から勃興し、その両方を支配下に収めたことはよく知られている。そのように考えれば、原初における境界性ないし周縁性、また人口稠密地域にとっての他者性は、これら諸帝国に共通する特徴であり、そこに大発展を可能ならしめた理由の一つがあるように思われる。

第二は、国家構成員や組織技術にみられる多「民族」的・多文化的な混合性・複合性である。大清帝国においては、本書村上信明論文に詳しく筆者別稿でも述べたように、そのような特質は、原初の国家そのものにして帝国形成後も支配集団を構成した八旗《はっき》のうちに明瞭に見出される。八旗においてはマンジュだけでなくモンゴル・漢が主たる構成要素をなし、加えて朝鮮やロシア・チベット・ベトナム・ムスリムさえ包摂されていた。さらに統治組織全体に視野を広げていえば、八旗に所属しない一般漢人や草原で遊牧しているモンゴル王公なども、それぞれの領域において統治を担い支配層として位置づけられていた。そこでは儒教も、影響力は大きいとはいえあくまで数ある正統化論理・倫理観の一つにすぎず、全体としてみれば帝国は多「民族」的・多文化的であったということができる。

このような点は、改めて述べるまでもなく三つのイスラーム国家においては当然の特徴であった。オスマン帝国はけっして「トルコ人」の国家でも「イスラーム」のみの国家でもなく、ムスリムが主宰しつつもその下で多種多様な非ムスリムが共存し、デヴシルメを通してむしろ非トルコ・非ムスリムの人材がエリートコースに昇っていったのである。同様に、以前は「イラン民族国家」とみなされていたサファヴィー帝国も、現在では、それを支配層・統治領域の重要構成要素としつつもそれだけに限定されない多「民族」的・多文化的社会であったことが強調されている。むろん、いずれにおいても支配層に加わるためにはムスリムになる必要があったが、これを「支配層参入のための所定のハードル」と一般化して考えるならば、大清帝国における「出身母体を離れて八旗に編入されること」と、一脈通じるものということも可能であるように思われる。

特に支配の上で重要であったのは、支配層とは出自や文化を異にする多数派住民を、共存・利用しながら統治したことである。オスマン帝国においては、ムスリムとしてははるかに先輩格のアラブなどに対し、各地域社会のウラマー（イスラーム法学者）を官僚機構に組みこんで司法・地方行政を担わせた。また全人口のおよそ半分を占めるバルカン半島のキリスト教徒を必ずしも疎外せず、イスラームへの改宗が必須であったとはいえ、彼らの子弟をデヴシルメによって中央に登用していた。サファヴィー帝国でも、前述のように軍事を担うトルコ系に対しタージークすなわちイラン系定住民が行政を掌っており、その点ではサファヴィー時代以前からの共存・分業のしくみが継承されていた。

より明瞭なのは、圧倒的多数のヒンドゥー教徒を統治したムガル帝国である。先にみたように、ムガル帝国はムスリム君主が統治する国家でありながら、その支配層と軍隊にラージプート諸侯をはじめ非ムスリムのヒンドゥー教徒を抱え込んでいた。これはイスラーム国家としては相当異質な特徴であろうが、比較の視点を広げてみれば、外来の軍事集団が人口稠密地域を支配することによって在地の多数派住民を支配層に加えたという点において、旧明領征服にともなって科挙《かきょ》官僚制度を継承し武装勢力は八旗漢軍に編入した大清帝国と、相通じるものということができるように思われる。ムガル帝国の支配層がトゥーラーン系・イラン系・ヒンドゥー系を三本柱としていたことは、大清帝国における満・蒙・漢に相当するものと考えることもできよう。

4　広域統治のあり方とその手段

第三は、その領域が一元的な支配下におかれているのではなく、多様な統治形態の地域の集合体であったことである。これは、言いかえれば君主が多様な構成集団・地域の結節点であったということである。本書別稿「大清帝国の支配構造」で述べたように、大清帝国においては、支配集団自身の組織たる八旗制を中核として、旧明領の中国本土では明から継承した州県制と地域的には土司《どし》制度、南北モンゴル・青海《せいかい》ではジャサク旗制、旧ジューンガル領の新疆《しんきょう》ではジャサク旗制・ベグ制・州県制など、帰順経緯や現地の実情に応じて多様な統治方法がとられていた。これら独自の前歴をもち相互には連関のうすい各地域は、ハン・皇帝などそれぞれに対応した位置づけを有するアイシン=ギョロ氏の君主に臣従することによってのみ統合されており、君主はそれらに八旗系統の駐留軍・監督官の網を被せて統御していたのである。これは、国内外を問わず一元的な体系に当てはめてゆこうとした明朝の支配のあり方とは、大きく異なるものであった。

オスマン帝国においても、首都イスタンブルを中心にアナトリア・バルカン・シリアが直轄領として軍管区・行政区に分たれて統治される一方、エジプトなどシリア以外のアラブ地域は比較的独立性が強く、中央派遣の総督がおかれるもののその下では旧来の体制がおおむね維持された。さらにその外延には、黒海北岸のクリム=ハン国など、スルタンに臣属する形で間接支配を受け入れた自立的な政権が連なっていた。このような統治体制を、羽田《はねだ》正《まさし》は「地方の数だけ統治の方法があった」（「三つの「イスラーム国家」」『岩波講座 世界歴史14』所収）と表現しているが、これはそのまま大清帝国にも当てはまるように思われる。そのような統治の多様性は、広域・多様なインドを支配し、多数のヒンドゥー藩王国などをも従えたムガル帝国においても看取されることはいうまでもない。

これらの王権の支配の根拠は、王家そのものよりもまずイスラームという普遍的理念に求められた。しかし、それは同時に王権をも超えるものとして君主を制約する両刃の剣であったし、またいずれの帝国も治下に多数の非ムスリムを抱えていたので、帝国統合を正統化する論理は、イスラームのみに依拠したわけではない。オスマン帝国では、君主は称号としてイスラーム的なスルタン、トルコ=モンゴル起源のハン、そしてイラン伝統のシャーをあわせ称えていた。このような点は、チベット仏教や儒教によって正統化しつつ、いくつもの性格を兼ねそなえて君臨していた大清皇帝の君主権のあり方と、興味ぶかい類似をなしているといえよう。

第四は、それ以前からの伝統的言語文化とずれをもつ言語や文字が支配の言葉として用いられ、それによる文書行政が高度に発達したことである。一般的には「清=中華王朝=漢文」と思われがちであるが、大清帝国においてはあくまでもマンジュ語（アルタイ系）・マンジュ文字（モンゴル文字系）が第一の公用語・文字であり、上級の公文書はマンジュ語のみか、マンジュ語とそれ以外の言語による並記（合璧《がっぺき》という）を原則とした。たしかに行政文書の圧倒的多数は満文・漢文並記（満漢合璧）であり、地誌・行政ハンドブック・各種台帳など地方統治レベル・事務レベルの書籍・記録類はほとんどが漢文であるが、あくまでも漢文はマンジュ語以外の諸言語の代表というにすぎず、支配中枢に近づくほ

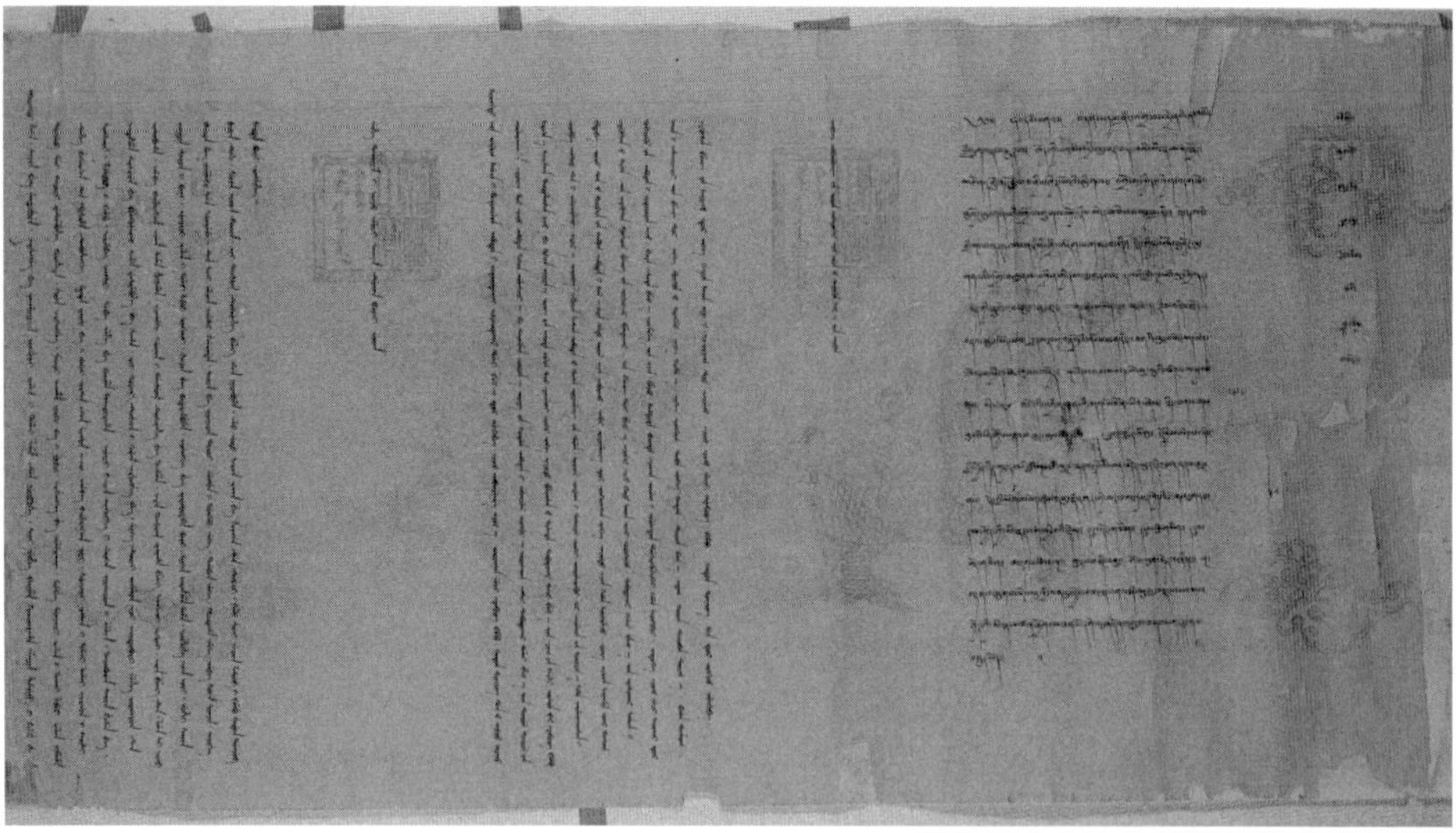

図3　康熙帝からダライ＝ラマ6世に宛てた書簡（1722年）

左からマンジュ文・モンゴル文・チベット文で同内容が書かれている

どマンジュ語のもつ比重は高まった。かつ漢文はあくまでも旧明領に関する部分における第二公用語であって、モンゴル・チベット方面ではモンゴル語が国際語《リンガ・フランカ》の地位を占めており、マンジュ・モンゴル合璧あるいはマンジュ・モンゴル・チベット三体合璧で行政文書や外交書簡が作成された。

西方において古くから漢文に当る地位を占めたのはペルシア語であるが、これはイラン高原のサファヴィー帝国だけでなく、ふつう「インドの王朝」とみなされがちなムガル帝国の公用語でもあった。広大なインドにおいて、在地各処の宗教や言語が何であろうと、文書行政はペルシア語によって行なわれたのである。

他方オスマン帝国においては、オスマン＝トルコ語といわれる独自に発達したトルコ語が支配の言語とされた。オスマン帝国でトルコ語が公用語とされたのは現在の目からすれば当然のことのように思われるが、それまでの中央アジア以西のトルコ系王朝では、日常会話の言語はトルコ語であっても、支配のための公文書で用いられる言語はほとんどの場合ペルシア語であった。ところがオスマン帝国では、ペルシア語・アラビア語といった古くからの伝統をもつ書記言語があるにもかかわらず、自らのトルコ語を中軸に据えた上で、それらを併用したのである。トルコ語をマンジュ語、ペルシア語を漢文に相当するものと考えるならば（それでいけば、アラビア語はモンゴル語ないしチベット語に当るといえようか）、オスマン・大清両帝国の言語状況と王朝の方針は、きわめて似通ったものといえよう。ひるがえってムガル帝国の場合は、インドの住民を漢人に当ると考えれば、ペルシア語による文書行政は、中国本土でのマンジュ語によるそれとみなすことができるであろう。

5　モンゴルからの流れと「近世」のひろがり

このように近世のユーラシア世界を眺めわたすと、当然存在する個々の相違よりむしろ、意外な共通性・並行性や、これまで個別の差異に目を奪われて気づかなかった相違点が浮かびあがってくるのである。では、そのような相似がみられるのはなぜだろうか。共通の淵源なり動因なりがあるのだろうか。

私は、別の機会に大清帝国と江戸幕府の対比を試み、そこに多くの共通点を見出したが、その場合はいうまでもなく両者には交流や継受・模倣の関係はなかった。むしろ、にもかかわらず共通の特徴が見られることにこそ面白さがあるといえよう。これに対し十七〜十八世紀に重なりあって栄えたこれらの帝国は、先行する十三〜十四世紀のモンゴル帝国から、いずれもその広域支配と多「民族」統合を引き継いだ巨大国家であるということができるのではないだろうか。もとよりモンゴル帝国とこれら四帝国、また四帝国相互の間に大きな隔たりがあることはいうまでもないが、にもかかわらず、一方で共有される淵源・源流と、他方での地域・時代などおかれた条件の差違が、これらの帝国に共通点と相違点を生み出したように思えるのである。

確認してみるならば、ムガル帝国は、チャガタイ家臣から興ってチャガタイ・フレグ両家領を引き継いだティムール帝国の直接の後身であり、サファヴィー帝国も、ティムール帝国の滅亡と入れかわりに、モンゴル帝国期以来の流れをくむトルコ系遊牧部族に支えられて成立したものであった。これらと比べると、オスマン帝国は成立時期が早く相違点も目立つが、国家形成の背景にモンゴル帝国の西アジア進出があったこと、また君主位継承法や原初期の軍事・政治構造に遊牧国家的性質がみえることは一致している。オスマン的特徴は、むしろ遊牧国家的特質を前提とした上での、そこからの脱却にあったというべきであろう。他方、本書別稿で述べたように大清帝国はけっして明朝のコピーではなく、遊牧民でこそないもののそれと親和性をもつマンジュ人が、遊牧王権・遊牧軍隊のしくみをベースにしながら独自につくりあげた新国家であった。その皇帝号は大元ハーンを引き継いで称えられたものであり、政治の運営には合議制・側近政治など中央ユーラシア的な政治文化がみられた。総じていえば、これら四帝国は、橋渡しとなったティムール帝国も含めて、モンゴル帝国の継承国家の系譜上に位置づけることができるであろう。

今一度まとめ直すならば、近世に並立したオスマン帝国・サファヴィー帝国・ムガル帝国・大清帝国は、いずれも遊牧国家そのものではないが、その起源や軍事力・権力構造などにおいて中央ユーラシアに由来する特徴をもっており、その力によって大帝国を築いたということができる。同時に、暴力的に直接支配を行なうのではなく、意志決定と軍事力を掌握した上で支配下の定住民を積極的に活用して共存するという方法で、広域統合と長期的安定を実現した。

モンゴル帝国において一つの完成態に達したこのような統合・支配のあり方は、帝国の形成・護持を担う〝固い〟核と、多様なものを受け入れ帝国の拡大・安定を支える〝柔らかい〟ひろがりという二面性として説明することができよう。サファヴィー帝国やムガル帝国は、共通してその中核にイスラーム化したトルコ＝モンゴル系遊牧民出自の勢力が存在していたし、オスマン帝国でもオスマン王家と「スルタンの奴隷」たち、大清帝国ではマンジュを中核とした八旗など、いずれにも帝国を支え動かす〝固い〟中核部分が存し、その上でイラン人やヒンドゥー教徒の書記、あるいは漢人の科挙官僚などを数多く登用して支配を実現していたのである。このようにみるならば、比喩にも似た比較ではなく、内実に立ち入った新しい比較検討が可能となるように思われる。

もとよりこのような鳥瞰の試みは目新しいものではない。本書「「近世化」論と清朝」でも論じられているように、清の国家形成と支配の特質を世界史的文脈において捉えようとする試みは、岸本美緒によって積み重ねられており、そこでは世界大の経済の動きを視野に収めながら、東アジア・東南アジアを取り巻く大状況とそれへの個々の対応として位置づけられている。他方、本稿でも扱った巨大帝国の並立状況に注目した山下範久は、十七〜十八世紀に北ユーラシア・東アジア・南アジア・西アジアそしてヨーロッパでそれぞれ立ち現れる帝国的秩序を、「近世帝国」として概念化している。このうちの「アジア」の三者が大清・ムガル・オスマン帝国である。

ただし、ここで私が試みた近世ユーラシアの諸帝国の比較は、山下の「近世帝国」とは関心・文脈が異なる。「近世帝国」は、山下自身が強調するようにあくまでも現代の理解のために創案されているが、私が関心を寄せるのは、現代から溯るのとは反対に、先行するモンゴル帝国からの継承・変容と、その上で地域・時代の相違がもたらしたそれぞれの個性にある。そこにおいて興味をひかれるのは、政治組織の伝統や組織技術がいかに継受され、同時に集団や時代に応じてどのように改変され状況に適応していったかということである。そこには、岸本が挙げるような十六世紀的・ポスト十六世紀的と表現される時代状況も含まれる。本稿の試みは、「近世化」論や「近世帝国」と対立ないしすれ違うものではなく、むしろそれら鮮烈なスポットライトとは異なる角度から対象に光を当て、像を豊かにすることになるものと考えている。

6 「アイシン＝ギョロ朝」として描き直す世界史

本稿において「オスマン朝」などという呼称を避けたのは、そのような呼称が与える印象が、各帝国を「××国の○○朝」といった、現代の国家から溯った各国別王朝史の系譜の中に押し込めてしまうことを恐れたためである。しかし同時に、「○○朝」という呼び方は、「○○家の王朝」という意味において、「(××国というまとまり先にありきではなく)○○家を君主として戴くことによって統合された国家である」という積極的含意をももつ。そのような発想に立ってみるならば、ふつう「清朝」と呼びならわされているユーラシア東方の王朝は、アイシン＝ギョロ(愛新覚羅)氏のヌルハチが建設しその子孫が玉座につくことによって統合された帝国という意味で、「アイシン＝ギョロ朝」と呼ぶこともできるであろう。「大清」とは、そのアイシン＝ギョロ朝の自称というわけである。

オスマン朝、サファヴィー朝、ロマノフ朝、ハプスブルク朝、そしてアイシン＝ギョロ朝――そのように眺めてみれば、「大清」を号する王朝を「中国」としてはじめから切り分けてしまい、ステレオタイプの〝中華王朝〟像に現実の方をはめ込んで理解してしまう桎梏から解放されるであろう。そして、そこに新たな近世世界の姿、ひいては世界史像が浮かび上がってくるように思われる。無謀・乱暴を承知で、あえて野心的な対比を試みた所以である。

参考文献

本稿の性格上、多数の概説・研究論著を参照したが、それらを逐一示すことはできないため、概説書を中心に挙げておく。より詳しくは、それらに掲げる文献および各著者の論著を参照されたい。


『新書イスラームの世界史2　パクス・イスラミカの世紀』講談社(講談社現代新書)、一九九三年。

『岩波講座　世界歴史14』岩波書店、二〇〇〇年。

『新版世界各国史　西アジア史Ⅱ』山川出版社、二〇〇二年。

小名康之『ムガル帝国時代のインド社会』山川出版社(世界史リブレット)、二〇〇八年。

岸本美緒「一八世紀の中国と世界」『七隈史学』二号、二〇〇一年。

佐藤正哲・中里成章・水島司『世界の歴史14　ムガル帝国から英領インドへ』中央公論新社(中公文庫)、二〇〇九年(初版一九九八年)

杉山清彦「大清帝国史研究の現在――日本における概況と展望」『東洋文化研究』十号、二〇〇八年。

杉山清彦「大清帝国と江戸幕府――東アジアの二つの新興軍事政権」『世界史を書き直す　日本史を書き直す』和泉書院(懐徳堂ライブラリー)、二〇〇八年。

鈴木董『オスマン帝国』講談社(講談社現代新書)、一九九二年。

永田雄三・羽田正『世界の歴史15　成熟のイスラーム社会』中央公論新社(中公文庫)、二〇〇八年(初版一九九八年)

林佳世子『オスマン帝国の時代』山川出版社(世界史リブレット)、一九九七年。

山下範久『世界システム論で読む日本』講談社(講談社選書メチエ)、二〇〇三年。

磁器と透視遠近法と雍正改革のはざまで

【旗人官僚年希堯の生涯】

渡辺純成

端正なフォルムのうちに澄明な、あるいは幽玄な青を湛えた宋の青磁。伸びやかな白磁のおもてにコバルトブルーの雄渾な龍が躍る元の染付。原色の赤、黄、緑の文様が器を華麗に埋め尽くす明の五彩。中国陶磁の永い歴史は豊富な様式と多数の優品を生み出してきたが、その最後の頂点を飾るのが清の琺瑯彩《ほうろうさい》と粉彩《ふんさい》である。透き通るような白磁のうえに繊細な花鳥を、豊かな色彩と階調を用いて鮮明に映し出したそれらは、雍正年間に造り出された。プロデューサーは雍正帝の弟の怡親王允祥《いしんのういんしょう》、そして帝の部下、内務府総管年希堯《ねんきぎょう》。雍正年間に景徳鎮官窯で焼かれた磁器は、年窯と呼ばれて今も珍重されている。

年希堯の事績は磁器に留まらない。同じく内務府総管在任中に彼は、乾隆年間の宮廷画家として有名になるイエズス会士カスティリオーネ（一六八八―一七六六）と協力し、盛期バロックの画家・建築家であり、透視遠近法を用いてヴォールト天井に天使群が飛翔する蒼穹を出現させたA・ポッツォ（一六四二―一七〇九）の著書『画家と建築家のための遠近法』上巻を漢訳し、自己の創意も付け加えて、雍正十三年（一七三五）には中国最初の透視遠近法の解説書『視学』を公刊している。それは、本質的に画家であり、康熙年間の西洋数学の流行を青少年期に体験した彼にしかできない、文化への貢献であった。

ところで官場では、あの年羹堯《ねんこうぎょう》（一六七九―一七二六）の兄であり、かつ終生、雍正帝に忠実な旗人官僚であり続けた彼は、激しい浮沈を繰り返した。最後には、最大の理解者雍正帝の死去とともに失脚し、没落した。そして彼の記憶は、乾隆帝に忌まれて消された。以下はその生涯の短い物語である。

年希堯は、康熙十年（一六七一／二）に漢軍鑲白旗人の年遐齢《ねんかれい》（一六四三／四―一七二七）の子として生まれた。祖父、仲隆《ちゅうりゅう》は順治十二年（一六五五）に進士に合格したが、四年後の鄭成功による南京進攻に際して失敗し、官歴を断たれた。父、遐齢は旗人官僚として着実に昇進した。康熙三一年（一六九二）には湖北巡撫に任ぜられ、十二年後に円満に引退している。実直でおっとりした美術好きの希堯は、監生《かんせい》から兵部《へいぶ》八品《はっぴん》筆帖式《ビトウヘシ》を振り出しに雲南景東府同知《どうち》、直隷広平府知府、大名道、広西按察使を歴任し、同五六年（一七一七）には安徽布政使に任ぜられた。前巡撫の子として順当な昇進であるが、進士に合格した才気溢れる弟、羹堯が、すでに同四八年（一七〇九）には四川巡撫と昇進していった速さには、及ばない。年一族はこの間に雍親王胤禛《ようしんのういんしん》、後の雍正帝の藩邸に配属されたが、このことが希堯の以後の運命を決定する。

安徽布政使を、部下の汚職を放置した廉で罷免された希堯は、同六一年（一七二二）に雍正帝が即位すると、広東巡撫に起用された。雍正三年（一七二五）四月には工部右侍郎に昇進したが、その前後に、希堯を襲った最初の悲劇、弟の羹堯の失脚と賜死（雍正三年十二月）が起こっている。この事件の経緯は政治史に詳しいので省略するが、遐齢と希堯は羹堯の暴走を早くから危惧し、帝の注意を喚起していた。羹堯を信任していた帝が無視したのである。羹堯の獄では希堯の親族・姻族に死者が続出し、希堯の官歴も断たれた。連座者の怨恨が生き残った希堯に向かう。しかし皇帝の面子から、遐齢と希堯が無罪である事情を詳しく公表することはできない。帝は深い罪悪感を覚えた。以後の希堯の奏摺《そうしょう》への硃批《しゅひ》では、官僚に対するいつもの罵倒が激減し、細やかな気遣いを見せるようになる。

琺瑯彩梅樹文皿

雍正年間の琺瑯彩。景徳鎮御器廠で焼成された白磁に、宮廷（内務府造辨処）で絵付けし、再び焼いた。技法や顔料に西欧の影響がある。（東京国立博物館所蔵）

雍正四年（一七二六）正月に希堯は内務府総管に任ぜられ、次いで淮安関と景徳鎮官窯の管理も命ぜられた。官窯の管理は希堯も好んでいたらしい。これらの職務は九年後に帝が死去するまで続いた。南北間の物資流通の拠点、淮安関の利権を帝は希堯を通じて掌握したが、これもまた、旗人社会の間に希堯に対する不満を招いた。大運河周辺の官吏の品行調査も希堯の職務の一つであった。

雍正十三年八月に帝が急死すると、希堯は部下の乱行を放置した廉で弾劾され没落した。帝と密着し過ぎた雍親王藩邸の旧人は、雍正年間に勢力を伸ばした重臣オルタイらとも隔絶し、居場所を失っていたのである。これが、希堯を襲った最後の悲劇である。乾隆三年（一七三八／九）に希堯は負債を残して死去したという。最期の状況は明らかでない。

希堯が関わった奏摺は、『雍正硃批諭旨』刊本から痕跡を消された。安徽布政使在任中に希堯が刊行した梅文鼎《ばいぶんてい》の数学書『度算釈例』は、乾隆年間の諸本では希堯の関与が薄められ、消された。乾隆帝の寵臣阮元《げんげん》が帝の在世中に編纂した『疇人伝《ちゅうじんでん》』「年希堯」条でも微妙な記述がなされた。乾隆帝の没後に禁忌は解けたが、もはや、年窯を主とする断片的な逸話しか残っていなかったのである。

太平天国の乱

岩井茂樹

洪秀全《こうしゅうぜん》をカリスマ的指導者「天王」とする太平天国は、一八五〇年、広西省金田村《きんでんそん》で挙兵し、三年後には南京を陥れて、これを「天京」と改称した。一時は、上海を除く江南の主要都市を支配下におき、北伐軍を送って北京を脅かした。その教説によれば、「天王」はイエス・キリストの弟である。衰退にむかう清朝を襲った異端的千年王国運動が太平天国であった。太平天国は強烈な反マンジュの檄文を散布したことで知られている。

「天下は中国の天下であり、胡虜の天下ではない。衣食は中国の衣食であり、胡虜の衣食ではない。子女民人は中国の子女民人であり、胡虜の子女民人ではない。慨《なげ》くべきは明の失政により、満洲が釁《きん》〔動乱〕に乗じて中国を混乱させ、中国の天下を盗み、中国の衣食を奪い、中国の子女民人に淫虐をはたらいた。しかるに中国は六合の大、九州の衆をもって、ひとえにその胡の行ないに任せて恬《てん》として怪しまない。中国には人物はいないのか。」

このあたりまでは、普通に「華夷の辨」を強調し、夷狄支配の不当を非難する。表現は過激だが、具体性に欠け、著しくステロタイプ化している。

「中国は首であり、胡虜は足である。中国は神州であり、胡虜は妖人である。中国を名づけて神州というのは何故か。天父皇上帝は真の神である。天地山海はそれが造成したのであり、故に従前から中国を神州と名づけたのである。胡虜を目して妖人となすのは何故か。蛇魔閻羅は妖邪の鬼である。韃靼の妖胡は、これのみを敬拝している。故に今では胡虜を妖人と目するのである。」

中国を「神州」とするのは古典的な表現のはずだが、ここの「神州」はまったく違う意味を持たされている。「天父皇上帝」はキリスト教の『聖書』がいう「ヤーウェ＝父なる神」であり、それが創造したから「神州」というのだ。そして「蛇魔閻羅」はサタンのことらしい。「妖人」「妖胡」は伝統的な華夷論にはけっして見えない表現である。ヨーロッパではモンゴルやマンジュをひっくるめて「タタール」「タルタル」と呼んでいたが、ここの「韃靼」もそれに倣ったのであろう。「韃靼の妖胡」はエスニック集団としてのモンゴル・マンジュでなく、サタン崇拝者だという点が強調されている。ゆえに「胡虜」は「妖人」なのだ、と。

伝統的な華夷観と、神とサタンの善悪

支配体制の外側から見た清朝

二元論の世界観が混ざり合った、独特の反マンジュの主張である。

太平軍が南京を陥落させたとき、駐防八旗は家族もろとも全滅したと言われている。それは悪魔払いのような意味を持っていたのかもしれない。かつて征服を受けた漢人による民族的な復仇の行為とは違っていたのだろう。

太平天国を嚆矢とする一八五〇～六〇年代の諸反乱にさいし、八旗・緑営の正規軍はほとんど役にたたず、地方の自衛組織である郷勇や、勇営とよばれる傭兵部隊が鎮圧の主力となった。勇営の多くは、漢人の官僚や郷紳が組織したものであり、最終的には近代的兵器の購入や模造までおこなって、この未曾有の危機を乗り切ったのであった。朝廷は、勇営の統率者たる曽国藩、李鴻章、左宗棠らを総督や巡撫に任命し、これら漢人大官は清朝の政治・外交に影響力を発揮することとなる。かれらの抜擢を決断したのは、慈禧太后（西太后）と恭親王奕訢であった。一八六〇年（咸豊十）、江南で太平天国軍と清軍の激戦がつづくさなか、英仏連合軍が北京に迫ると、文宗咸豊帝の朝廷は熱河の避暑山荘に逃れた。翌年秋、北京への帰還を果たさないまま皇帝が亡くなり、当時、まだ五歳であった穆宗同治帝が帝位に就くと、咸豊帝時代からの権臣らは「遺詔」を根拠に「賛襄政務王大臣」として実権を掌握しようとした。そこで、幼帝の生母である慈禧太后と皇后であった慈安太后は、咸豊帝の弟であり、北京に残って戦争処理と条約締結に当たっていた恭親王奕訢らと結んで、権力の奪取をねらった。文宗の棺とともに朝廷が北京に帰還するや否や、慈禧太后と奕訢はクーデタを敢行して政敵の排除に成功し、二人の太后による「垂簾聴《すいれんちょう》政《せい》」が実現した。恭親王奕訢は、軍機大臣兼総理各国事務衙門大臣として内政・外交の両面で重きをなした。

国内では、太平天国のほか、広東・広西方面では天地会という秘密結社が「大成国」「昇平天国」を建国し、淮水流域では「捻軍」を称する武装組織が反乱を起こし、雲南では漢人との対立が激化してムスリムが大理に「平南国」を建国するなど、各地で動乱が勃発した。内憂外患がこもごも迫るという危機の中で、慈禧太后と恭親王の朝廷は、曽国藩、李鴻章、左宗棠をはじめとする漢人の総督・巡撫に実力を発揮させて、国難を乗り切ることに成功した。

太平天国の特殊な「興漢滅満」は、漢人が危機に瀕した満洲王朝を支えるという結果に終わった。本文中で触れた清末の排満革命の闘志らは、曽、李、左を「漢奸」と非難し、『天討』に三人が歿後に魚などに身をやつした戯画を掲載した（上図）。

十七世紀の清朝建国から、満洲帝国成立にいたる背景

大清帝国と満洲帝国

宮脇淳子
Miyawaki Junko
（執筆者経歴については四二頁参照）

一九三一年九月十八日、奉天郊外の柳条溝《りゅうじょうこう》（柳条湖）で、日本の関東軍《かんとうぐん》が満鉄（南満洲鉄道）線路を爆破して満洲事変が始まった。このあと成立した満洲国のちの満洲帝国が、日本人と大日本帝国の後援によって誕生した国家であったことは疑うべくもない。しかし、では、一九二一年にソヴィエト赤軍の後援によって臨時人民政府が樹立され、一九二四年にチベット仏教の高僧出身の元首ボグド・ハーンが死去した後、モンゴル人民共和国となった国家は、ソ連の傀儡《かいらい》国家ではなかったのか。満洲と同じく大清帝国の領土の一部であったモンゴルに、二十世紀になって誕生したもう一つの国家もまた、革命によって生まれたばかりのソ連邦の、第一の衛星国とならざるを得なかったのである。

歴史学は、政治学や国際関係論とは違う。個人や国家のある行動が、道徳で言って正義だったか、それとも罪悪だったかを判断する場ではない。歴史は法廷ではないのである。そうであるから、二十一世紀の現代の視点から過去を断罪するのではなく、世界史の大変動にまきこまれた当時の現地の情況を、特定の政治的立場を離れて公平に分析し、史料のあらゆる情報を一貫した論理で解釈することこそが、歴史学の役割だと思うものである。

本論に与えられた使命は、大清帝国と満洲帝国の関係を明らかにすると同時に、日本が戦前、大陸でどのようなことを行なった

のか、日本人読者に説明することだと考える。それで、ここでは、十七世紀の清朝建国以後の満洲の実情を概観し、明治維新以後、日本人が大陸に出て行くことになった理由と、清朝崩壊後の混乱のなか、満洲帝国成立にいたる背景を概説したいと思う。

1 清朝時代の満洲

本書の別の場所で論じられているように、「満洲」という漢字の語源である「マンジュ」は、初めヌルハチが建てた国の名前として用いられ、一六三五年からは、女直(女真)に代わって、清朝の支配階級の種族名として使用されることになった。満洲語には、自分たちの故郷であり、のちに満洲帝国が建国される土地を指す言葉はなかった。

満洲が地名として使用されるようになるのは、日本が始まりである。一八〇九年に高橋景保《かげやす》が作成した「日本辺界略図」には、一六八九年にロシアと清朝の間で結ばれたネルチンスク条約による国境線がはっきり示され、アムール河(黒龍江)をはさんだ清朝領を「満洲」、「ヲホツカ海(オホーツク海)」の対岸を「西百里亞(シベリア)」と記している(**図1**)。この「日本辺界略図」が、シーボルトによってヨーロッパに持ち帰られ、『ニッポン』という彼の著書の中で翻訳されて、一八三二年にオランダで刊行された(**図2**)。ところが両者を比較してみると、題名の文字は原図通りで、海岸線や河川も正確に写しているにもかかわらず、シーボルトが翻訳した地図にはロシアと清朝の国境線は記されていない。また「マンチュウ Mandscheu」の文字はアムール河の南にのみ書かれており、高橋の地図のようにアムール河の北方におよんでいないのである。ただし「シベリア Siberië」の文字は、ほぼ原図通りの位置に書かれている。理由はまだ明らかではないが、いずれにしてもこの頃から、ヨーロッパでも英語でいう「マンチュリア」という地名が使われるようになったのである。

ただし一八五八年、ロシアは愛琿《アイグン》条約で黒龍江左岸を清から獲得し、一八六〇年の北京条約で今の沿海州を奪った。それで、すでに日本とヨーロッパで地名となっていた「満洲＝マンチュリア」は、これからあとはロシア領が抜けて縮小した。ところで、現在の中国東北三省の起源である清の東三省が置かれたのは日露戦争後の一九〇七年で、この時初めて、奉天、吉林、黒龍江にそれぞれ巡撫を設けて、中国内地と同様の省制を敷いた。歴史的に言うならば、中国東北地方という呼び方より、満洲という名称の方がずっと古いのである。それで、本論ではこれ以後、日本人になじみのある歴史的用語として、満洲という地名を用いることにする。

一六四四年の順治帝の北京移住(清の入関《にゅうかん》という)にともない、満洲人もぞくぞくと華北に移住したため、万里の長城の外側の、遼《りょう》河《が》をはさんだ遼東と遼西は人口が減少した。そこで、清朝は満洲人を呼び戻し、土地を開墾することを奨励するとともに、一

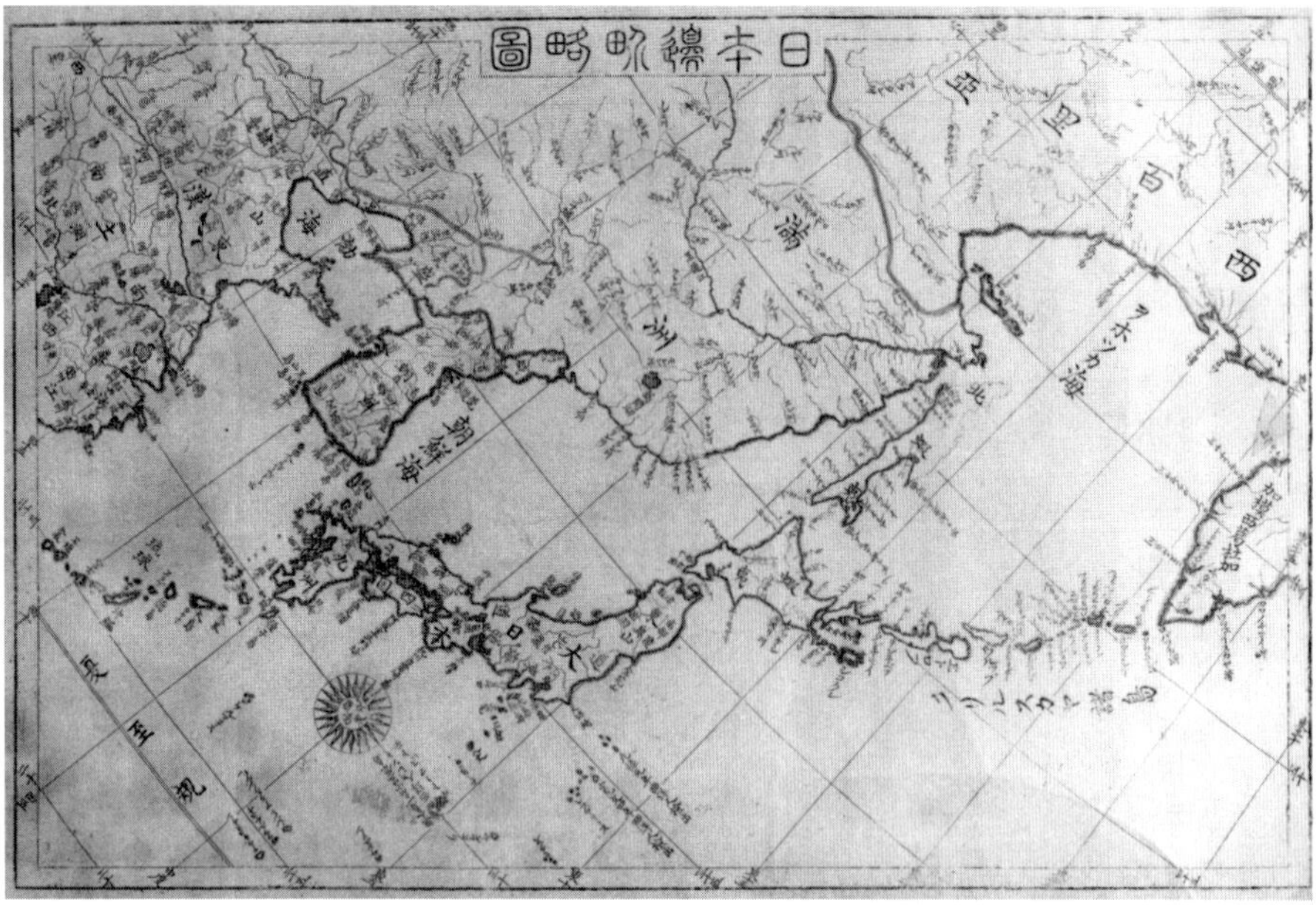

図1　高橋景保が作成した「日本辺界略図」

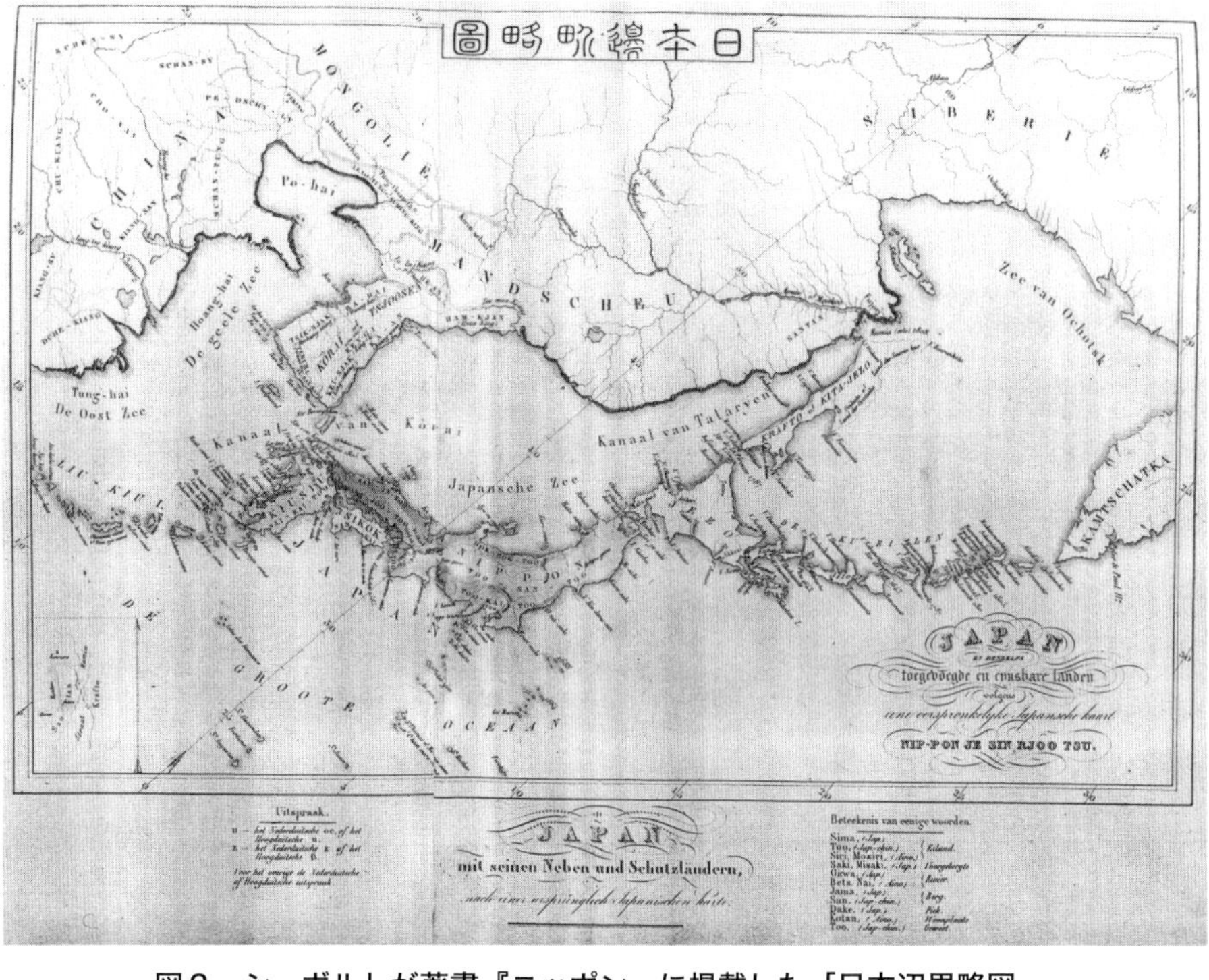

図2　シーボルトが著書『ニッポン』に掲載した「日本辺界略図」

六五三年には遼東招民開墾例《りょうとうしょうみんかいこんれい》を出した。百名招募した者には知県または守備の職を与えるという優遇策であったが、効果がなかったために、これは一六八三年に廃止された。

清朝時代の満洲は、特別の行政区域として軍政下にあった。首都を北京に遷した後、盛京《せいけい》（瀋陽）にアンバン・ジャンギン（総管）が置かれ、ついで寧古塔《ニングタ》（牡丹江《ぼたんこう》上流）にも置かれた。盛京の総管は一六六二年に遼東将軍と改められ、さらに奉天将軍と改称された。一六八三年には黒龍江岸の愛琿《アイグン》に黒龍江将軍が置かれたが、七年後に嫩江《ノンこう》岸の墨爾根《メルゲン》に移り、ついで斉斉哈爾《チチハル》に移った。寧古塔将軍は松花江《しょうかこう》岸の吉林《きつりん》に移され、十八世紀なかばには吉林将軍と呼ばれるようになった。

これら三将軍の下には副都統以下の官が置かれ、八旗兵を率いて要地を駐防した。清の皇室の祖先の陵墓にも総管が置かれて守護にあたった。「駐防八旗」の旗人には旗地を支給し、開墾させた。満洲にはこの他、諸官庁に属する荘園である官荘も多くあり、皇室専用の狩猟地である囲場《いじょう》や、朝鮮人参を採集する山場には一般人は立ち入り禁止であった。十七世紀後半には、満洲人の土地を保護し、西はモンゴルとの境界を画し、東は朝鮮人の侵入を防止するために、明代にあった辺牆《へんしょう》よりさらに外側に柳条《りゅうじょう》辺牆が築かれた。また朝鮮人の満洲への越境問題が絶えなかったので、清の康熙帝は長白山《ちょうはくざん》を探査させ、一七一二年にそこに定界碑を立てて、鴨緑江《おうりょくこう》と豆満江《とまんこう》を清と朝鮮の国境と定めた。

満洲人は全員が八旗に所属し、軍人として国家から給料をもらい、旗地が支給され、さらに官僚となる機会も与えられたが、一般の職業に従事することは許されなかった。満洲人の人口が増加すると軍人の定員も増したが、やがてポストがなくなり、給料をもらえない者が多数出てきた。売買を禁止されていた旗地も、いつしか漢人に売り渡され、旗地からの収入を失う満洲人も増えた。

そこで乾隆帝《けんりゅう》は、北京在住の無職の旗人を満洲へ帰農させる計画を立て、一七四四年にハルビンの南に満洲旗人千名を移した。一七五六〜五九年には毎年五百戸、計二千戸の満洲人が北京から拉林《ラリン》に移墾した。ところが、脱走して逃げ帰る者が続出したため、一七六九年にはこの移墾をやめてしまった。

一方、漢人に対しては、一七四〇年に満洲への流入を阻止する封禁令《ふうきんれい》を出した。すでに流入した漢人で奉天府に入籍を希望する者は保証を立てて許すが、希望しない者は今後十年間に原籍地に戻す、というものである。しかし、禁令にもかかわらず、その後も河北や山東方面から飢民が流入し、満洲人にとっても一定の労働力を必要としたため、一七六一年には、商人や職人や単身の労働者の奉天居住をとくに許すことになった。

十八世紀末になると、南満の遼河下流域だけでなく、北満の松花江流域にも漢人が進出した。山東や河北から続々と満洲に流入した貧民は、初め掘立小屋（窩棚《かほう》）を造り、苦労して荒れ地を開墾し、しだいに村落を形成していった。満洲に農民が増えると、つづいて河北や山西から商人が進出してきた。なかでも焼鍋《しょうか》と呼ばれる焼酎《しょうちゅう》の製造業者は大いに経済力を蓄え、穀物の売買や高利貸しなど金融面でも活躍するようになった。この頃になると、モンゴル人の遊牧地だった松花江西岸にも漢人が流入するようになり、十九世紀後半には、黒龍江将軍管轄の地方にも漢人がやって来て、ハルビン北部の呼蘭《フラン》平野の開発が始まった。また、清初以来無人の地帯だった鴨緑江右岸の土地に漢人が流入し開墾が進んだので、一八六七年、清はこの地域を開放した。

清朝は、漢人の増えた場所に、あとから州や庁を置いて租税を集めるようになった。十九世紀後半には満洲の開発は進み、漢人人口も増えたので、新たに多くの府、州、県、庁が設けられたり、昇格したりした。しかし、日露戦争後の一九〇七年まで、満洲は軍政下にある特別行政区域のままで、斉斉哈爾《チチハル》の黒龍江将軍、吉林の寧古塔《ニングタ》将軍、盛京《せいけい》（瀋陽）の奉天将軍という、満洲旗人出身の三人の将軍が治める地域であった。

2　日本の開国と日清・日露戦争

さて日本は、一八五四年、江戸幕府がアメリカ合衆国の軍事的圧迫に屈服して開国し、日米和親条約を結んで以来、国内では「尊皇攘夷」論が起こり、内乱になったが、外国を排斥するだけでは亡国につながると悟った日本人は攘夷を止め、一八六八年に天皇を国家元首とする明治維新を成し遂げた。日本はこれから、生存のための国民国家化に踏み切り、それまでの中国文明に由来する一切の制度を放棄して、西欧・北米の制度に全面的に切り替える。領土が海に囲まれ、鎖国政策のおかげで海外に日本人がいなかったという好条件もあって、日本は短期間に国民国家化すなわち近代化に成功したのである。

一方中国大陸では、一八八四年、ヴェトナムの保護権をめぐって清国とフランスの間に戦争が起こった。このときフランス艦隊が台湾海峡を封鎖したため、その重要性に気づいた清国は、それまで「化外《けがい》（王化の及ばない外国）の地」と呼んでいた台湾に、一八八五年、初めて内地なみの省を設置した。清仏戦争に敗れてヴェトナムへの宗主権を放棄させられた清国は、同じく朝貢国だった朝鮮を直接支配下に置こうと考えるようになり、一八七六年に朝鮮と修好条規を結んでいた日本に脅威を与えた。朝鮮の親日的な急進改革派は、清国との宗属関係を否定し独立を求めるようになる。これが日清戦争の原因である。

一八九四年、朝鮮に派兵していた日清両軍の間で戦争が始まった。黄海《こうかい》の海戦で日本艦隊が決定的な勝利を収め、日本軍は旅順と山東半島の威海衛《いかいえい》を占領し、李鴻章《りこうしょう》率いる清の北洋艦隊は降伏した。一八九五年の下関講和条約では、朝鮮の独立の確認と、遼東半島および台湾を日本に割譲することが決まった。

ところが、満洲南下を計画していたロシアは、フランスとドイツを誘って「三国干渉」を行ない、日本は遼東半島を清に返還させられた。その報酬として、ロシアは清から東清鉄道敷設権を獲得し、一八九八年には旅順・大連を租借した。ドイツは山東半島南の膠州《こうしゅう》湾を、英国も威海衛・九龍《きゅうりゅう》半島を租借、一八九九年にフランスは広州湾を租借したのである。この敗戦の衝撃によって清は初めて中国文明の伝統を放棄し、日本式の国民国家化に踏み切った。一八九六年から清国は毎年多数の留学生を日本に送り、一九〇五年には科挙の試験を廃止した。年間最大九千人もの清国留学生が日本にやって来たのである。

　日露戦争の原因は、一八九六年、ロシアが清の国土を通る東清鉄道の敷設・経営権を得たことから始まる。一九〇〇年、排外運動である秘密結社の義和団が山東で蜂起し、北京の列国公使館を包囲したので、日本を含む八ヶ国連合軍が北京に進軍した。この間に、鉄道保護をうたった十七万七千のロシア軍が、六方面から一斉に満洲に侵攻し、黒龍江城、吉林城、瀋陽を占領した。一方、北京を鎮圧した二万人近い連合軍のうち、ほぼ半数を占めた日本軍は、きわめて規律正しい軍隊で高い評価を得た。当時、ロシアの進出に脅威を覚えていた英国は、日本を対等な軍事同盟の相手として選び、一九〇二年二月に日英同盟が結ばれた。その二ヶ月後、ロシアは三期に分けて満洲から撤兵することを約束したが、これを実行しないばかりか、清国に新要求を提出し、鴨緑江を越えて朝鮮で森林伐採事業を行ない、旅順に極東総督府を設置した。満洲におけるロシアの特殊利益を認める代わりに、朝鮮は日本の勢力圏であることを相互に認めるという日本の提案をロシアは無視し続け、兵力を満洲南部に移動させたのである。

　一九〇四年二月、清国領である満洲で日露戦争が始まる。清はこのとき「局外中立」を宣言した。この戦争に敗れたら日本は滅びると考えた日本人は勇敢で、旅順と奉天の会戦では多くの死傷者を出したが、一九〇五年五月の日本海海戦で、東郷平八郎率いる日本艦隊がロシアのバルチック艦隊を壊滅させて、九月にアメリカ大統領の仲介によりポーツマスで講和条約が結ばれた。

　日露戦争の勝利によって、日本は、韓国の保護権、南樺太の割譲、関東州（遼東半島南端部）の租借権、東清鉄道南満洲支線（南満洲鉄道）の経営権、沿海州の漁業権を獲得した。翌一九〇六年、遼東半島の租借地に日本が関東都督府を設置し、十一月に半官半民会社の満鉄が誕生した。思いもかけず日露戦争に大勝利した日本は、国を挙げて満洲経営に乗り出すことになり、このあと多くの日本人が大陸に出て行くことになったのである。

3 日本の韓国併合とロシア革命と中国のナショナリズム誕生

　日露戦争直前、韓国皇帝は日露の間で中立声明を出そうとした。そもそも朝鮮半島にも野心を持つロシアは、一八九六年には朝鮮王高宗をロシア公使館に移し、親日的改革派を殺害させた。高宗は翌年ロシア公使館から王宮に戻ったあと韓国皇帝を名のる。歴史上、朝鮮には皇帝より一段下の位の王しかいなかった。日本が清の宗主権を否定したから韓国皇帝が誕生したにもかかわらず、韓国皇帝は反日であった。日露戦争直前、韓国皇帝は日露の間で中立声明を発しようとした。そこで、ロシアと戦争を始めるにあたって、いかなる事態においても実力をもって韓国を確保する決意をした日本政府は、一九〇四年に日韓議定書を調印した。

朝鮮は、日清戦争の原因であったのみならず、日露戦争も、満洲事変も、満洲帝国と日本との関係においても、朝鮮を抜きにしては何も語れない。乱暴を承知の上で概観すると、欧米列強による植民地化を避けるため、日本人は武士階級が自ら特権を投げ捨てて生存のための国民国家化に踏み切ったのに対して、朝鮮は支配階級の権力闘争が繰り返され、王族は清朝のちにはロシアと結びついてでも自分たちの特権を維持しようとした。朝鮮は、江戸時代の日本よりもはるかに厳しい階級社会だったから、下層階級には何の権利もなく、急進改革派は日本に頼るしかなかったのである。

日露戦争後、アメリカのフィリピン支配を認める代わりに、日本の韓国支配を認める、桂＝タフト協定が結ばれ、一九〇五年の第二次日英同盟でも、イギリスは日本の韓国支配を認めた。一九〇七年、韓国皇帝はハーグの万国平和会議に密使を送り、日本を非難したが、列国は韓国を相手にせず、背信を怒った韓国統監の伊藤博文は皇帝を譲位させる。一九〇九年、韓国統監を辞任した伊藤が暗殺されて、一九一〇年に日本は韓国を併合したのである。同年、ロシアと日本は、満洲を両国の特別利益地域に分割する秘密協定を結んだ。自国の領土で日露戦争が行われたにもかかわらず、局外中立宣言をした清国は、満洲に対する権利を放棄したものと見なされたのであった。

一九一一年十月、大清帝国の南部で、日本の陸軍士官学校に留学した将校たちが反乱を起こした。これが辛亥革命である。清国にもとからあった十八省のうち十四省が独立を宣言したが、直隷・河南・山東・甘粛の四省と、新設の奉天・吉林・黒龍江と新疆省は清に留まった。清朝政府は、下野させていた北洋軍閥袁世凱《えんせいがい》を呼び戻して総理大臣に任命し、革命派を討伐させた。ところが中華民国臨時大総統の孫文は、清帝を退位させたら大総統を袁世凱にゆずると密約したので、一九一二年二月十二日、皇帝号を廃さず、年金を得て生涯紫禁城で生活するという条件で、袁世凱は宣統帝溥儀を退位させ、清朝が滅びたのである。

袁世凱は中華民国大総統に就任したあと、日・英・仏・独・露との間に五国借款を成立させ、この金で武器を買い、議員を買収して、形式的には選挙による正式の大総統に就任した。それから国民党を解散させ、一九一四年には世襲の大総統となり、一九一五年十一月には自ら皇帝を宣言したが、さすがに国内外からの反発が強く、在位八三日で帝制を取り消し、一九一六年六月に病死した。

話を戻して一九一四年、第一次世界大戦が勃発すると、イギリスは同盟国日本に対独参戦を求めた。日本はドイツが山東にもつ権益を接収した上で、翌一五年、袁世凱に二十一ヶ条要求を提出した。交渉相手が大清帝国から中華民国へ交代していたため、日本は、日露戦争後の現地投資と特殊権益を守ろうとしたのである。袁世凱は、厳秘のはずの第五号もアメリカに提示して、欧米列強の干渉を期待した。しかし、英・仏も米国も、このときは何一つ日本に反対しなかった。

第一次大戦最中の一九一七年にロシア革命が起こり、一九一九年三月、世界革命をめざすコミンテルンが結成された。五月四日に北京で起こった学生運動「五・四運動」が、中国のナショナリズムと抗日運動の始まりである。二十一ヶ条要求への反発と言うが、一九一五年の要求から四年も経て抗日運動が起こったのは、コミンテルンの指導があったからに違いない。

国民党の孫文は、今度はソ連の援助を受けて、一九二四年に共産党と第一次国共合作を行なった。共産党員のまま国民党に入党できることにしたのである。しかし中国北部では、袁世凱の死後、軍閥闘争が続いていた。一九二六年、孫文の部下だった蔣介石を総司令官とする十万の国民党軍が、中国統一のため北伐を開始する。ところが、共産党員が軍に先行して勝手に動き、外国人を排斥したため、英・米・仏・日・伊の五ヶ国が蔣介石に抗議した。蔣介石はクーデターを起こして共産党員を逮捕し、こうして第一次国共合作は破綻した。

一九二八年、日本の関東軍の支援を得ていた張作霖《ちょうさくりん》が、北伐軍に敗れて満洲に戻る途中、列車が爆破されて死亡した。その息子の張学良は、東北軍閥として生きる道を捨て、蔣介石の北伐軍と講和したため、満洲は一夜にして国民政府の統治下に入ったのであった。

新しい中国ナショナリズムの申し子である張学良は、日本に対して二十一ヶ条要求の取消しを求め、日本がロシアから継承した旅順・大連の租借権は、本来一九二三年で期限切れになるはずであるとして、旅大回収運動を繰り広げた。また日本人への土地商租権を、中国侵略の手段であり領土主権の侵害であるとし、日本人に対する土地貸与を、売国罪、国土盗売として処罰する条例を適用し、土地・家屋の商租禁止と、以前に貸借した土地・家屋の回収をはかった。これによってもっとも苦汁をなめたのが、在満朝鮮人であった。なぜなら、日本が韓国を併合した一九一〇年以降、多くの朝鮮人が日本人として満洲に移住し、一九三〇年にはその数は六〇万人に達したが、そのほとんどは貧農層で、漢人地主の小作人となっていたからである。

この他、森林伐採権、鉱山採掘権などの否認、東三省における関東軍の駐兵権を条約上無効とする撤兵要求、満鉄の接収など、運動はエスカレートするばかりで、日本の満蒙権益は追いつめられていった。そのため現地居留日本人の危機感はつのり、窮状を打破するには武力による解決もやむなしとの機運が、陸軍ことに関東軍をおおっていったのである。

4 清朝崩壊後の満洲と満洲帝国建国

しかし、日本を満洲から追い出すべきであるとした張学良は、満洲人ではなかった。その父である満洲の軍閥、張作霖は、祖父の代に、故郷の河北では食べていけず、満洲に移住したらしい。つまり、張作霖一族は、もともと満洲に住んでいた清朝支配層の満洲人出身ではなく、満洲という土地を支配する正当な権利があったわけではない。張作霖は岳父の援助で、清代にはモンゴル人の土地だった遼西で保険隊を組織し、清朝の奉天将軍に帰順したあと、他の匪賊の討伐に頭角をあらわした。清朝滅亡後も、東三省においては旧体制が温存されたので、師団長に任命され、日本の関東軍の後援で満洲の実力者になったのである。

満洲の人口は、一九〇四年の日露戦争前には百万人とも数百万人とも言われる。一九一一年の辛亥革命のときには千八百万人、満洲国建国時には三千四百万人になっていた。しかし、中国人がいくら増えても、満洲人やモンゴル人の土地に漢人農民が流入したのであって、現代の日本人が無意識に考えるような、中国政府が統治していた中国という概念はあてはまらない。国家の保護はないも同然の満洲で、土地の有力者は自警団を組織した。これを保険隊と呼ぶ。彼ら別名「馬賊」は、保険区外では蛮行におよんだのだった。

張作霖は満洲に留まるつもりはなく、満洲を利用して中国内地の軍閥抗争に勝利し、自ら中国統一の覇権を握ろうとした。張作霖の死後、二七歳で満洲の実権をにぎった張学良は、北満鉄道を強行回収したため、ソ連との関係を悪化させ、ソ連軍が満洲里《まんしゅうり》に侵入して満洲各地を占領するという結果を招いた。

蔣介石の北伐後も中国は依然として軍閥割拠が続いており、南京の国民政府は実質的に満蒙を支配する実力はなかった。中国全体の治安も悪かった。また、日露戦争で日本が勝利しなければ満蒙はロシア領になっていたはずで、この戦争に中国政府は何一つ貢献しなかった。それにもかかわらず、いまになって国権回復といって、日露戦争において「十万の生霊、二十億の国帑《こくど》」を費やして日本がようやく勝利し、国際条約で正式に認められた権利を攻撃し、日本人が長年にわたって開拓したものを無償で返せというのは許せない、と軍人だけでなく一般の日本人も考えた。

朝鮮と満蒙にはすでに共産主義運動が広まっており、関東軍としては国防問題がより深刻になっていた。対ソ戦の観点から見れば、日本が特殊権益を持つ南満洲、東部内蒙古に留まらず、北満洲からソ連を追い出し、黒龍江から大興安嶺、ホロンブイルを日本の国防線として設定する必要があった。この考えが、満洲国建

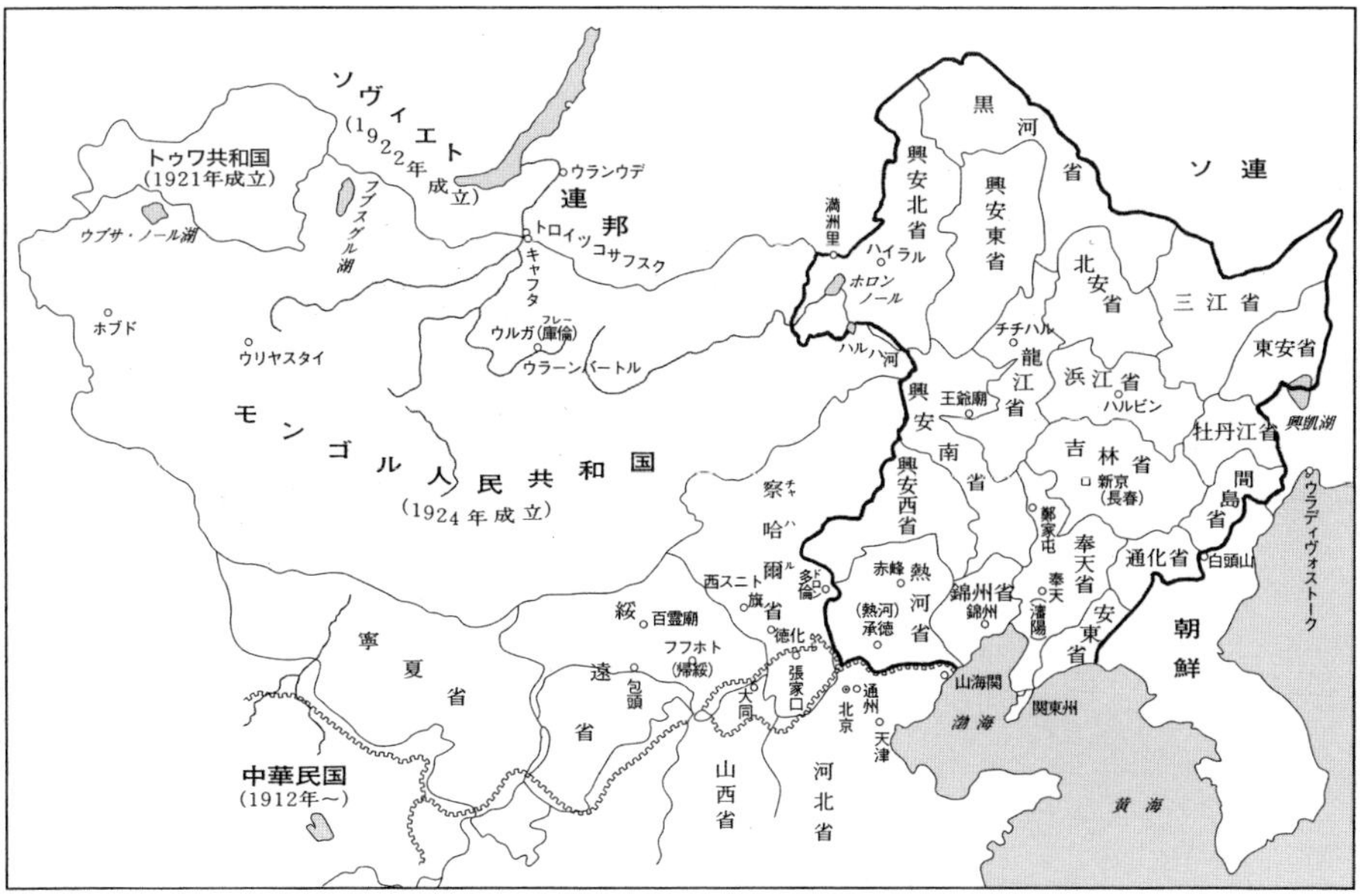

図3　満洲国（1932-34）から満洲帝国（1934-45）時代

国の原動力となったのである。

一九三一年九月に始まった満洲事変で、一万数百人の関東軍は、独断越境した約四千人の朝鮮軍の増援を得て、翌年二月には東三省を制圧する。張学良は東北軍の主力とともに長城線以南におり、蔣介石の方針により不抵抗を貫いた。当時、蔣介石率いる国民党は全力を共産党掃討作戦に集中していたのである。また、ソ連は第一次五ヶ年計画達成に余念がなかったため、中立不干渉を声明した。さらに、アメリカとイギリスは経済恐慌からまだ回復していなかったため、関東軍の軍事行動が思いのほかスムーズにいったのである。

満洲では、反張学良の有力者が各地に政権を樹立し、蔣介石の中央政府からの独立を宣言した。翌三二年二月、奉天で組織された東北行政委員会が、三月一日満洲国の建国宣言を行ない、清朝最後の皇帝・溥儀《ふぎ》が、執政という名の元首についた。溥儀は、一九一二年退位の際に袁世凱が約束した生涯紫禁城で生活するという条件を、一九二四年に馮玉祥《ふうぎょくしょう》によって反故にされ、日本公使館に避難し、天津の日本租界にいたのである。

5　満洲帝国と、その後の満洲

満洲国の国体は民本主義、国旗は赤・青・黒・白・黄色の新五色旗、年号を大同《だいどう》、首都を新京《しんきょう》（長春）と定め、王道楽土の建設と五族協和を綱領とした。満洲国の「五族協和」は、漢人・満洲人・モンゴル人・日本人・朝鮮人のことであるが、これは、清朝の満・漢・蒙・蔵・回を起源とする、中華民国の「五族共和」を意識していた。一九三四年三月に執政溥儀は皇帝に就任したので、これ以後を満洲帝国という。このとき年号は康徳《こうとく》と改められ、溥儀の紋章は、日本皇室の菊の御紋章にならって、蘭の花となった。

一九三二年の建国時、満洲国の総人口は三千四百万人で、漢人八三パーセント、満洲・蒙古人一五パーセント、日本・朝鮮人二パーセントであった。日本人は、租借地である関東州の旅順、大連を含めて、奉天、撫順、鞍山、長春などに約二四万人いた。一九三八年には総人口三千九百万人で、日本人は満洲帝国に五二万人、関東州に十八万人いた。敗戦時一五五万の日本人がいたということは、このあと大量に移住したことになる。

国際連盟を恐れて躊躇していた日本政府が、満洲国を正式に承認したのは一九三二年九月であるが、すでに七月には日本の中央官庁の行政テクノクラートが続々と満洲国に派遣され、日本は官民挙げて、満洲への投資と、近代国家建設へと邁進した。中国や朝鮮からの人口流入も盛んで、一九四一年には満洲帝国の総人口は四千三百万人になっていた。

日本国の保護を得て満洲に渡ったふつうの日本人にとって、すでに滅びた清朝の支配階級であった満洲人と、現地の中国人は区別できなかった。満洲帝国の大多数の住民である中国人を満人と呼び、現地で話されている山東方言の強い中国語を満洲語と呼ぶようになったのは、中華民国との差異化をはかるためもあったのだろう。このせいで、今でも日本のマスコミには、満洲人や満洲語は、満洲帝国に関係する言葉だと思っている人も多い。

満洲帝国の西三分の一はじつはモンゴル草原だった。戦前の日本人が書いたものに満蒙という言葉が多く見られるのは、そのためである。清朝建国時には満洲人の同盟者として手厚く保護され、その後も満洲と同様、漢人の入植が禁止されていたモンゴル草原に、劇的な変化が起こったのは二十世紀最初の年だった。一九〇〇年の義和団事件にともなう対外戦争に敗北し、日本を含む十一ヶ国から莫大な賠償金を科せられた清朝は、もはや軍事的価値のなくなったモンゴルから得られる土地税に目を付けた。こうして、モンゴルの遊牧地を開墾する「徙民実辺政策《しみんじっぺんせいさく》」が一九〇一年末に始まったのである。張作霖の地盤となったのも、開墾が始まったばかりのモンゴル草原だった。

一九一一年十月に辛亥革命が起こると、十二月、モンゴルはいち早く清朝からの独立宣言をした。自分たちは満洲皇帝の家来だった。中国も満洲皇帝の支配下にあった。それを嫌って「滅満《めつまん》興漢《こうかん》」するのは自由だ。しかし、モンゴル人が中国人の支配下にあったことはこれまで一度もないのだから、私たちも清朝から独立をする、という理由である。

しかし、モンゴルが助けを求めたロシアは、日露戦争後に日本と結んだ密約のせいもあって、北モンゴルの地域だけ、それも中華民国の宗主権下での高度自治なら支援すると返答した。結局、ロシア革命後も「外モンゴル」だけがソ連の勢力圏に入ったのだった。

中華民国に留まった内モンゴルでは、漢人軍閥が勝手に蒙地開拓運動を推し進め、モンゴル人の牧地は減少し、遊牧民の生活は疲弊するばかりだった。それで、モンゴルの独立を願う人々は満洲事変に協力した。満洲国が建国されたあと、五族協和という建国理念にともない、蒙古独立は自治に格下げになったが、伝統的な牧畜経済を守るため、日本人は特殊行政区域として興安省を設置した。これが中国内蒙古自治区の境界となったのである。

満洲国のち満洲帝国が存在した十三年半の間、国内で戦争はなかった。満洲の地が戦乱に巻き込まれるのは、一九四五年八月の日本の敗戦のあと、国民党と共産党がこの地の争奪戦をした四年間である。日本軍は四五年八月下旬までには完全に武装解除を終え、そのあとは各地のソ連軍や共産党軍や国民党軍の命令に唯々諾々と従った。

ソ連は、七十万近くにものぼる日本人をシベリアへ連行したあと、満鉄を利用して、水力発電機、石炭、鉄、機械、木材、セメント、小麦粉から、学校の机や便器まで本国に搬送した。その後も一九五一年一月まで大連港の管理運営を手放さず、中国長春鉄路となった旧満鉄も、中ソ合弁であったが実質的にはソ連軍が接収した。中長鉄路が中国の単独管理となったのは五二年十二月のことだった。

満洲は、戦後の中国の重工業生産の九割を占めた。毛沢東は「かりにすべての根拠地を失っても、東北さえあれば社会主義革命を成功させることができる」と語った。満洲帝国の遺産を食いつぶしたのち始められたのが、改革解放路線だったのである。

一九四九年に成立した中華人民共和国は、満洲国があったことを認めない。「日本帝国主義者が武力によって作った傀儡国家で、ほんの短期間の存在であり、正統性がない非合法な政権であるから、国家として承認され得ない」と、「偽満洲国」「偽大同××年」などと書く。それは、中華民国がまだ台湾に存在することを認めないのと同じ理由である。中華民国が存在することを認めてしまうと、自分たちの国家の方に正統性がないことになる。満洲国の元首は清朝の最後の皇帝であるから、満洲帝国の存在を認めてしまうと、中華民国も、それを継承した中華人民共和国にも、正統性がないことになるからである。中国人の考える歴史とはそういうものだということを、われわれ日本人はよく自覚して、日本人として納得のいく歴史を書き、学ぶべきだと思う。

参考文献
宮脇淳子『世界史のなかの満洲帝国』ＰＨＰ研究所（ＰＨＰ新書）、二〇〇六年。

『満文老檔』と内藤湖南《こなん》

宮脇淳子

『満文老檔《まんぶんろうとう》』は、十七世紀の清朝建国期に満洲語で書かれた年代記である。その内容は、清の太祖ヌルハチ朝が八一巻、太宗ホンタイジ朝は二部に分かれて合計一八〇巻から成り、同じ時期について後世に編纂した『清朝実録』のおよそ十倍の記事がある。しかも『清朝実録』は満洲語と漢語とモンゴル語三つの言語で同じ内容を記しているのに対して、『満文老檔』には漢訳はないし、もちろんモンゴル語訳もない。

東洋史上、北方の異民族が中国を支配した征服王朝の例は少なくないが、歴代王朝の勃興期において、正史を編纂する前の生の史料が残っているというのは希有のことである。『満文老檔』の記事は素朴でなまなましく、太祖がその弟と長子を幽閉した始末、太祖の妾が太祖の次子と姦通した事件など、のちの実録では隠蔽されたり抹消されたりした事柄も、少しも忌むところなく記録されている。

『満文老檔』に、この名前をつけたのは、日本の内藤湖南博士である。もとの書名は満洲語で「点圏を施した文字の檔子《とうし》（ファイル）」とあった。これを日本に将来したのも内藤湖南だった。

一九〇五年七月、日露戦争がようやく終局を迎えた時期に、当時、大阪朝日新聞の論説記者だった内藤虎次郎（湖南）は、外務省嘱託の身分で満洲に渡り、十一月まで四ヶ月余り、瀋陽をはじめ南満洲のあちらこちらで史蹟や文献の調査を行なった。このとき奉天の宮殿にある崇謨《すうぼ》閣《かく》という図書館で、湖南は、歴代清朝皇帝の事蹟を記した『清朝実録』、『満文老檔』三百冊、絵入りで満・漢・蒙三体で書かれた『満洲実録』、『蒙古源流』、満・漢・蒙・蔵・回五体の辞書である『五体清文鑑』などを発見した。湖南が名づけた『満文老檔』の意味は、「満洲文で書いた古い檔案《とうあん》」ということである。

翌一九〇六年、湖南は外務省から歴史調査を委嘱され、ふたたび大陸に渡り、前年に発見した文献の多くを筆録したり写真撮影したりした。当時『成吉思汗《ジンギスカン》実録』日本語訳を作成中であった那珂通世《なかみちよ》博士は、これを知って湖南に手紙を送り、「蒙文蒙古源流を写し終えられたことを承り、大慶に存じ奉る。ご帰朝の第一番にお蔭をこうむるは僕なりと、ことにありがたく存じ奉る也」と祝福した。

『満文老檔』の方は、一九一二年になって、京都帝国大学教授に就任していた湖南と羽田亨同大学講師（のち総長）が奉

支配体制の外側から見た清朝

天に赴き、盛京宮殿崇謨閣の『満文老檔』の乾板約四千三百枚を、『五体清文鑑』の乾板約五千三百枚とともに京都に持ち帰った。湖南がひじょうな苦労をして『満文老檔』を撮影したのは、もちろんこれを史料として清朝史の研究を進めるためだった。湖南はすでに一九〇二年に北京にいた間、清朝研究にはモンゴル語と満洲語の知識が必要であることを悟り、満洲語の独学を始めていた。だから奉天で『満文老檔』を見たとき、すぐその史料的価値の高さに気づいたのである。しかしながら、そのあと湖南の京大での講義題目は「支那上古代」「支那史学史」「支那近世史」などで、中国史により関心が注がれ、満洲語に割く時間がなくなったようである。

乾隆年間に作成された『満洲実録』。上から満洲語、漢語、モンゴル語の三体で書かれている。多くの挿絵が入るが、これはその最初の部分

　『満文老檔』の研究は、戦後、東大の和田清教授が京大の了解を得て、東大東洋史研究室で進められることになった。大学を卒業したばかりの岡田英弘も参加した『満文老檔』訳注は、一九五五年財団法人東洋文庫から第一冊を刊行したあと、一九六三年第七冊をもって完了した。この間、第二冊まで刊行したとき、一九五七年の日本学士院賞を受賞した。

　岡田たちが翻訳の原本とした『満文老檔』は、十八世紀中頃、乾隆帝が二部浄写させて、一部を北京に、一部を盛京（奉天）の宮殿に保管したものだった。北京にあった一部は、一九二四年、軍閥馮《ふう》玉祥《ぎょくしょう》によって溥儀《ふぎ》が紫禁城を追い出されたあと、翌年設立された故宮博物院の文献館において、一九三一年、原本と草稿本が確認されていた。

　同年九月に満洲事変が勃発すると、一九三三年、故宮博物院の貴重な文物は上海に疎開した。このとき南遷した文物は、文献館だけで三七六六箱あった。やがて南京に新しい収蔵庫が完成すると、一九三六年の年末からここに移されたが、翌七月に盧溝橋事件が勃発し、日中間が戦争に突入したので、故宮の文物は南京からさらに奥地へ転々と移動した。日本の敗戦後、一九四七年末になって、それらはようやく全部南京に戻ってきたが、それもつかの間、国共内戦が激化すると、国民政府は一九四八年十二月から翌年三月にかけて、三回に分けて故宮の文物を軍艦に乗せて台湾に運んだ。台湾へ運ばれた文献館の文物は総数二〇四箱にすぎなかったが、岡田たちはその中に『満文老檔』の原檔を発見したのである。

西暦	中国	モンゴル・チベット・新疆	満洲・朝鮮・日本・琉球	その他	
1937	7月盧溝橋事件，8月第二次上海事変から支那事変に発展		7月盧溝橋事件，8月第二次上海事変から支那事変に発展	1937	日独伊防共協定成立
1939		ノモンハン事件		1939	第二次世界大戦始まる
1941			大東亜戦争(太平洋戦争)始まる	1941	大東亜戦争(太平洋戦争)始まる
1945			日本の敗戦，満洲帝国崩壊	1945	ヤルタ会議 ドイツ降伏
1946	国共内戦始まる		（日本）極東裁判開廷	1946	国連第1回総会開会（ロンドン）
1947		内蒙古人民政府樹立	（日本）新憲法を施行	1947	インド・パキスタン分離独立
1949	中華人民共和国成立		（日本）第3次吉田内閣成立	1949	NATO成立
1950		中共軍がチベットに進駐	朝鮮戦争勃発	1950	シューマン・プラン発表（西欧6ヶ国）
1951		ソ連が大連を中華人民共和国に引き渡す	サンフランシスコ対日講和条約・日米安全保障条約調印	1951	ヨーロッパ石炭・鉄鋼共同体条約調印
1952	旧満鉄が中国の単独管理になる		旧満鉄が中国の単独管理になる	1952	アメリカが水爆実験
1959		ダライ・ラマ十四世がインドに亡命		1959	キューバ革命 ソ連首相フルシチョフが訪米
1966～1977	「文化大革命」により国内が著しく混乱する	中国の「文化大革命」で宗教・文化が弾圧され，多数の文化財が破壊される			
1972	日中国交「正常化」	（日本）モンゴル人民共和国と国交樹立	日中国交「正常化」	1972	ニクソン米大統領が中国訪問
1989	第二次天安門事件	ダライ・ラマ十四世がノーベル平和賞を受賞する	昭和天皇没	1989	ベルリンの壁崩壊
				1991	ソ連邦崩壊
1992		モンゴル人民共和国がモンゴル国に	現天皇・皇后が中国訪問	1992	
2008		チベット・新疆で反中国の動きとそれに対する弾圧が表面化	満洲における中露国境問題が解決される		

西暦	中国	モンゴル・チベット・新疆	満洲・朝鮮・日本・琉球	その他	
1904		英国とインドの連合軍がラサを占領，ラサ条約を結ぶ	日露戦争始まる	1904	イギリス・フランス協商締結
1905	一千年以上続いた科挙の試験が廃止される		日露戦争に日本が勝利し，日露講和条約が結ばれる	1905	第二次日英同盟締結
1907			**満洲に東三省を置く**	1907	イギリス・ロシア協商締結
1910		東チベットを西康省とし，四川軍がラサに入る	日本が韓国併合	1910	ポルトガルで革命（共和政成立）
1911	10月**辛亥革命**	北モンゴルが独立宣言	（日本）大逆事件判決	1911	第2次モロッコ事件
1912	1月中華民国誕生，2月**清朝崩壊**		明治天皇没，大正天皇即位	1912	第1次バルカン戦争始まる
1913		ダライ・ラマ十三世ラサに帰る。モンゴル・チベット条約締結	日本が満蒙五鉄道敷設権を獲得	1913	第2次バルカン戦争始まる
			日本が世界大戦に参戦	1914	第一次世界大戦勃発
1915			日本が袁世凱に二十一ヶ条要求		
			日英秘密協定	1917	ロシア革命
1919	五・四運動（中国初のナショナリズム）		（朝鮮）独立宣言（三一運動・万歳事件）	1919	3月モスクワでコミンテルン結成
1921		モンゴルに臨時人民政府樹立	日英米仏四国条約締結	1921	ワシントン会議開催
1924	ソ連の援助で第一次国共合作	モンゴル人民共和国樹立	孫文が神戸で大アジア主義演説	1924	レーニン没
1926	蔣介石の北伐開始		昭和天皇即位	1926	ドイツが国際連盟に加入
1928	蔣介石北京入城		張作霖爆死，張学良が北伐軍と講和	1928	ケロッグ・ブリアン不戦条約調印
1931			満洲事変	1931	チリ・パナマ・ホンデュラスなどで革命
1932			満洲国建国，日満議定書調印	1932	オッタワでイギリス帝国経済会議開催
1933			（日本）国際連盟脱退	1933	ナチス独裁
1934			溥儀が皇帝に，満洲帝国	1934	ソ連で粛清始まる
1936	西安事件		（日本）二・二六事件	1936	スペインで人民戦線成立宣言

西暦	中国	モンゴル・チベット・新疆	満洲・朝鮮・日本・琉球	その他	
1868			（日本）明治維新	1868	スペインに革命，女王イザベル2世廃位
1870		ヤークーブ・ベグがカシュガルに独立王国を建てる	（日本）樺太開拓使設置	1870	普仏戦争起こり，フランスの第二帝政崩壊
1871		ロシアがイリ・タルバガタイ一帯に軍を進駐させる	岩倉具視ら欧米視察に	1871	ドイツ帝国成立
1875		左宗棠が私兵を率いて新疆平定に向かう	（日本）ロシアと千島樺太交換条約	1875	フランス第3共和政憲法成立
1876	イギリスとの間で芝罘条約		日韓修交江華条約	1876	ブルガリア人大虐殺事件
1877		清軍がヤークーブ・ベグ軍を破る	（日本）西南の役	1877	イギリスが女王ヴィクトリアを皇帝としてインド帝国を建てる
1878		清軍が新疆全域を再征服する	日米条約改正	1878	ベルリン会議でサン・ステファノ条約を廃業
1879			（日本）琉球王国を廃止し沖縄県を設置（琉球処分）	1879	ドイツ・オーストリア条約締結
1881	ロシアとの間でサンクト＝ペテルブルク条約			1881	ロシア皇帝アレクサンドル2世暗殺
1884	ヴェトナムの保護権をめぐって清仏戦争	**清が新疆省を設置，漢人に行政を担当させる**	（朝鮮）甲申政変	1884	パーソンズの蒸気タービン発明
1885	清はヴェトナムに対する宗主権を放棄する，台湾省設置		日清で天津条約に調印	1885	インド国民会議派第1回大会開催
1894	日清戦争始まる		朝鮮で東学の乱，日清戦争始まる	1894	ロシア・フランス同盟締結さる
1895	日清戦争の終結（**中国史の第三期終わる**）		4月，下関条約（日清講和）	1895	イタリア・エチオピア戦争開始（～1896）
1896	ロシアとの間で秘密攻守同盟		日清通商航海条約	1896	クレタ島の反乱拡大でギリシャが出兵
1897			朝鮮国王が大韓皇帝を名のる	1897	ギリシャ・トルコ戦争
1898	清で変法が失敗（戊戌政変），山東省で義和団が蜂起する	ロシアのバラノフ使節団がラサに至る	ロシアが清から旅順・大連を租借	1898	アメリカ・スペイン戦争起る
1900	義和団が北京に入る		ロシアが満洲を占領	1900	合衆国が金本位制採用
1901	光緒新政			1901	ロシア社会革命党結成
1902			日英同盟を結ぶ	1902	日英同盟を結ぶ

西暦	中国	モンゴル・チベット・新疆	満洲・朝鮮・日本・琉球	その他	
1804			ロシアのレザノフが長崎に来航	1804	フランスでナポレオンが皇帝に即位
1807			(日本)『清三朝実録採要』を刊行	1807	フランスとロシア・プロイセンの講和
1809			(日本) 高橋景保が「日本辺界略図」を作成する	1809	オーストリアで宰相メッテルニヒ就任
1809 〜10			(日本) 間宮林蔵がアムールを探検調査し，樺太が島であることを確認する	1810	スペイン領植民地で独立運動盛んに
1835	松筠没			1835	モールスが電信機発明
1840	清とイギリスの間でアヘン戦争始まる			1840	フランスがアルジェリアの反乱を鎮圧開始
1841			(日本) 老中水野忠邦が天保の改革を始める	1841	海峡協定 (ヨーロッパ・ロシア・トルコ)
1842	南京条約で清がイギリスに香港を割譲する		(日本) 異国船打払令が緩和	1842	パラグアイ独立
1851	**太平天国の乱起こる** (〜 1864)	清とロシアがイリ通商条約を結ぶ		1851	ロンドン議定書
1853	白蓮教系の武装集団，捻軍の乱が起こる		アメリカ東インド艦隊司令官ペリーが日本の浦賀に来航する	1853	クリミア戦争開始 (〜 1856)
1854			日米和親条約および日露和親条約を結ぶ	1854	イギリスとフランスがクリミア戦争に介入
1857	英仏連合軍が広州を占領し第二次アヘン戦争が起こる		日本がアメリカと下田条約	1857	スエズ運河会社設立
1858	清朝と英仏米露との間に天津条約		愛琿条約でロシアは黒龍江左岸を清から獲得	1858	インドでムガル帝国滅亡
1860	英仏連合軍が円明園を焼き，北京条約		北京条約で沿海州がロシア領となる	1861	アメリカで南北戦争勃発 (〜 1865)
1862		陝西で漢人と回民が衝突，漢人の回民虐殺事件が各地で発生する	(日本) 生麦事件	1862	ビスマルクがプロイセン首相に
1864		クチャの回民が清朝に対して蜂起する	四国連合艦隊が日本の下関砲撃	1864	第1インターナショナル結成
1865		ヤークーブ・ベグがコーカンドから来て新疆の実権を握る	(日本) 幕府がフランスと製鉄所建設約定	1865	4.9　南北戦争終結 4.14　リンカーン暗殺

西暦	中国	モンゴル・チベット・新疆	満洲・朝鮮・日本・琉球	その他	
1735	雍正帝没し乾隆帝即位			1735	パリでデュ・アルドの『シナ帝国全誌』刊行
1740			漢人農民の満洲への流入を禁止する封禁令を出す	1740	プロイセンでフリードリヒ2世即位, オーストリア継承戦争勃発(～1748)
1750			清の満洲・サハリン統治体制が完成する(辺民制度)	1750	ポルトガルで専制政治開始
1751		清軍がチベットの動乱を鎮圧, 駐蔵大臣の権限を強化し事実上保護国化する		1751	フランスで『百科全書』の刊行開始
1755		ジューンガルの内乱を機に清軍が侵攻し, **ジューンガルが滅亡する**		1755	モスクワ大学創立。フレンチ・インディアン戦争
1757	ヨーロッパ船の来航地を広州に限る	清軍がアムルサナーの反乱を鎮圧しジューンガル平定	(日本)杉田玄白, 西洋医学学習	1757	インドでプラッシーの戦いにイギリスが勝利する
1759	**清の領土が最大になる**	東トルキスタンのトルコ人イスラム教徒が清に降る		1759	クネルスドルフの戦い
1771		トルグート部がヴォルガ河畔からイリ地方に帰還し清に臣従	(日本)前野良沢・杉田玄白, 死体解剖	1771	
			(日本)植物学者ツンベルク来日	1775	アメリカ独立戦争勃発(～1783)
1780	乾隆帝, パンチェン・ラマ6世を招請し熱河で会見			1780	ロシアがイギリスに武装中立提唱
1782	『四庫全書』編纂成る			1782	英米仮条約調印
1787			(日本)松平定信が老中となり, 寛政の改革を始める	1787	ロシアがトルコと開戦
1789	祁韻士『外藩蒙古回部王公表伝』完成			1789	フランス革命勃発
1793	イギリス国王の使節マカートニーが乾隆帝に謁見する		(日本)沿岸諸藩に警備令	1793	ルイ16世処刑される。革命裁判所の設立
1796	白蓮教徒の乱起こる(～1804)		琉球王の使節将軍が引見	1796	ロシアがペルシアと戦う
1799	太上皇の乾隆帝没し, 嘉慶帝の親政始まる			1799	11月9, 10日ブリュメール18日のクーデタ

西暦	中国	モンゴル・チベット・新疆	満洲・朝鮮・日本・琉球	その他	
1690		清軍が内モンゴルのウラーン・ブトンでジューンガルのガルダンと戦う	（日本）ドイツ人ケンペル来日	1690	ジョン・ロック『人間悟性論』。 イギリスがカルカッタ支配の礎を築く
1691		**ハルハ・モンゴル人がドローン・ノールで康熙帝に臣従を誓う**		1691	トルコでアフメット2世即位
1696		康熙帝がジューンガルのガルダン・ハーンを破り北モンゴルを支配下に入れる		1704	ローマ教皇がイエズス会の中国布教方法を禁止する
1712			長白山に定界碑を立て，鴨緑江と豆満江を清と朝鮮の国境と定める		
1716			（日本）徳川吉宗が将軍となり，享保の改革を始める	1716	フランスにジョン・ローの中央銀行設立
1717		ジューンガル軍がチベットのラサを占領		1717	オーストリアとヴェネツィアがトルコと戦う
1718	イエズス会士の協力により『皇輿全覧図』完成			1718	トルコがオーストリアとパッサロヴィッツ条約
1720		清軍がラサに入りダライ・ラマ七世を立てる（**清のチベット保護の始まり**）	（日本）禁書令を緩和する		
1722	康熙帝没し雍正帝即位			1722	ロシアがペルシアと戦う
1723	雍正帝が儲位密建による帝位継承を定める キリスト教禁止	清軍がラサから撤退すると，青海ホシュート部のロブサンダンジンが同族と争う		1723	トルコがロシアと共にペルシア領を分割
1724	雍正帝『御製朋党論』公布	清軍が青海を制圧し，モンゴル同様の旗制を施行する		1724	パリ株式取引所設立
1725	年羹堯が雍正帝より死を賜う			1725	ピョートル1世没
1727			キャフタ条約が結ばれ，北モンゴルでの清露国境が画定される	1727	イギリスとスペインが戦う
1729	雍正帝『大義覚迷録』編纂				

西暦	中国	モンゴル・チベット・新疆	満洲・朝鮮・日本・琉球	その他	
1652	順治帝，ダライ・ラマ5世を招請し北京で会見		清が琉球に遣使し，帰順を要求（二次）	1652	第一次イギリス・オランダ戦争（〜1654）
1656	ロシアのバイコフ大使が北京に到着			1656	ヴェネツィア艦隊がダーダネルス海峡を封鎖
1661	順治帝没し康熙帝即位			1661	フランス王ルイ16世が親政を開始する
1662	鄭成功が台湾を攻略してオランダ人を追放し，拠点とする			1662	イギリスの統一法公布・清教徒聖職者らの追放
1663			清が初めて冊封使を琉球に派遣	1663	南北カロライナの建設
1669	康熙帝がオボイら輔政大臣を退け実権を確立する キリスト教布教活動の禁止		蝦夷地でアイヌが蜂起する（シャクシャインの戦い）	1669	トルコがクレタ島を占領
1672		ガルダンがジューンガル部長になる	（日本）長崎会所を設置	1672	第三次イギリス・オランダ侵略戦争（〜1674）
1673〜1681	三藩の乱			1673	イギリスで非国教徒が中央官職より追放される
1676	ロシアのスパファリ大使が北京に到着			1676	トルコでカラ・ムスタファ，宰相に
1678		ジューンガルのガルダンがダライ・ラマ五世からハーン号を授与される		1678	トルコ軍ドナウを越えて北進（〜1681）
1682		ダライ・ラマ五世死去，摂政はこれを秘する		1682	ロシアでピョートル1世即位
1683	台湾の鄭氏政権が清に降伏する		清とロシアの間で黒龍江をめぐって紛争始まる	1683	トルコがウィーン包囲に失敗
1684	中国沿海部の海禁令を解除し，海外貿易を開放			1684	バーミューダがイギリスの植民地に
				1687	インドでムガル皇帝アウラングゼーブがデカン高原を征服し，領域が最大となる
1688		ジューンガルのガルダンが北モンゴル・ハルハに侵入		1688	イギリス名誉革命，ジェームズ2世亡命
1689			ネルチンスク条約が結ばれ，黒龍江の北方に清の国境線が確定する	1689	ロシアでピョートル1世が単独皇帝となる。イギリスとフランスの植民地戦争開始（〜1697）

西暦	中国	モンゴル・チベット・新疆	満洲・朝鮮・日本・琉球	その他	
				1624	オランダ人が台湾を占領する
1626			ヌルハチ没し，ホンタイジがハンに選出される	1626	ルッテルの戦い。デンマーク王大敗。(三十年戦争)
1627			朝鮮に後金軍が侵攻(丁卯の胡乱)	1627	この頃，ニューハンプシア植民地が建設される
1630		オイラトのトルグート部がヴォルガ河畔に移住	(日本) キリシタン書の輸入禁止	1630	三十年戦争，第三期に入る
1634		モンゴルの宗主チャハルのリンダン・ハーンが死ぬ		1634	ポリャノフカ条約(ポーランドとロシア)
1635		リンダン・ハーンの遺児エジェイが「大元伝国の璽」を持って後金国に降る	ホンタイジが種族名をジュシェンからマンジュ(満洲)に改名する	1635	プラハの和 (三十年戦争)。 アカデミー・フランセーズ創設
1636		オイラトのホシュート部長グーシがゲルク派の求めで青海遠征に向かう	瀋陽でホンタイジがマンジュ人，モンゴル人，高麗系漢人から共通の皇帝に選挙され**大清国建国**	1636	スペイン軍がフランスに侵入 (三十年戦争)。 ロード・アイランド植民地の建設
1637			ホンタイジが朝鮮に侵攻し属国とする (丙子の胡乱)	1637	デカルト『方法序説』。 日本，島原の乱
1642		グーシ・ハーンがダライ・ラマ5世を全チベットの法王に推戴し，自らはチベット国王になる	(日本) 寛永の大飢饉起こる	1642	イギリスでピューリタン革命勃発
1643			ホンタイジが急死して順治帝が即位し，ドルゴンが摂政王となる	1643	フランス王ルイ十四世 (太陽王) 即位
1644	李自成が北京を攻め，崇禎帝が自殺し，明が滅びる (**中国史の第三期前期終わり後期始まる**) 『西洋新法暦書』を頒布		順治帝が北京に入り，**清の中国支配が始まる**	1644	マーストン・ムーアの戦い(清教徒革命)
1645	清軍が南京を攻略し，南明の福王政権が滅亡			1645	ネーズビーの戦い(清教徒革命)
1646	アダム・シャールが欽天監監正に就任		日本，明の鄭芝龍の救援に応じず	1646	チャールズ一世がスコットランド軍に投降
1649			清が琉球に遣使し，帰順を要求(一次)	1649	チャールズ一世処刑，イギリス共和政を宣言

西暦	中国	モンゴル・チベット・新疆	満洲・朝鮮・日本・琉球	その他	
1557	アルタンと明の和議が成立する				
1578		アルタン・ハーンがダライ・ラマ三世と会見する		1578	トルコ宰相ソコルが暗殺される
				1581	コサックのイェルマクがシビルの町を占領，ロシアのシベリア支配はじまる
1582			（日本）本能寺の変	1582	イエズス会士マテオ・リッチがマカオに来到
1583			ヌルハチ挙兵し，ジュシェン統一戦に乗り出す	1583	英人ギルバートによるニューファウンドランド植民計画（失敗）
1588			ヌルハチが建州女直を統一し，これをマンジュ国と称する	1588	イギリスがスペインの無敵艦隊を破る
			豊臣秀吉の天下統一	1590	タイのアユタヤ朝のナレースエン王即位
1592			（日本）豊臣秀吉が朝鮮に出兵（文禄の役・壬辰の倭乱）		
1597			（日本）ふたたび朝鮮出兵（慶長の役・丁酉の倭乱）	1597	アイルランドで対イギリス反乱
1599			ヌルハチが満洲文字を創る		
1603			（日本）徳川家康が征夷大将軍となり江戸幕府を開く	1603	エリザベス一世没・ステュアート王朝始まる
1607	マテオ・リッチ，徐光啓『幾何原本』刊行		日本が朝鮮と復交（通信使開始）	1607	北スマトラアチェのスルタン・イスカンダル・ムダ即位
1609			琉球王国に薩摩の島津氏が侵攻，支配下におく	1609	スペインとオランダ対戦（オランダ独立戦争）
1616			**ヌルハチが他のジュシェン諸部を統一してハン位につき，後金国を建てる**	1616	シェークスピア没
1618			ヌルハチが対明戦争を開始する	1618	ドイツで三十年戦争始まる（～1648）
1619			サルフの戦いで後金軍が明軍を破る	1619	ジェームズタウンで米国最初の代表者会議

西暦	中国	モンゴル・チベット・新疆	満洲・朝鮮・日本・琉球	その他	
1372		明の北征軍，モンゴル高原で北元に大敗し退却			
1388		北元の天元帝がイェスデルに殺されフビライ王朝断絶，以後王統混乱		1388	デリーのトゥグラク朝で内紛・分裂
1392			ジュシェン人の李成桂が自ら高麗国王の位につき，翌年国号を朝鮮とする	1392	ティームール西方に再遠征
1402	永楽帝，南京を攻略して即位（靖難の役，1399 〜）			1402	アンゴラの戦い
1403			明の勧誘に応じてジュシェン諸勢力が帰順，建州衛など創設	1403	イベリアのカスティリヤ王国がティームールに使者派遣
1409			明の永楽帝が黒龍江下流の地に奴児干都司開設を決定	1409	ティームール帝国三代シャー・ルフが即位
1410		ツォンカパがゲルク派を創始			
1435			明が遼河下流域に後退し，明の国防の最前線は開原と瀋陽になる	1415	ポルトガル人の大航海時代始まる ポーランドがドイツ騎士団を破る
1453		オイラトのエセン太師が自らハーンを称する		1453	オスマン帝国のメフメト 2 世，コンスタンティノープルを攻略しビザンツ帝国を滅ぼす
1454		エセンが殺害されオイラト帝国が瓦解する		1454	ロディの和，イタリアに 40 年間の均衡期
1483		ダヤン・ハーンが実権を回復し，チンギス家のハーンの権力が復活	（日本）足利義政，銀閣寺を創建	1483	トルコがヘルツェゴヴィナを征服
				1492	コロンブスがアメリカ大陸発見
				1501	イラン高原でサファヴィー帝国興る（〜 1736）
				1526	ティームール帝国の王子バーブル，北インドでムガル帝国を建てる（〜 1858）
1550	アルタン・ハーンが北京を包囲する			1550	ロシアの全国会議が初召集

西暦	中国	モンゴル・チベット・新疆	満洲・朝鮮・日本・琉球	その他	
843		チベットが分裂する		843	ヴェルダン条約（フランク王国の三分化）
907	唐が滅びる				
916		耶律阿保機が大契丹国皇帝となる			
936	**中国史の第二期前期終わり後期始まる**	契丹が燕雲十六州を得る	高麗が新羅を滅ぼす	936	ドイツ国王オットー一世即位
1004	宋と契丹の間に澶淵の盟			1004	ドイツ王とポーランド王が開戦
1084	司馬光『資治通鑑』完成			1099〜1291	十字軍のイェルサレム王国
1115			生女直の完顔阿骨打が大金皇帝となる	1115	この頃フィレンツェに自治都市成立
1125		金が遼を滅ぼす			
1206		チンギス・ハーンの即位，モンゴル帝国建国		1206	デリー・サルタナトの開始（インド）
1259			高麗の太子元宗がフビライに降る		
1260		チンギス・ハーンの孫フビライがモンゴル帝国のハーンに即位する			
1271	フビライが大元という国号を定める			1271	マルコ・ポーロが東方への旅立ち（〜1295）
1274			元・高麗軍が日本を攻め失敗（文永の役）	1274	トマス・アクィナス没
1276	元による中国統一（**中国史の第三期の始まり**）		（日本）筑前海岸に石塁築く		
1281			元・高麗軍が日本を攻め失敗（弘安の役）		
1338			（日本）足利尊氏が征夷大将軍となり室町幕府を開く	1339	英仏百年戦争始まる
1350			このころより倭寇，高麗沿岸部を侵す		この頃，シャムにアユタヤ朝が興る（〜1767）
1351	河南で白蓮教徒挙兵，紅巾の乱起こる				
1368	朱元璋が大明皇帝の位につき，大元皇帝は万里の長城の北に退却する（北元）		足利義満が将軍となる	1370	ティームール，西トルキスタンを統一しティームール帝国を建てる

清朝史関連年表

（前 221 ～ 2008）

作成：岡田英弘・宮脇淳子
楠木賢道・杉山清彦

西暦	中国	モンゴル・チベット・新疆	満洲・朝鮮・日本・琉球	その他	
前 221	秦の始皇帝の統一（**中国史の始まり**）				
前 97 頃	司馬遷『史記』完了			前 27	ローマの帝政確立
57			後漢の光武帝が倭人に漢委奴国王の印を賜う		
184	黄巾の乱（**中国史の第一期前期終わり後期始まる**）				
239			倭女王卑弥呼が親魏倭王に封ぜられる		
280	晋が呉を併合して三国時代終わる				
304	五胡十六国時代始まる			330	コンスタンティヌス帝が首都をビザンティウムに移す
439	鮮卑族の建てた北魏が華北を統一する（南北朝始まる）				ヴァンダル王がカルタゴを攻め，これを首都化
				476	西ローマ帝国の滅亡
552		第一次トルコ帝国の建国			
589	北朝の隋による中国統一（**中国史の第二期の始まり**）				
593		（チベット）ソンツェンガンポが王になる			
618	隋が滅び唐が起こる			622	ムハンマドが信徒を率いてメッカからメディナに移る（ヒジュラ）
630		第一次トルコ帝国の滅亡			
640	唐の文成公主がチベットに嫁入る				
663			唐・新羅が百済を滅ぼす		
668		唐が高句麗を滅ぼす	（日本）天智天皇が天皇になる		
682		第二次トルコ帝国の建国			
744		ウイグル帝国の建国		751 ～ 987	フランクのカロリング王朝
822	ラサで唐蕃会盟行なわれる		（日本）最澄死す	822	後ウマイヤ朝でアブドル・ラフマーン 2 世即位

図表一覧

〔編集後記〕

▶日本と中国との関係は，筆舌に尽し難い程古くかつ深いものがある。現在われわれの生活で中国の影響を蒙ってない日本独自なものを捜す方が困難である。

そういう縁の深い国中国をわれわれはどこまで理解しているか。高校の世界史で中国史を学ぶが，特にこの二百年の中国ということになると，アヘン戦争，日清戦争，満洲，日中戦争，中華人民共和国の誕生，文化大革命，日中国交正常化……等，その関係は，対等というより見下す傾向にあったのではあるまいか。

▶中国とは何か，という問いを立てることから世界史を認識する時が到来したのではないか。それ程，中国の歴史を知ることは，現在の我われが立っている点を知ることになる。近年，“中国残留孤児”問題が話題になるが，“満洲”を理解するには，どうしても清朝を理解することなしにはありえない。この十年，満洲の本を作りながら考えてきたことだ。

▶それから，徳川期を理解する時に，長崎の出島を通した清朝の文化的影響を忘れてはなるまい。幕末から維新にかけての小楠や松陰をはじめとする志士は，儒学なかでも陽明学の影響が色濃くある。

▶本書を作成するに当って，岡田英弘先生の力強いお力添えを戴いたことを特筆しておく。深く感謝したい。　（亮）

別冊『環』⑯
清朝とは何か

2009年 5月30日　初版第1刷発行©
2016年 3月30日　初版第3刷発行

編集兼発行人　藤 原 良 雄
発 行 所　株式会社 藤 原 書 店

〒162-0041　東京都新宿区早稲田鶴巻町523
電　話　03-5272-0301（代表）
FAX　03-5272-0450
URL　http://www.fujiwara-shoten.co.jp/
振　替　00160-4-17013

印刷・製本　図書印刷株式会社

ISBN 978-4-89434-682-6

表紙（表）　カスティリオーネ（郎世寧）作「乾隆帝大閲図」
表紙（裏）　ボグドハーン宮殿扁額（ウラーンバートル）撮影・杉山清彦
本文写真（34,41,61,85,97,131,147,161,209,230-231 頁）撮影・杉山清彦
本文写真（38-39,124-125,221,271,306-307 頁）撮影・市毛 實